本书受山东大学国家治理研究院 2023 年度课题项目的资助

新加坡
政治发展研究

李新廷　著

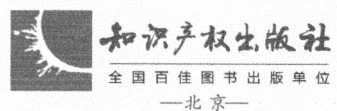

知识产权出版社
全国百佳图书出版单位
—北京—

图书在版编目（CIP）数据

新加坡政治发展研究／李新廷著. —北京：知识产权出版社，2024.5
ISBN 978-7-5130-8619-6

Ⅰ.①新… Ⅱ.①李… Ⅲ.①政治—研究—新加坡 Ⅳ.①D733.9

中国国家版本馆 CIP 数据核字（2024）第 081980 号

责任编辑：彭小华　　　　　　　责任校对：谷　洋
封面设计：孙　宇　　　　　　　责任印制：孙婷婷

新加坡政治发展研究

李新廷　著

出版发行：知识产权出版社 有限责任公司	网　　址：http://www.ipph.cn
社　　址：北京市海淀区气象路 50 号院	邮　　编：100081
责编电话：010-82000860 转 8115	责编邮箱：huapxh@sina.com
发行电话：010-82000860 转 8101/8102	发行传真：010-82000893/82005070/82000270
印　　刷：北京中献拓方科技发展有限公司	经　　销：新华书店、各大网上书店及相关专业书店
开　　本：880mm×1230mm　1/32	印　　张：12.875
版　　次：2024 年 5 月第 1 版	印　　次：2024 年 5 月第 1 次印刷
字　　数：323 千字	定　　价：88.00 元

ISBN 978-7-5130-8619-6

出版权专有　侵权必究
如有印装质量问题，本社负责调换。

前　言

近年来，世界范围内的政治发展，不论是西方发达国家，还是后发展国家与地区，都在很大程度上普遍性地遭遇了危机。这需要我们重新反思政治发展理论与现实。西方政治发展理论从20世纪50年代勃兴以来经历了发展主义到多元视角的范式演进，关注的主题主要集中于政治民主与政治制度。偏重于政治民主与制度的政治发展研究存在忽略文化、价值差异与政治制度自身衰败的内在缺陷。西方发达国家在遭遇政治制度衰败的同时，后发展国家却面临着外来的现代政治价值、政治制度与本土的传统政治价值、政治制度互动的二元化状况。那么，政治价值与政治制度如何互动？后发展国家与地区如何处理政治价值与政治制度互动中存在的二元化问题？本书建立政治价值与政治制度互动的模式与视角，并以典型个案新加坡为对象具体分析和研究后发展国家的政治发展问题。

政治价值与政治制度存在着紧密的关系。政治价值是政治体系的"软件"，而政治制度是政治体系的"硬件"。政治价值是政治发展内在层面的政治观念本源，而政治制度则是政治发展外在层面的政治形式结构，二者相辅相成。东西方政治发展在政治价值和政治制度的一元化和二元化格局的处理上走向了分殊，形成了两种主要的政治发展道路和模式，具体体现了两种政治价值与政治制度互动的关系模式。不同于西方国家政治价值与政治制度互动的一元化模式，后发展国家的政治发展深受西方国家影响，是在西方国家的冲击下被迫展开的一种进程。后发展国家往往面临着政治发展的二元格局，即既引进西方的政治制度和政治价值，同时又深受本国历史悠久的传统价值的影响。政治发展的顺利展开必须认真处理这种二元化格局，努力实现政治价值与政治制度互动的一元化。

在建立上述理论框架和选择案例之后，本书将新加坡的政治发展划分为李光耀时期和后李光耀时期两个时期，对这两个时期政治价值与政治制度的互动情况进行了具体的分析。在李光耀时期，李光耀为了新加坡的发展与稳定，建构了生存主义、实用主义、精英主义和国家主义等发展导向型的政治价值。在这些价值的指导下，新加坡移植了议会民主制的形式，建构了一党独大体制和精英培养选拔制度，集中了权力，保证了新加坡的国家建构。但是，主导性的政治价值并非现代西方政治价值也非儒家传统政治价值，而是发展主导型的政治价值，从而导致政治制度的移植只能是形式上的。权力的集中与形式的民主造成了政治制度形式与实际过程的二元化。发展型政治价值虽然受东西方政治价值的双重影响，但更多地是偏向西方政治价值中的法治、精英、实用，强调的是发展与稳定，因而没有融合东西方政治价值之间冲突的能力，造成了政治价值的二元化。上述情况造成了李光耀时期政治价值与政治制度互动的复杂二元化格局。

一系列国内外环境的变迁以及政治权力的代际更替促使新加

坡从李光耀时期向后李光耀时期转变。在后李光耀时期，新加坡感受到了互动二元化带来的危机，开始逐渐调整政治制度和政治价值。新加坡新建了非选区议员制、官委议员制、民选总统制、集选区制等，政治制度不断走向制度化。价值上的危机导致"亚洲价值观"的兴起。亚洲价值观在某种程度上确实是新加坡重建国家意识形态的一种努力。但是，新加坡并非将亚洲价值观"意识形态化"，而是作为"共同价值观"来凝聚多元种族和政治价值，以应对传统价值的衰落。共同价值观在一定程度上是新加坡试图融合东西政治价值冲突的努力。儒家伦理教育实验失败之后，儒学在新加坡的发展，尤其是对儒学的深入挖掘和"瘦身"之后被转为对"共同体主义"的强调。新加坡试图通过共同体主义来融合东西方政治价值的冲突。融合了东西方政治价值的共同体主义为新加坡所形成的"新加坡式的民主"即吴作栋所提的"托管式民主"提供了重要的政治价值支撑。内含于共同价值观背后的共同体主义、民本主义在政治价值层面融合了东西方对共同体的重视、对民生的重视，同时又在政治制度层面与民主和精英政治对接起来，从而实现了东西方的融合，使二元化的冲突融合为一元化的趋同，开出了新加坡现代化而又不西化的政治发展道路。

从李光耀到后李光耀时期的发展，新加坡政治价值与政治制度的一元化互动的保持并非易事。2011年"分水岭"式的大选标志着新加坡政治发展进入新常态时期，新加坡在政治制度与政治价值方面还面临着一系列的问题。新加坡的政治精英必须调整国家发展的步伐，正视问题和发展的环境，以政治价值的巩固为切入点，着重处理政治制度、公民社会、政治稳定与政治参与等关系，来促进新加坡的政治发展。

总的来看，政治发展是政治价值与政治制度不断互动的复杂和开放的持续过程。后发展国家与地区政治价值与政治制度互动的难题就在于如何化解二元化格局的困境以及在这一过程中走何种民主化的道路实现民主的优良治理。新加坡案例带来的启示是：后发展国家不应盲目照搬西方模式与民主体制，而是通过挖掘传统，走出一条既现代化又不西化的道路。在这一过程中政治精英发挥着重要的作用。

目录
CONTENTS

导　论 ‖ 001
　　一、研究背景与问题的提出 / 001
　　二、研究评述及可能的创新之处与难点 / 003
　　三、概念界定 / 008
　　四、研究方法 / 013
　　五、行文逻辑与章节结构 / 015

第一章　政治发展的理论基础与分析框架 ‖ 018
　第一节　政治发展阐释：政治价值、政治制度
　　　　　及其互动 / 021
　　一、西方政治发展理论的范式演变及其内在
　　　　缺陷 / 021
　　二、政治价值与政治制度互动的关系模式：
　　　　政治发展阐释的新视角 / 034
　　三、政治价值和政治制度的类型与具体要素 / 051

四、作为政治价值和政治制度载体与能动者的政治精英 / 065

五、影响政治价值与政治制度互动的外在因素 / 067

六、系统论的内部解释：一个分析的框架 / 072

第二节　案例的选择：为什么是新加坡？/ 077

一、作为个案研究的新加坡是否具有典型性？/ 078

二、作为个案研究的新加坡在政治发展上的"独特性" / 086

第三节　东西方交融下的新加坡及其政治发展的历史时期
划分 / 097

一、东西方交融下的新加坡 / 098

二、独立后的新加坡及其政治发展的历史时期划分 / 101

第二章　李光耀主政时期新加坡政治价值与政治制度的 互动 ‖ 104

第一节　新加坡独立后在政治制度方面的国家构建 / 106

一、政治制度继承与建构：英国政治遗产与本土政治
实际的结合 / 106

二、制度现代化、自主性与二元化：李光耀时期政治制度
发展的进程与特点 / 120

第二节　李光耀时期新加坡政治价值的建构 / 130

一、发展型政治价值的建构：李光耀时期新加坡形成的政治
价值 / 131

二、政治价值的相互影响、优先性与疲软：李光耀时期
新加坡政治价值的特点 / 146

第三节　发展型互动：李光耀时期政治价值与政治制度的
互动 / 151

一、生存主义、实用主义与政治制度的移植 / 152

二、国家主义、精英主义与精英政治的建立 / 157

三、严明的法治、精英的培养、权力的集中与政治价值的
　　巩固 / 161

四、形式的移植与发展型互动背后的二元化 / 163

五、影响李光耀时期新加坡政治价值与政治制度互动的
　　国内外环境 / 167

第三章　后李光耀时期新加坡政治价值与政治制度的
　　　　互动 ‖ 171

第一节　20世纪80年代以来国内外环境的变迁与新加坡
　　　　政治权力的交接 / 173

一、新加坡国内外政治经济环境的变化 / 174

二、政治权力的代际交接 / 178

第二节　后李光耀时期新加坡政治制度的微调与制度化 / 185

一、路径依赖、微调与制度化：后李光耀时期的政治制度
　　变迁 / 186

二、制度化与民主化：后李光耀时期新加坡的政治
　　发展 / 193

三、政治制度化、权力限制与治理风格转变：后李光耀时期
　　政治制度的特点 / 203

第三节　后李光耀时期新加坡政治价值的重构与融合 / 208

一、发展型政治价值的延续 / 209

二、反思与批判：亚洲价值观的兴起及其对西方人权与
　　民主的挑战 / 210

三、共同体主义 / 216

四、民本主义 / 221

五、东西政治价值的冲突与融合 / 222

第四节　一元化融合：后李光耀时期新加坡政治价值与政治
　　　　制度的互动 / 231
　　一、制度调整后政治制度对政治价值的影响 / 231
　　二、共同体主义与"托管式民主" / 234
　　三、民本主义、民主实践与好政府 / 239
　　四、从"亚洲价值观"到"贤能政治" / 241
　　五、价值的融合与互动的一元化 / 245
　　六、影响后李光耀时期政治价值与政治制度互动的
　　　　国内外环境 / 248

第四章　新常态下新加坡政治价值与政治制度互动的挑战与展望 ‖ 251

第一节　新常态：后李光耀时代演变中新加坡的新态势 / 252
　　一、社会转型时代的到来？ / 253
　　二、演变中形成的新常态 / 259
第二节　新常态下新加坡政治发展面临的挑战 / 270
　　一、政治制度方面存在的问题与不足 / 271
　　二、政治价值方面存在的问题与不足 / 282
　　三、动态性与开放性：新常态下政治价值与政治制度的
　　　　互动 / 295
第三节　新常态下新加坡政治价值与政治制度互动的展望 / 297
　　一、儒学思想的现代解读与政治价值的自我调整 / 297
　　二、政治制度的调整与制度化 / 306
　　三、公民社会的兴起与新媒体时代的到来 / 309
　　四、政治精英的决策与建设性政治的构建 / 317
　　五、政治稳定与政治参与的平衡 / 322

第五章　结论与启示：互动一元化与后发展国家的政治发展 ‖ 325

第一节　李光耀时期 VS 后李光耀时期：比较与总结 / 327
一、新加坡的政治制度：从二元化到一元化的发展 / 328

二、新加坡的政治价值：从二元化到一元化的融合 / 330

三、新加坡政治价值与政治制度的互动：从二元化向一元化的趋向 / 333

四、小结：新加坡式的政治发展道路 / 337

第二节　一元化与二元化：政治价值和政治制度的互动与后发展国家的政治发展 / 343
一、政治发展：政治价值与政治制度互动的持续性与开放性 / 344

二、从二元化向一元化的发展：后发展国家政治价值与政治制度互动的难题 / 348

三、何种民主化以及如何治理：后发展国家政治价值与政治制度互动的重点 / 350

第三节　新加坡政治发展对后发展国家的启示 / 354
一、新加坡政治发展对儒家文化圈国家和地区的启示 / 355

二、后发展国家视角的重要性 / 356

三、从二元化到一元化：政治价值重构与政治制度变革 / 358

四、共同体主义对自由主义的批判 / 360

五、对自由民主普适性的质疑 / 362

六、政治精英的重要能动作用 / 364

参考文献 ‖ 366

导　论

一、研究背景与问题的提出

1990年，歌曲《亚洲雄风》的风靡传递了亚洲对自身的认同，也向世界传递亚洲崛起的声音。东亚的崛起让亚洲自豪，也让世界震惊。世界范围内掀起了一股研究亚洲、关注东亚的热潮。除了中国备受关注，新加坡也常常处于这一话题的风暴地带。东亚崛起改变了人们对于东方的看法，尤其是改变了西方对东方的看法。这一地区的政治发展终结了经典现代化理论等旧的理论范式，带来比较政治学和比较政治经济学的发展，它带来的问题远远超出了现有经典理论的解释，也远远超出了学术界内部的探讨。正如澳大利亚学者琳达·维斯（Linda Weiss）和约翰·M. 霍布森（John M. Hobson）在所著的《国家与经济发展——一个比较及历史性的分析》一书中所说，"它既有大众化又有学术性"[1]。

---

[1] ［澳］琳达·维斯、约翰·M. 霍布森：《国家与经济发展——一个比较及历史性的分析》，黄兆辉等译，吉林出版集团2009年版，第152页。

东亚经济的发展并未带来日裔美籍学者弗朗西斯·福山（Francis Fukuyama）所预言的"历史的终结"❶以及自由民主制的胜利。而新加坡在政治体制和宣扬亚洲价值观上的表现以及李光耀在国际社会上与西方各界的论战让新加坡成为东西方常常讨论的热点国家。在东亚背景下，新加坡表现得尤为突出而又独特。

第二次世界大战之后，随着后发展国家的兴起，政治发展研究尤其是后殖民国家的政治发展，成为比较政治学研究的热门议题。现实中，后发展国家的政治发展并不是一帆风顺的。后发展国家的政治发展经历了不同的发展模式和道路。西方国家的政治发展基本上是内生的、延续的、自发的一元化发展模式，即制度和价值很大程度上生发自西方内部，政治精英在政治价值的指导下建构了相应的政治制度。而后发展国家在政治发展过程中除了保留自身的传统，还深受西方政治价值和政治制度的示范影响。在本土与外来、传统与现代的影响下，后发展国家的政治发展大致形成了两条路径：一是诸如日本等国较为顺利地实现了现代化，这一转型的成功在很大程度上得益于他们较好地处理了西方现代政治价值、政治制度与本国传统的关系问题；而另一路径中的大多数国家未能处理好这一关系，从而形成了循环式的政治发展即权威主义政治与民主政治交替、交叉的模式。后者虽然借鉴了西方的政治价值、政治制度，在形式上建构了现代的政治体制，但是在实际过程中却回避传统政治价值与政治制度，从而造成了政治发展的二元化状况。后发展国家很容易出现政治价值的二元化问题，即"从西方传播而来的自由、平等、主权在民等政治价值

---

❶ [美] 弗朗西斯·福山：《历史的终结及最后之人》，黄胜强等译，中国社会科学出版社2008年版。

与本国的传统政治价值之间形成了二元格局"。❶

如何处理这种二元化的政治发展困境是后发展国家面临的一个重大问题。后发展国家当前所面临的诸多政治发展挑战与国家治理困境在很大程度上是由于现代西方政治价值与传统政治价值的冲突及其带来的实际政治过程的二元化所导致的。即便是西方发达国家其发展也要积极应对政治价值与政治制度的互动及其调适问题,而后发展国家更要重视二者的关系问题。一国的政治发展不仅要在国家治理体系尤其是制度建设上形成适合自身国情的体制,而且也要在政治价值建构上挖掘本土价值,合理借鉴外来价值。

目前,学界有关政治发展的研究在很大程度上仍局限于政治制度,尚未深入关注政治价值与政治制度的互动关系。那么,政治价值与政治制度之间存在怎样的互动关系?后发展国家与地区如何处理政治价值与政治制度互动中存在的二元化问题?本书尝试引入政治价值与政治制度互动的视角并以新加坡为个案分析其政治发展的进程与内涵,进而揭示其对后发展国家与地区的启示。

二、研究评述及可能的创新之处与难点

总体来看,研究新加坡的文献可以说是非常丰硕。东亚崛起尤其是新加坡在经济和政治制度上的表现所带来的学术热潮至今仍未停息。其中的原因在很大程度上是由于东亚这一地区的发展导致了经典现代化理论和依附论在解释范围上的乏力,在解释力度上的欠缺。可以说,东亚发展基本上终结了经典现代化理论和

---

❶ 赵虎吉:《重构政治价值:中国政治发展的内在属性与发展逻辑》,载《学习与探索》2011 年第 1 期。

依附论，同时也带来了对这一地区的学术探究。学术界试图建立新的理论范式来解释东亚奇迹，并产生了多元化的理论解释取向，在争论中又带来了更多的问题和对东亚地区更多的关注和研究。

其中，首要的议题就是政体及其发展道路问题。新加坡到底属于何种体制仍众说纷纭，有的学者认为新加坡是"威权"❶ 政体，但是属于何种威权政体也是存在诸多观点；有的学者和政治家认为新加坡是民主政体，但是如何判断新加坡的民主政体，新加坡到底属于何种民主形式也未达成共识。这都引发了后来者对新加坡政治发展道路的探讨，也说明了新加坡确实对西式民主形成了重要的挑战，这带来了重新反思民主评判标准以及西式民主普适性的机会。

第二个议题在于"亚洲价值观"。从文献梳理来看，"亚洲价值观"这一概念也存在着较大的争议，西方学者普遍指责这一概念其实是为东亚威权统治辩护，但是他们未能深入地考察这一概念的本质、起源及其所反映的深层次问题，那就是东方价值观对西方价值观普适性的挑战。东亚有着独特的文化背景，如何看待这一文化背景、如何挖掘本土性的政治价值来应对时代的挑战是需要重点研究的问题。另一方面，东西方对亚洲价值观的高度关注在一定程度上忽视了新加坡多元政治价值的现实，虽然关注到了其中本土价值与外来价值的冲突，但是未能注意到新加坡所力图实现的价值一元化。

第三个议题是大多数文献并没有关注到的后发展国家与地区在政治价值与政治制度上的二元化状况，即外来的与本土的关系

---

❶ 威权亦权威，来自权威主义（authoritarianism）或翻译为威权主义，由西方学者在 20 世纪 30 年代提出，主要是为了与极权主义相对应。中国学者在 80 年代曾提出新权威主义，后来被应用于东亚和拉美政治体制。

问题。如何处理好这种二元化状况,使其向一元化的方向融合是后发展国家政治发展的重点。而新加坡在这方面处理得较好,成为后发展国家与地区的典范,其经验值得总结。

具体而言,东西方对东亚和新加坡研究的文献还存在着如下几个问题:一是整体研究中缺乏具体分析。东西方关于新加坡研究的文献从总体来看偏重于对东亚地区以及新加坡的发展进行一个总的概括,倾向于用一个普遍主义的理论框架来解释东亚发展与新加坡奇迹。这是东西方研究文献中共有的一个缺陷。普遍主义的不足就在于它无法区分事物内部之间的具体因素和相互联系,缺乏历史情境下的具体分析。东亚看似具有很大的相似性,其实内部存在着巨大的差别:每个国家和地区存在着各自的历史背景和发展阶段、国家和地区之间存在着差别、一个国家和地区内部的不同时期也存在着重要的发展差异。具体到新加坡来说,新加坡的发展经历了几个重要的阶段,虽然李光耀的影响持续至今,但是李光耀本身的思想也有着一个变化的过程。吴作栋和李显龙在新加坡政治发展过程中也起到了重要作用,他们在治国中也体现了自身的理念和实践。另外,普遍主义的观点无法解释新加坡自20世纪80年代以来经历经济危机和民主化浪潮之后的持续性发展和政治体制的延续与稳定问题。虽然新加坡的研究文献涉及政治、社会、经济等方方面面,但是缺乏对这些方面内在关系的深入研究,这是新加坡研究中存在的一个薄弱环节。二是静态研究中缺乏动态分析。整体研究的普遍主义取向导致的一个后果就是静态分析,缺乏历时性分析和动态分析。对东亚奇迹和新加坡奇迹的整体分析,忽视了东亚尤其是新加坡发展的历史阶段性。历史是单向的、不会重复发生的,这就注定了每个阶段是每一历史情境下的产物,各有其特点。新加坡存在着一个历史变迁的过程,这一变迁有着阶段性的特点。此外，新加坡的地理位置使其易受地缘政治与世界政治的影响。尤其是20世纪80年代以来世界范围内发生了一系列的事件对新加坡产生了巨大的影响，新加坡在这一时段如何应对这些影响决定了它之后的发展道路。关键时段前后不同历史阶段的比较分析也比较容易得出因果关系。詹姆斯·马洪尼（James Mahoney）和迪特里希·鲁施迈耶（Dietrich Rueschemeyer）认为比较历史分析"致力于探索因果关系，重视历史顺序和过程，应用比较案例方法"[1]，而新加坡研究在这方面还有所欠缺。

综上，本书可能的创新点在于：一是对新加坡进行个案的比较历史分析。以往的研究大多集中于对新加坡进行整体的静态化的考察，得出的结论容易绝对化。相关静态研究中焦点往往在李光耀身上，但是我们要看到吴作栋和李显龙在20世纪90年代以来对新加坡的改造以及2020年大选之后的发展演进。通过对新加坡不同时期的比较分析和动态分析，可以看到新加坡的政治发展存在着一个既保持连续性又存在着开放性的过程。二是本书试图抛弃"亚洲价值观"这一争议较大的概念，从较为中立的政治价值角度入手，具体从政治价值、政治制度及其互动的系统角度来分析新加坡的政治发展。三是本书在新加坡政治制度上着重分析新加坡的体制特性。西式民主并不是具有普遍性的，东亚尤其是新加坡的民主表现挑战了西式民主的普遍性，判断民主的标准并不应该只以西方为典范，必须考虑到东亚国家的"地方性知识"。四是本书用政治价值与政治制度互动的新视角来分析政治发展问题。以往的政治发展研究偏重于对政治制度和政治民主的分析，而将政治文化视为单独的变量，成为与政治发展并行的理论。政治发

---

[1] James Mahoney & Dietrich Rueschemeyer, *Comparative Historical Analysis in the Social Sciences*, Cambridge University Press, 2003, p. 11 – 13.

展并不只是政治制度的发展,背后有着更深层次政治价值的影响。从政治价值与政治制度互动的角度来分析新加坡的政治发展问题,在分析视角上是一个创新之处。

由于个案研究本身就存在着一些缺陷❶,尤其是个案研究并不能很好地回答变量之间的因果关系。因此,本书的难点之一就在于如何理清政治价值与政治制度之间的互动关系。本书的分析对象并非单一的变量,而是政治价值、政治制度与政治发展等较为复杂的概念与过程。正如查尔斯·蒂利(Charles Tilly)在《欧洲的抗争与民主(1650—2000)》中所说明的他写作该书时的困难之一就是纵横交错的层次,他解释道:"我认识到关键不在于为一个单一变量提供间接、自洽的解释,而是在多个层次上展开一个复杂的过程。其结果是,提供的证据反复改变着分析的层次,但每个层次的证据都是不完整的。"❷本书主题虽然不同于蒂利的上述作品,但是也面临着分析要素和层次的复杂性困难。本书的难点之二在于文献资料。文献是任何著作与文章的基础和生命。研究东亚与新加坡的资料浩如烟海,而这些资料参差不齐:有的是对新加坡实地考察和认真观察基础上而写成的,有的则是对二手资料的再次梳理。如何选择文献而不至于遗漏重要的资料成为本书写作的难点之一。本书的难点之三在于如何定义新加坡的体制及其政治发展道路,尤其是如何将东亚关于民主的理解融入全球性民主的谱系中来。本书在占有大量相关文献基础上尝试建构新的分析框架梳理并总结新加坡的政治发展道路及其体制特征,力图

---

❶ See Barbara Geddes, *Paradigms and Sand Castles: Theory Building and Research Design in Comparative Politics*, The University of Michigan Press, 2003, p. 116 – 137.

❷ [美]查尔斯·蒂利:《欧洲的抗争与民主(1650—2000)》,陈周旺等译,上海人民出版社2008年版,前言第2页。

从一个新角度呈现出较为全面的新加坡研究。

三、概念界定

1. 价值与政治价值

价值一词最初是经济学的概念，指商品交换中用来衡量交换的物品对于交换者的利益感受的一种依据。因此，价值是与商品的有用性或者有效性联系在一起的。这种有用性或有效性是由人作为主体来感知和确定的。因此，对价值的理解，很多人是从主体（人）和客体（物或商品）的统一来理解的。马克思认为价值"这个普遍的概念是从人们对待满足他们需要的外界物的关系中产生的"❶。于是，价值泛指客体之于主体所表现出来的积极意义和有用性。

在哲学领域中，对价值的探讨在很大程度上也遵从这种主客体的分析方法。如研究价值论的著名学者李德顺在《价值论》中认为，"价值作为一个哲学范畴，必然有其普遍的客观基础和表现形式。这个普遍的基础和存在形式，正是人类一种普遍的基本关系——主客体关系的一个方面，即：在主客体相互作用中，由于主体及其内在尺度的作用，使客体趋向于主体，接近主体，客体主体化，客体为主体的需要及其发展服务"，"价值是一种关系现象，价值是作为一种特定的关系态或关系质而产生和存在的；价值的客观基础，是人类生命活动即社会实践所特有的对象性关系——主客体关系，价值是这种关系的基本内容和要素；价值产生于人按照自己的尺度去认识世界改造世界的现实活动；价值的本质，是客体属性同人的主体尺度之间的一种统一，是世界对人

---

❶《马克思恩格斯全集》（第19卷），人民出版社1998年版，第406页。

的意义。"❶

对政治价值的界定也受到这种主客体认识论的影响，如丁志刚在《政治价值研究论纲》一文中就认为："所谓政治价值就是表示政治主客体关系的一个范畴，它指的是政治客体对政治主体需要的满足程度，即包括政治个体和政治组织在内的政治人（政治主体）对政治生活的需求。"❷ 还有些学者对政治价值的研究遵从着政治文化和政治哲学的角度。从政治文化的角度界定政治价值主要是将政治价值视为政治文化的核心和重要组成部分，如孙关宏和胡雨春主编的《政治学》将政治价值界定为"政治文化的核心部分"，它"就是社会成员对待政治系统、政治事件以及政治活动的态度和行为取向"。❸ 从政治哲学角度来界定政治价值则主要关注的是对政治本源和本真性问题的追问和探讨，如戴木才将政治价值分为实质价值和形式价值，而实质价值就是"探讨政治的内在本质和终极价值"❹。桑玉成和商红日也认为"政治价值是人们对政治生活本源意义的确定"❺。从政治文化的角度和从政治哲学的角度来界定政治价值并不是相互排斥的，只是角度的不同。

政治价值也可以说是价值的一般性在政治领域的个别体现。政治价值是价值的一个组成部分，必然具有价值的一般性特征。因此，可以将政治价值理解为政治主体对于当下政治实践的理解感受，也可以理解为政治主体对政治生活的和政治活动的应然性领悟以及对政治本源性的追问和对理想政治活动的探求。这样一

---

❶ 李德顺：《价值论》，中国人民大学出版社2007年版，第35 – 37页。
❷ 丁志刚：《政治价值研究论纲》，载《政治学研究》2004年第3期。
❸ 孙关宏、胡雨春主编：《政治学》，复旦大学出版社2005年版，第227、229页。
❹ 戴木才：《政治价值基础及其维度》，载《哲学研究》2005年第8期。
❺ 桑玉成、商红日：《政治价值、意识形态和政治信仰——关于当代中国政治哲学基本问题的断想》，载《江苏行政学院学报》2002年第4期。

来，政治价值便具有了现实领悟和应然追求的双重意义。它有对政治实践的本真性的追求，也有政治客体之于政治主体的效用性的理解。

政治价值和政治价值观都是对 political values 的中译，在目前看来，国内研究不作区分，指的都是一个概念。政治价值是一个系统的概念，是基于政治实践基础之上的系统的、有着自身结构的一整套的体系，包含着民主、平等、自由，这些具体的政治价值。因而，一国的政治价值并不是单一的，而是以一种复杂的系统形式存在的。政治价值体系可以说是"人们围绕着政治价值取舍而形成的一套有关人类公共生活应然性的观念体系"❶。意识形态也是一种观念体系，那么政治价值体系和意识形态存在着什么样的区别？正如卡尔·曼海姆（Karl Mannheim）所说："对多数人来说，意识形态这一术语与马克思主义者密切相关，他们也主要是从这一关联来看待这一术语的。"❷尽管马克思主义者对意识形态的陈述作了重要的贡献，但是这个词语的含义远比马克思主义的历史更为悠久。西方对意识形态的理解实质上对政治价值体系的理解并没有实质性的区别，如丹尼尔·贝尔在《意识形态的衰落》一书中所谓的意识形态实际上就是对 20 世纪 50 年代美国政治观念的考察。

2. 制度与政治制度

关于制度的定义，制度经济学给予了充分的关注和界定，集中体现于道格拉斯·C. 诺思（Douglass C. North）的《制度、制度

---

❶ 张铭：《政治价值体系建构：理论、历史与方法》，社会科学文献出版社 2012 年版，第 45 页。
❷ ［德］卡尔·曼海姆：《意识形态与乌托邦》，黎鸣等译，商务印书馆 2000 年版，第 56 页。

变迁与经济绩效》。诺思认为:"制度是一个社会的博弈规则,或者更规范地说,它们是一些人为设计的、型塑人们互动关系的约束。从而,制度构造了人们在政治、社会或经济领域里交换的激励""制度通过为人们提供日常生活中的规则来减少不确定性",制度有正式与非正式之分。❶ 非正式制度有行事准则、行为规范以及惯例等,而正式的制度则包括政治和司法规则、经济规则和契约等。制度经济学的制度概念随后被引入新制度主义政治学中来,如历史制度主义将制度界定为嵌入政体或政治经济组织结构中的正式或非正式的程序、规则、规范和惯例。❷

而马克思主义则从阶级性的角度来定义政治制度,认为政治制度是统治阶级实现和维护其统治的工具,在具体的制度形态上包括政党制度、选举制度和行政制度等。王浦劬就利用马克思主义的分析方法将政治制度界定为:"政治权力按照不同的利益要求,为实现社会政治的有序运行而对各种政治力量之间的关系和活动方式所作的法定规约,它既包括根本政治制度及其构成原则,又包括具体政治制度及其构成原则;它具有特定范围内的法定性和规约性,同时,又是相对严密和稳定的"❸。

总体而言,学界对政治制度的界定都关注其权威性、稳定性以及合法性,具有正式与非正式之分。政治制度总体来说就是各类用来规范政治参与主体的正式以及非正式的规则、惯例和程序等的总称。本书关注广义的政治制度,不仅会关注国会制度、政党制度、选举制度和立法制度等,而且还关注制度的实际运行

---

❶ [美]道格拉斯·C. 诺思:《制度、制度变迁与经济绩效》,杭行译,上海人民出版社 2008 年版,第 3、4 页。
❷ G. John Ikenberry, *The State and American Foreign Economic Policy*, Cornell University Press, 1988, p. 19.
❸ 王浦劬:《政治学基础》,北京大学出版社 1995 年版,第 233 页。

过程。

3. 一元化与二元化

本书涉及的另两个核心的概念是一元化与二元化。这两个概念指向的是后发展国家与地区的本土政治价值和政治制度在与外来的现代的政治价值与政治制度相共存时所出现的关系问题。

所谓一元化，主要是指由多样、多元向统一、集中发展。一元指的是一个中心、一个本原的意思。一元化并不否定多元，而是强调任何事物应该有一个中心。在涉及价值的一元与多元的关系问题上，可以发现"人类文明史经历了一个从多元价值追求到一元价值追求再从一元价值追求正在走向行为规范一元化与价值追求多元化并存的过程"，尤其是"近代西方发生的海外扩张和殖民主义更是一次旷日持久、影响深远的力图使西方文明征服和取代其他文明，使西方价值体系覆盖全球的价值一元化运动"。❶ 这种一元化是西方价值扩展后试图取代其他价值的过程。

然而，后发展国家与地区的传统的、本土的政治价值并不容易被全盘消除。文化价值具有长期性，已经深入一个国家民众的生活和心理之中。因而，西方价值在后发展国家、地区的传播与本土性的传统价值会出现不一致乃至两种价值对立冲突的状况。借用英国著名经济学家刘易斯（W. A. Lewis）阐述的一国之中存在传统与现代两个经济部门并行的二元经济结构，我们将后发展国家与地区中存在的西方传播来的现代价值与本土的传统价值之间的并立和不一致现象称为价值的二元化。"政治价值的二元化，

---

❶ 江畅：《价值追求的多元化与行为规范的一元化——论世界和谐的基本格局》，载《哲学世界》2007 年第 1 期。

即从西方传播而来的自由、平等、主权在民等政治价值与本国的传统政治价值之间形成了二元格局。"❶ 这种价值的二元化很容易带来价值的冲突，不利于凝聚共识，尤其是不利于后发展国家与地区的现代化转型和政治发展。一国与地区的政治价值尤其是指导思想必须实现一元化。陈先达先生认为，指导思想必须实现一元化，这种一元化并不是"文化专制主义"，多种思想仍可以并存。❷

价值之间存在着二元化与一元化的情况，而制度内部以及政治价值与政治制度互动时往往也容易存在着一元化与二元化的状况。政治制度之间的二元化在很大程度上是指后发展国家与地区受西方影响以及移植、学习西方经验形成一套完整的政治制度的同时，在实际的政治过程并没有完全落实这套制度而是收紧权力、保障秩序与统治，从而造成了制度形式与过程的二元化。政治制度形式与过程的二元化在一定程度上也与外来与本土政治价值的二元化有关，最后也会导致政治价值与政治制度互动的复杂二元化情况。后发展国家与地区政治发展的主要任务之一是融合上述的二元化，力图走向互动的一元化。

四、研究方法

政治学研究范围大体上可以分为政治哲学和政治科学，从而使政治学形成了两种主要的分析方法：规范分析方法和经验分析方法。规范分析方法所要研究的是价值性的"应该怎样"的问题，

---

❶ 赵虎吉：《重构政治价值：中国政治发展的内在属性与发展逻辑》，载《学习与探索》2011 年第 1 期。
❷ 陈先达：《马克思主义的指导地位不能动摇——论指导思想一元化与多种思想并存问题》，载《前线》2000 年第 11 期。

而经验分析方法所要研究的是工具性的"是什么"的问题。两种分析方法虽然一度互相排斥，但是随着价值中立以及主客体的完全分离被证伪之后，政治学的经验分析方法和规范分析方法实现了统一。❶ 本书的分析对象既包括政治价值又包括政治制度具体的发展演进与运行过程，致力于同时回答了"应该怎样"和"是什么"这两个问题。因此，从分析方法上而言，本书是一种规范分析和经验分析的结合。

在具体的研究方法上，历史制度主义是当下政治学研究最重要的方法之一。历史制度主义关注制度的重要作用，尤其是制度如何影响行为；历史制度主义关注历史的变迁，注重历史进程下制度的路径依赖特点，制度会随着时间的变化而持续存在。历史制度主义是一种中层意义上的制度分析，也就是通过中间层次的制度来联结宏观层面上的社会经济背景和微观层面上的政治行为与制度过程。历史制度主义不仅考察历史变迁视野下的制度演变，而且还关注制度结构背后的宏观背景，关注偶然因素的分析，关注文化因素对制度的作用。

历史制度主义在展开历时分析时最常用的具体方法就是比较历史分析。比较历史分析的方法有多种，既可以进行多个案例的平行比较，也可以进行单个案例内不同历史时期的比较。

本书以新加坡作为个案研究的对象，考察新加坡政治发展过程中政治价值、政治制度的演变，涉及的都是历史制度主义的关键概念和重要方法，所以选择使用历史制度主义这一研究方法并运用到整个分析过程当中。一方面，新加坡的政治发展可以被划分为几个重要的历史时期，因而用历史分析的视野和方法考察新

---

❶ 张铭、严强主编：《政治学方法论》，苏州大学出版社2000年版，第1–53页。

加坡政治发展过程中政治价值的演变及其对新加坡政治制度产生的影响，同时又可以在历史演变的分析中考察政治制度的变迁。这同时意味着新加坡政治发展的历史既是一种分析背景，又可以作为一种影响制度变迁的重要因素。另一方面，我们将从中观的角度重点分析新加坡政治制度的形成、内涵及其演变，并从路径依赖的角度考察新加坡不同历史时期政治制度的连续性。在将新加坡政治发展历史进行分期的同时，我们致力于着重比较不同历史时期新加坡政治价值与政治制度的互动演变及其内在的重要意义。基于此，本书将主要运用历史制度主义的研究方法对新加坡的政治发展展开详细的比较历史分析。

五、行文逻辑与章节结构

本书采用典型的比较政治学的研究设计，主要行文逻辑包括以下几个步骤：研究问题的提出、理论框架的建构、案例的选择与说明、时间段的划分与选取、案例的具体分析、理论的再次梳理，最后是结论的得出，以验证问题和理论。[1]（参见图1）因而，本书的章节结构如下：

在绪论中主要提出问题，并对问题所涉及的文献进行评述，分析本书可能存在的创新之处和写作难点，交代本书的研究方法、主要概念以及写作思路。

第一章主要是建立理论框架。第一章主要从梳理西方政治发展理论的范式演变中，分析这一理论的内在缺陷，从而引入政治价值与政治制度互动的视角来分析政治发展。因而，这一章对政治价值与政治制度互动的关系模式进行了阐述，分析了政治价值

---

[1] [美]尼考劳斯·扎哈里亚迪斯：《比较政治学：理论、案例与方法》，宁骚等译，北京大学出版社2008年版，第20-26页。

和政治制度的具体类型和表现内容,力图解释为什么选择新加坡作为个案分析和研究的对象,并将新加坡自独立以来的政治发展时期划分为李光耀时期和后李光耀时期。

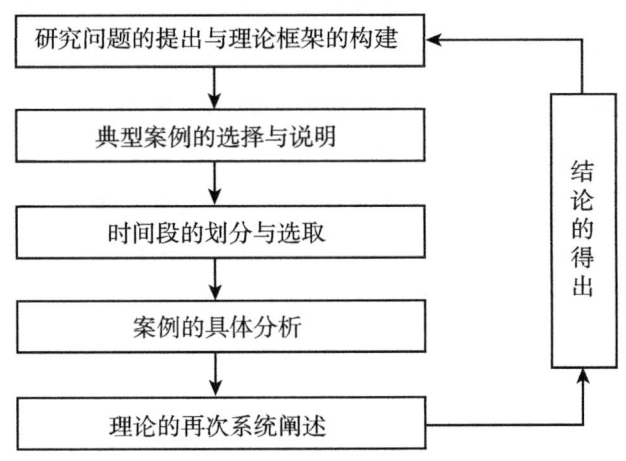

图 1 本书的逻辑结构

第二章是李光耀时期新加坡政治价值与政治制度的互动。本章着重分析了新加坡建国之后在政治制度方面的国家构建,以及指导制度建设的政治价值。总体来说,新加坡在李光耀时期形成的生存主义、实用主义、精英主义和国家主义决定了政治制度的移植与精英政治的建立,反过来这些政治制度的运转又对这些政治价值起到了巩固的作用。这一时期新加坡政治价值从类型上可以被总结为发展导向的政治价值,这一类型特征也导致了东西方政治价值并未上升为国家最高层的政治层面而只存在于其他层面。发展型政治价值倡导的是权力的集中与国家的发展,因而无力解决社会层面多元价值的冲突以及政治制度形式与实际过程的不一致,从而造成了政治价值与政治制度互动的二元化。

第三章是后李光耀时期新加坡政治价值与政治制度的互动。

从李光耀时期向后李光耀时期的转变是新加坡政治发展史上比较重要的时刻。进入到后李光耀时期，在国内外一系列环境和因素的影响下，新加坡的政治价值和政治制度进行了一系列的调整。原有实用主义政治价值的衰落带来了政治价值的重构，新加坡挖掘了儒家共同体主义和民本主义等要素来融合东西方政治价值，在政治制度上形成了以集选区制度为代表的独具特色的"托管式民主"，之前存在的政治价值与政治制度的二元化逐渐向一元化方向发展。

第四章分析新常态下新加坡政治价值与政治制度的互动。自2011年大选以来，新加坡社会政治结构出现新的变化，进入"新常态"，促使新加坡刮起改革风，进行政策调整。新常态凸显了新加坡政治价值与政治制度存在的一些问题与不足。因而，新加坡未来政治发展必须要在儒学思想的现代解读与政治价值的自我调整、政治制度化等方面着手，实现政治价值与政治制度互动的平衡与稳定。

第五章为结论与启示。从李光耀时期到后李光耀时期，新加坡政治发展是政治价值、政治制度及其互动从二元化向一元化融合的过程。这一融合的过程是新加坡从儒家传统政治价值中挖掘出共同体主义来融合东西政治价值的冲突，从而走出一条既现代化又不西化的政治发展道路。后发展国家与地区的政治发展必须处理本土政治价值和政治制度与外来政治价值与政治制度的二元化情况，在这一方面新加坡的政治发展模式具有重要的启示意义。

CHAPTER 01 >> 第一章
政治发展的理论基础与分析框架

进入21世纪以来,世界政治发展风云变幻。不论是后发展国家的政治发展,还是老牌发达资本主义国家的民主体制都在政治发展的过程中出现了一些问题。从北非到东欧,从中东到远东,从北美到南美,不论是那些曾经较为顺利还是较为艰难地实现现代化转型以及政治民主化的国家和地区,如今大部分都遭遇了政治发展的危机和衰败。

从经历了"阿拉伯之春"的北非和中东国家到实现了"颜色革命"的东欧国家,这些国家和地区曾庆幸自己成功地移植了西式政治体制,现今也出现了诸如政治动乱、广场革命、社会运动等的种种问题。曾经被看好的第三波自由民主化浪潮涌现过后终究还是出现了亨廷顿所说的"民主衰退"。参与第三波民主化的国家中,约有五分之一,不是回复到威权主义,就是其民主制度遭受严重侵蚀。❶ 政治

---

❶ [美] 弗朗西斯·福山:《政治秩序的起源:从前人类时代到法国大革命》,毛俊杰译,广西师范大学出版社2012年版,第4页。

发展的危机带来的政治焦虑症正在后发展国家中普遍蔓延。

就连诸如英美的老牌民主国家本身也正在经历政治制度的衰败。"貌似一直都具有新闻的敏感性,似乎总把握住世界政治的热点,并发现问题、提出问题"❶ 的著名学者福山很早就开始观察和思考后发展国家以及作为老牌民主国家美国的政治衰败问题,近十年来他在《政治秩序的起源》《政治秩序与政治衰败》等一系列著作和文章中基于对美国总统、国会、财政、既得利益集团与选举政治等方面的观察作出了演进性的判断:"美国政治制度可能正面临其适应能力的重大挑战"❷;美国日益变成了一个"否决制国家",政治与政党的极端化、两极化现象日益突出❸;从2016年总统选举以来重新审视特朗普时代的美国政治衰败问题,其恶化的过程以惊人的速度和此前难以预料的规模继续进行着,政治极化不断升级为无法调和的状态❹。一系列的政治现实也让国外主流媒体开始集体发声,从2014年具有西方"夜莺歌手"之称的《经济学人》杂志刊登封面文章《西方民主病在哪儿?》❺以来,相关报道见诸网络。国内有学者甚至指出:"2014年可能是全球反思民主发展的一个开端"❻。基于身份政治、认同政治、选举民主的美国

---

❶ 邵梓捷:《福山的新声音:什么是治理?》,载《中国青年报》2013年12月23日。
❷ [美] 弗朗西斯·福山:《政治秩序的起源:从前人类时代到法国大革命》,毛俊杰译,广西师范大学出版社2012年版,第7页。
❸ [美] 弗朗西斯·福山:《政治秩序与政治衰败:从工业革命到民主全球化》,毛俊杰译,广西师范大学出版社2015年版,第445—460页。
❹ Francis FuKuyama, Rotten to the Core? How America's Political Decay Accelerated During the Trump Era, *Foreign Affairs* (2021).
❺ *What's Gone Wrong with Democracy*, The Economist (Mar. 1, 2014), http://www.economist.com/news/essays/21596796-democracy-was-most-successful-political-idea-20th-century-why-has-it-run-trouble-and-what-can-be-do.
❻ 寒竹:《西方民主的移植为何深陷泥潭?》,载观察者网,http://www.guancha.cn/han-zhu/2014_04_04_219471.shtml。

政治极化研究成为观察美国政治衰败、反思美国民主体制的重要切入点。❶

后发展国家政治发展的危机与动乱以及美国政衰败等一系列的政治焦虑症提供了一次重新检视西方式民主体制和西方政治发展理论的绝好机会。但是，我们应该如何反思，从何反思，反思什么，这些是值得深思的问题。福山就从现实出发重返历史，从古至今试图追溯政治秩序的起源，来分析政治制度分化组合的要素，建立解释良治政治秩序运行的框架。我们不仅要看到老牌民主国家政治制度的衰败，更应注意后发展国家的政治发展。"同时代性"和"同地域性"让新兴后发展国家的经历和问题更为相似，其中的经验和教训更值得互相借鉴和汲取。

反思政治发展不能仅仅偏重于对政治制度的考察。无论是西方国家，还是后发展国家，只注重形式上政治制度的建设，而不注重政治价值的重构与融合，可能是带来政治衰败的重要原因。亨廷顿的《文明的冲突》一书虽然引来了众多的反驳，但是他对后发展国家本土性价值与西方价值的文明冲突的观点引发了我们对政治发展中政治价值的思考。后发展国家有着深厚的本土性的传统文化，如何使其与现代制度对接实现现代性转化，并在此过程中走出一条既现代化的又不同于西方的政治发展道路是后发展国家的重要课题和未来选择。

通过案例的比较，可以发现新加坡正在走出一条既现代化又非西化的政治发展道路。它继承了英国的议会民主制的形式，但是又形成了独具本国特色的政治制度。它虽然深受西方文化的影

---

❶ Nancy Bermeo, Reflections: Can American Democracy Still Be Saved? 681 *Annals of the American Academy of Political and Social Science* 228 (2019). 孙存良:《选举民主与美国政治极化研究》，世界知识出版社 2020 年版。

响，但是从根本上在延续本土传统政治价值尤其是儒家政治价值的同时又借鉴融合了西方的政治价值。正如有学者所认为的，经过调适的"儒学似乎能够回答这一问题，即如何使一个社会实现现代化但又不同于西方"❶。新加坡通过政治价值与政治制度的互动实现了政治发展的稳定。我们有必要通过解剖新加坡这一"麻雀"个案，来深入分析政治价值与政治制度的互动及其是如何影响政治发展的。

第一节　政治发展阐释：政治价值、政治制度及其互动

一、西方政治发展理论的范式演变及其内在缺陷

对于什么是政治发展，研究者并无统一的界定，阿尔蒙德、派伊、亨廷顿等著名政治发展理论家都有过界定与相应的阐述。例如，派伊就对政治发展的概念作了十个方面的梳理❷，提及W. W. 罗斯托（Walt Whitman Rostow）、戴维·E. 阿普特（Davide E. Apter）、詹姆斯·科尔曼（James S. Coleman）、阿尔蒙德、西摩·马丁·李普塞特（Seymour Martin Lipset）、卡尔·多伊奇（Karl Deutch）、爱德华·希尔斯（Edward Shils）、理查德·爱默森（Richard M. Emerson）、约瑟夫·拉帕隆巴拉（Joseph LaPalombara）、帕森斯

---

❶ Diane K. Mauzy & R. S. Miline, *Singapore Politics under the People's Action Party*, Routlege, 2002, p. 58.
❷ [美] 卢西恩·W. 派伊：《政治发展面面观》，任晓等译，天津人民出版社2009年版，第47–65页。

(Talcott Parsons)、S. N. 艾森斯塔德（S. N. Eisenstadt）等人的观点，较具代表性。李元书曾搜集了中外对政治发展的 30 种定义，从而归纳了政治发展的八个方面。❶ 不论中西，这些不同的定义都是对政治变迁的观察，其重点放在政治体制的变迁尤其是侧重于对政治民主化的重视，这也导致很多人用民主化来涵盖政治发展的所有特点。民主、经济、社会和政治发展之间存在着复杂的相关关系。现实政治的复杂性与不同的发展阶段不可能产生统一的政治发展理解，因而形成了不同的政治发展流派和理论范式。

（一）西方政治发展理论阐释的范式演变

政治发展研究始于第二次世界大战后。一大批新兴国家的独立和发展改变了世界政治的原有格局，多样化的发展趋势使原有解释西方国家政治体制的理论开始与现实脱节。为了预测后发展国家的发展并为其西式道路与理论的指引，西方基于自身的经验逐渐形成和发展了一套解释第三世界的政治发展理论。

受到当时兴起并占主导地位的行为主义方法论的影响，政治发展理论一产生就形成了当时的主流范式——发展主义。"发展主义被界定为这样一种研究途径：伴随着一群新的后殖民国家登上世界舞台，比较政治学开始关注发展中国家，并努力创造出一种模式来帮助我们理解它们的政治演化，这种途径与模式被称为发展主义。"❷ 发展主义范式得益于经济学家、人类学家、社会学家和政治学家的共同注解。发展首先被视为经济发展的问题而

---

❶ 李元书：《政治发展的涵义、特征和研究意义》，载《学习与探索》1996 年第 6 期。

❷ ［美］霍华德·威亚尔达：《比较政治研究的新方向》，李培元等译，台北，韦伯文化国际出版有限公司 2005 年版，第 260 页。转引自曾毅：《比较政治研究中的发展主义路径》，载《社会科学研究》2011 年第 1 期。

由经济学家所阐述，其中最为著名的当数罗斯托的《经济增长的阶段——非共产党宣言》，其主要观点是所有国家的发展都要经过传统、起飞、成熟等五个阶段的经济增长才能带来政治发展。这几个阶段是普遍的，是根据欧美发展模式得出的，发展中国家注定会沿着这条道路前进。❶ 人类学家承认不同文化的独特性，但是认为不同的文化会通过相同的进程达至发展和现代化，这一观点的是由福特基金会的弗朗西斯·萨顿（Francis X. Sutton）提出，直接影响到了阿尔蒙德等政治学家。❷ 社会学的解释以帕森斯和李普塞特为代表，帕森斯建立了一套传统——现代的模式变量分析的宏大普适理论，而李普塞特则提出了经济发展带来民主的经典命题❸，成为得到普遍认同的发展主义的核心共识。正是上述多学科的探讨奠定了政治学对发展主义的集大成者的地位，这其中以阿尔蒙德和社会科学研究委员会比较政治学分会（SSRC/CCP）❹ 为首。阿尔蒙德于1960年主编的《发展中地区的政治》一书是发展主义的开创性著作，在此书中他采用了伊斯顿（David Easton）的系统方法和帕森斯的模式变量，提出了投入和产出的七种功能，建立了一套结构功能主义的政治体系的模型，并视其为研究所有国家的普世有效的方法。❺ 尽管后来阿尔蒙德在《比较

---

❶ [美] W. W. 罗斯托：《经济增长的阶段——非共产党宣言》，郭熙保等译，中国社会科学出版社2001年版。
❷ See Howard J. Wiarda, *Political Development in Emerging Nations—Is There Still a Third World*?, Tomas Learning, 2004, p. 35.
❸ Seymour M. Lipset, Some Social Requisites of Democracy: Economic Development and Political Legitimacy, 53 *American Political Science Review* 69 (1959).
❹ 阿尔蒙德当时担任比较政治学分会的主席，在其后的十年中，阿尔蒙德的这套方法主导了对发展中国家的研究。
❺ Gabriel A. Almond & James S. Coleman, eds., *The Politics of the Developing Areas*, Princeton University Press, 1960.

政治学：体系、过程和政策》一书中对结构功能主义进行了完善，但仍未摆脱发展主义的范式。阿尔蒙德作为当时比较政治学会的主席，他所开创的方法、培养的学生和聚集的学者武装了整整一代人前往后发展国家展开研究，涌现了大量的关于后发展国家政治发展的著作，繁荣了整个20世纪60年代的政治发展理论和实践。

在经历了20世纪60年代的繁荣之后，发展主义范式暴露出的缺陷很快遭遇了知识上和现实中的双重批判。在知识上，发展主义遭受的是对其方法、前提假设、研究路径、理论模型和价值取向的毁灭性批判。众所周知，政治发展的兴起是"区域研究和行为主义革命的两股潮流汇合在一起"❶的产物。发展主义范式的方法论根源就立基于行为主义之上。行为主义的产生为理解政治过程提供了有力的工具，但是它试图实现价值的中立，简化复杂的现实政治，用普适的方法和工具来观察政治行为，这带来了一系列的问题。发展主义力图贯彻价值中立，反而却以西方为中心，视西方的民主体制为通用的模式，将其政治模式运用到非西方国家中。在行为主义的引领下，发展主义本质上成为一种现代化理论，采用的是一种目的发展观，接受单线进化假设和"传统—现代""民主—非民主"的二元观。这些具有内在的一致性的特点都导向了经济发展直接带来民主的条件假设和非此即彼的目的论。这些都遭到了激烈的批判。科尔曼就认为发展主义范式"忽略了发展初期制度模式的多样性，默认传统和现代两端之间的运动是必然的和直线发展的，并且有一个种族歧视性的、西方为中心的

---

❶ [美]格林斯坦、波尔斯比主编：《政治学手册精选（下卷）》，储复耘译，商务印书馆1996年版，第149页。

狭隘偏见"❶。

对发展主义的知识批判在现实和经验上得到了验证。20 世纪 70 年代之后，亚、非、拉美以及中东等地发生了一系列的军事政变、威权主义及其相伴随的国家主义和统合主义浪潮，这直接推翻了发展主义关于经济发展带来民主的线性经典假设和"民主—非民主"的二元对立观，打破了"西方中心主义"的神话。亨廷顿基于后发展国家的政治现实所形成的"现代化意味着动荡"的判断尤具毁灭性，他通过观察得到的政治发展带来的往往不是稳定和民主而是政治衰朽和动乱的结论直接抨击了发展主义的线性发展观，因此被福山称为经典现代化理论的终结者。❷

这些对发展主义的批判是强有力的，是毁灭性的。发展主义的无力回击使政治发展实现了范式上的跃迁。替代性的解释不断产生并发展成熟，多元化的新方法开始取代发展主义来解释现实的政治状况。文化的解释、依附论世界体系理论、统合主义、官僚—权威主义、政治经济学、国家与社会的关系、本土关于变迁的理论、理性选择理论、制度主义等百家争鸣，但是这些方法中没有任何一种能够像发展主义那样，独享比较政治学领域内的统治地位。❸

总而言之，发展主义范式所受到的双重批判带来的这些多元化的解释方法，对发展主义或批判或补充已经使政治发展理论呈

---

❶ James S. Coleman, *The Development Syndrome: Differentiation – Equality – Capacity*, In Leonard Binder, James S. Coleman, Joseph LaPalombara, Lucian W. Pye, Sidney Verba, Myron Weiner eds., Crises and Sequences in Political Development, Princeton University Press, 1971, p. 74.
❷ ［美］塞缪尔·P. 亨廷顿：《变化社会中的政治秩序》，王冠华等译，上海人民出版社 2008 年版，序言第Ⅸ页。
❸ ［美］霍华德·威亚尔达：《比较政治学导论：概念与过程》，娄亚译，北京大学出版社 2005 年版，第 91 页。

现出欣欣向荣的景象。这些多元化的研究方法和解释路径都有着各自的代言人、追随者、鼓吹者或信仰者,这些都为政治发展研究增加了多样性和新的视角。同时,这些批判虽然使发展主义走向衰落但并没使其消失,在经历了理论上的反思和重整之后,发展主义在一些地区相当瞩目的发展和民主化浪潮的转型中又变得乐观起来,并实现了向"新发展主义"的转变。

在领军人物李普塞特的带领下,新版《民主的社会前提》以及鲁施迈耶(Dietrich Rueschemeyer)、斯蒂芬斯(Evelyne Huber Stephens)与斯蒂芬(John D. Stephen)合著的《资本主义发展与民主》借鉴制度主义修正了发展主义,虽指出发展和民主之间的复杂关系但仍对民主充满乐观,仍以西方中心主义的立场并重视民主的前提条件,提出了"发展—制度安排—民主"的命题。[1] 戴蒙德(Larry Diamond)重访现代化理论(发展主义的一个分支),得出的结论是现代化理论的中心内容是正确的。[2] 而哈葛扁(Frances Hagopian)在《重访发展政治学》一文中指出:"最好的情况下,就算现代化不是两面神,而的确能带来政治发展,这个范式仍然无力构建未来发展政治学的研究。它的自变量是已定的,排斥政治的主要作用,预设而不是找到政治发展的因果关系。社会经济现代化可能是影响政治发展的一个因素,但其他因素也可能非常重要。"[3]

尽管发展主义复兴为新发展主义,但是在多元化的研究方法和理论视角下,新发展主义再也无力一统政治发展理论的研究范

---

[1] 曾毅:《新发展主义的历史制度主义分析》,载《马克思主义与现实》2011年第2期。

[2] Larry Diamond, Economic Development and Democracy Reconsidered, 35 *American Behavioral Scientist* 450 (1992).

[3] 哈葛扁:《重访发展政治学》,载《开放时代》2006年第4期。

式。或许是哈葛扁所认为的"近年来对国家经济政策制定、政治、文化等创造性的研究表明,发展政治学最激动人心的时刻也许并非已经过去,而是尚未到来"❶。但不可否认的是,政治发展研究视角和方法的多元化趋势已成现状。在多元化的政治发展道路面前,这一现状恐很难被打破再次形成一种单一的真理体系。如何审视政治发展理论,尤其是借用何种视角和方法看待或比较某一(些)国家(地区)的政治发展是当下值得认真研究和探索的重要问题。

（二）政治发展研究的主题：政治民主与政治制度

政治发展在理论范式和研究方法上的转换和更替在一定程度上反映了政治发展研究主题的转换。从上述政治发展理论的演进来看,其主要经历了三个不同的阶段,理查德·黑格特（Richard A. Higgott）对此作了总结："第一阶段是20世纪五六十年代,主要表现为政治发展研究中的现代化理论及其对它的批判；第二个阶段是20世纪60年代末到70年代初,主要表现为对现代化理论的继续批判和依附理论的兴起；第三个阶段是1974年以来,主要呈现出两面特征：一是新马克思主义关于阶级形成的性质及第三世界后殖民时代国家的角色争论,二是作为后保守发展理论的自由理论的复兴。"❷ 因此,总体来看,政治发展理论初期是以西方模式为模板研究后发展国家向民主转型的相关问题,形成了经典现代化理论,注重研究实现民主制的前提条件,希望能够构建宏观的通用的模型,从而后发展国家以此能够实现西方式的民主制

---

❶ 哈葛扁：《重访发展政治学》，载《开放时代》2006年第4期。
❷ Richard A. Higgott, *Political Development Theory*, Croom Helm London and Canberra Press, 1983, p. 5. 转引自彭庆军：《政治发展进程中的政治平衡问题研究》，武汉大学出版社2010年版，第1-2页。

度。20世纪六七十年代后发展国家民主化的受挫以及威权主义在亚、非、拉美等广大第三世界的兴起让西方中心主义式的民主发展得到了价值祛魅，政治发展理论的研究重点转向了具体的政治变迁、政策过程以及政治稳定。20世纪70年代末以来，随着民主化浪潮的重新席卷，民主转型以及对后发展国家此前民主转型反思后形成的民主巩固又成为政治发展研究的主题。

由此，可以发现政治发展的研究领域始终离不开对民主的关注，尤其是对后发展国家民主化和民主巩固的关注。亨廷顿就指出："从50年代末到60年代初，这一领域的学者专注于民主的先决条件和民主制的发展，这里的民主几乎完全是西方模式定义的。60年代后期，研究发展问题的政治学家格外注意到政治秩序与政治稳定问题。这种状况持续了将近十年，到80年代初，向民主制过渡的问题才又被重视。"❶ 从亨廷顿相关著作的主题中就能看到这种转变的痕迹。

民主始终未曾离开政治发展研究的视野，不论是发展主义还是威权主义都是基于对民主的渴望或回避而产生的。然而，政治发展对民主的重视立基于西方民主模式。大部分政治发展理论家（尤其是欧美学者）致力于推广西式民主，推动后发展国家采取西式民主模式。在对西式民主的推崇中，制度被认为是占据民主化过程中的核心变量。从发展主义到新制度主义，"如果说前一阶段民主化问题只是政治发展理论的一个方面，或者说并没有重视民主制度变迁的动因和制度设计；那么从70年代开始，政治制度在政治发展中的中心地位得到重塑，民主化研究也初具规模"❷。亨廷顿也曾在《政治

---

❶ [美] 塞缪尔·P. 亨廷顿等：《现代化：理论与历史经验的再探讨》，张景明译，上海译文出版社1993年版，第332—333页。
❷ 王菁：《从政治发展理论到民主巩固理论：西方民主化研究的演进逻辑》，载《教学与研究》2011年第3期。

发展与政治衰朽》一文中将政治发展解释为政治制度化❶，以此文为基础而写成的《变化社会中的政治秩序》也未使用政治发展一词而是专门探讨政治制度化问题。

以政治制度为重心的民主界定往往偏于制度和程序的定义，因而也更容易接受约瑟夫·熊彼特（Joseph Alois Schumpeter）关于民主的程序性和制度性定义。熊彼特认为，民主不过是民众在相互竞争的政治精英中挑选出领导者的一种制度性安排，"在这种安排中，某些人通过竞取人民选票而得到作决定的权力"❷。这一对民主的新界定将选举视为民主的核心要素，"没有选举，就没有民主"。熊彼特之后的民主理论家通常接受这一定义使其了界定民主的主流。亨廷顿就以此为起点论述三波民主化浪潮，而且更为看重竞争性的选举。达尔虽然详细阐述了民主的定义并在后来的表述中扩充了民主的含义，但其重点仍是民主的程序和制度。❸

民主定义的这一重大转向对后世的民主化产生了深远影响。美国将这种选举的民主制度奉为"被普遍接受的信念和真理：不仅我们的制度是最好的，而且我们拥有将这种制度输出到那些不够幸运的地方的责任和义务"❹。强调民主制度也容易使美国这样的老牌民主国家将自身的制度视为理所当然的模式，从而产生了一种"家长式作风"，即"对推行民主制度的最佳方式'本身'进行假定，甚至要求每一个国家都应该像'我们'推行民主制度那

---

❶ Samuel P. Huntingdon, Political Development and Political Decay, 17 *World Politics* 386（1965）.
❷ [美] J. 熊彼特：《资本主义、社会主义与民主》，吴良健译，商务印书馆1999年版，第395-396页。
❸ Howard J. Wiarda, *Political Development in Emerging Nations—Is There Still a Third World?*, Tomas Learning, 2004, p.90.
❹ [美] 霍华德·威亚尔达：《比较政治学导论：概念与过程》，娄亚译，北京大学出版社2005年版，第113页。

样进行民主管理"❶。然而,近几十年的民主化历程尤其是后发展国家的民主化并非一帆风顺。以制度为核心推进后发展国家民主发展的"正统教条"带来了实践上的种种问题:第一,它不只试图分析而是试图促进海外民主的生成,这就忽略了民主是一个长期、缓慢的进程,也忽略了其中的困难;第二,这一路径是单向的或者是目的论的,它没有考虑到这一过程的中断或逆转;第三,这一分析路径显现出普适性,它认为所有的国家都需要民主,或者就像需要贸易、稳定和经济发展一样需要民主,并将民主与这些放在同等重要的地位看待;第四,它忽略了重要的文化差异的存在,而文化差异就使得不同的国家在实现民主的时候可以采用灵活而多样的路径和制度。❷

当然,政治发展理论中也存在着文化解释的视角。文化人类学和政治文化都是一种文化的视角,发展主义的人类学阐释就是一种政治发展理论中的文化视角。政治文化,尤其是阿尔蒙德所创立的政治文化理论,和发展主义有着一致性。政治文化和政治发展是比较政治学的两个主题,二者几乎同时兴起,"在CCP/SSRC这个分量不轻的机构中,大部分研究政治发展的学术先驱同时也是研究政治文化方面的先驱","在很长的一段时间里,对政治文化和政治发展的研究是紧密相连的"❸。政治文化本质上和发展主义一样深受行为主义的影响。这一时段的政治文化也是支撑发展主义的,正如阿尔蒙德的政治文化分析以一种更加实证和更

---

❶ [英]斯坦·林根:《民主是做什么用的:论自由与德政》,孙建中译,新华出版社2012年版,第39页。
❷ Howard J. Wiarda, *Political Development in Emerging Nations—Is There Still a Third World?*, Tomas Learning, 2004, p.112.
❸ [美]霍华德·威亚尔达:《比较政治学导论:概念与过程》,娄亚译,北京大学出版社2005年版,第71页。

加科学的方法衡量"一国成员之间对政治目标取向模式的特定分配"❶。阿尔蒙德阐述的三种政治文化类型是和相应的政治体系相吻合的,而且存在着发展上的递进关系。发展主义的衰落使政治文化研究也"在劫难逃",而发展主义范式的跃迁使政治文化也成为一个重要的解释因素,但是失去了"作为激动人心的新概念地位"❷。文化解释在承认发展重要性的同时也修正了发展主义的单线进化论,强调对文化给予更多的关注。但是,政治文化理论"局限于个体的心理世界",从心理或主观的角度出发,最终形成了"以制度为中心的研究图景"。"在现代政治科学中兴起的政治文化研究范式,与西方政治学领域的行为主义研究方法有很大关联,这些以西方行为主义研究范式为主的社会研究是以政治个体为出发点的","该范式偏重于客观性、经验性为基础的微观心理分析模式,解释政治态度对政治制度等政治体系的影响或决定性作用,最终以竞选式民主为目标"❸。此外,政治文化研究中的西方中心主义立场使其对民主和制度的理解皆处于特定价值指引之下,最终政治文化分析沦为工具性手段,指向于西式民主与制度。

(三)偏重于民主与制度的政治发展研究的内在缺陷

后果是现实的、复杂的。现实中后发展国家并没有顺利地实现西式民主,反而出现了各种"新形式"的带有各种形容词的脆弱民主:受控的民主、有限的民主、非自由的民主、受管制的民主、半民主等。对此,西方理论界不得不创造出民主巩固理论来

---

❶ [美]加布里埃尔·A. 阿尔蒙德、西德尼·维巴:《公民文化——五国的政治态度和民主》,马殿君等译,浙江人民出版社 1989 年版,第 16 页。
❷ [美]霍华德·威亚尔达:《比较政治学导论:概念与过程》,娄亚译,北京大学出版社 2005 年版,第 79 页。
❸ 张悦:《政治文化向度与制度选择:对当代中国政治制度的一种解读(1954 – 2012)》,华东师范大学 2013 年博士学位论文,第 3 – 7 页。

解释后发展国家通向西方式民主化道路坎坷的现实。❶

因此，政治发展理论演进过程中的研究主题在很大程度上聚焦于民主，而且聚焦于以民主为中心的政治制度。政治发展研究的这一重心往往容易带来以下问题：

一是容易忽略重要的文化差异的存在，而文化差异会使得不同的国家在其政治发展过程中可以采用灵活而多样的路径和制度。政治发展理论虽然在后来的演进中开始重视政治文化尤其是公民文化的相关研究，但是它本身行为主义的方法论和西方中心主义的立场使其偏重于对现代权利和自由的优先性的强调，从而很容易忽略后发展国家的深厚文化传统。这些传统价值观如何与西方的价值观进行对接是后发展国家政治发展面临的重大问题。"民主不仅仅是那么一点特定的政治制度安排。"❷哈葛扁也认为政治发展并不只受政治制度的影响，也受到国家结构和政治理念力量的影响。❸西方的民主背后深深铭刻着西方的历史和文化等因素。那么，后发展国家在通向民主的道路上如何实现民主制度与本国文化的融合，或者如何基于本国的历史文化传统推行带有自己特色的制度形式、民主形式是当下后发展国家政治发展研究中的紧要问题。文化价值迥异于西方的后发展国家在民主发展道路上需要的或许并不是照搬西方的民主形式，而是要探索一条独具自身特色"神似形不似"的功能趋同而非形式趋同❹的政治发展道路。威亚尔达就直接指出："如果我们执着于追求民主，相信它

---

❶ 张飞岸：《民主化理论的反思与重建》，载《国外社会科学》2013年第4期。
❷ [美]霍华德·威亚尔达：《民主与民主化比较研究》，榕远译，北京大学出版社2004年版，第7页。
❸ 哈葛扁：《重访发展政治学》，载《开放时代》2006年第4期。
❹ 张铭：《后发展国家民主政治发展需要有自己的可行形式》，载《理论视野》2012年第10期。

对世界各国而言都是现有制度中最好的。那么，达成这个目标的最佳途径是什么？对于那些有着不同传统、美国式的民主并不很适合他们的国家和地区，是否可以不考虑当地的制度、文化、历史和行为处事的方式，而将我们自己的狭隘、独特、以美国和西方的经验为基础的关于民主的定义和制度强加给他们？还是应当缓慢地培养当地土生土长、通常是该社会唯一可能存在的制度，在推动经济、社会和政治发展的同时，细心地培育这些制度，直到他们有机会成长为羽翼丰满的民主制度？"[1] 这些值得我们深思。

二是政治发展研究将重心放在政治制度上除了忽略文化的重要性，还会面临着一个重要的问题，那就是政治制度的衰败问题。福山就指出，"政治制度一旦无法适应不断变化的环境，便会发生政治衰败"，"没有自动机制可使政治制度适应不断变化的环境"[2]。连美国都出现了政治制度的衰败[3]，那么后发展国家更应该重视政治制度的运转问题。郑永年曾指出西式民主的威胁除了来自威权主义之外，还"来自西方国家本身，也就是原来民主国家的民主制度的衰落"[4]。民主政治制度的顺利运转有赖于其背后一系列因素的支撑，尤其是本国的政治价值的支撑。

政治发展研究中偏重于制度所带来的问题并不表明政治制度不重要，而是强调现实政治的复杂性和系统性。一国的政治发展有赖

---

[1] [美] 霍华德·威亚尔达：《民主与民主化比较研究》，榕远译，北京大学出版社 2004 年版，第 10 页。
[2] [美] 弗朗西斯·福山：《政治秩序的起源：从前人类时代到法国大革命》，毛俊杰译，广西师范大学出版社 2012 年版，第 7－9 页。
[3] [美] 弗朗西斯·福山：《政治秩序与政治衰败：从工业革命到民主全球化》，毛俊杰译，广西师范大学出版社 2015 年版。
[4] 郑永年：《当代民主危机：西方的认知》，载联合早报网，http://www.zaobao.com/forum/expert/zheng－yong－nian/story20140429－337670。

于一系列系统要素的相互耦合和支撑,政治制度既是其中的重要变量也是核心指标之一,但是在注重制度分析与建构的同时也需要注意到政治制度背后的文化因素。政治发展的复杂性需要从系统性视角加以分析。因此,本书尝试引入文化中的核心概念——政治价值,通过建立政治价值与政治制度互动的理论模型和分析框架来研究后发展国家(尤其是新加坡)的政治发展问题。

二、政治价值与政治制度互动的关系模式:政治发展阐释的新视角

当前关于政治发展的研究,要么着重于阐述研究案例的行为、制度和历史么偏重于宏大普世理论的建构,二者皆忽略了研究对象内在的价值与政治价值。政治发展研究中应该充分关切政治价值和政治制度两个方面及它们之间的内在逻辑与互动关系。

(一) 政治价值与政治制度互动的总体关系模式

制度与价值之间存在着紧密的内在联系,政治价值和政治制度之间同样有着紧密的内在关系。制度反映和承载着价值,价值支撑着制度。制度并不单独存在而发挥作用,其背后还有着文化价值的支撑,或者说制度的形成、发展与演进本身就是文化价值的产物。一方面,政治价值是政治的内涵或重要组成部分,其形成、发展和演变对于一国的政治运作有着重要的作用。"人类的任何行动都是在某种价值观支配下发生的"❶,任何政治制度都是建立在一定的政治价值基础上的,政治制度的建立和演进是在政治价值的支配下进行的。"政治制度、政治组织和政治行为者是政治价值的承担者。政治制度和政治组织是政治价值的载体,是政治

---

❶ 金观涛:《探索现代社会的起源》,社会科学文献出版社 2010 年版,第 5 页。

价值的外化。"❶ 另一方面，制度的演变又会对价值产生影响，调整价值体系的演变。"观念调查是必要的"，"价值概念可以为制度的改变所塑造，并且可以作为对历史事件的回应而发生迅速的转变"❷。亨廷顿甚至认为，"制度化是组织和程序获取价值观和稳定性的一种进程"❸。运用系统分析的方法和观点把政治体系视为一个系统平台，那么，政治组织和制度构成了该系统的"硬件"系统，而政治价值体系则构成了该系统的"软件"部分。❹ 从现代性的系统观来看，所谓现代社会的建立就是指现代价值系统和现代政治经济制度的耦合。❺ "软件"要支持"硬件"，"硬件"的变化要符合"软件"的要求，二者相互耦合。

因此，政治发展既应表现为一种政治制度的变迁、演进、巩固与完善并形成制度化的政治结构，又要表现为一种政治价值的建构与重构而形成一种稳固支撑政治体制的政治价值体系。这两方面并非单向并行的，二者是相辅相成的、相互证成的。政治发展不仅仅是政治制度的建立，它同样需要政治人有一定的、与政治制度相一致的态度与价值观，即政治价值。作为政治发展最重要体现的民主，一方面需要建立相应的制度形式，另一方面还需要有一定的与民主相一致的公民文化的支撑。进一步讲，政治发展具有双重意蕴，即外在政治制度形式的结构化和内在政治价值

---

❶ 赵虎吉：《重构政治价值：中国政治发展的内在属性与发展逻辑》，载《学习与探索》2011年第1期。

❷ 白霖：《民主的多重路径》，载杨光斌主编：《比较政治评论（第2辑）》，中国社会科学出版社2013年版，第122页。

❸ [美] 塞缪尔·P. 亨廷顿：《变化社会中的政治秩序》，王冠华等译，上海人民出版社2008年版，第10页。

❹ 燕继荣：《政治模式的哲学基础——论政治价值体系与政治治理模式的关系》，载《内蒙古师范大学学报（哲学社会科学版）》2005年第5期。

❺ 金观涛：《探索现代社会的起源》，社会科学文献出版社2010年版，第79页。

层面的观念化（见图1-1）。

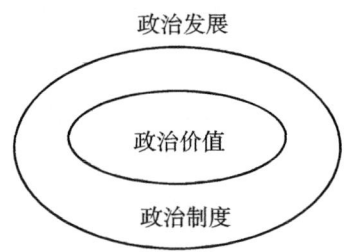

图1-1 政治价值与政治制度的总体关系模式

从结构上来看，政治价值和政治制度相辅相成所形成的政治发展关系中是以政治价值作为根基的。任何政治社会都需要建立起有价值基石的政治制度。一个缺乏忠诚、信任、道德、意义的政治社会即使有再先进的政治制度也无力支撑起整个社会的运转。权力需要正当性的基础，政治制度同样需要正当性的证明。政治制度的正当性基础不仅来自绩效上的实践性检验，更需要政治价值作为其终极根据。因而，政治价值是"政治文化的核心部分"，它"是社会成员对待政治系统、政治事件以及政治活动的态度和行为取向"[1]。政治的实质价值就是"探讨政治的内在本质和终极价值"[2]。有学者还认为"政治价值是人们对政治生活本源意义的确定"[3]，"所谓政治价值就是人类对实然政治所具有的超越性、应然性趋向的领悟"[4]。政治价值作为人类对实然政治生活、政治实践的领悟，作为人类对政治本源的意义追问而形成了社会政治生

---

[1] 孙关宏、胡雨春主编：《政治学》，复旦大学出版社2005年版，第227、229页。
[2] 戴木才：《政治价值基础及其维度》，载《哲学研究》2005年第8期。
[3] 桑玉成、商红日：《政治价值、意识形态和政治信仰——关于当代中国政治哲学基本问题的断想》，载《江苏行政学院学报》2002年第4期。
[4] 张铭：《政治价值体系建构：理论、历史与方法》，社会科学文献出版社2012年版，第317页。

活的深层次结构。它决定着人们在政治上的价值判断，影响着人们对于政治发展路径和目标的选择，左右着政治制度的形成、建构和演进。

因而，政治发展"首先是一种价值选择"❶。对于后发展国家而言，这尤为重要。任何国家都希冀政治发展朝向良好善治的目标，因此在建构和选择政治制度的政治实践中，都力图将这种价值和目标贯彻始终。没有观察不渗透着预期，没有实践不隐含着理论，没有描述不需要剪裁。对政治发展的价值性追问和追求是人类的固有本性和自觉表现，它既在政治实践中产生，反过来又影响了政治发展的选择。所以，有学者就认为，"政治价值观决定政治发展目标"，而"政治发展目标决定政治发展道路"❷。亨廷顿等编著《文化的重要作用——价值观如何影响人类进步》一书的目的之一就是力图阐明价值观对人类社会的重要作用，他们召集了全球各学科专家，达成了一项共识："应当制订一项综合的理论与应用研究规划，以便做到将价值观和态度的变革纳入第三世界国家的发展政策、安排和规划"❸。总体而言，政治价值之于政治发展至关重要。一国在继承传统并进行现代性转化实践过程中采取和选择的政治价值在很大程度上决定了其政治发展的目标和道路。

政治制度是政治发展的主要外在表现。制度研究是政治学的大传统。无论是旧制度主义还是新制度主义，甚至是被称为研究

---

❶ 赵虎吉：《重构政治价值：中国政治发展的内在属性与发展逻辑》，载《学习与探索》2011 年第 1 期。
❷ 陈朝宗：《政治价值观与政治发展道路》，载《福建行政学院学报》2014 年第 2 期。
❸ [美] 塞缪尔·P. 亨廷顿、劳伦斯·哈里森主编：《文化的重要作用：价值观如何影响人类进步》，新华出版社 2010 年版，第 41 页。

行为动态过程的行为主义也"并未忽视政治学最核心的问题——政体（政治制度）问题，只不过在用新概念进行表述，进行新术语下的话语权建构"，他们"使用'结构'（Structures）代替了'制度'（Institutions）"，"与政体/政治制度研究关系最为密切的，则是在比较政治学这个子学科下最有影响力的政治发展理论"，而政治发展理论"其范式化表述则是'结构—功能主义'"❶。因而，政治制度是政治发展研究传统中的主要主题。亨廷顿就把政治制度化作为衡量政治发展稳定的重要指标，并认为"政治发展就是政治组织与程序的制度化"❷。

政治发展外在的政治结构表现就是要建立政治制度，并不断提升其制度化水平。制度是一种规则安排，政治制度是一种政治规则的安排。政治发展所寻求组织与程序的制度化就是要求一项政治制度能够在发展的过程中确立权威并持续有效地发挥作用。政治发展所强调的政治制度应是随着时代的发展而发展，随着政治发展而演进。政治制度的水平体现着政治发展的水平。亨廷顿认为，政治发展所要达到的高水平的政治共同体，不仅要有政治参与的扩大，也要有"更强大的、更复杂的和更自治的政治制度的成长"❸。因此，政治发展中的政治制度不仅要使国家权力形成规范的制度，还要在制度上保障公民的权利和自由。在具体内容上，当下的政治制度在很大程度上指涉民主制度，"在政治发展视

---

❶ 曾毅：《现代国家的复杂性与政体理论的简单化——"民主—非民主"二元对立政体观的知识社会学》，载杨光斌主编：《比较政治评论（第2辑）》，中国社会科学出版社2013年版。

❷ Samuel P. Huntingdon, Political Development and Political Decay, 17 *World Politics* 386（1965）.

❸ [美] 塞缪尔·P. 亨廷顿：《变化社会中的政治秩序》，王冠华等译，上海人民出版社2008年版，第65页。

野中，政治制度化不是一般意义上的制度化，而是现代民主的政治制度化"❶。诸如政党制度、选举制度、代议制度等三大政治制度都属于民主制度的范畴，而宪法制度、行政制度和司法制度在民主制下都要体现民主原则。

当然，政治发展最重要的内容是政治制度的建立和发展要求与之相适应的政治价值的支撑和引领。民主政治制度建立与运转的背后要有民主的政治价值的支撑和引领。因而，政治发展内含着政治价值和政治制度的双重意蕴。政治价值决定了政治发展的目标和道路，政治发展在外在形式上体现为政治的制度化，而政治制度背后又有着深层次政治价值的支撑。

政治价值作为政治发展乃至政治体系的深层次结构性要素，决定着政治发展的目标和道路方向，决定着政治制度的选择、演进、构成与运行，因而是最为持久和最不容易发生改变的。而体现政治价值的政治制度则是较为正式的组织形式，因而政治体系的制度化表现结构也是较为稳定的。政治价值和政治制度之外的政治行为和决策随着环境的变化和政府的轮替而最易变动。政治制度虽然是稳定的，但是当其发生深刻变革时则意味着政治革命或者政治改革。而政治价值的变革则是更为深远的"文化革命"。正如近代中国的"三期之说：一期变器物、二期变制度、三期变文化"，正是意识到政治制度和政治价值的改变难易及其所带来的影响而产生的。不论是政治制度还是政治价值，其改变的形式也都可以通过缓慢的变革来实现"质"的转变和跃迁，也可以通过暴风骤雨式的深层次、全方位的"革命"来实现"更新换代"，但是后一种方式对整个社会造成的影响更为深远。

---

❶ 彭庆军：《政治发展进程中的政治平衡问题研究》，武汉大学出版社 2010 年版，第 232 页。

政治价值是政治发展内在层面的政治观念本源,而政治制度则是政治发展外在层面的政治形式结构。政治发展中的政治价值在很大程度上是隐性的,而政治制度则是政治发展的显性特征。任何国家的政治发展必然会在某种政治价值的支撑下选择某种政治制度体系,反之政治制度也必然体现着某种政治价值。一国政治发展的顺利展开以及政治发展目标的实现在很大程度上必然是政治价值与政治制度的一元化良性互动,而且政治价值内部(本土政治价值与外来政治价值、传统政治价值和现代政治价值)也必然是一元化的。如果政治价值形成了二元化格局,政治价值与政治制度互动也形成了二元化格局(本土政治价值与外来政治制度),那么政治发展在很大程度上就要经历"循环式发展"的过程,即出现权威主义政治与民主政治交替、交叉的往复运动,而且循环式发展往往是与革命和暴力相伴而行的。[1]

(二) 政治价值与政治制度互动关系模式的具体分殊

西方发达国家与后发展国家的政治发展在政治价值和政治制度的一元化和二元化互动格局的处理上走向了分殊,大体上形成了两种主要的政治发展道路和模式,具体体现了两种政治价值与政治制度互动的关系模式。

相比于后发展国家,以英美为代表的西方发达国家在政治发展上较为顺利地实现了政治价值与政治制度的同步一元化演进,其方式是长时间的磨合、渐进改革或者是反复的革命(典型者如法国,即使是公认的渐进改革国家英国也未能避免数次革命)。这种一元化的同步演进最关键的特征在于它在很大程度上是内源性

---

[1] 赵虎吉:《重构政治价值:中国政治发展的内在属性与发展逻辑》,载《学习与探索》2011 年第 1 期。

的而不是外源性的。不同于西方发达国家，后发展国家的政治发展深受西方国家的影响，这是因为后发展国家的政治发展很大程度上是在西方国家的冲击下而被迫展开的一种进程。在这一进程中，后发展国家往往面临政治发展的二元格局，即引进西方的政治制度和政治价值的同时又深受本国历史悠久的传统价值与制度的影响。

西方国家和后发展国家的两极划分，在本质上是沿着政治价值和文化进行的，背后暗示着西方把自身的文化和价值模式看作普遍适用的。这种划分方法虽然是不幸的做法，是一种极其简化的做法，但是有助于我们反过来批判普遍主义的模式。❶ 值得注意的是，这种划分并不是绝对的。后发展国家的政治发展比较复杂，其具体发展道路呈现出多种多样的类型，而西方国家也并不全然同属于英美式的政治发展道路。这两种具体的分殊是在总体的关系模式下基于上述特点而划分的，总体而言是一种粗略的划分方式。需要警醒的是一元化和二元化的关系模式划分主要立基于经验和事实，它们并不归属于某一种价值判断，也不应该认为西方的一元化发展模式就是值得效仿的，也并不认为后发展国家的二元化发展模式就是落后的。各国政治发展模式的分殊是其历史、文化传统和国家环境等诸多因素综合作用的结果，有着本国的独特国情。

关于西方国家政治发展的一元化关系模式，西方学界对此已经作了较为深入的论述。西方早已关注政治文化和政治价值以及政治文化如何影响政治制度问题。而后发展国家的二元化发展模式还未被深入系统地研究，对于政治文化尤其是政治价值如何影

---

❶ ［美］塞缪尔·P. 亨廷顿：《文明的冲突与世界秩序的重建》，周琪等译，新华出版社 2010 年版，第 11 页。

响政治制度及政治行为急需进一步深入研究。本书简要提及西方国家政治发展的一元化关系模式，梳理西方政治文化研究中关于政治价值与政治制度关系的相关研究，然后转向后发展国家政治发展的二元化关系模式，最后以新加坡个案为重点进行专门的案例研究。

1. 西方国家政治发展中的一元化关系模式

"一元模式，是指政治价值的单一性及其与政治结构和政治过程之间的一致状况。"❶ 以英美为典型代表的西方国家政治发展在政治价值和政治制度及其互动的总体关系模式上呈现出一种一元化的格局，即政治价值与政治制度的产生、演进和互动是一种自然的、内生的、一致的、相对连续的关系。

从形式上来看，不论是政治价值还是政治制度，西方都具有很大的内生性和延续性。众所周知，现代政治价值起源于西方。传播于全球的现代西方的政治价值并不是一下子产生的，而是从传统政治价值中逐渐演变、调整、重构而来的，或者说现代西方的政治价值早在传统时代就开始萌发。从亨廷顿《文明的冲突与世界秩序的重建》一书中所列举西方文明的八个主要特征中就可以看出，其要素很早就在西方社会中产生并演进。❷ 任何国家与社会从传统到现代的转型并不是决然断裂的，政治价值从传统到现代的转型尤其如此，但是问题的关键在于 C. E. 布莱克（C. E. Black）所觉察到的"传统价值模式是社会凝聚的基础，而采用新知识又必须改变传统价值体系。对社会的生存来说，必须在这两者之间

---

❶ 赵虎吉：《重构政治价值：中国政治发展的内在属性与发展逻辑》，载《学习与探索》2011 年第 1 期。
❷ [美] 塞缪尔·P. 亨廷顿：《文明的冲突与世界秩序的重建》，周琪等译，新华出版社 2010 年版，第 49—51 页。

保持微妙的平衡，为什么有的失败，有的成功了呢？"❶，这是令人深思的问题。考察西方各国的政治发展模式就会发现，西方国家在对政治价值与政治制度一元化处理上有着自己的传统和经验。西方国家在政治价值与政治制度互动的政治发展道路上较好地处理了传统与现代、价值与制度的关系。尽管有的国家政治发展道路较为顺利，但是深入考察就会发现任何国家的政治发展都经历了或重或轻的转型挫折和磨难❷。即便是著名的法国大革命也未能中断法国的历史传统，在《旧制度与大革命》一书中，托克维尔雄辩地向我们展示了法国大革命前后的"连续性"。❸西方国家通过继承和挖掘传统自发或受西方整体文明的影响实现了政治价值与政治制度的一元化。政治价值决定了采取的政治制度的结构和形式，政治制度承载了具体的政治价值，政治价值与政治制度的一元化格局使他们开辟了各自的政治发展道路并对后发展国家的政治发展产生了深远的影响。当然，一元化的关系模式也并非绝对效仿的典范。法德两国的政治发展之路颠簸曲折，历经革命与复辟的交替"上演"，其政治价值与政治制度的磨合尤其是政治价值内部的冲突与重构❹及其经验教训值得后发展国家在摒弃照搬照抄做法的前提下去仔细审视。

西方政治文化（内含政治价值研究）有着一个长长的理论谱系。布林特（Michael Brint）在《政治文化的谱系学》中开篇就指

---

❶ [美] C.E.布莱克：《现代化的动力——一个比较史的研究》，景跃进等译，浙江人民出版社1989年版，第3页。
❷ 李新廷：《欧洲国家现代化转型背后的挫折与磨难——基于英法德三国的考察》，载《安徽行政学院学报》2013年第1期。
❸ [法] 托克维尔：《旧制度与大革命》，冯棠译，商务印书馆2010年版。
❹ 刘洋：《现代政治价值体系建构：西方国家的探索之路》，知识产权出版社2014年版。

出：在什么样的社会和历史条件下能够为自由民主体制的发展提供最好的制度支撑？其稳定发展又离不开哪些心理倾向？文化在政治体制的发展及转型过程中究竟扮演何种角色？这些都是政治文化关注的主题。布林特梳理了三种政治文化的研究传统和研究路径❶：一是从孟德斯鸠到托克维尔的法国社会学传统。孟德斯鸠《论法的精神》探讨了由各种要素构成的"法的精神"对于政体的影响❷，而托克维尔更是具体地阐述美国民主制度背后民情、法治、平等、自由等政治价值的重要作用。❸ 二是从康德到韦伯的德国文化哲学传统。德国的这一传统在韦伯身上得以明显体现，不论是三类合法性权威还是《新教伦理与资本主义精神》，韦伯都试图从文化和价值的角度论证人类政治制度和行为的根源。三是美国的政治文化研究传统。其中，阿尔蒙德和维巴的《公民文化》走的政治科学的路径，对五国的政治态度和民主之间的关系进行了探索。❹ 普特南的《使民主运转起来》探讨了意大利南北不同地区历史、文化与价值的差异对当下政府与制度的不同作用。❺ 英格尔哈特更是历时几十年考察多国的价值观的变迁与文化转型与政治发展尤其是民主化进程以及国家正式制度、经济与社会等各方面的密切关系。❻

---

❶ Michael Brint, *A Genealogy of Political Culture*, West view Press, 1991. 转引自杨绘荣：《西方政治文化复兴之路：以维尔达夫斯基的文化模式理论为考察中心》，中国社会科学出版社 2012 年版，第 14 – 35 页。
❷ ［法］孟德斯鸠：《论法的精神》，张雁深译，商务印书馆 1963 年版。
❸ ［法］托克维尔：《论美国的民主》，董果良译，商务印书馆 1988 年版。
❹ ［美］加布里埃尔·A. 阿尔蒙德、西德尼·维巴：《公民文化——五国的政治态度和民主》，马殿军等译，浙江人民出版社 1989 年版。
❺ ［美］罗伯特·普特南：《使民主运转起来》，王列等译，江西人民出版社 2001 年版。
❻ ［美］罗纳德·英格尔哈特：《现代化与后现代化：43 个国家的文化、经济与政治变迁》，严挺译，社会科学文献出版社 2013 年版。

由此可以看出，西方关于政治文化与价值观的研究已经形成了一个系统且内有逻辑演进的理论谱系，并且探讨了上述因素与政治制度和政治行为的关系。反观后发展国家的政治文化研究则相对滞后，关于政治价值与政治制度尤其是二元化的发展模式亟须深入论证。因此，本书接下来主要分析后发展国家政治发展中的二元化关系模式，在建立理论与框架之后以新加坡为典型和关键个案具体分析这一问题。

2. 后发展国家（地区）政治发展中的二元化关系模式

布莱克所提出的在处理传统价值与新知识的微妙平衡上"为什么有的成功了，有的失败了"这一问题，对于后发展国家而言特别贴切。西方国家在这方面做得较为成功，而后发展国家的情况则较为复杂。这在很大程度上是由于后发展国家大多深受西方现代化转型的冲击而被迫走向政治转型之路。而西方国家最早也较为成功地完成了这一转型从而规定了这一转型的内容与道路并力图将其标准普世化，推广到广大的后发展国家中。后发展国家的现代化转型很难逃离西方所确立的这一套标准，也很难抵挡住西方"普世价值"和"普世制度"的冲击。后发展国家一旦迈开现代化转型的步伐，旋即被卷入资本主义的全球体系之中，在时刻悬在后发展国家头上"落后就要挨打"的这一"达摩克利斯之剑"的迫使下他们只能通过快速学习西方，引进西方的政治价值与政治制度，因而具有"追赶性、外源性、急剧性、动员性和全面性"❶ 的特点。

然而，后发展国家尤其是伊斯兰国家和儒家文化圈的国家最

---

❶ 赵虎吉：《比较政治学——后发展国家视角》，中山大学出版社2002年版，第345–348页。

大的特点就在于他们自身有着悠久的历史传统。除了那些极端的伊斯兰宗教激进主义拒绝现代化和西方化，任何想实现现代化转型的国家不得不受西方的影响。即使是那些极端狂热的拒绝主义者也越来越难以坚持，用汤因比的话来说，狂热不是一个可靠的选择。非西方国家不得不在"基马尔主义"和"改良主义"中作出选择。❶

征服后发展国家的不只是西方先进的枪船钢炮之"器物"，还有影响更为深远的制度和价值。托马斯·哈定（Thomas Harding）等人通过文化进化的相关研究发现，"可以看到意识形态部分的扩展，总是快于和大于技术部分的传播"，"特别是在殖民地的时候，常常会发现工业文化的意识形态部分对它们的影响总是先于技术的部分"❷。西方那套自由、平等、主权在民的政治价值和议会、立宪、党争、选举的民主体制很快在后发展国家和地区传播。

总的来看，后发展国家有着本土性的政治制度和政治价值，在政治发展过程中也易受外来政治制度和政治价值的影响。这四种变量共同作用于政治发展，影响着政治发展的走向和道路。从理论上分析，后发展国家政治价值与政治制度的互动在外来的冲击下会出现四种情形，即外来政治价值与本土政治制度、外来政治价值与本土政治价值、外来政治制度与本土政治价值、外来政治制度与本土政治制度的互动。

西方最早完成现代化转型，规定了现代政治价值与政治制度的特性。那么，后发展国家的本土性政治价值与政治制度就会被

---

❶ ［美］塞缪尔·P. 亨廷顿：《文明的冲突与世界秩序的重建》，周琪等译，新华出版社2010年版，第51－53页。
❷ ［美］托马斯·哈定、大卫·卡普兰、马歇尔·萨赫林斯、艾尔门·塞维斯：《文化与进化》，韩建军等译，浙江人民出版社1987年版，第71－72页。

视为是传统的政治价值与政治制度。那么,从图1-2可见传统与现代之间的互动会呈现出传统政治价值与现代政治价值、传统政治价值与现代政治制度、传统政治制度与现代政治制度、传统政治制度与现代政治价值的互动关系。

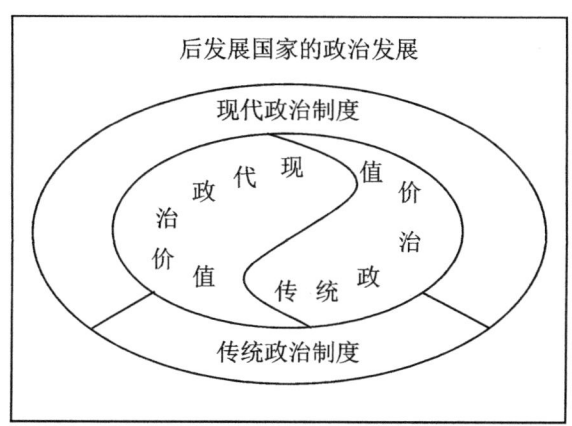

图1-2　后发展国家政治价值与政治制度互动的关系模式

但是现实并非与理论分析的一模一样。政治价值和政治制度的快速传播是一回事,而这套价值和制度如何在后发展国家扎根并发挥作用则是另一回事。建立形式上的政治制度是一回事,而实际的政治过程中这套制度的运转又是另一回事。

政治价值具有长期性和稳定性。传统的、本土的政治价值与现代的、外来的政治价值的并存在后发展国家与地区中是常见的;而政治制度则与政治价值不同,传统的政治制度很容易遭受外来的影响而趋于崩溃。这是后发展国家政治制度发展的一个现实,除非是彻底排斥现代化的国家与地区。政治制度的崩溃并非意味着一个国家与地区就全盘接受外来的、现代的政治制度,而是在很大程度上借鉴外来现代政治制度基础上又有着自己的独创,这种独创是受传统政治价值与传统政治制度的影响。

这样看来,有着传统政治价值和本土政治价值的后发展国家引入西方的政治价值带来了传统政治价值与现代政治价值、外来政治价值与本土政治价值的二元化。西方的这套"极具煽动性"的政治价值加上后发展国家社会转型的挫折让它们极易走向自下而上的社会革命,往往产生激进的理想主义,试图通过全盘打碎旧传统、旧价值、旧制度来实现其所向往和描绘的"崭新国家"。然而,旧制度很容易被整体性地推倒,旧的价值却根深蒂固,很难被全盘性、整体性地破除,从而造成了传统政治价值与现代政治价值、本土政治价值与外来政治价值的政治价值二元化。

此外,还存在这样一种情况,即全盘引进西方的政治价值和政治制度,但是本土性的政治价值和政治制度并非"荡然无存",从而出现多种因素并存的局面,容易形成表面上西方政治价值与西方政治制度的一元化。但是这套外来的制度和价值并不容易扎根发挥作用,造成实际上的政治过程背离西方的政治价值和政治制度,转而用传统或者威权的方式进行实际的统治,造成了表面上政治宣传与实际政治过程的二元化。从根本上来看,这种二元化是由政治价值的二元化造成的。

因而,后发展国家政治发展出现的二元化情况主要是以下三种:一是传统政治价值与现代政治价值的二元化;二是现代政治制度与实际政治过程的二元化;三是二元化的政治价值与自身特色政治制度的二元化。这三种二元化格局在后发展国家中较为常见,但是问题还是:"为什么有的成功了,有的失败了呢"。为什么有的国家成功地将西方的一些政治价值和政治制度与本国传统结合起来，而有的国家则始终未能摆脱西方价值与本土价值的冲突、西方制度与本土制度不相适应？

这其中的关键在于是否能够把"二元化"的政治价值与政治制度"趋向于一致"❶，把可以借鉴的西方政治价值和政治制度与本土的传统价值和制度相"亲和"起来，消除"文化整合危机"❷，发挥本土性价值与制度的重要作用以消除西方的冲击和压力。金观涛就认为："所谓传统文化的现代转型，就是化解现代价值系统和传统文化终极关怀的冲突，为学习现代制度寻找正当性根据。"❸ 这并非易事，也并非一朝一夕就能实现，需要不断地重构与磨合才能取得政治发展的成效。

总而言之，后发展国家的政治发展总体上会受到西方影响，同时不断延续和变迁的传统也在继续发挥作用，从而造就了政治价值与政治制度及其互动的"二元化"格局。因而，后发展国家的政治发展一般较为曲折，如何处理好政治价值的"二元化"，如何处理政治制度的"二元化"，以及上述造成的"双重二元化"是后发展国家政治发展的重点和难题。每个国家的传统和国情不同，处理的方式不同，也会导致政治发展过程中的国别差异。在政治价值和政治制度关系处理上，应该从不同国家的成功与失败中汲取经验和教训，为本国的政治发展提供有益的借鉴。

3. 政治价值的调适与政治制度的创新

不同国家的政治发展在处理政治价值和政治制度关系上存在

---

❶ 赵虎吉：《重构政治价值：中国政治发展的内在属性与发展逻辑》，载《学习与探索》2011年第1期。
❷ 张铭：《关于东方社会现代化发展战略取向的若干思考》，载《天津社会科学》2006年第5期。
❸ 金观涛：《探索现代社会的起源》，社会科学文献出版社2010年版，第78页。

的差异而形成的两种格局并不是"先天"的。任何国家都有自己的传统，都或多或少地受到外来的影响，关键在于不断进行政治价值的调适与政治制度的创新来适应国家与社会的不断发展。

政治价值并非一成不变。虽然政治价值处于政治发展的核心，具有深层次结构，影响着政治发展的选择，但是在现代化转型这一时代的"巨变"与重大挑战面前，政治价值也必须积极主动地谋求自身的调整，并传递给外层的政治制度使其随之积极调整，以使政治发展适应社会经济的变化。这是一种积极主动型的调适。当然，后发展国家的政治价值调整在很大程度上是一个被动的过程，是本土与外来政治价值、传统与现代政治价值之间冲突与融合并进行重构的过程。政治价值的调适或重构并非要全盘推倒原有的政治价值，而是随着时代的发展将传统的价值注入新的要素，或改变传统的价值表现形式，或发掘传统中与现代对接的价值，从而以一种渐进的方式实现政治价值的调适，避免激进、断裂的方式造成的"价值真空"以及政治秩序的失调。后发展国家在政治价值调适上可能更为艰难，因为它们面临着"二元化"的价值格局。如何进行政治价值的重构是一项难题，其在政治价值重构上往往会陷入"诸神之争"，从而导致政治发展上的徘徊不前与社会秩序上的混乱。破解政治价值重构的这一难题，在很大程度上需要从成功的国家中汲取经验。从目前已有的经验来看，提升传统与现代政治价值的"亲和度"、消解本土与外来政治价值的冲突是后发展国家政治价值调适需要积极探索的路径和选择。

作为政治发展外显结构的政治制度，也要随着时代的发展与政治价值的调适而进行积极的创新。政治制度的变迁比政治价值更容易、更灵活，形式也更多样化。持有相同政治价值的国家在政治制度表现上可以不同,而持有不同种政治价值的国家也有可能采用类似形式的政治制度。政治制度的创新要与本国的传统和国情相一致。这是因为政治制度也容易出现"二元化"的格局,即传统的政治制度与外来的政治制度共存。那么,政治制度的顺利运转就要避免二者之间存在的冲突和不一致,这就要通过政治制度的创新来建立适合本国国情的政治制度体系和结构。

三、政治价值和政治制度的类型与具体要素

政治价值与政治制度可以形成复杂的关系模式,在具体内容上有着多样化的构成要素。通过对构成政治价值与政治制度内在具体要素的详细探讨可以更为清晰地了解政治价值与政治制度及其互动关系。

(一)政治价值的类型与具体要素

人们围绕现实政治实践所产生的对政治本源意义的追问和对政治生活的领悟而形成的政治价值类型是多种多样的。不同的政治实践和政治生活产生不同的政治价值,不同政治主体的客观实践而形成的主观体验也是不同的,不同国家的政治活动形成的政治价值取向也是不同的。这些不同的实践产生了多样化的政治价值,形成了一个"多文明的世界"❶。没有统一和标准的政治价值,只有适应各自政治实践的政治价值。尽管存在着多样化的社会秩序和政治价值,但是人类在建构迥异、各具特色的文明中还是形成了诸如法治、平等、民主等一些共性的政治价值取向。

1. 现代政治价值

自由、平等、民主、法治是主要的现代政治价值。但是,它

---

❶ [美]塞缪尔·P.亨廷顿:《文明的冲突与世界秩序的重建》,周琪等译,新华出版社2010年版,第5页。

们并非现代才出现的政治价值,而是有着漫长的发展历程,最终才沉淀为现代政治价值的主流,尽管各国对其在具体的理解和制度表现形式上存在差异。正如郝大维(David L. Hall)和安乐哲(Roger T. Ames)所分析的"现代性源自西方",除了资本主义经济和理性技术,"自由主义民主"是现代性重要的要素之一。正如韦伯所认为的"现代性的真正礼物是自由"❶。金观涛也认为个人权利(尤其是个人自由)是现代性的三大要素之一。❷

自由是现代政治价值的核心之一。如何理解自由,不同的思想家秉持不同的立场和看法,甚至连以此为核心而形成的自由主义对自由也存在不同理解,有经典自由主义的解释、自由至上主义的解释、伯林的解释、罗尔斯的解释等,不一而论。总体而言,对于自由的解释可以参照"主体""条件""作为"三个方面的因素。自由的主体是人;自由的条件是免于种种外在尤其是公权力的限制与约束;自由的作为是个体在不受外在干预下,按照自己的意志进行选择,自主决定如何做。❸ 约翰·罗尔斯(John Bordley Rawls)指出,对于自由的解释需要参照:"自由的行动者;自由行动者所摆脱的种种限制和束缚;自由行动者自由决定去做或不做的事情。"❹ 这是理想中的自由,而现实中自由必然是关系中的自由,因为自由的主体即人是社会关系的总和。自由表面上看起来虽然是高度个人化的,但是实际上自由是公共物品。谈论特定个体的自由是没有意义的,某个人的自由也许是以别人的不自由

---

❶ [美]郝大维、安乐哲:《先贤的民主》,何刚强译,江苏人民出版社2004年版,第15、17、22页。
❷ 金观涛:《探索现代社会的起源》,社会科学文献出版社2010年版,第6—14页。
❸ 张凤阳等:《政治哲学关键词》,江苏人民出版社2006年版,第30页。
❹ [美]约翰·罗尔斯:《正义论》,何怀宏等译,中国社会科学出版社1988年版,第192页。

为代价的。因而，只有一个人的自由并不妨碍另一个人的自由时，才可以说这个社会是自由的，也即自由是有边界的。❶ 哈耶克（Friedrich August von Hayek）道出了自由的真谛，自由是指人的这样一种生存状态，在此状态下，"一些人对另一些人所施以的强制，在社会中被减至最小可能之限度"❷。所以，自由意味着要免于受到别人（包括公权力）的强制与束缚，能够按照自己的意愿行事，但又不侵犯他人的权利。

平等是现代政治价值中比较"高调"的价值。有了自由之后，人们紧接着就会以更大的力度来要求平等。然而，平等既可以成为自由的最佳"队友"，也可以成为它最凶恶的敌人。平等"首先突出地表现为一种抗议性理想"，它"体现并刺激着人对宿命和命运，对偶然的差异、具体特权和不公正的权力的反抗"，它"也是我们所有理想中最不知足的一个理想"，追求平等的历程几乎没有终点。❸ 以平等始，往往以不平等终。人们越是致力于争取更大的或更多的结果平等，往往就越可能陷入等级、特权和精英专制的泥潭。法国大革命等便证明了绝对化的平等理想容易导致相反的结果。平等的这种悖论在很大程度上源于平等含义的复杂。平等包含着公正和相同性的含义，又存在着权利的平等和结果的平等两种形式。人们往往想消除差异，达到一种相同的结果，占有相同的财富和资源，实现结果的平等。然而世界上不可能存在着绝对的平等，更不存在结果上的绝对平等。现实的、可行的平等只

---

❶ 盛洪：《治大国若烹小鲜——关于政府的制度经济学》，上海三联书店2003年版，第137页。
❷ ［英］弗里德利希·冯·哈耶克：《自由秩序原理》，邓正来译，生活·读书·新知三联书店1997年版，第3页。
❸ ［美］乔万尼·萨托利：《民主新论》，冯克利等译，上海人民出版社2009年版，第370－371页。

能是人人享有平等的权利、尊严,而不是平等的东西。

平等不仅和自由有着联系,还和倡导主权在民的民主有着紧密的联系。民主的内涵之一就是人民拥有平等的权利。托克维尔甚至将民主理解为社会的平等化现象。在《论美国的民主》的绪论中,托克维尔直言"身份的平等"是他考察美国时感受最深的现象。❶ 身份平等和民主社会的关系十分密切,即便是托克维尔有时候小心翼翼地将它们分开,但是大部分时候他根本没有分辨平等与民主,仿佛平等就是民主,而民主就代表平等。❷ 这从侧面显示出了民主概念的复杂性。民主在几千年的发展历程中由一个"坏东西"变成"好东西",再到现在又兴起了对"民主失败"的反思,这都在一定程度上引起了民主概念和价值的混乱与歧义。如同自由和平等一样,民主无疑也充满了理想与现实的张力。人们对于理想民主的渴望往往会追溯到古希腊直接民主那里,认为那种主权在民、人民的直接统治是民主的理想政治模式,是能够实现"公意"目的的理想主义的民主。然而,这种理想主义的民主很容易走向"至善论"和"乌托邦"。❸ 现实中,"无限制的民主并不是保障个人自由的可靠手段"❹。民主从理想到现实的转变使民主作为一种典章制度具有切实可行的实施性。那么,作为一种政治价值的民主本身一方面要避免自身被"圣化"为绝对真理、绝对至善,另一方面应该对解答"谁来做主"这一问题时彰显

---

❶ [法] 托克维尔:《论美国的民主(上卷)》,董果良译,商务印书馆2010年版,第7页。
❷ 江宜桦:《自由民主的理路》,新星出版社2006年版,第103页。
❸ [美] 乔万尼·萨托利:《民主新论》,冯克利等译,上海人民出版社2009年版,第72-95页。
❹ 冯克利:《打了折扣的民主》,载《读书》1993年第3期。

"天下为公"的价值取向❶，又要使这一价值避免压制其他价值，协调好其与自由等其他价值的关系。在这种有序协调中，作为理想的民主价值才能落实为现实的民主制度。

自由、平等、民主并非没有限制。自由、平等和民主都是法治下的自由、平等和民主。法治是自由的重要保障，它规定了人们自由行动不侵犯别人权利的边界。法治下的平等是法律面前的机会平等和权利平等。法治支持民主，限制专断权力和个人意志，保障公民的民主权利。因而，法治是重要的政治价值。法治是人人服从法律而且是良好法律的统治，且有一套明确规定、强制实施的规则体系，任何社会成员尤其是统治者都不得超越在法律之外或者法律之上。法治是现代社会中不可或缺、不可替代的、具有重要意义的政治价值。

2. 传统政治价值

传统政治价值与现代政治价值相对应。环顾当今世界源远流长、至今仍发挥重要影响的传统政治价值当属儒学政治价值。正如亨廷顿所观察的，非西方文化的复兴最引人瞩目的是亚洲和伊斯兰国家的文化复兴。❷ 儒学政治价值之所以是传统政治价值，在很大程度上是因为它是一种传统的思维模式。很多学者大力提倡儒学的"创造性转化""现代性转化"，挖掘儒学传统与现代民主的亲和，主张"内圣"开出"新外王"。

儒学在长期应对内外的挑战并不断调试发展中建构起了一套博大精深的思想体系。儒学思想体系所体现的政治价值主要由内圣外王、贤能政治、民本思想与礼教伦常四个方面构成。

---

❶ 张凤阳等：《政治哲学关键词》，江苏人民出版社2006年版，第77页。
❷ [美] 塞缪尔·P. 亨廷顿：《文明的冲突与世界秩序的重建》，周琪等译，新华出版社2010年版，第75页。

内圣外王是儒家的核心思想。它是儒学对于政治应该如何运转、达成何种理想境地的追求。内圣外王是通过内在的道德修养而彰显于外在的政治之德治，它打通了内在的道德修养和外在的政治统治。这是政治权力的归属、享有政权的条件以及政权更迭的义理之所在。它通过最内在、最系统、最深入的阐释，化为伦理政治得以启动、得以进入理想之境的中心信念。它主张通过内在的德行修养，彰显于外，推及他人，实行仁政。❶ 内圣外王隐含着一种理想的政治观，那就是贤能政治。贤能政治是儒学政治价值的核心之一，是中国古代政治思想、政治文化的主题。随着孔子有教无类的宣传，以及儒家对于德能的重视，贤能政治成为人们理想的、信任的政治模式。民本思想是儒家重要的价值之一。民本思想和民主的关系，用西方中心主义的眼光把民本比附成"民主"或"类民主"并不可取，但是可以发掘它强调"民"对于统治者来说所具有的"本"意义。对于民本的重视能够使统治者意识到治理的重点就在于此，只有重视"民本"问题才可能使统治具有政治合法性。❷ 儒家的礼教伦常也是重要的政治价值。它是一种对于人们行为的规范约束，也是对于统治者行为的规范约束。儒家礼教伦常并非新文化运动所被冠之的"三纲五常"所能概括和贬低的，它发挥着重要的作用。儒学的创造性转化就要发现这套规范在现代社会的重要意义。确实，这套规范有其缺陷，但是其成功的地方在于它是中华文明实现有序社会治理的重要基础，它通过"软约束"的形式形成了对权力的"儒化"，让这套规

---

❶ 任剑涛：《伦理政治研究——从早期儒学视角的理论透视》，吉林出版集团 2007 年版，第 153—157 页。
❷ 张铭：《政治价值体系建构：理论、历史与方法》，社会科学文献出版社 2012 年版，第 330－331 页。

范成为深入人心的集体无意识，具有指导政治行为和约束权力的重要价值。❶

3. 政治价值的优先性问题

政治价值是多样化的，存在现代政治价值与传统政治价值之分，而现代政治价值与传统政治价值内部又有着自己的具体价值要素。这些多样化的政治价值之间存在什么样的关系？它们之间共存会出现冲突吗？它们之间存在排序问题吗？它们之间存在着一个优先性排序吗？

以赛亚·伯林（Isaiah Berlin）最先针对统治西方思想的价值一元论提出了价值多元论这一重要问题。价值一元论假定所有问题必然只有一个正确答案，对这一真理的发现必然有可靠的途径，而这些正确的答案共同构成和谐的整体。但是，现实往往并非如此。伯林发现多元价值之间总会有冲突的，这些冲突之间没有合理的标准进行裁决，这是因为多元价值之间是不可通约的。即使是同一价值内部子要素之间也是多元的，也存在不可通约性，甚至是相互冲突的，如平等内部权利的平等和结果的平等之间就存在着冲突。此外，不同的文化产生不同的价值，这些文化之间也存在着不同的、不可通约的价值或善的观念。这种根源于不同文化或社会结构的善的观念也会相互冲突。❷ 伯林对于价值多元论的论述把握了多元价值之间存在冲突的必然性，否认了普遍主义和一元论价值。但是，自由主义的普遍主义仍试图占据主导地位，罗尔斯就试图为社会基本结构确立正义原则，坚持权利（right）

---

❶ 苗永泉、张铭：《儒学：大一统权力无害化处理的历史智慧》，载《克拉玛依学刊》2014 年第 2 期。
❷ 马德普：《普遍主义的贫困——自由主义政治哲学批判》，人民出版社 2005 年版，第 156 – 157 页。

优先于善（good）的义务论伦理观，认为公正是社会制度的首要价值。❶ 万俊人认为罗尔斯"最为看重的是如何捍卫公民基本人权（权利）之于公共政治权力的价值优先性"，罗尔斯所确立的新社会契约论是"一种积极的社会政治哲学原理，是一种政治价值优先原理"❷，这一点在其正义二原则中得到很明显的体现。在《正义论》中，罗尔斯对基本善进行了罗列和排序❸；在《政治自由主义》中，他再次强调了权利和自由的优先性问题。❹

这两种情况并非意味着一方正确另一方错误，而是显示了政治价值的复杂性。政治价值之所以不可通约、存在冲突，就在于价值的多元性和复杂性。之所以会讨论政治价值的优先性问题，则又可能表明某种普遍原则的达成和"底线价值"的存在。

这些政治价值存在冲突，一方面是由于这些价值尤其是平等、民主等在转型期容易被滥用，从而走向自身的反面成为高调的政治价值，并陷入到底谁为真正的"至善"的"诸神之争"当中。人们往往向往"终极价值""绝对真理""绝对至善"，这种向往会以民主和平等为价值载体，激发人们对它们的"热捧"和追求；另一方面，由于传统与现代之间的政治价值也往往会出现价值的冲突。从传统向现代的转型会突出表现在传统和现代政治价值之间的冲突，这在传统深厚的东方后发国家中表现尤为突出。

多元政治价值之间的不可通约性和存在冲突的可能性并非意味着这些政治价值之间不能共存。自由、民主、法治都可以成为

---

❶ [美] 约翰·罗尔斯：《正义论》，何怀宏等译，中国社会科学出版社1988年版。
❷ 万俊人：《政治哲学的视野》，郑州大学出版社2008年版，第12－13页。
❸ [美] 约翰·罗尔斯：《正义论》，何怀宏等译，中国社会科学出版社1988年版，第87－88页。
❹ [美] 约翰·罗尔斯：《正义自由主义》，万俊人译，译林出版社2011年版。

现代社会的底线性价值,关键在于如何发挥它们的积极作用,协调好它们之间的关系,将它们从理想主义的"天堂"拉到现实主义的"实地"。传统也是不断演进的,传统与现代政治价值之间存在重构和融合的可能。这些政治价值之间是可以共存、相互协调、相互支撑的,突出民主并非意味着就要压制法治和自由,突出自由和法治也并非不追求民主。因此,转型时代的重任是"如何协调好'诸善'间的关系,从功能而不是从形而上的先验角度来审视这些底线性价值及其表现形式,有效化解它们间可能存在的矛盾与冲突,注目于这些表现形式的'可行性'"❶。

对于后发展国家来说,在协调多元政治价值之间的冲突之后,可能还存在着"特殊性的需要"以及当前发展阶段的价值再选择的问题。这可能是后发展国家不得不进行的选择,事实上存在着政治发展中需要传统政治价值的支撑问题。❷

(二)政治制度的类型与具体要素

政治制度也有着明确的内在要素。现代政治制度一般都会涉及政党制度、选举制度、代议制度、行政制度和司法制度等。而不同国家的传统政治制度的表现各有不同,在传统国家向现代国家转型的过程中早发国家和后发展国家的传统政治制度的发展也存在较大差异:早发国家一般实现了传统政治制度的演进,而后发展国家则受早发国家外来现代政治制度的影响,即便延续传统政治制度一般也会以现代政治制度为外在表现形式。因此,在这里我们主要关注现代政治制度。

---

❶ 张铭:《后发展国家民主政治发展需要有自己的可行形式》,载《理论视野》2012 年第 10 期。

❷ Daniel A. Bell, *Beyond Liberal Democracy: Political Thinking for an East Asian Context*, Princeton University Press, 2006, p. 55 – 62.

1. 政党、选举与代议制度

政党制度、选举制度和代议制度是与民主联系在一起的,是民主制度的重要表现和组成部分。政党制度、选举制度与议会制度并称现代民主制度的三大支柱。❶

传统社会中并不存在政党,政党是相对晚近的现象。随着近代以来现代化的转型和政治参与的扩大,政党开始出现。正如亨廷顿所分析的"政党恰恰是现代世界所独有,并普遍存在于现代世界,它是现代政治所特有的制度"❷。政党是现代政治的产物,现代政治的参与需要政党这一现代组织并建立相应的制度来动员民众去参政。有组织的政党最先出现于16、17世纪的英国革命中,而正式的政党主要形成于18世纪的美国政治实践中。政党的形成对于现代政治来说意义重大,随着它作用的发挥与相关制度的建立,其在20世纪初就遍及西方世界。政党产生之初并不被认为是"好东西",这是由于政党发展的初期是"宗派期",其制度化水平较低,表现为密谋的小团体,代表着最上层统治阶级❸,所以美国建国初国父们对政党以及党争非常反感。只是到了最近一个世纪才把它看成是好东西。❹ 艾伦·韦尔(Alan Ware)就认为,"很难想象,当代国家的政治并非政党政治。"尽管少数传统小型社会和有些禁止政党的政体中不存在政党,但最终结果证明对政党压制仅是一种暂时可行的手段。"政党对一个现代国家的管理极为

---

❶ 常士䦆等:《现代国家及其政治制度:东亚与西方》,中国社会科学出版社2008年版,第180页。
❷ [美]塞缪尔·P. 亨廷顿:《变化社会中的政治秩序》,王冠华等译,上海人民出版社2008年版,第68页。
❸ [美]塞缪尔·P. 亨廷顿:《变化社会中的政治秩序》,王冠华等译,上海人民出版社2008年版,第344–346页。
❹ 王绍光:《民主四讲》,生活·读书·新知三联书店2008年版,第169页。

重要"。❶

政党之所以从最初的"坏东西"变成"好东西",就在于政党在不断发展中实现了亨廷顿所说的高水平的制度化,并在制度化中发挥了重要的功能。一般来说,政党具有以下三个方面的重要功能:一是利益的代表、综合与表达功能。政党是各种利益的代表,致力于将公民的各种利益要求加以综合、整合并传递给政府,这样各种利益的要求就能够通过各种渠道转化为政治利益表达出来。二是政治精英的录用功能。政党为了执政需要通过招募和训练政治精英把各种精英集中到组织中来,并支持政治精英参与选举,为政治系统输送合格的精英人才。三是制定政策的功能。政党的目标是执政,因而提出自己的目标、施政纲领和政策主张。四是社会动员的功能。政党作为重要的组织工具,需要组织选举、进行社会动员,以动员民众的政治参与。

政党的本质是一种组织,而指导该组织活动和行为的正式、非正式规则和程序就是政党制度。对政党制度的界定往往也是从组织机构的角度以及从不同政党之间的竞争和合作模式来考察的。"政党制度涉及制度内不同政党之间的竞争与合作。"❷ 因此,划分政党制度最常用的标准和维度就是竞取权力的政党数量。自从莫瑞斯·迪维尔热(Maurice Duverger)于20世纪50年代在《政党:在现代国家中的组织与行为》一书中将政党制度分为"一党制""两党制""多党制"以来,这一划分方法被普遍采用。此后的政党研究专家在此基础上不断进行细分,形成了多种划分方法和多

---

❶ [英]艾伦·韦尔:《政党与政党制度》,谢峰译,北京大学出版社2011年版,导言第1页。
❷ [英]艾伦·韦尔:《政党与政党制度》,谢峰译,北京大学出版社2011年版,第133页。

样化的政党制度类型。❶ 总体而言，现代政治中的政党制度主要有一党制、两党制、一党独大制和多党制。❷

不同的政党制度划分又是与不同的选举制度结合在一起的。政党组织引导政治参与，从而使政治参与进入选举渠道中。政党制度以政党为组织结构，通过各种功能的发挥引导政治过程。政党是动员工具，而选举和议会是代议工具。因而，政党制度与选举制度、议会制度有着紧密的联系。

选举常被视为现代政治的核心，被视为民主的重要标志。选举制度是关于选举活动的制度规则。它涉及选举权、选区划分、投票、代表性的问题。虽然民主主张"人人生而平等""人人享有平等的权利"，但是在选举权和投票权的实现上并非如此。回顾西方国家的投票和选举制度的发展历史，就会发现公民投票权的扩大或者说普选权的实现其实并不是一下子就确立的，而是经过了非常漫长的过程。而选区的划分一般是根据选区选举产生代表的数量区分出单名制选区和多名制选区。投票规则也存在多种形式，一般分为三种：多数制、比例制和混合制❸。多数制又分为简单多数制和相对多数制。简单多数制要求获得半数以上的票数即能当选。相对多数制只需获得相对较多而无须超过半数的选票即可当选。而在比例制下，每个选区往往多人当选，根据选票比例来确定政党所获议会席次，从而使选举结果具有代表性。而除了这两大投票制度，还有国家将这两种投票制度混合起来形成一种混合

---

❶ 李新廷：《政党体制的制度化水平与民主转型——梅因沃林的政党体制学评析》，载《国外社会科学前沿》2019 年第 6 期。

❷ ［英］安德鲁·海伍德：《政治学》，张立鹏译，中国人民大学出版社 2006 年版，第 306－313 页。

❸ ［法］让－马丽·科特雷、克洛德·埃梅里：《选举制度》，张新木译，商务印书馆 1996 年版，第 47－93 页。

制。"在全球 191 个国家中，有 93 个采取某种形式的多数制，有 64 个采取某种形式的比例制，还有 27 个采取某种形式的混合制。如果分开地域看，欧洲国家倾向于采取比例制；前苏联以及东欧地区是投票机制的试验场；其他地区倾向于采取多数制，尤其是相对多数制。"❶ 那么，哪种选区划分和投票制度最具有代表性，这个问题很难得出结论。任何一种选举和投票都难以产生完全具有代表性的结果，因而"有关代表的议题一再引发深刻的政治争论"❷。最后，如果综合选举权、选区划分方法、投票规则，就可以发现选举制度非常复杂且表现得各有特色，成为引发激烈辩论的重要议题，远未达成共识。因此，各国的选举制度应该根据本国的国情加以选择来为民主制度铺路。

议会制度也被称为代议制度，是以议会（国会）为载体，强调由选举产生的代表组成国家权力机关来行使管理国家事务的权力。议会起源于西方，后来逐渐扩展至全世界，成为一种重要的政治制度。议会不仅是立法机构，发挥立法的功能，还有代表、审查、政治录用和合法性的重要功能。议会在联系人民和政府方面扮演着重要的代表角色；议会还具有约束和制约权力的功能，作为一种审查机构，能够促成责任政府；议会常是政治录用的重要渠道，进行人才的储备和锻炼；议会还鼓励公众视制度规则为正当，从而提高政权的合法性。❸ 议会作为代议机关一般被划分为两种形式：一院制和两院制。一院制只有一个议院，单一议院行使全部的职权；而两院制则设有两个议院（上院和下院或者众议

---

❶ 王绍光：《民主四讲》，生活·读书·新知三联书店 2008 年版，第 161－162 页。
❷ ［英］安德鲁·海伍德：《政治学》，张立鹏译，中国人民大学出版社 2006 年版，第 267 页。
❸ ［英］安德鲁·海伍德：《政治学》，张立鹏译，中国人民大学出版社 2006 年版，第 373－377 页。

院和参议院等）。一个国家的议院形式是由其历史、环境等决定的，大部分国家基于平衡利益和制约权力考量采取两院制的形式。议员一般是由选举、任命以及因特别身份而产生的。议员经由定期的选举而定期轮换，因而是有任期的，各国在议员的任期和更换方式上都有各自的规定。

政党、选举和议会之间有着紧密的联系。选举是政党走向执政的必经阶段和程序。政党通过强大的组织动员能力让民众参与到投票过程中去。政党要想执政，必须赢得选举，通过各种方式获取选票。掌控议会多数席位。政党制度和选举制度有着相关性，不同的政党制度会采取不同的选举制度。一般来说，两党制多采用多数代表制，而多党制多采用比例代表制。议会是政党产生和进行活动的主要场所，议会中政党议席的多寡决定了政党的影响力以及能否上台执政。只有在议会选举中获胜，占据议会的多数席位，政党才能成为执政党。而且执政党在执政过程中还要保持对议会的控制才能制定服务于本党利益的法律和政策。

2. 行政与司法制度

行政制度是重要的政治制度，也称为政府制度，是以行政机构为载体在相关职能、活动和组织等方面形成的制度。"行政机构是政府最基本核心。离开了宪法、议会、司法部门甚至是政党，政治体系依然能够运转，但若没有行政机构制定政府政策并保障其执行，它就无法生存。"❶

基于行政与立法的关系，行政制度主要有议会内阁制、总统制、委员会制和人民代表大会制四种类型。议会内阁制是由选举

---

❶ ［英］安德鲁·海伍德：《政治学》，张立鹏译，中国人民大学出版社 2006 年版，第 391 页。

获胜在议会中占多数席位的政党组阁行使国家行政权力并向议会负责的一种政府体制，主要分布在英国和被英国殖民过的国家。议会内阁制主张议会至上，以议会为国家的最高权力机关，行使立法权、组阁和监督内阁的权力。议会占多数席位的政党成为执政党，其政党领袖由国家元首任命为行政首脑，负责组阁。而国家元首则为"虚位"，充当国家权力的象征。内阁总揽行政权。总统制是由总统独揽国家元首和政府首脑的权力于一身行使国家最高行政权力的政府体制。总统由选民或者选举团选举产生，有一定的任期，对选民负责。总统的权力较大，但是也会受到制衡。总统制又分为美国式的三权分立式总统制和法国式半总统制。委员会制是由议会产生的委员会集体行使国家最高权力的一种行政制度。委员会为国家最高权力机关，瑞士为典型的委员会制。

现代国家的司法制度是司法机关处理法律相关问题与案件的专门活动，是与行政、立法相对的解决纠纷的法律活动。西方的司法较为独立，具有重要的权力制约作用，而后发展国家在国家建构过程中权力较为集中，因而行政权大于司法权。司法体制有三类：一元制、二元制以及多元制。其中大多数国家采用一元制，即司法权由普通法院统一行使，最高法院行使最高司法裁判权，以英、美、日及东亚国家为代表。不同的体制司法机构设置不同，违宪审查也不同。像英国、新加坡等议会制国家采用的是立法机关审查的范式，美国是由普通法院负责审查，还有的国家由专门的机构负责审查。不同的方式是适应各国的国情的，对各国的政治制度发展有着重要影响。

四、作为政治价值和政治制度载体与能动者的政治精英

政治价值和政治制度都是宏大的研究主题，脱离不了现实中

的政治行动者与能动者，尤其是政治精英。政治精英在很大程度上承载了国家政治发展的政治价值观，并根据这些价值观建构了相应的政治制度。也正是政治精英在政治实践过程中不断调整政治制度，反过来影响了政治价值的变迁。因而，在一定程度上，可以这样说，政治价值反映了政治精英们的行为偏好与态度，而政治制度反映了政治精英们的行为模式与过程。政治精英成为政治价值与政治制度互动的重要载体。

政治精英的重要性不言而喻。通过大量的研究可以发现，政治精英的能动作用是政治发展的内在要求。尤其是在民主化研究中，除了社会、经济、文化、制度等结构性视角，有关政治行动者尤其是政治精英的作用形成了研究民主的能动理论和行动者视角。亨廷顿就认为："经济发展使得民主成为可能；政治领导使得民主成为现实"，"历史不是直线前进的，但是当有智慧有决心的领导人推动历史的时候，历史的确会前进"。❶ 政治精英在政治发展以及在政治价值与政治制度的互动中扮演重要角色。

从根本上来讲，政治价值和政治制度的形成、演变和实践必然要落实到政治行动者身上。政治价值的形成、传播和实践在很大程度上依赖于精英阶层。一国重要的政治价值，其形成首先是精英观念的体现，然后逐渐往中下层传播扩散。例如，政治价值中的精英主义、实用主义、国家主义等从本质上就反映了政治精英的价值取向，而自由、民主、平等和法治等政治价值也是由精英最先阐述和宣扬，之后逐渐深入民心的。政治制度也是秉持一定政治价值的政治行动者尤其是政治精英政治实践的产物。新制度主义者认为，"制度无论是在冲突中产生还是在设计中产生，它

---

❶ ［美］塞缪尔·P. 亨廷顿：《第三波——20世纪后期的民主化浪潮》，刘军宁译，生活·读书·新知三联书店1998年版，第283页。

都必然是某种观念的产物。新制度的创设过程不仅仅是一个冲突的生发过程，也不仅仅是一个新制度的设计过程，它同时还必然是一个新观念为精英和大众所接受并实体化或外在化为制度的过程。"❶ 这直接说明了观念、行为者和制度三者之间的关系。从下文的案例分析中就可以看到，无论是在政治价值建构与重构中，还是在政治制度的移植与微调中，政治精英都扮演了一个中介性和主导型的角色，影响着政治发展的走向。

五、影响政治价值与政治制度互动的外在因素

政治价值与政治制度及其互动有着自己的关系模式和内在要素。外在于这些要素，还有一些重要的因素影响着它们之间的互动。

（一）市场经济的时代坐标

政治价值和政治制度是以人作为主体的。政治价值是伴随人类政治实践和物质生产而产生的思想观念，政治制度是人类按照实践产生的思想观念进行的制度设计。这两者都受制于物质生产的现实。尽管政治价值作为深层次的意义结构引领着人们的制度选择和行为取舍，尤其是政治价值与政治制度的互动决定了政治发展的道路和目标，但是这并不意味着政治价值和政治制度可以脱离现实的物质生产和日常生活，政治社会存在对于政治价值观有着重要影响和决定作用❷。正如马克思和恩格斯所指出的，"以一定的方式进行生产活动的一定的个人，发生一定的社会关系和

---

❶ 何俊志：《结构、历史与行为——历史制度主义对政治科学的重构》，复旦大学出版社2004年版，第232页。
❷ 陈朝宗：《政治价值观与政治发展道路》，载《福建行政学院学报》2014年第2期。

政治关系"❶,"这些关系的性质必然随着这些生产力的改变和发展而改变"❷。因而,作为上层建筑的政治价值与政治制度及其互动关系必须以现实的物质实践为衡量的坐标,要从"物质实践出发来解释观念的形成"❸。

那么,在当下这个时代最现实的物质实践就是市场经济活动,当下时代是市场经济的时代。市场经济体系已经席卷全球,将世界整合为一个"世界体系"。市场经济无孔不入影响了社会的方方面面,人类目前的时代无法背离市场经济。从传统到现代的转型就是由市场经济开启的,在很大程度上也是由市场经济主导的,因而波兰尼称这一转型为"大转型"(又译巨变)❹。

市场经济对于政治价值与政治制度及其互动关系有着重要的影响和决定作用。首先,"市场经济及其价值倾向(平等、自由、公平、规则),也许是传统与现代、'自己的'与'外来的'之间的媒介物。"❺ 市场经济作为一种生产方式冲击着社会、政治、文化的各个方面,迫使社会不断转型,以适应市场经济这一物质生产方式。因而,在市场经济的平台上,传统政治价值必须考虑自身与市场经济的价值倾向,也即现代和外来政治价值的对接和融合的可能,以促进传统政治价值与现代和外来政治价值的重构。这一重构会在政治制度上得以体现,影响了政治发展道路的选择和目标。其次,市场经济对政治价值和政治制度以及二者构成的

---

❶《马克思恩格斯选集》(第1卷),人民出版社1995年版,第71页。
❷《马克思恩格斯选集》(第4卷),人民出版社1995年版,第536页。
❸《马克思恩格斯选集》(第1卷),人民出版社1995年版,第92页。
❹ [英]卡尔·波兰尼:《巨变:当代政治与经济的起源》,黄树民译,社会科学文献出版社2013年版。
❺ 赵虎吉:《重构政治价值:中国政治发展的内在属性与发展逻辑》,载《学习与探索》2011年第1期。

政治发展提出了要求。市场经济带来的转型是一场社会的"大转型",涉及方方面面。这其中要求政治价值与政治制度也要作出与市场经济要求相一致的转型。市场经济要求政府一方面为保障市场经济良序运行而积极有为、权力适度集中,另一方面又要限制政府的权力、防止权力干预带来市场的负面效应,因而政治价值和政治制度要处理好与权力的这种微妙的关系。市场经济是一种规则的、有序竞争的经济模式,因而要求政治价值在自由、法治和规范体系方面作出积极的调整,要求建立和调适相应的政治制度以适应市场经济的这一物质基础。市场经济的发展要求政治发展处理好政治价值与政治制度的复杂关系,尤其是传统与现代、本土与外来的关系,要求政治发展在调整这些关系上走出一条适合本国国情的发展道路。

(二) 国外压力与示范效应的影响

来自国际的压力和示范效应对于一国的政治发展也有着重要的影响。一国在国际社会中的地位以及受到外来影响的程度都对这一国家的发展产生作用。市场经济时代的到来意味着任何国家都被卷入"世界体系"中,那么就必然会受到国际局势的影响。西方国家虽然是一元化发展模式,但是也受到外来的影响,后发展国家受国外压力和示范效应的影响程度更大,它们在国际社会中的地位"可用'先进—落后'二元结构来描述"[1]。后发展国家的政治发展和经济发展是受到西方的全面冲击和示范而被迫起步的。西方处于先进地位,东方处于落后地位,因而形成了"先进—落后"的国际格局和二元结构。

---

[1] 赵虎吉:《比较政治学——后发展国家视角》,中山大学出版社 2003 年版,第 343 页。

西方国家政治发展的一元化关系模式虽然是自发的、内生的、一致的、延续的渐进演进，但是也受到外来的影响。像法、德、美就受英国革命和政治思想的影响，苏格兰启蒙运动影响了西方诸多国家。英国的政治价值和政治制度传播到整个世界，只是有的国家在受其影响的过程中或者变形走样，或者结合自身的传统形成一种新的理解和实践。

而后发展国家政治发展的二元化关系模式在很大程度上受到国外价值观和政治制度传播带来的示范效应的影响。国际环境"先进—落后"的格局和二元结构带来的"追赶性、外源性、急剧性、全面性和计划性"等特征❶，对后发展国家的政治价值和政治制度的示范和影响是全方位的。外来的政治价值和政治制度被引入后发展国家中，使其被迫面临政治价值与政治制度上传统与现代、本土与外来的冲突与融合。这种二元化关系模式还时刻受到国际环境变幻的影响，西方最新的思潮和制度在当下传播较快，对后发展国家的价值选择和制度调整及其应对有一定的影响。

（三）国内国家与社会关系格局的影响

政治价值与政治制度的互动关系不仅受到国际环境的影响，也受到国内环境的影响。国内环境，可以用国家与社会之间的关系状况来描述，即国家与社会哪一方控制更多的经济资源、政治资源和文化资源，政府与社会哪一方的组织化水平更高。❷ 因此，

---

❶ 赵虎吉：《比较政治学——后发展国家视角》，中山大学出版社2003年版，第345-348页。

❷ 赵虎吉：《比较政治学——后发展国家视角》，中山大学出版社2003年版，第348页。

国内环境主要是国家与社会的关系格局。"在学界已有的研究中，往往根据国家的强弱和社会的强弱将国家与社会关系分为四种类型，即强国家—强社会、强国家—弱社会、弱国家—弱社会，弱国家—强社会。"❶

不同的国家与社会关系会对政治价值和政治制度的选择产生重要影响。例如，典型的"强国家—弱社会"的国内关系格局让很多国家采取了国家主义的政治价值和政治制度。"弱国家—弱社会"的格局往往存在于那些传统社会中，如乔尔·米格代尔（Joel S. Migdal）指出转型期的近代中国以及 1910 年到 1920 年的墨西哥，这些国家往往是无政府的❷，政治价值与政治制度上存在着混乱和动荡。"弱国家—强社会"的典型案例是印度，这一关系格局虽导致了印度脆弱的民主制度，但是却有着强大的公民社会及其相应的政治价值。发达国家往往形成"强国家—强社会"关系格局，促成强有力的政治价值和政治制度。

国家与社会力量的对比影响国家采取何种政治价值来为这种关系格局奠定合法性的基础以及采取何种政治制度来保障和贯彻这种政治价值。但是，国家与社会的关系格局及其力量的强弱也会影响一国的实际政治过程，使其表面上采取现代政治价值与政治制度形式，但实际的政治过程却并非如此。这种二元化发展模式在很大程度上是由国家与社会关系格局造成的。国家过于强大、权力不受限制、社会力量的弱小容易造成政治价值与政治制度的"扭曲"。因而，一国国内的国家与社会关系格局对于政治价值与

---

❶ 李新廷、朱凯：《刍论国家治理与社会治理的关系》，载《大连干部学刊》2014 年第 4 期。

❷ [美] 乔尔·S. 米格代尔：《强社会与弱国家：第三世界的国家社会关系及国家能力》，张长东等译，江苏人民出版社 2009 年版，第 37 页。

政治制度有着重要的影响作用，政治价值和政治制度的互动必须放在国家与社会关系格局当中考量。

六、系统论的内部解释：一个分析的框架

总体而言，行为主义产生以来对政治系统的分析或比较分析存在着两种框架。❶

第一种是以"社会中心论"为视角对政治生活的系统分析，聚焦于政治系统的社会环境，从政治系统的外部角度阐述社会条件对政治系统的作用。行为主义的政治系统论、结构功能主义及其以此为基础的现代化理论等是这一视角下的典型政治理论。"至少从柏拉图和亚里士多德以来，社会分析者就主张，一个社会的社会——经济结构对它可能拥有的政治体制的类型具有重要影响"，"在对经验证据的追求中，在日益丰富的总量数据和计算工具改进的帮助下，现代政治科学和社会学继承了探索社会——经济与政治维度之间关系的传统，这已成为一项巨大的努力，它产生了关于这些关系的许多重要方面的有价值的新知识"。❷其中，伊斯顿的政治系统理论具有典型的代表性，其政治系统分析关注的重点是外部环境。政治系统虽然稳定、独立，但又是开放的，因而存在与环境之间的互动关系。从图 1-4 可见它们之间的互动关系表现❸。

---

❶ 参见李新廷：《社会中心主义·国家中心主义·政党中心主义——西方比较政治学研究视角的演进与中国关照》，载《国外理论动态》2016 年第 2 期。

❷ ［阿根廷］吉列尔莫·奥唐奈：《现代化和官僚威权主义：南美政治研究》，王欢等译，北京大学出版社 2008 年版，第 1、2 页。

❸ 张铭、严强：《政治学方法论》，苏州大学出版社 2000 年版，第 183-185 页。

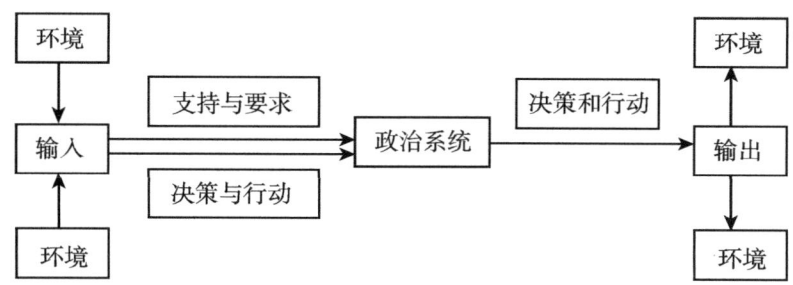

图 1-4 政治的系统分析结构

伊斯顿开创的政治生活的系统分析是典型的行为主义方法，对政治学研究有着重要的意义。但是，它存在着自身的缺陷，即难以阐明政治系统内部结构的划分和子系统的互动关系。它将重点放在环境与政治系统的互动，从而忽略了政治系统内部的复杂性。因而，政治生活的系统分析虽是对政治系统的分析，但是却将分析重点放在了社会环境上，因而是一种政治系统论的外部视角。

这一视角被运用到结构功能主义、现代化理论中来，集中表现在对现代化转型及民主转型这一应有之题的分析上。发展主义和经典现代化理论基本上将西方自由民主制视为一个典范，然后探讨朝向这一典范转型和巩固的社会经济条件。例如，阿普特的现代化理论遵循帕森斯的结构功能的研究传统，认为现代化主要是一个派生的过程，它是由角色和制度向"正在现代化"的社会扩展构成，而这种扩展起源于更为工业化的社会中的工业。❶ 在民主方面，这一视角的典型体现就是李普塞特的"经济发展导致民主"的假设。这一假设将西方式民主看成是普世的、固定的，后

---

❶ [美] 戴维·E. 阿普特：《现代化的政治》，陈尧译，上海世纪出版集团 2011 年版。

发展国家只需要发展经济、培育民主的社会条件，就能顺利实现民主的转型。这一观点影响了后来乃至现在的民主转型研究。

第二种分析的框架是对社会中心论的反思而形成的新的视角，包括历史制度主义、不断发展的国家—社会关系等理论。它们采取的视角体现为结构性的分析框架，代表性学者为西达·斯考切波（Theda Skocpol）。斯考切波的《国家与社会革命》继承了巴林顿·摩尔（Barrington Moore）的比较历史分析，创立了"结构性"的分析视角。她将国家视为一个独立的结构，标志着"国家中心主义"的兴起。无论是革命还是民主，其中所分析的都是复杂的关系问题，而对于这种复杂的关系就需要从"一种在一般意义上被称作关于社会历史现实的结构性视角出发来进行研究"。为了更有效地进行解释，必须理解这种复杂性，"只有通过同时集中关注下列要素才能如愿：制度性的决定情势、群体之间在社会中的相互关系以及在世界历史上形成的国际结构中的各个社会之间的相互关系"❶。斯考切波认为："只要我们在解释社会变革和政治问题的研究中，将国家引入其合适的中心位置，我们就不得不尊重社会政治结构固有的历史真实性，进而我们就会注意到国家层面的发展与变化的世界历史大背景之间不可避免的相关关系。我们不需要一种新创的或翻新的关于国家的宏大理论。相反，我们需要的是，对能够解释现代世界中的国家的历史、社会结构，以及跨国关系等现象的因果规律的立论坚实、分析透彻的理解。"❷

结构性分析框架的另一重要理论是国家社会关系理论，代表

---

❶ [美] 西达·斯考切波：《国家与社会革命：对法国、俄国与中国的比较分析》，何俊志等译，上海人民出版社2007年版，第19页。
❷ [美] 彼得·埃文斯、迪特里希·鲁施迈耶、西达·斯考克波：《找回国家》，方力维等译，生活·读书·新知三联书店2009年版，第37−38页。

性学者当属米格代尔。这一理论与框架背后方法论的关键词是"过程"。"我们所讲的方法侧重于过程,而不是最终结果。与其他群体或组织一样,国家既以整体的形式又通过其组成部分与其他因素互动,并在这种互动中被构建或重构,发明或重新发明。它不是一个固定的主体;随着它联合或反对其领域内的其他因素,其组织、目标、手段、伙伴以及运作规则都发生着变化。国家永不停止改变。"❶ 作为国家与社会关系理论中重要的一支,社会运动理论内部同样存在着不同的分析框架。著名的社会运动理论家西德尼·塔罗(Sidney Tarrow)就意识到了之前的研究"通常对社会运动的起源和发展轨迹给予了较多的关注",但却很少探讨社会运动与政治、环境、个体的复杂互动影响。有学者明确提出了社会运动的"内在解释"与"外在解释",不应只关注社会运动的外在支持和策略,未来研究应该"探索一种能把策略与结构性制约因素结合起来的综合分析","探寻一种能把有关社会运动结果的内在解释和外在解释联系在一起的方法"❷。

总体而言,比较政治学的上述分析框架可以总结为简化论、功能论与结构论三类。反思总结上述解释框架意义重大,采用何种分析的框架决定了解释变量、解释的力度和有效性的不同。上述分析框架,虽然都是系统论的分析方法,但是视角的不同从而形成了不同的解释路径:一个偏重于社会中心论,另一个形成了结构视角、国家与社会的互动理论。

对政治价值与政治制度的互动分析首先是一种政治系统的系

---

❶ [美] 乔尔·S. 米格代尔:《社会中的国家:国家与社会如何相互改变与相互构成》,李杨等译,江苏人民出版社2013年版,第24页。
❷ [美] 西德尼·塔罗等:《社会运动论》,张等文等译,吉林人民出版社2011年版,前言第1页、第7—9页。

统分析；其次是政治系统内部的结构分析，是对政治发展两大要素的系统分析，更涉及对政治价值体系和政治制度体系的内部系统分析。采取何种分析的框架来分析政治价值与政治制度的复杂互动关系至关重要。基于对政治价值与政治制度复杂性的考虑，简化分析可能并不有助于我们深入了解政治价值与政治制度本身及其复杂的互动关系，因而本书试图采用一种内部解释的分析框架：借鉴斯考切波的结构性分析框架，关注政治价值的内部构成要素与政治制度的内部构成要素以及这些要素之间复杂的互动关系，同时又考虑这种复杂关系外部社会环境、国境环境的影响，并简化分析外部的影响而将重点放在政治价值与政治制度的要素及其复杂互动关系上。因而本书将这一分析框架称为系统论的内部解释。

总体来说，系统论的内部解释是一种系统论的视角。政治发展是一个复杂的系统，它受到外部环境和内部各种政治关系的影响。从内部视角来看，政治发展深受政治价值与政治制度的复杂互动。政治价值和政治制度是政治发展的重要子系统，而且政治价值和政治制度本身就是系统性的存在。政治价值系统内部存在着诸多要素，如精英主义、法治、实用主义、民主等；而政治制度也是由许多具体的制度组成的。分析政治价值与政治制度的互动需要系统的观点来具体分析这两个子系统之间各要素的互动关系。因为系统论涉及系统的诸要素，也涉及系统的外部环境，本书在聚焦于政治系统内部政治价值与政治制度互动的同时，简要涉及影响它们互动的外部因素，将外部影响因素作为参考的变量，而主要是从政治发展内部各要素互动的视角来分析后发展国家政治发展问题。

第二节　案例的选择：为什么是新加坡？

理论需要案例的验证。基于议题的复杂性和研究的现实性考量，本书尝试结合中宏观视野和特定个案，尝试对个案进行纵向的比较历史分析来探讨政治发展问题。关于案例研究，有学者专门进行相关的统计，发现"从1983年到1997年，主要的比较政治学期刊所发表的文章当中，有53.8%的文章关注的是单个国家"，"很多分析者都感到需要收集他们自己想要的信息，而案例研究恰恰是最为有效的收集方式"❶。个案分析的优点在于能够"解剖麻雀"，通过对单个案例的全面、深入、系统、历史性的分析来建构和验证理论框架的可行性。同时，每个个案又有着自身的独特性，这种独特性能否用这一理论框架来解释也是检验理论框架可行性的重要体现。单一国家案例的研究也有益于理论建构，这一案例即是关键案例。❷ 当然，人们对个案研究往往抱有更大的期待，"任何一位想在学术上有更多贡献的个案研究者，都不会只对个案本身感兴趣，而是还想且更想透过个案解释更多"，然而"个案说到底只是研究者用来窥探其自身与个案都安放于其中的那个世界的一个窗口。对个案研究不宜期求太多，不能让个案研究承受不能承受之重"。❸ 理论需要案例的验证，案例也需要理论的指引，

---

❶ Barbara Geddes, *Paradigms and Sand Castles: Theory Building and Research Design in Comparative Politics*, The University of Michigan Press, 2003, p.132.
❷ [美]尼考劳斯·扎哈里亚迪斯：《比较政治学：理论、案例与方法》，宁骚等译，北京大学出版社2008年版，第23页。
❸ 吴康宁：《个案究竟是什么——兼谈个案研究不能承受之重》，载《教育研究》2020年第11期。

案例想要变得更具解释力,而不只是描述性的,就需要嵌入更大的背景中。

迈克尔·汉斯(Michael Haas)认为新加坡存在诸多之谜,他邀请了各方学者编著的《新加坡之谜》一书提出了"为什么是新加坡?""当今世界中的这一小国为什么如此重要?"的问题。汉斯认为,新加坡立基于"亚洲价值观"挑战了"衰败的西方"。一个有着远大志向的小国挑战了西式民主看似狂妄自大,但是新加坡在第三世界国家中传播了自身的观点,并拥有越来越多的支持者。❶

新加坡处于东西方文化交汇的前沿地带,曾作为英国的殖民地受到西方政治价值和政治制度的重要影响,同时又处于儒家文化圈内深受儒家传统政治价值的影响。作为一个城市国家,它引进了先进的市场经济体系,并深受国际环境影响,但是却融合了东西方的政治价值与政治制度,走出了一条独特的政治发展道路。在西方发达国家和后发展国家普遍经历"政治衰朽"和"民主失败"的格局下,新加坡却保持了自己的经济繁荣和政治稳定,这不得不引起我们的注意,吸引我们对其中的经验和教训进行探讨和研究。

一、作为个案研究的新加坡是否具有典型性?

芭芭拉·格迪斯(Barbara Geddes)对于案例研究作了精确的分析。她认为案例分析(无论是单一案例研究还是多案例研究)或许是比较政治学领域中最为常见和主要的研究形式,分析者经常会将其视为非定量的时间序列研究设计。案例研究通常会考查

---

❶ Michael Haas ed., *The Singapore Puzzle*, Praeger, 1999, p. 2.

跨越一定时段的某个单一国家，这往往出于以下目的考量：解释最终发生的某种结果，或展示考查期间发生的某种变化所产生的影响。案例研究虽常因为被视为是单一数据点无法揭示因果关系而被批判，但是，案例研究还可以是同一案例内处于不同时间段上的一系列观察及多层次分析等。在典型的单一案例研究中，分析者之所以选择某一国家进行考察，有时候是因为它们有过不同寻常的经历，有时候是因为在分析者看来，它们在那些有过不同寻常经历的案例中具有典型性。❶ 那么，新加坡是否具有第一节所建立的理论框架分析的典型性呢？

（一）政治价值与政治制度处于东西方之间的新加坡

新加坡受到东西方的双重影响。古新加坡的发展比较曲折，作为一个港口小国，很容易受到入侵。1819年，莱佛士登陆新加坡，通过逐步蚕食使新加坡完全沦为英国殖民地。英国不仅把新加坡作为重要的商贸自由港，而且将其作为重要的海外殖民地加以治理。因此，英国在新加坡移植了自己的制度，传播了英国的价值。英国在新加坡建立现代的行政、司法和立法机构，并在统治末期撤出新加坡、移交权力时推行了英国式的议会民主制。英国在新加坡140年的殖民历史，不仅留下了现代政治制度，而且在政治价值上潜移默化地影响了新加坡人。自由、法治、民主的理念逐渐在新加坡播下了种子。新加坡独立后，在很大程度上并没有推翻这些政治遗产，而是"为自治后的新加坡政府充分利用"❷。

新加坡是个移民社会，其中华人占绝大多数。从莱佛士登陆新加坡之后，华人的数量逐渐增多，比例越来越大，成为新加坡

---

❶ Barbara Geddes, *Paradigms and Sand Castles: Theory Building and Research Design in Comparative Politics*, The University of Michigan Press, 2003, p.116.

❷ 卢正涛：《新加坡威权政治研究》，南京大学出版社2007年版，第53页。

社会中的主流。随着华人的移入,儒家价值观也随之被带入新加坡。由于移民新加坡的主体都是下层商贩农工,因此,文化修养上乏善可陈。"虽然当时的华人仍然保留许多属于儒家思想的价值观,如重孝道、讲尊卑的家庭观念和道德伦理,甚至克勤节俭的习惯和重视教育,但是移民带来的文化是偏重于'小传统'的文化,而非'大传统'的文化,可以说是下层阶级的'庸俗文化',而非上层阶级的'精英文化'。"❶ 但这种儒家价值观在新加坡扎根"生长",对新加坡未来的发展影响深远。随着儒家的发展,19世纪末期新加坡出现了短暂的儒学热,被有的学者称为"儒学复兴运动"❷。到20世纪80年代后,李光耀在新加坡大力推行儒学价值观,促进了儒学价值观的传播。

独立后的新加坡政治发展面临着上述东西方的双重影响。新加坡独立时所面临的复杂环境使"向何处去"成为摆在新加坡人面前的重大问题。正是在李光耀及人民行动党的带领下,新加坡应对复杂的国内外环境,保持了政治稳定,实现了经济发展,开辟了一条属于新加坡的政治发展道路。

新加坡的政治发展道路最大的特点在于融合了东西方政治价值和政治制度。在政治发展的过程中,新加坡继承了英国式议会内阁制,但又根据本国的国情逐渐形成了独具特色的一党独大体制、选举制度和行政司法制度,使其政治制度既具有西方特色又根据东方传统进行了改造。在实际的运行中,新加坡注重精英的选拔和培养,注意精英的品质和能力。"在'好'的民主政体和

---

❶ 刘述先:《儒家思想在现代东亚:韩国与东南亚篇》,台湾"中研院"中国文哲研究所2002年版,第177页。
❷ 梁元生:《宣尼浮海到南洲:儒家思想与早期新加坡华人社会史料汇编》,香港中文大学出版社1995年版,第3页。

'坏'的专制政体之间，新加坡的领导人们摒弃了二分法。他们认为还是贤能政治的概念最为恰当地描述了新加坡的政治制度。"❶ 在这一方面，新加坡提出了不同于西方自由民主的民主标准。

在政治价值方面，新加坡受西方政治价值影响，同时又提出了"儒家价值观""亚洲价值观"，力图融合东西方政治价值为其发展提供强大的支撑。贝淡宁就认为"很少有人注意到新加坡对于有关政治价值讨论的创新性贡献"❷。新加坡对于儒家传统价值观的发掘和提倡实际上注意到了西方现代政治价值存在的问题，李光耀就认为西方"随心所欲的个人的权利大为扩张，已经到了以破坏社会秩序为代价的地步"，"这种变化与社会的道德基础遭到侵蚀和个人责任感下降大有关系"。❸ 人们可能会认为李光耀作为政治家而不是学者对这个问题存在辩护的可能，但是学界也意识到了这个问题。社群主义的兴起在很大程度上就是对自由主义政治价值缺陷的回应和弥补而产生的。作为一个温和的社群主义者，查尔斯·泰勒（Charles Taylor）对现代性问题有着深入的思考，在《现代性之隐忧》的小册子里，他观察到了西方现代政治价值的三个内在隐忧：原子化的个人主义、工具理性的主导性以及前两者带来的自由的丧失。❹ 同为社群主义代表人物的迈克尔·桑德尔（Michael J. Sandel）也看到了美国的这种危险："一方面是如下的担心，无论是个体还是集体来说，我们正在失去对统治我们生活的力量的控制；另一方面是如下的感觉，从家庭到邻里到

---

❶ 贝淡宁：《从"亚洲价值观"到"贤能政治"》，载《文史哲》2013 年第 3 期。
❷ 贝淡宁：《从"亚洲价值观"到"贤能政治"》，载《文史哲》2013 年第 3 期。
❸ Fareed Zakaria, Culture Is Destiny: A Conversation with Lee Kuan Yew, 73 *Foreign Affairs* 111 (1994).
❹ [加拿大] 查尔斯·泰勒：《本真性的伦理》，程炼译，上海三联书店 2012 年版，第 1–15 页。

国家，我们周遭共同体的根基正在瓦解。这两方面的担心，即自治的丧失和共同体的侵蚀一起界定了这个时代的焦虑。当前主导的政治议程不能对这种焦虑作出回应，更不要说解决了。"❶ 儒学中存在着社群主义的思想观念和政治价值。❷ 李光耀看到了西方价值的不足，大力提倡儒家价值观，其实也挖掘了儒学中的社群主义思想。所以，有学者将新加坡的民主称为"社群主义民主"❸。

另一方面，李光耀对儒学的大力提倡其实并不是扎卡利亚说的"他本人力图用儒家学说替代西方文化"❹。新加坡的精英教育在很大程度上是西式教育，但是20世纪80年代以来的儒家教育正在不断加强。李光耀时代之后，新加坡还在继续发展（儒学相关价值）。

新加坡力图将西方政治价值的合理部分与东方儒学传统政治价值中的合理成分结合起来，把西方的政治制度和东方的政治制度结合起来，融合东西方政治价值和政治制度。这一过程并没有结束，而是处于不断地调适中，并没有固定的比例和形态。政治价值之间，政治制度之间以及政治价值与政治制度之间需要适度的平衡。政治发展的特点也正在于此。

所以说，新加坡的典型性就在于它处于东西方之间，受到东西方政治价值和政治制度的双重影响。在这种双重影响下，新加

---

❶ [美] 迈克尔·桑德尔：《民主的不满：美国在寻求一种公共哲学》，曾纪茂译，江苏人民出版社2008年版，第3-4页。
❷ [美] 狄百瑞：《亚洲价值和人权：儒家社群主义的视角》，尹钛译，社会科学文献出版社2012年版。
❸ Beng - Huat Chua, *Communitarian Ideology and Democracy in Singapore*, Routledge, 1995, p. 184 - 202.
❹ Fareed Zakaria, Culture Is Destiny: A Conversation with Lee Kuan Yew, 73 *Foreign Affairs* 111 (1994).

坡并没有出现政治上的衰败，而是在不断发展和调适。

（二）市场经济、内外部环境与国家规模

新加坡的典型性不仅体现在它所受到的东西方政治价值与政治制度的双重影响，还来自它在所处的环境下所取得的成就。新加坡所处的环境，主要是市场经济的大环境、新加坡国内外的环境以及争议较大的新加坡的国家规模。

新加坡的发展也像其他国家一样深受市场经济影响，而且新加坡对来自国际市场的影响更为敏感。李光耀当时意识到"大多数第三世界国家的失败都是因为它们的领导人在刚刚获得独立后那段时间，也就是20世纪60—80年代，刻板地坚持风靡一时的社会制度，加强对经济的干预，希望以此加快发展步伐。他们采取的干预性经济政策导致了资源错配，增加了官员贪腐的机会"❶。因此，新加坡独立后实行了市场经济体制，依靠竞争求得生存和发展。李光耀当时深刻意识到新加坡的优势和劣势，新加坡国小、人少、资源匮乏的劣势使其只能发挥它地理位置优越、港口发达的优势，因而大力发展市场经济，开展对外贸易，利用外资促进本国经济的发展。新加坡的经济发展模式代表了亚洲和拉美等新兴国家的经济发展模式，当时的日本、韩国、新加坡、菲律宾、马来西亚、泰国、印度尼西亚等国家，都经历了进口替代工业化阶段、出口导向型工业化阶段，加强出口导向部门结构的基础阶段，形成出口外向型工业化模式。新加坡在自由化指数、市场化程度和经济表现绩效上都处于前列。❷ 这在很大程度上是由新自由

---

❶ ［美］格雷厄姆·艾莉森、罗伯特·D.布莱克威尔、阿里·温尼：《李光耀论中国与世界》，蒋宗强译，中信出版社2013年版，第103页。

❷ 王永兴：《新型工业化国家市场化进程比较分析》，载《国际问题研究》2008年第4期。

主义、经济全球化,以及东亚的发展型政府带来的。

新加坡的经济模式、地理位置和国家规模决定了它比较容易受到国际形势影响。为了应对这种外部环境,新加坡采用当时较为普遍的发展型政府模式,政府在市场经济中与市场协同竞争合作,发挥着导向发展的作用。这种模式被维斯和霍布森称为"新国家主义",合并了美国政治学者查默斯·约翰逊(Chalmers Johnson)提出的"发展型国家"、爱丽丝·阿姆斯登(Alice Amsden)提出的"纪律性市场"、罗伯特·韦德(Robert Wade)提出的"引导市场"理论。这种分析并非只关注经济,而是将注意力投向了政治系统,认为成功的决定因素在于政治制度的安排、治理机器的组成,以及内部经济和国际环境的关系,此外文化的变化也很重要。❶ 具体来说,国家强而有力,能够超越短期利益制定长期的政策,能够与社会和大企业合作进行国家主导下的竞争性发展;一套坚定、有凝聚力和有能力的官僚机构以及相应的在精英领导原则下严格的精英教育、培训、聘用和晋升制度,对国家利益的追求多于个人的利益;受到地缘政治的影响,国际竞争和地区安全的压力激发强烈的发展愿望。无疑,新加坡是这种发展型国家的典型。

国家规模一直是比较有争议的问题。众所周知,新加坡是一个"蕞尔小国",是一个城市国家。这样的小国的发展经验到底对其他国家,尤其是超大规模的国家,有没有借鉴意义呢?对于这个问题,大部分学者认为没有,小国与超大规模国家之间没有可比性。但"以政治现象之间的共同性与差异性为核心来认识国家之间的共同性和差异性,以政治现象的基本特质、基

---

❶ [澳大利亚] 琳达·维斯、约翰·M. 霍布森:《国家与经济发展——一个比较及历史性的分析》,黄兆辉等译,吉林出版集团2009年版,第155-177页。

本结构和基本功能的相似性和各种维度的差异性或复杂性来认识国家间的可比性与不可比性,才能正确地认识和把握国家间比较的方法"❶。

任何国家都有自己的独特性,也不可能完全走别国的道路。案例研究进行的分析、总结和借鉴与规模大小没有关系。国家规模小可能不利于国家之间的比较,但并不妨碍学习其中的经验。这是需要区分开来的。

国家规模和复杂程度也并不是完全一致的。"国家内部的多样性并不必然和它们的大小联系在一起。有些小国内部有很大的差异性,而有些大国却相对地具有同质性,而地区差异则在几乎所有国家中都可以看到。""一个反映国内多样性的重要指标是语言的统治程度,这在许多国家中都已经是量化的。"❷ 新加坡其实也是一个复杂社会,新加坡是一个多民族、多种族、多文化、多宗教、多信仰、多语言的国家。所以说,新加坡社会的复杂程度和多样性程度是比较高的,治理这样的国家需要较高的治理技艺和能力。如何处理这些复杂关系,是值得其他国家学习的。

此外,国家大小的问题在比较国家时很容易被放大,所以也就很容易得出主观的看法。目前世界上大多数国家的相关数据容易被获取,对其差异的了解也在不断加深。因此,需要将更多的注意力放在国家内部的差异上。一个国家的国内历史发展并不是简单的线性发展,是多种因素共同塑造的,可能会一帆风顺,但是也会出现政治发展上的衰退和"悲喜剧的交替上演"。"政治体制的多样性是各种因素导致的,在其中,大小并不起作用,除非

---

❶ 李路曲:《国家间的可比性与不可比性分析》,载《政治学研究》2020 年第 5 期。
❷ [法]马太·杜甘:《国家的比较:为什么比较,如何比较,拿什么比较》,文强译,社会科学文献出版社 2010 年版,第 102 页。

是在国际关系方面。"❶ 同政治体制一样，政治价值也受多种因素的影响，而且价值的传播并不受国家规模的影响。因而，新加坡在政治价值和政治制度的形成和互动上并不受国家规模的绝对影响。

任何国家，不论规模大小，都有独特性的东西，也有值得学习的地方。吴乃德教授曾提出这样的说法："知识上的独特性，行动上的共通性"，"个案历史解释对知识的贡献比理论分析还大"。❷ 任何国家和地区在知识上都有着自己的独特性一面，在应对问题时所采取的行动上往往会有着一致的地方。我们并不是照搬别国的具体内容，而是分析它们如何采取行动，如何应对问题。新加坡如何处理政治价值与政治制度的关系，尤其是传统的与现代的、本土的与外来的之间的关系是需要重点关注的。

二、作为个案研究的新加坡在政治发展上的"独特性"

罗伯特·达尔（Robert Alan Dahl）等曾在其著作《规模和民主》中探讨了民主是否和国家大小有关。❸ 他们当时的调查仅限于在他们那个时代并不算多的多元民主政体。在全球化的今天，规模和民主的关系应该被扩展至全球。规模和民主的关系中最突出的方面在于，世界上大多数国家并不是真正的民主政体。威权主义、专制主义、半民主、模仿民主、准民主政体和结构性寡头政

---

❶ [法] 马太·杜甘：《国家的比较：为什么比较，如何比较，拿什么比较》，文强译，社会科学文献出版社 2010 年版，第 111 页。
❷ 笔者曾作为芝加哥大学北京中心和中国人民大学社会学系联合举办的"第三届中国政治社会学讲习班"的正式学员，聆听了吴乃德教授于 2013 年 7 月 19 日上午的讲座"台湾地区的政治转型：误解与理解"。在讲座中，吴乃德教授提出了这一看法。
❸ [美] 罗伯特·A. 达尔、爱德华·R. 塔夫特：《规模与民主》，唐皇凤等译，上海人民出版社 2013 年版。

体等可以在几乎所有类型的国家中找到，不论是小国、中等国家还是大国。显然，权力的构造、自由的程度以及对民权的尊重和国家大小并无关联。❶ 作为小国的新加坡是不是民主，是何种类型的民主，目前还存在很大的争议。很多人聚焦于新加坡国小、易于控制、权力渗透力强等特征而认为它不是民主国家。

西方式自由民主并非民主的唯一表现形式。西方对于民主定义和标准的"把持"和向全世界的传播灌输是一种典型的"西方中心主义"，认为西方民主模式是普遍主义的，是普世化的。民主概念本身的复杂性以及后人主观性的评价、片面性的论述加剧了民主的歧义。民主并非只有一种理解，民主也并非只有一种表现形式，后发展国家有着自己的传统和对民主的自己理解，也能形成东方式的民主形式。丹·史莱特（Dan Slater）就认为"西方自由民主不适合像马来西亚和新加坡这样的保守的社会"❷。从这一角度，新加坡基于自身的传统形成了不同于西方式的民主而是独具自身特色的民主。尽管新加坡在形式上继承了英国式的议会民主制，但是在实质上形成了吴作栋所总结的"托管式民主"："政府像人民的信托人，一旦在选举中受委托以负责看管人民的长期福利时，它就以独立的判断力来决定人民的长期利益，并以此作为它的政治行动的根据"❸。

因此，民主的判断标准需要重新衡量和思考。西方式的民主

---

❶ ［法］马太·杜甘：《国家的比较：为什么比较，如何比较，拿什么比较》，文强译，社会科学文献出版社2010年版，第110页。
❷ Dan Slater, *Strong-State Democracy in Malaysia and Singapore*, in Larry Diamond, Marc F. Plattner and Yun-Han Chu ed. Democracy in East Asia: A New Century, The John Hopkins University Press, 2013, p. 195.
❸ 吴作栋：《新加坡政治是"托管式民主"模式》，载《联合早报》1995年9月28日。

并不是唯一的形式，西方的标准也并不是非唯一的。民主作为一种重要的生活方式被深深地镌刻在西方的社会和文化中。那么，有着与西方不同文化和社会基础的国家，西方式的民主难以被复制和模仿。"民主不仅仅是一套在理论上任何国家都可以通过最低限度的宪政建构来加以模仿的制度安排"，缺少西方民主要素的后发展国家"就必定推行带有他们自己的制度形式、要素和优先性的民主制度"。熊彼特和亨廷顿的定义将西方传统视为理所当然，然后推行一种狭义的制度性定义。但是，在西方以外，这些背景条件不存在，适用的必然是一种广义的、内涵更丰富的民主定义。❶

（一）民主的判断标准：新加坡民主属于何种形式的民主？

新加坡继承了英国威斯敏斯特式议会民主，存在定期选举。在选举竞争中，政党上台执政需要选民选票来决定的，有多个政党参与选举，但是人民行动党一党独大获得选民的多数支持和议会的多数议席。所以，人民行动党的权力是由人民授权的，在选举上也存在着遵守多数程序上的细节规定。一党独大并非专制独裁，存在反对党的监督，有着严明的法治的保障，执政党也会定期会见选民，这些都是对人民行动党的权力限制。这些限制保障了民众意见的上达，保证了反对意见的合法化。从这些方面来看，新加坡是一个民主国家。胡欣·穆达立（Hussin Mutalib）就认为"从民主的四个主要的原则，即广泛的代表性、大众选举、政治平等以及多数人的统治来进行判断，新加坡确实是一个民主政体。"❷

---

❶ [美]霍华德·威亚尔达：《民主与民主化比较研究》，榕远译，北京大学出版社2004年版，第6-8页。

❷ Hussin Mutalib, *Parties and Politics: A Study of Opposition Parties and the PAP in Singapore*, Marshall Cavendish Academic, 2004, p. 377.

加内桑（N. Ganesan）也认为，"从程序的观点来看，很容易确认民主是存在于新加坡的。但是，同样容易确认的是新加坡所实践的并不是西方式的自由民主。"❶ 目前西方对新加坡威权国家的判断是立基于西方式自由民主的标准，是从西方式人权和多党选举竞争的角度来看待新加坡的民主的。这一观点其实是持绝对的西方的完全竞争式程序性标准来判断的，是从政治体系合法性的"输入"方面，也即竞争性选举来进行民主与非民主体制的衡量。

众所周知，随着政治的发展，民主逐渐成为政治体系最重要的合法性来源。任何国家要想使自身的统治具有合法性就必须实现民主。而对民主的定义，随着国家结构越来越复杂，在行为主义以及冷战对立思维的影响下催生了"民主—非民主"的二元对立政体观，将政体理论尤其是民主政体简单化和普世化。在这一过程中萨托利和熊彼特作出了重要贡献，提供了民主—非民主二分法的概念分类学基础，并以竞争性选举来作为二分法政体的重要标准。❷ 熊彼特的贡献使民主的界定导向了程序性定义，选举甚至成了唯一的标准和合法性来源。目前关于民主的最流行的定义是一种最低限度的定义，认为只需要存在一种多党背景中的自由选举就可以了。这很容易在许多国家实现，但是这种根据最低限度的需要来定义的民主，对于政治合法化产生了相互矛盾的结果：它使得民主化过程一开始极为容易，但要长期维持它的意涵和实质就远为困难；它不仅需有具备民主在社会政治方面的前提条件，而同时就民主作为一项未完成的、也永远不会完成的政治目标来

---

❶ N. Ganesan, Democracy in Singapore, 4 *Asian Journal of Political Science* 70 (1996).
❷ 曾毅：《现代国家的复杂性与政体理论的简单化——民主—非民主二元对立政体观的知识社会学》，载杨光斌主编：《比较政治学（第2辑）》，中国社会科学出版社2013年版。

说，它也强调得不够。❶

目前，学界无论从理论上还是在实践中都开始反思选举标准定义下的民主概念。有学者就认为"民主选举定义尚不能完成界定通常意义上的民主概念之任务"，"选举定义并不是一个放之四海而皆准的概念"，"甚至，选举也不是一国推行民主制度的必要条件"，"选举不一定能够确保我们通常视为民主统治特点甚至目的或意义的秩序与合法性"。❷ 选举是合法性的来源，是合法性不可或缺的一部分，但是选举制民主在合法性上的作用被夸大了。"相反，政治合法性的创建、维护和推翻，更多是受到政治体系输出面的影响，而非输入面。"❸ 形式终究是为目的服务的，因而必须重视民主的实质性目的这一重要的合法性来源。当代政治学对权力研究的重点已经从权力的归属问题转移到权力的运作问题，那么强调选举民主作为权力的合法性来源这一方面应该向民主的实质，即"民主是做什么用的"这一方面倾斜。

程序合法性解决不了实质合法性所解决的政绩问题，尤其是经济发展和世界经济形势的挑战让民主问题更加复杂，"许多国家对民主价值提出的一个基本问题是：到底民主是不是实现经济快速增长的最好政体。甚至会给已成熟的民主政权带来政治瘫痪的互相制衡理念，对那些急切的新兴民主国家可能没有什么吸引力"❹。后发展国家在经济绩效表现上的低迷让民众对西方式的民

---

❶ [日] 猪口孝、[英] 爱德华·纽曼、[美] 约翰·基恩：《变动中的民主》，林猛等译，吉林人民出版社1999年版，第7页。

❷ [英] 斯坦·林根：《民主是做什么用的：论自由与德政》，孙建中译，新华出版社2012年版，第32、33页。

❸ [瑞典] 博·罗斯坦：《政府质量：执政能力与腐败、社会信任与不平等》，蒋小虎译，新华出版社2012年版，第90页。

❹ [美] 詹姆斯·F. 霍利菲尔德、加文·吉尔森：《通往民主之路：民主转型的政治经济学》，何志平等译，社会科学文献出版2012年版，第31页。

主印象大打折扣。西式民主经历了长期的转型和巩固才形成了比较成熟的体制，与市场经济相得益彰。然而，西方向外输出的选举民主则忽视了民主的实质内涵，从而造成了各种问题。随着国家在经济发展上扮演着越来越重要的角色，政权的合法性必须考虑经济绩效和公共利益问题。"长期绩效赋予一个政体逐渐建立起合法性的机会。新加坡和韩国的统治者们通过他们的经济成功获得了足够的合法性，后者使他们能够组织相对自由的选举。"❶ 东方文化有着对政府监管公共利益的期待，而且在价值的优先性上主张政治秩序和经济增长优先于绝对的、普遍的选举和人权的倾向。那么在这种价值影响下，民主实践塑造了独有的民主性质和表现。

法国著名政治学者皮埃尔·罗森瓦龙（Pierre Rosanvallon）就意识到民主的合法性问题的重要性，对此的反思也更为深刻。在专著《民主的合法性：公正、反思与接近》一书中，他梳理了民主的两次合法性危机。第一次危机就是程序合法性危机，选举并不能代表普遍愿望，而且在技术上也存在问题，选举后上台的往往是利益集团，带来无限党争，少数服从多数并不能带来社会的正当。因而，目的和效果的合法性开始凸显，有效率的官僚体系被视为这种合法性的形式，在一定程度上弥补了选举的不足。但是，选举的多数选择仍占主流、问题重重，而且行政效率低下使第二种合法性也产生了危机。因此，罗森瓦龙提出要重构民主的合法性，寻找民主合法性的新来源。罗森瓦龙对于民主合法性的思考带来的启示在于他将民主合法性而不是民主制度本身"问题化"并将其设置为讨论的核心内容，结论与熊彼特及亨廷顿等

---

❶ ［法］马太·杜甘：《国家的比较：为什么比较，如何比较，拿什么比较》，文强译，社会科学文献出版社2010年版，第151页。

人的观点截然相反，投票选举就有可能不再是民主的核心问题。选举在彰显社会普遍性这一做法上不论是在逻辑与哲学上都存在着根本性问题。民主无论是作为一种政治制度还是一种治理模式，归根结底都需要通过实现社会普遍性来提供其正当性与合法性。❶

另一方面，程序性定义还存在着另一问题，那就是忽视了与民主发展有关的规范性问题。我们是否太过单一地关注正式的政治机构和制度，而忽视了民主背后的规范性价值问题？当代有关民主的这种看法走向了极端，"它不是关注价值，而是把民主看作一套程序，一个政权通过它而获得合法性"，"即使是这么一种最低限度的民主定义，也仍然不能使民主完全摆脱作为一种规范价值的构成物的概念"❷。普遍主义式的现代民主政治制度形式背后可能并不是普遍主义的政治价值，这已经是一种政治现实。这一现实说明了对民主的考察和衡量应该考虑到其背后的规范性问题。"在不同的社会，民主往往有着不同的含义，有着不同的社会经济、文化或制度基础，也有着不同的优先性"，民主存在共性的要素，但是"民主的确切含义、后果、重要性及文化底蕴又存在显著的不同"❸。

民主必须体现背后政治价值的支撑，而政治价值具有相对性。对民主的理解不应该是普遍主义的，而是历史主义的。民主必须在当地的环境尤其是政治价值条件下发端，服务于本土性的特色。

---

❶ 张林廷：《重构民主合法性：来源、路径与形式——评罗森瓦龙的〈民主的合法性〉》，载《国外理论动态》2013年第9期。

❷ [日]猪口孝、[英]爱德华·纽曼、[美]约翰·基恩：《变动中的民主》，林猛等译，吉林人民出版社1999年版，第212页。

❸ [美]霍华德·威亚尔达：《民主与民主化比较研究》，榕远译，北京大学出版社2004年版，第11页。

在不同的文化中，对政治价值的优先性存在着不同的考虑和排序，东方儒家文化圈在个人权利和集体责任方面偏重于集体和社会一方。这个问题在西方也成了一项"问题"，"在尊重个人权利与服从社会需求之间保持适当平衡，这个问题甚至在已建成民主政体的国家里都成为一个越来越被争论的问题"，"民主需要个人权利与集体责任之间的平衡"❶。如何平衡就取决于这一地区的文化价值传统。

选举是衡量民主的便利的量化指标，但是它能够体现民众对于民主的态度和价值吗？我们不仅要重视民主的制度标准，更要重视它的结果。我们或许可以从民主的两个组成部分——程序合法性和实质合法性——来解决现在民主的各种问题。

新加坡处于儒家文化圈，更注重团体从众和集体利益，期望政府是公众利益的监护者，而且新加坡的精英体制正是这么做的。这种价值观塑造了新加坡在实质上和目的上的合法性。再加之新加坡继承了英国式选举民主，那么新加坡在这两个方面都有着良好的表现。所以说，新加坡是一个有着良治和善治的民主国家。日本学者猪口孝曾从对经济绩效的重视、正当价值和制度框架三个方面总结了"亚洲式"民主的存在和特点。❷ 这对我们来说意义重大，尽管"亚洲式"这一限定词有待商榷。新加坡符合猪口孝的"亚洲式"民主的总结，如果再进一步新加坡可能正在创造自己的独特民主形式——"托管式民主"。这种"托管式民主"，一方面有着选民定期选票的支撑，即有着输入层面的合法性；另一

---

❶ ［美］詹姆斯·F. 霍利菲尔德、加尔文·吉尔森：《通往民主之路：民主转型的政治经济学》，何志平等译，社会科学文献出版社 2012 年版，第 38 页。
❷ ［日］猪口孝、［英］爱德华·纽曼、［美］约翰·基恩：《变动中的民主》，林猛等译，吉林人民出版社 1999 年版，第 211－221 页。

方面，政党被选举上台就要以良好的绩效看管人民的长期福利和公共利益，即有着输出层面的政绩合法性。

（二）新加坡民主对西方自由民主在政治制度和政治价值上的挑战

新加坡的民主应该是没有先例的，而是自成一格的。这源于它在政治价值与政治制度上的独特性。贝淡宁认为："很少有人注意到新加坡对于有关政治价值讨论的创新性贡献"，"一则因为它挑战了人权的普遍性；而更重要的是，它挑战了民主的普遍性。在'好'的民主政体和'坏'的专制政体之间，新加坡的领导人们摒弃了二分法。他们认为还是'贤能政治'的概念最为恰当地描述了新加坡的政治制度。"❶ 因此，可以说新加坡民主在政治价值和政治制度方面提出了与西方自由民主的不同之处。这种政治价值和政治制度的不同是从自身传统文化价值中汲取资源的，而对民主的理解并非单一地关注正式的制度和结构。

西方自由民主在政治价值上的假设是普遍主义的，主张人权的普遍性和自由的普遍性；在政治制度上的假设也是普世化的，认为西方的制度模式可以输出到全球。西方尤其是美国力图将这种普遍主义的政治价值和政治制度落实到实践中，到处"兜售"它们的价值观和制度。这种对外输出已经遭遇到现实的失败，后发展国家在自由民主道路上的"磕磕绊绊"乃至"政治衰朽"和"民主失败"已经证明了这种"普遍主义的贫困"。其实，西方内部也面临着严重的危机，社群主义以及其他学者都对此作了深刻的分析。总的来说，民主制度是一项需要精心呵护的制度，然而缺少培育、领导以及政治价值与政治制度上的调适，西方的政治

---

❶ 贝淡宁：《从"亚洲价值观"到"贤能政治"》，载《文史哲》2013年第3期。

制度正在走向衰败。正如福山所说的三权制衡陷入僵局、利益集团固化、民众对政府的认同度和信任度不断下降、思维僵化等。以及林根所说的政府仅仅做到程序民主是不够的；如果交不出令人满意的政绩答卷，它们便将被历史湮没；治理体系低劣、政府功效低下、社会不平等加剧等❶。除此之外，程序性民主导致的无限竞争、金钱政治本质上使民主成为王绍光所说的"选主"与"金主"❷。短期的无限竞争关注的是短期利益，而不考虑国家、社会和民众的长期利益，反而暴露了短期无限竞争的非理性特点，在实质性政绩方面交不出满意的答卷。与此相对应的是民主政治价值的相关问题：原子化的个人主义、工具理性的主导等。其实，也有人认为西方的自由民主名不符实，按照民主的本意和理想标准，西方的自由民主既不自由也不民主，人们"有充分的理由怀疑这种制度是否称得上是民主"❸。既然西方的政治制度可以称得上是民主的话，同样处在绝对民主和绝对专制两极之间的新加坡也可以被划分民主，而且更偏向民主一端。而且，新加坡民主在政治参与和责任政府方面具有某些相对于西方的优势，换个角度来看甚至可以说更接近于民主标准。❹

与西方民主形成鲜明对比的是新加坡秩序稳定、经济与政治不断发展下的民主。新加坡民主有着传统儒家政治价值上的重要

---

❶ Stein Ringen, Is American Democracy Headed to Extinction? Washingtonpost (Mar. 28, 2014), http://www.washingtonpost.com/opinions/is-american-democracy-headed-to-extinction/2014/03/28/f8084fbe-aa34-11e3-b61e-8051b8b52d06_story.html.
❷ 王绍光：《民主四讲》，生活·读书·新知三联书店2008年版，第233页。
❸ [美] 罗伯特·达尔：《论民主》，商务印书馆1999年版，第112页。
❹ 赵自勇：《新加坡将会成为一个自由民主国家吗？》，北京论坛2008年文明的和谐与共同繁荣——文明的普遍价值和发展趋向："传统与现代的国家建构与政治文化"历史分论坛论文。

支撑。它指向民本和好政府，关注经济绩效和公共利益。这种趋向被西方批判为对人权和自由的压制，但是新加坡在这种政治价值上形成了不同于西方的普遍主义的民主政治价值，它对某些政治价值更为关注。后发展国家的"后发"不能同时实现所有的至善，只能是选择价值次序。价值的选择受文化因素影响，"文化因素能够影响诸种权利的优先序列，当各种权利之间发生冲突且必须决定哪一种权利应当作出牺牲的时候，文化因素就会显示出重要性"❶。但是这也并不说不关注其他权利。民主的发展，不论是在政治价值上，还是在政治制度上，不是一下子就能快速实现完美巩固的民主，西方国家的民主也是历经了上百年的时间才逐渐相对成熟。那么，后发展国家在发展民主的策略选择上，尤其是政治价值与政治制度上就会在优先顺序上有所取舍。这并不能说它们不民主，而是说它们在某些方面有特殊性和国情的独特要求。新加坡之所以能够引起那么大的争议，原因就在于此。

因此，在儒家传统政治价值支撑下，新加坡并不认同西方的程序性民主，而是通过民主的结果这一实质合法性来证明新加坡民主的合理性。李光耀认为，"民主的程序没有任何内在价值，重要的是有好的政府"，"什么是好的政府呢？……作为具有中国文化背景的亚洲人，我的价值观倾向于支持这样一种政府：它必须能够诚实、有效且高效地保护其人民，给所有人提供在稳定有序的社会中自我发展的机会，使人民可以过上好的生活并养育其子女，使其后代得到比他们更好的发展"❷。正是意识到自由民主的缺陷，同时又看到新加坡乃至东亚地区在独有政治价值支撑下发展的民主形式，贝淡宁才提出和论证"超越自由民主"的问题。

---

❶ [加] 贝淡宁：《东方遭遇西方》，孔新峰等译，上海三联书店2011年版，第35页。
❷ [加] 贝淡宁：《东方遭遇西方》，孔新峰等译，上海三联书店2011年版，第155页。

从这个意义上讲，他认为存在适宜东亚的人权、民主和资本主义，这些都是对西方自由民主的一种挑战和超越。❶

第三节　东西方交融下的新加坡及其政治发展的历史时期划分

新加坡的独特性在于其独特的政治发展历史。正是在多种因素的影响下，新加坡从一个弹丸之地发展为一个现代化城市国家，有着良好的治理绩效。这些成绩的取得并不是一下子形成的，而是经过漫长的历史发展和不同发展阶段的调适和创新。

历史是重要的。政治发展阶段受到历史的约束，政治发展价值与制度的选择受到历史上的选择和事件的影响。这种约束和影响是通过历史制度主义者所说的"路径依赖"完成的。广义上的路径依赖是指前一阶段发生的事情会影响到后一阶段出现的一系列事件和结果。狭义上的路径依赖是指一旦一个国家或地区沿着一条道路发展，那么扭转和退出的成本将非常昂贵。即使在存在另一种选择的情况下，特定的制度安排所筑起的壁垒也将阻碍着在初始选择时非常容易实现的转换。❷ 福山也认为，"如想弄懂当代制度的运作，很有必要查看它们的起源以及帮助它们成型的意外和偶然"❸，这也是福山写作《政治秩序的起源》一书的"起

---

❶ Daniel A. Bell, *Beyond Liberal Democracy: Political Thinking for an East Asian Context*, Princeton University Press, 2006.
❷ Paul Pierson, Increasing Returns, Path Dependence, and the Study of Politics, 94 *American Political Science Review* 251 (2000).
❸ ［美］弗朗西斯·福山：《政治秩序的起源：从前人类时代到法国大革命》，毛俊杰译，广西师范大学出版社 2012 年版，序言第 2 页。

源"之一。制度会受到路径依赖的影响,而价值具有更大的稳定性和"惰性",更会受到路径依赖的强烈影响。历史分析是一种时间序列的分析。历史一方面具有连续性,另一方面会呈现出不同的阶段性。个案研究通常会考查跨越一定阶段的单一国家在不同时间段上的一系列变化,并在不同时段进行比较,以观察因果关系。

基于此,新加坡个案的比较历史分析中可以观察新加坡政治价值与政治制度的互动对政治发展道路的影响。新加坡政治发展最重要的成就是在其独立后取得的,但是新加坡独立后的发展道路受到独立前历史的重要影响。因此,新加坡独立后的政治发展是我们考察的重点,但是独立前新加坡的发展历史也要简要梳理。而独立后的新加坡经历了三代领导人的更迭,在国内外环境的影响下,政治价值与政治制度经历了调适和创新。李光耀主政时期和下台之后,新加坡经历了较为明显的政治变迁,形成了两段连续但又有所不同的政治发展时期。

一、东西方交融下的新加坡

新加坡地处马来半岛最南端,连接印度洋和太平洋,扼守马六甲海峡,是东南亚的中心地带,也是东西方贸易往来的交汇点,地理位置非常重要。新加坡不仅是东西方贸易的交汇点,更是东西方文化的交融点。李光耀就指出:"新加坡处于伟大文明及文化的交汇点,百多年来一直都是扮演东西方桥梁的角色。"❶

在建国之前,新加坡就受到东西方文化的双重影响。新加坡一方面深受随华人移民带来的儒家文化的影响,另一方面又深受

---

❶ 社论:《精英且精华》,载《联合早报》2005年8月26日。

英国殖民带来的西方文化的影响。

新加坡是儒家文化圈的重要国家之一。新加坡人口虽少，但是经过百多年的外来移民，新加坡成为一个多民族国家，其中华人占绝大多数。随着华人的移入，儒家文化传统也随之传入新加坡，在新加坡落地生根。据可靠的文字记载，华人最早移民新加坡"可追溯到十四世纪或十五世纪"❶。新加坡的历史虽然不长，但其文化却源远流长。新加坡华人在文化传承上与中国一样有着悠久的历史。李光耀就说："我们的历史不是在祖先初到新加坡时才开始。它早在5000多年前中国文明创始时就开始。这段历史是我们的一部分，因为我们继承了这个传统和文化。"❷ 正是这层关系和文化传承，有学者认为，"今日新加坡的华人社会和文化是由其移民本质塑造而成"❸。随着移民人数的增加，儒家文化在新加坡得到快速广泛的传播。儒家文化在新加坡的传播经历了从早期无意识的自动自发传承到后来有意识的主动传播的阶段，并建立了私塾和学校来进行儒家文化的教育与传播。❹ 传播的内容也从早期的儒家的礼教伦常扩展至儒学的方方面面。到19世纪末期，新加坡兴起了一场影响深远的儒学复兴运动。这场复兴运动致力于推广汉语，建孔庙、开学堂，编纂儒学经典，成立了各种儒学研究会，以传承和保留儒学传统文化为己任。虽然"新文化运动"和战争的爆发，新加坡儒学复兴运动陷入低潮，但是大量华校的建立以及儒学教育的延续，儒家传统文化得以传承和保留。1956

---

❶ 李恩涵：《东南亚华人史》，台湾五南图书出版股份有限公司2003年版，第678页。
❷ ［新］新加坡《联合早报》编：《李光耀40年政论选》，现代出版社1994年版，第424页。
❸ ［美］傅利曼：《新加坡华人的家庭与婚姻》，郭振羽等译，台湾中正书局1985年版，第15页。
❹ 严春宝：《新加坡儒家文化传承研究》，北京师范大学2007年博士学位论文。

年创建的南洋大学"就是新加坡华人为保持自己的文化——其中主要是儒家文化——所作的努力。这所大学以华语为教学媒介，而儒家思想可以说是南大华校学习环境的一部分"❶。南洋大学以华语办学，对于新加坡传承儒学文化起了非常重要的作用。众所周知，新加坡长期处于英国殖民统治下，几乎所有的教育基本以英语为基础，形成一套西方文化的教育体系。

自1819年莱佛士建立新加坡以来，到自治之前新加坡除日本第二次世界大战期间的短暂侵略之外大部分时间是处在英国的殖民统治下。英国近140年的殖民统治对新加坡的影响无论是在政治价值还是在政治制度上都较为深远。如果说儒家文化在礼教伦常方面对新加坡的家庭本位的价值观方面起着重要影响的话，西方文化对于那些新加坡精英来说影响更大。儒学并不是宗教信仰，新加坡人更容易受先进的西方文化的冲击，尤其是那些留学西方的上层精英更容易受西方文化的影响。西方对于新加坡的影响主要体现在诸如法治等政治价值方面。英国对外殖民最大的特色就在于在殖民地推行其普通法的法治做法，以最小成本来实现殖民地的自我治理。因此，新加坡继承了英国的法治，建立了完善的法律体系。新加坡也继承了英国议会内阁制的程序民主制度和价值，注重选举和听取民意。在经济上，新加坡接受了西方式的自由资本主义，注重市场经济，注重经济平等，成为世界上自由竞争程度较高的国家之一。在教育上受西式教育影响，新加坡大力选拔优秀的学生，并给予高额奖学金到海外留学接受高等教育，归国后即进入到政府中，使新加坡在治国价值上也会受到西方文化的影响。英式教育和英国政治思想的影响，对这些精英来说是

---

❶ 陈荣照编：《儒学与世界文明（上册）》，新加坡国立大学中文系、八方文化企业公司2003年版，第53－78页。

深刻而久远的,同受英国殖民的一位印度人曾说:"如果没有英语教育和西方文化,我们……今天就不可能聚会在这个大厅里交流思想,申诉衷肠,表达共同的愿望,用非常合法的方式来讨论如何补偿委曲和实现愿望。"❶

除此以外,新加坡还受到东南亚各地原有文化的影响,尤其是马来文化的影响。由此可见,新加坡处于东西方文化的交汇点上,受到西方文化和东方传统文化的双重影响。这种双重影响对于新加坡独立后的政治发展产生了重要的影响,它影响了新加坡的发展道路和模式,新加坡在政治发展过程中也不可避免地要直面这两种政治价值及其政治制度。新加坡独立之前,西方文化是占据主导地位的,儒家文化只是在潜移默化地发生影响,在社会中传播继承。独立后,西方文化也遭遇了发展的危机,而儒学也迎来了第二次复兴。新加坡政治发展的顺利展开必须直面这两种文化传统的融合和重构。

二、独立后的新加坡及其政治发展的历史时期划分

第二次世界大战后,殖民地纷纷采取各种抗争力图摆脱殖民统治争取民族和国家独立。英国意识到这一潮流,开始主动放手给予马来西亚和新加坡自治权。1955年,通过伦德尔宪法,新加坡政府转变为内阁式政府,新加坡举行了第一次普选,建立了马歇尔领导下的劳工阵线联合政府。1959年人民行动党获得选举的多数席位上台执政;1963年9月16日新加坡赢得独立,并入马来西亚;1965年8月9日脱离马来西亚成为独立国家。❷

---

❶ 李一平、周宁:《新加坡研究》,国际文化出版公司1996年版,第21-22页。
❷ [澳]约翰·芬斯顿主编:《东南亚政府与政治》,张锡镇等译,北京大学出版社2007年版,第265-266页。

新加坡的独立意味着独自探索政治发展道路的开端。刚独立的新加坡面临着复杂的国内外环境,其政治发展也就面临着巨大的挑战。李光耀领导的人民行动党组建了政府,在一定的政治价值指引下开始了艰难的国家构建和制度建设,取得了巨大的成就,李光耀也成为新加坡名副其实的"国父"。李光耀于1990年11月28日卸下总理之职后,吴作栋上台执政14年,李显龙从2004年执政至今。李光耀后期执政风格的转变较为明显地将新加坡的政治发展划分为两个时期:李光耀时期和后李光耀时期。这两个时期的政治发展在政治价值和政治制度上即存在着一些区别,又有着紧密的延续性。

之所以将新加坡政治发展的历史时期划分为李光耀时期和后李光耀时期主要基于以下几点考量:第一,最主要的原因在于李光耀主政新加坡三十多年,其中担任总理31年(1959~1990),担任人民行动党秘书长38年(1954~1992),他奠定了新加坡政治发展的政治价值和政治制度。李光耀执政后期开始转变强硬执政风格,而吴作栋和李显龙更是在此基础上继续推进新加坡的民主发展,在政治价值和政治制度上不断微调,使新加坡的政治发展迈入一个新的时代。此外,吴作栋和李显龙两任总理施政风格相似,在政治价值和政治制度调适上具有相似性,因此可以划分为一个时期。第二,李光耀的自愿下台有着深刻的国际环境的背景。20世纪80年代以来,民主化浪潮席卷环太平洋亚洲地区,到1996年几乎所有的环太平洋亚洲地区国家都处于某种形式的民主制下,韩国、菲律宾、日本都经历了政治结构上的重大变化。在新加坡,有威权主义倾向的总理李光耀自愿下台。[1]

---

[1] [日]猪口孝、[英]爱德华·纽曼、[美]约翰·基恩:《变动中的民主》,林猛等译,吉林人民出版社1999年版,第213-214页。

很多人视 20 世纪 80 年代为新加坡政治发展的重要转折点。那么，比较李光耀时期和后李光耀时期新加坡政治发展的"发展"就具有重要的意义。新加坡的政治发展道路是怎么形成的，李光耀时期和后李光耀时期的政治发展存在哪些不同又存在哪些相同？新加坡式民主在这两个时期有何种程度的推进？在政治价值和政治制度上又存在着什么样的演变？借由两个不同时空的比较历史分析探讨新加坡政治发展道路的形成、演变、成就、不足以及未来发展的可能与民主建设的特点具有重要的比较分析的意义。

CHAPTER 02 >> 第二章

李光耀主政时期新加坡政治价值与政治制度的互动

新加坡经历了一个较为艰难的独立过程，中间有过并入马来西亚又分裂出去的经历，独立过程中及独立后又有着外部世界竞争的极大压力。在一个资源稀少的城市国家，脱离马来西亚这个资源丰富的"腹地"，在内外压力下摆在新加坡政治发展面前的是一系列的重大现实问题。其中，新加坡政治发展的首要问题是国家构建以及以何种政治价值来指导国家构建。

国家构建（State-Building）是一个复杂的过程，与民族构建（Nation-Building）交织在一起。二者既有联系又有区别。西方国家最先在不同的进程中形成并实现了两者的交融。国家构建（State-Building）大略指 15 世纪开始直至 18 世纪末漫长的历史进程，主要是近代意义国家主权与国家制度的形成；而民族构建（Nation-Building）是一个较新的概念，是随法国大革命而风靡欧洲的，它一出现即与"State"结合在一起，形成所谓的"民族国家"（Nation-State）；而后发展国家这两者的建构过程是合一的，很多国家一摆脱殖民统治获得国家独立即进入"民族国家构建"的历史进程。❶ 那么，后发展国家的国家构建或者是民族构建就要面临两个存在着冲突与紧张关系的问题："民族—国家"与"民主—国家"的问题。从根本上说，这是国家权力与公民权利的关系问题。一方面，新兴国家的发展需要强有力的国家权力来保障，民族国家的构建尤其是多民族国家的融合更需要强有力的国家来支撑以消除国家认同危机；另一方面，国家构建也是一个民主化的过程。如何消除民众的参与性危机，保障公民权利也是新兴国家面临的问题。权力与权利、民族与民主、权力内部、权利内部都存在着紧张与冲突关系，这些都是后发展国家进行国家构建时面临的难题。❷

作为一个后发展国家，一个多民族国家，一个比较容易受到国际环境影响的城市国家，新加坡的国家构建面临着上述难题。新加坡一方面需要集中权力保证多民族国家的认同问题，保证社会秩序的稳定，保证经济社会的发展；另一方面还要保障公民的各项政治权利。在这些问题面前，李光耀领导人民行动党灵活采取各种措施，建构自己的政治价值来实现新加坡的政治发展，走出了新加坡独有的发展道路。

---

❶ 杨雪冬：《民族国家与国家构建：一个理论综述》，载《复旦政治学评论》2005年第1期。
❷ 曾毅：《"现代国家"的含义及其建构中的内在张力》，载《中国人民大学学报》2012年第3期。

第一节　新加坡独立后在政治制度方面的国家构建

国家构建在很大程度上首先是一个政治制度化的过程。福山就认为国家概念"必须涉及国家整体层面上的制度设计",也就是"政治体系设计"的问题。❶ 这包括议会制度、选举制度、政党制度、行政制度等具体制度的建构。李光耀为了新加坡的发展和稳定,沿袭了英国遗留的议会内阁制,构建了一党独大的政党制度,建立高效的文官行政官僚制度。这些都保证了权力的集中,被用以推进国家的构建和政治发展。李光耀主政时期,新加坡取得了举世瞩目的政治和经济发展,成为良治和善治的典范。英国前首相撒切尔夫人就这样评价道:"李光耀是一位了不起的人物……新加坡从一个小岛国变成世界上最有活力的贸易与金融中心之一,这应归功于李光耀的卓越领导和远见。"加拿大前总理马尔罗尼评价道:"李光耀有眼光和勇气。新加坡拥有今日的成就,应归功于新加坡领导层的实力和健全的政策。"❷

一、政治制度继承与建构:英国政治遗产与本土政治实际的结合

新加坡脱殖的过程中并未对未来政治制度建设有太多的设想,因而在政治制度建设方面尤其是在形式上很大程度继承了英国的

---

❶ [美] 弗朗西斯·福山:《国家构建:21世纪的国家治理与世界秩序》,黄胜强等译,中国社会科学出版社2007年版,第24页。
❷ [新] 新加坡《联合早报》编:《李光耀40年政论选》,现代出版社1994年版,第629-631页。

政治遗产，但是又根据本土的实际情况进行了调整，形成了议会内阁制、一党独大的政党体制、精英培养与选拔制度以及相应的行政与司法制度等。

（一）议会内阁制

新加坡的政治体制被很多学者和民众称为"有控制的民主""受控的民主"，这是"基于英国威斯敏斯特模式的议会制共和国，不过也作了改动以适应当地情况"。❶ 新加坡虽然继承和沿袭了英国的议会内阁制，但是在李光耀主政时期也根据新加坡的实际情况进行了相应的制度创新，以至于有学者认为新加坡政治上不再是威斯敏斯特议会制❷。这在某种程度上道出了新加坡与英国议会制存在着重要的差别：一是新加坡是一院制，英国是两院制；二是新加坡不是君主制，而英国是君主立宪制；三是新加坡有成文宪法，英国没有成文宪法；四是新加坡是一党独大制，英国是两党制；五是新加坡选举制度与英国也存在很大区别。总体上看，新加坡继承了英国的议会内阁制，但是又作了很大的修改从而与威斯敏斯特体制有所区别。

尽管存在着区别，但是新加坡和英国在权力的对上集中方面是类似的。英国的权力自下而上集中于内阁，而新加坡也是如此。道格拉斯·弗尼（Douglas V. Verney）在比较政治制度时就发现，议会制政府关注的是有效政府，而总统制政府强调的则是有

---

❶ Jon S. T. Quah, *Controlled Democracy, Political Stability and PAP Predominance: Government in Singapore*, in John W. Langford and K. Lorne Brownsey ed, The Changing Shape of Government in the Asia – Pacific Region, Institute for Research on Public Policy, 1988, p. 127.

❷ B. Singh, *Politics and Governance in Singapore: An Introduction*, McGrawHil, 2007, p. 28 – 37.

限政府。❶ 李光耀主政时期在政治制度上以及实际的政治过程中关注的焦点就在于如何使政府更加有效、务实,而不是尽最大可能去限制政府的权力。弗尼的这一发现很适合新加坡。新加坡在国家建构过程中在政治价值上追求"好政府",在政治制度设计上也是围绕着这一目标进行的。

新加坡的国家元首是总统,最初由国会推选、任命产生,任期四年,可以连选连任,没有实权,只是礼仪性的角色。到 20 世纪 80 年代末 90 年代初,即进入后李光耀时候,有关总统的宪法职能、地位和权限又进行了进一步的修改。

独立时期,新加坡的议会民主建构就已经开启。新加坡就是通过议会民主的形式和道路争取独立的。1969 年之前新加坡的议会竞争非常激烈,当时存在着众多政党竞争国会议席。1953 年伦德尔宪法设计了较为民主的立法议院,新的政党纷纷成立,带来了 1955 年较为民主、竞争也较为激烈的选举。到 1959 年,人民行动党主政后,竞争程度有所缓和。随后,新加坡出现一股"左倾潮流",人民行动党内亲共派另起炉灶,人民行动党内出现分裂,人民行动党政权受到威胁,但是在当时议会民主较为公平的全民投票中人民行动党仍获得了极高的支持率。总之,这一时期新加坡议会民主制具有特殊意义和功能,它为独立提供了机制,又为和平建国、抑制暴力提供了保障。❷ 从 1965 年独立到 1969 年,新加坡克服了内困外难,有效应对了"后独立时代的危机"❸,捍卫

---

❶ Douglas V. Verney, *Analysis of Political System*, in Harry Eckstein and David E. Apter ed, Comparative Politics: A Reader, The Free Press of Glencoe, 1963, p.190.
❷ [新] 蔡裕林:《新加坡议会民主制的变迁》,载吕元礼、陈家喜主编:《新加坡研究(2013 年卷)》,社会科学文献出版社 2014 年版,第 49 页。
❸ 王瑞贺编:《新加坡国会》,华夏出版社 2002 年版,第 49 页。

了新加坡的独立。

独立后新加坡议会内阁制在具体的制度安排上如下：在选区划分上，新加坡一开始实行的是单选区（Single-Member Constituency）的方法。单选区即小选区或单名选区，一个选区中产生一名议员。与其他国家单选区制度一样，新加坡在单选区中实行的是简单多数当选制，议员候选人只要在该选区内得到过半的选票就可以当选。1968年新加坡国会有58名议员，1972有65名议员，1976年有69名议员，到1980年就增加到75名议员。1987年开始新加坡实行集选区，从而形成了单选区与集选区并行的选区制。

与选区对应的是议员的种类。议会所要实现的是多数人的统治，因而要求议员具有代表性，那么民选议员就成为议会制的根本。但是，新加坡除此之外还存在着其他两种议员，即1984年引入的非选区议员（Non-Constituency Member of Parliament）和1990年引入的官委议员（Nominated Member of Parliament）。我们将在下一章中对此作进一步说明。在1981年工人党候选人贾亚拉南赢得安顺补选打破人民行动党对议会的垄断之前，人民行动党从1968年赢得全部议席以来，连续在1972年、1976年和1980年的大选中赢得全部议席，连续重复了这种"全胜现象"。

选举过程主要包括选民的登记、候选人的提名、竞选等。新加坡的特色在于它规定符合条件的选民只能在一个选区中登记，并且不在其所登记的选区进行选举投票将构成犯罪。宪法规定任何具有当选议员资格的人都可以被提名为候选人，且有一系列的相关规定。投票在新加坡是强制性的，每一个选举均要在法律的相关规定下对候选人进行投票。选举制度上，新加坡采用的是英国选举制度中的"得票最多者当选"的原则，而且从开始的非强制性投票到最终形成了强制性投票制度（其中规定对于不投票人的惩罚是罚款 5 新元,以此作为将他们的名字重新登记在选举人名单上的管理费),以解决选民对选举漠不关心与选举期间的腐败问题。

议员当选后要履行相关的职责,除了参加国会的相关活动,还要负责市镇理事会的管理工作以及为选区和选民服务。市镇理事会并不是政权机关,而是半官方机构,与集选区有关。市镇理事会管理集选区,因而集选区当选的议员要担任市镇理事会的管理工作,为本地居民提供服务,并为担任议员锻炼管理能力。新加坡规定议员必须定期定时会见、访问选民,听取选民意见、接受选民投诉和建议、解决选民的问题,以反映民意。❶

国会设议长、副议长、委员会、秘书处等正式职位。议长由每届议会首次集会选举产生,负责国会日常运转。副议长设两名,来辅助议长,可临时代议长之职。国会设若干委员会,负责各专门事务。国会秘书处由国会秘书长、助理秘书长、速记员等其他助理人员组成,主要负责国会记录、官方报告、资料提供、翻译等事务。

(二)一党独大制

新加坡和英国威斯敏斯特体制的最大不同在于议会民主制的政党制度基础不同。英国是典型的两党制,而新加坡在议会民主制发展过程中由多党竞争(1959 年 5 月—1966 年 9 月)到 1966 年 10 月转变为人民行动党的一党独大体制(一党优位制或一党优势制)。1968 年 4 月大选,人民行动党赢得议会全部议席,变成了法律上的一党独大制。在接下来的 1972 年、1976 年、1980 年的大选

---

❶ 李新廷:《新加坡的政治与行政:一项对政府的个案研究》,载吕元礼、陈家喜主编:《新加坡研究(2013 年卷)》,社会科学文献出版社 2014 年版,第 86 - 87 页。

中人民行动党连续取得了赢得全部议席的战绩（见表 2-1）。直到 1981 年 10 月，安顺选区补选中工人党候选人贾亚拉南击败人民行动党候选人冯金兴，从而打破了人民行动党包揽议会全部议席的垄断地位。但是，这并未改变新加坡一党独大体制的格局，反而给人民行动党重新检视自身的机会促进政治体制的进一步制度化和开放性以增强新加坡现有体制的延续性和适应性。

一党独大制是一个普遍现象。"建立一党独大的政治体制并保持相对稳定，是二战后纷纷独立的发展中国家比较常见的一种政治现象，民族解放和民族独立运动需要一个强有力的政党来进行动员和组织。"❶ 这种体制有利于国家与社会的稳定，为政治发展提供保障和起点。萨托利就认为："主导党体制实际上是一种存在一个以上政党的体制，在这一体制中，轮流执政实际上并不会发生，同一个政党总是能够长期赢得议会席位（不一定是选票）中的绝对多数。"❷ 海伍德认为，一党制不应与一党独大制混淆，他将政党制度划分为一党制、两党制、一党独大制与多党制四种类型，指出"由于存在几个政党在定期的普遍选举中角逐权力的情况，一党独大制具有竞争性，不过它处在长期掌权的某一政党的支配下"❸。具体而言，一党独大制是指在多党竞争的情况下，一党长期主导政权的政党制度，而其中的独大党远远超出其他所有政党，远比其他所有政党强大。❹

---

❶ 李一平、周宁：《新加坡研究》，国际文化出版公司 1996 年版，第 26 页。
❷ ［意］G. 萨托利：《政党与政党体制》，王明进译，商务印书馆 2006 年版，第 288 页。
❸ ［英］安德鲁·海伍德：《政治学（第 2 版）》，张立鹏译，中国人民大学出版社 2006 年版，第 310 页。
❹ 胡荣荣：《自主性与制度化：一党独大制的适应性研究》，中共中央党校 2013 年博士学位论文。

表 2-1　1968—1980 年新加坡国会大选与人民行动党胜选情况表

日期	总议席数*	参与竞选政党数目	当选政党	执政党赢得议席数	执政党赢得有效选票百分比（%）
1968 年 4 月 13 日	7 +（51）	2 名政党加 5 名独立人士	人民行动党	58	86.72
1972 年 9 月 2 日	57 +（8）	6 个政党加 2 名独立人士	人民行动党	65	70.43
1976 年 12 月 23 日	53 +（16）	7 个政党加 2 名独立人士	人民行动党	69	74.09
1980 年 12 月 23 日	38 +（37）	8 个政党	人民行动党	75	77.66

*括弧内的数字表示没有竞争对手的议席。资料来源：新加坡选举局（Singapore Elections Department），http://www.eld.gov.sg/homepage.html。

1968 年人民行动党确立一党独大制时还存在 12 个合法政党，而到 20 世纪末注册的政党数量已经达到 20 多个。新加坡之所以能够形成这种一党独大体制，柯受田（Jon S. T. Quah）认为主要有四个原因：一是为了确保新加坡的生存；二是生活水平的提高；三是软弱无能的反对党；四是文官对军队的控制。❶ 新加坡一党独大体制的形成是为了确保新加坡的生存。人民行动党一方面不断壮大自身，网罗人才，形成了一个强有力的独大党，能够带领新加坡不断发展，确保了对新加坡内外局势的控制；另一方面，反对党太过弱小存在着自身的缺陷，无法与人民行动党相抗衡。有学

---

❶ ［澳］约翰·芬斯顿主编：《东南亚政府与政治》，张锡镇等译，北京大学出版社 2007 年版，第 276 - 280 页。

者就指出反对党"领导层、意识形态和政党纲领上存在着差距；它们在资金上的匮乏导致政党组织结构的脆弱，而且它们无一例外都曾遭受过政党内部和政党之间的纠纷和分裂的破坏"❶。政党强弱之分是政党竞争的自然结果。李光耀就认为："要设立一个有替代能力的反对党，不是我的工作，这是反对党的事。"❷ 新加坡当时的内外部环境也不允许采取西方式的政党竞争和轮替模式，李光耀"不认为像英国的辉格党及保守党那样的跷跷板，来回地运转交换政权是必要的"❸。新加坡的稳定和生存是当时的最大优先性选择。而新加坡之所以能够形成人民行动党一党独大体制最主要的原因在胡兰看来是人民行动党"专业性的政府在 1961 到 1963 年期间取得的惊人的社会成就"❹。

这一时期新加坡政党体制的特点是多党并存、一党独大。一党独大并非一党制，即使是一党制往往也会存在多个政党。在政党划分类型中，一党独大制是属于极化多党制的一种。新加坡一党独大，但也存在多个合法政党。上文中提到有 20 多个在册的合法政党，但是并不是所有政党都参与选举，只有为数不多的几个主要政党有能力组织选举，而能在选举中获得议席的政党也不过两三个。❺ 人民行动党通过采取强有力的组织建设等措施能够连选

---

❶ Hussin Mutalib, Illiberal Democracy and the Future of Opposition in Singapore, 21 *Third World Quarterly* 314 (2000).
❷ [新]新加坡《联合早报》编：《李光耀 40 年政论选》，现代出版社 1994 年版，第 547 页。
❸ 李慧玲：《他的思想，塑造了今日新加坡》，载《联合早报》1997 年 10 月 12 日。
❹ Lan Hu, *One Party Dominance Survival*: *The Case of Singapore and Taiwan*, Dissertation Presented in Partial Fulfillment of the Requirements for the Degree Doctor of Philosophy in the Graduate School of The Ohio State University, 2011, p.194.
❺ 叶富春：《新加坡与马来西亚一党独大制比较分析》，载《学术界》2013 年第 2 期。

连任，组织政府，长期执政。

从实质上看，人民行动党在排除社会主义阵线赢得全部议席到1981年之前都是"全赢全得"。人民行动党一党独大实际上有点类似于萨托利所说的"霸权党"，即"既不允许正式的、也不允许事实的权力竞争"，尽管允许其他政党存在，但是确实在不平等的基础上同"霸权党"进行竞争的，"轮流执政不仅事实上不会发生，也不可能发生，因为权力轮转的可能性甚至没有被预见过"❶。这一时期的新加坡人民行动党基于国情表面上允许多党的存在并允许多党进行选举竞争，但是实质上却垄断了所有的议席不允许存在过度的激烈竞争和有效的分歧。尽管人民行动党没有赢得所有的选票，但也没有其他政党能够挑战其垄断地位，因而成为一个"霸权党"。直至1981年，反对党议员赢得议会的一席之地使新加坡的一党独大体制开始走向开放性和制度化的发展道路。

（三）精英培养与选拔制度

李光耀主政时期，新加坡国家构建的特点还在于对人才和精英的强调。新加坡政治制度的建立和实际运转建立在精英选拔与培养基础上。李光耀在对新加坡国情审视后认为，新加坡国小、自然资源缺乏，其发展应该立足于人才资源，"没有自然资源，有人才，同样可以富强，人才资源可以弥补天然资源的缺乏"❷。李光耀对于新加坡国情的判断得出的结论就是发现、培养并选拔优秀的精英人才将是新加坡发展的关键。而事实也证明了新加坡的成功就在于对人才的培养和选拔上。有些学者就将李光耀治国的

---

❶ [意] G. 萨托利：《政党与政党体制》，王明进译，商务印书馆2006年版，第321页。

❷ 社论：《旧观点不符合新情况》，载《联合早报》1966年7月14日。

战略和实践总结为"精英主义"。❶ 新加坡的这种精英主义在人民行动党的运行上得到最好的体现，权力的集中、党员的吸收以及领导人的更替上都力图选拔"最优和最聪明"的人才来保证政治权力交接的平稳以避免分裂。❷ 在与其他政党竞争时，李光耀就指出："这是一场理念与理念的战争，录用更有能力和更天才的那一方将是赢的一方。"❸

基于对精英的重视，新加坡建立一套精英教育、培养与选拔录用的制度。精英虽然有着天赋的因素，但是后天的教育和培养也非常重要。尽管李光耀有着"优生论"观念，认为先天禀赋比后天重要，但是他也意识到后天教育的重要性。因此，新加坡的教育体系是精英导向的。李光耀直陈："如果一个国家没有好好培养人才，这个国家一定衰败。"❹

李光耀重视教育，提倡兴办教育，通过各类教育培养人才和精英。1980年，李光耀在人民行动党建党25周年庆祝大会演讲指出："进步的一个重大因素是：一个社会怎样辨认人民的才干，并且怎样去训练他们，使他们的才干带来最多的利益。这就是说，它怎样使每个人的潜能得到全面发挥，使他们的天生才能，能够同今日的工艺世界里器械的运用所需技术和纪律互相配合，并且也有适应将来进展的能力。一个社会的结构，特别是它的教育制度和它的行政组织，将决定能够在人生多早的阶段，多准确地在

---

❶ Michael D. Barr, Zlatko Skrbis, *Constructing Singapore: Elitism, Ethnicity and the Nation-Building Project*, NIAS Press, 2008.

❷ Diane K. Mauzy & R. S. Miline, *Singapore Politics under the People's Action Party*, Routlege, 2002, p. 38.

❸ R. L. Clutterbuck, *Riot and Revolution in Singapore and Malaya, 1945－1960*, Faber and Faber Ltd, 1973, p. 150.

❹ [新] 新加坡《联合早报》编：《李光耀40年政论选》，现代出版社1994年版，第132页。

人民当中辨认谁对哪一类工作具有天赋,以及如何给这种天赋最好的训练和发展,把这种天赋发展为专业技能,为国家栽培熟练技工、技术人员、工程师、经理人员、专业人员、行政人员、军人、警察、教师、美术家、音乐家、演员、体育教练、厨师和现代社会里的其他专门人员。把一个民族的天赋才能金字塔化为专门技能(经过训练的才能)金字塔的彻底程度,是决定有关社会所取得的成就大小的基本因素。"❶

为了人尽其才,李光耀于 1979 年开始探索"因材施教",对初级教育实行"分流"制度,即小学的第一阶段着重算术及两种语文的学习;三年级之后进行分流考试,成绩差的百分之二十的学生只接受单语教育,毕业后进行初级技能训练,其余接受双语教育;第二次分流是小学毕业考,前百分之十的学生进行双语并重的课程,次百分之四十英语为重母语次之,修业四年,最后百分之五十接受单语课程,四年后接受技术培训;第三次分流是初中毕业会考,前百分之十优等生进入初级学院接受高中教育,次百分之二十进入工艺学院,百分之七十进入技能教育。初级学院毕业会再次考试,及格者进入大学教育,不及格者进入高级技术教育。层层分流使人尽其才,接受各类教育。初级教育普及率较高,层层分流下来进入高等精英教育的比率极低。高等教育就是为了培养各类精英,除了在本土的大学进行高等教育,新加坡从 20 世纪 70 年代开始设立奖学金,选送成绩佼佼者到国外高等学府深造,回国后都被委以重任。李光耀主张大力发展高等教育,注重培养高质量的人才。为此,新加坡的教育投资也在不断增长,

---

❶ [新]新加坡《联合早报》编:《李光耀 40 年政论选》,现代出版社 1994 年版,第 158–159 页。

其中高等教育所占比重较大。1959 年，新加坡的教育经费为 6000 多万新元，1986 年则上升到 17.9 亿新元，可见新加坡对教育的重视。

精英培养是为了能够选拔和录用他们进入合适的位置。李光耀十分重视精英选拔和录用，他曾说过："我现在的工作是：怎样挑选出富有才华的人士并把他们留在政府机关里。"❶ 新加坡的精英选拔主要是政治精英的选拔。不论是公务员选拔还是高层领袖的选拔都按照严格的程序和标准，确保能够把最优秀、最有才能的精英选拔出来。公务员的聘用实行公开招聘、平等竞争，然后择优录取。对于政治精英和高层领袖的选拔有着更高的要求和标准，除了考试之外还要进行与心理相关的测试和评估，接受公众的选择和评判。新加坡人民行动党坚持一条规定，一旦被党内挑选为未来的政治家，就推出参加议员竞选，让年轻人接触民众，公开经历，发表政见，宣传业绩，展示才能，接受公众的评判和选择。为了更好地引进政治"新血"，从 1979 年开始李光耀政府实行了一项多道筛选精英的程序，形成了独特的"茶道"选拔程序，从开始的邀请候选人定期饮茶谈话、进一步的面试、与更高级别官员和委员会的对话，到专门选拔小组的对话，直至与总理等国家领导人的对话等七道程序，既注重经验，又运用科学的心理测试确保能够把最优秀的人才选拔出来，录用到人民行动党政府中来。❷ 在选拔和录用的过程中，新加坡对人才的考察还重视其道德素养和个人品格，从而形成了自己的政治文化特点。新加坡

---

❶ 吕元礼等：《鱼尾狮智慧：新加坡政治与治理》，经济管理出版社 2010 年版，第 43 页。
❷ 吕元礼：《亚洲价值观：新加坡政治的诠释》，江西人民出版社 2002 年版，第 464-467 页。

让最优秀的人才进入公共部门,给他们安排具有挑战性的工作,同时也给予具有吸引力的薪酬。精英的管理有着严格的绩效化招聘、保留和晋升模式,并在后李光耀时期进行了改革,贯穿整个20世纪90年代。❶

这套精英培养和选拔制度确保了新加坡的成功,正如李光耀在一次采访中回答新加坡成功的奥秘时说道:"新加坡是人造的。"❷

(四) 行政与司法制度

新加坡政府部门由政府各部及法定机构组成。法定机构是根据专门的立法而成立的半独立机构,在政策上接受其所属政府各部的指导,但实行公司化管理,一般自负盈亏,在人事、财务上有很大的自主权,其职责是执行各部特定的政策。新加坡行政人员划分为两种:一种是政治家,一种是公务员。总理及各部长是政治领导,其余皆为公务员。政治领导有总理、国务资政、内阁资政、副总理、各部部长、第二部长、政务部长、政务次长。之下就是各部常任秘书所领导的公务员队伍。公务员在垂直方向上分为四等:一等是通用的行政管理职级和一些专业职级;第二类主要是执行职级;第三类主要是文书、技术,以及其他支援性职级;第四类主要是手工劳动职位。在水平方向上,按照职责内容的不同,新加坡的公务员可以分成行政官、法律事务官、教育服务、警察、民防警察、管理执行、管理支持、运作支持等类别。公务员要求在政治上保持超然中立,政治领导不

---

❶ [新] 梁文松、曾玉凤:《动态治理》,陈晔等译,中信出版社2010年版,第224页。
❷ Usha C. V. Haley, Linda Low, Mun-Heng Toh, Singapore Incorporated: Reinterpreting Singapore's Business Environments through a Corporate Metaphor, 34 *Management Decision* 17 (1996).

是公务员。❶

新加坡这种行政架构是从自治以来不断地进行行政改革而形成的。"李光耀担任总理后做的第一件事，就是巡视政府各部门，明确各部门的功能和职责，并以此为基础制订调整和训练公务员的计划。"❷ 李光耀时期新加坡的行政改革，在新加坡学者柯受田看来主要是两个方面的变革：一是政府结构与程序的变革；二是公务员态度和行为的变革。❸ 人民行动党 1959 年一上台就进行政府结构的调整：成立文化部和国家发展部促进国家认同和发展；设立建屋发展局和港务局等一批法定局，解决居民居住等一系列社会福利问题；设立政治研究所，调查和改变公务员旧有心态和行为，树立为人民和政府服务的价值观念。在李光耀时期，重大的行政改革主要涉及反腐制度的改革：厉行法治、设立反贪局等；进行政府机构的持续改革，树立"好政府"的目标，推行绩效管理、打造一支精英公务员队伍、改革薪酬制度等，从而建立了高效率的行政体制和文官制度。

新加坡行政体制的特点在于新加坡有着一个强大的人民行动党主导着新加坡的政治与行政。有西方学者指出："行动党执政时间越长，越难以将行动党与政府相区别。"❹ 李光耀也在多个场合毫不讳言"人民行动党就是政府，而政府就是新加坡。"新加坡学

---

❶ 李新廷：《新加坡的政治与行政：一项对政府的个案研究》，载吕元礼、陈家喜主编：《新加坡研究（2013 年卷）》，社会科学文献出版社 2014 年版，第 88 页。
❷ 李路曲：《新加坡公共行政的改革与现代性特色》，载《政治学研究》1995 年第 1 期。
❸ Jon S. T. Quah, Administrative Reform: Singapore Style, 57 *International Review of Administrative Sciences* 85 (1991).
❹ Diane K. Mauzy & R. S. Miline, *Singapore Politics under the People's Action Party*, Routledge, 2002, p. 25.

者陈庆珠则更明确地将新加坡称为"行政国家"(Administrative State)。❶ 这体现在:新加坡是城市国家,不存在中央和地方的关系问题,因而行政集权没有地方上的限制;新加坡的行政体制不是分散的,而是集中的,有着一套完整的公务员体系,在公务员体系之上是受着严格训练的政治家;新加坡的行政体制强调权威,存在着强有力的领袖。

新加坡的司法体系由最高法院和下级法院组成。最高法院由高等法庭和上诉法庭组成。最高法院有14名法官,是由总统根据总理提议任命。下级法院则包括区法庭、行政官员法庭、少年法庭、验尸官法庭以及小型索权特别法庭。司法机关和法官是独立的,受相关法律规定的保障。法院的组织、权限及程序均由1969年的《新加坡最高司法法院法》《新加坡下级法院法》和《新加坡刑事程序法典》加以规定。❷

二、制度现代化、自主性与二元化:李光耀时期政治制度发展的进程与特点

总体而言,新加坡独立之后在制度方面的国家建构取得了重要进展。李光耀主政新加坡期间建构了完整、正式、现代化的政治制度(见图2-1):议会内阁制、一党独大制、精英培养与选拔制度、行政制度与司法制度等。新加坡所建构的这些政治制度体系都是现代政治制度,符合了当时新加坡政治发展的要求。

---

❶ Chan Heng Chee, *Politics in an Administrative State: Where Has the Politics Gone*, in Seah Chee Meow, ed., Trends in Singapore, Singapore University press, 1975, p. 54.
❷ [澳]约翰·芬斯顿主编:《东南亚政府与政治》,张锡镇等译,北京大学出版社2007年版,第280页。

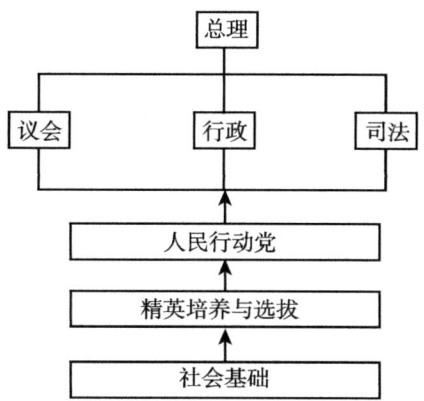

图 2-1 新加坡政治制度架构

这些制度之间还存在着紧密的联系。从形式上看，新加坡形成了议会内阁制，实行国会、行政与司法三权的分立；议会定期选举，有多个政党进行竞选，公民有着普遍的选举权，但是人民行动党连续多次赢得选举，由其组成内阁政府，内阁领导行政系统；司法体系在法律规定上是独立的，最高法院大法官由总理提名总统任命。这形成了完整的议会民主政治模式，也体现了主权在民的民主原则。但是这套政治体制还存在着一个重要的权力中心，那就是人民行动党。人民行动党连续执政、一党独大以至于难以将人民行动党与政府加以区别，人民行动党就是政府。人民行动党渗入了新加坡的政治体系深处，它左右着政府各部门的人事，影响公共政策的出台和实施，掌控着国内大部分资源尤其是人力资源等。❶

---

❶ 孙景峰:《人民行动党与新加坡行政体系》,载《河南大学学报（社会科学版）》2005 年第 2 期。

(一) 李光耀时期政治制度的现代化

李光耀有效地完成了独立后新加坡国家构建的第一步，实现了制度的现代化。这种现代化的制度适应了新加坡的国情，集中了权力，强有力地促进了新加坡各方面的发展。国家构建尤其是后发展国家的国家构建，往往面临着权力与权利、民族与民主、权力内部、权利内部的紧张与冲突的难题，未能有效处理这些关系的国家都会经历国家的失败。发达国家在向现代国家转型中也面临着这样的难题。一个国家的构建不可能没有权力。然而，就现代政治发展而言，权力的嬗变与流转却常呈现出让人颇为困惑的景象：一方面我们能够看到，中古社会呈离散、分割的权力格局到近代之处出现了会聚与集中化趋势；而另一方面，在权力集中达到一定程度之后，政治上又往往出现对这种集中权力进行限制的反向运动。因此，从现象上看，权力的集中和对集中了的权力进行限制，构成了现代政治得以展开的颇具矛盾的两个方面，形成了现代政治中带有悖论性的权力发展形态。这就是现代政治所蕴含的，具有内在张力的"权力悖论"。❶

新加坡的"脱殖"和独立及其所处的国际国境、地理位置等，都决定着新加坡的国家构建首要任务是集中权力。可以说，李光耀时期新加坡国家构建的主线就是集中权力、建设一个强有力的国家，来保持新加坡的社会稳定和政治发展。这是新加坡未来进一步发展的基础和基石。如果想实现经济的发展，就要有权力控制必要的资源来加以推动。市场经济虽是"自发调节"的，但不是"自足"的，没有国家的推动，很难谈经济的发展。没有强有

---

❶ 张铭：《政治价值体系建构：理论、历史与方法》，社会科学文献出版社2012年版，第6页。

力的权力,这些都无从谈起。"不像其他众多的后殖民国家,新加坡在构建强有力的国家方面取得了巨大的成功。"❶ 新加坡强有力的国家构建是通过人民行动党、一党独大体制以及实际政治过程的控制完成的。这也就是新加坡之所以存在"威权统治"的重要原因。任何国家在国家构建的道路上都要经历这一阶段,只是不同国家出现的时间与集中的程度不同而已。因而,柯受田一语中的:"在1959年到1984年人民行动党最初执政的25年里,关心的焦点一直在于如何使政府更加有效,而不是如何限制政府的权力。"❷

建构强有力的国家只是完成了国家构建的第一步。权力集中之后随即就面临着限制权力、确保权力正确运行、代表人民的利益的问题。国家建构是两个层面的过程:一方面是权力的集中,另一方面是权利的保护。尽管在李光耀主政后期,新加坡在议员设置和选区划分上开始重视多元种族的代表性问题,但是在这方面还有待推进,这也是后李光耀时期国家构建的重点。

国家构建还涉及政治价值的构建问题。政治价值的优先性问题、政治价值的选择与政治制度和权力的纠葛贯穿国家构建过程中。新加坡强有力国家建设背后(不论是李光耀时期还是后李光耀时期)有着政治价值的支撑,我们将在下文中阐述。

建立了正式的现代化的政治制度是新加坡政治发展的最大成就之一。在这套政治制度之下,人民行动党政府在当时复杂多变

---

❶ Kevin YL Tan, *State and Institution Building through the Singapore Constitution* 1965 – 2005, in Li – ann Thio & Kevin YL Tan edited, Evolution of a Revolution: Forty years of the Singapore Constitution, Routledge, 2009, p. 76.

❷ [澳] 约翰·芬斯顿主编:《东南亚政府与政治》,张锡镇等译,北京大学出版社2007年版,第271页。

的国内外局势下建设了一个强有力的国家，实现了新加坡的政治稳定。在稳定的政治环境下，新加坡取得了巨大的经济发展，人民生活水平有了很大的提高，公共组屋❶等一系列制度和福利也实现了发展成果的共享，从而使人民行动党获得了广泛的认可。尽管人民行动党的得票率在1968年以来有所下降，但是人民行动党仍具有广泛执政的合法性基础。

（二）李光耀时期新加坡政治制度的自主性

随着国家理论的兴起，学界越来越重视国家自主性的问题。按照回归学派代表人物斯考切波的观点，国家是"一套以执行权威为首，并或多或少是由执行权威加以良性协调的行政、政策和军事组织。任何国家都要首先并主要从社会中抽取资源，并利用这些资源来创设和支持强制组织和行政组织"，"只要这些基本的国家组织存在，它们在任何地方都具有摆脱支配阶级直接控制的潜在自主性"❷；"作为一种对特定领土和人民主张其控制权的组织，国家可能会确立并追求一些并非仅仅是反映社会集团、阶级或社团之需求或利益的目标，这就是通常所说的国家自主性（state autonomy）。"❸ 总的来说，国家自主性追求的是公共利益而不是支配阶级的自身利益。借鉴国家自主性概念，我们认为政治制度的自主性是指统治者建立起的政治制度追求的是公共利益，而不是

---

❶ 公共组屋：新加坡政府提供的公共住房。新加坡于1964年推出"居者有其屋"计划：国家免费提供土地，由建屋发展局统一规划建设"组屋"。参见徐国冲：《"组屋"的政治学——来自新加坡住房政策的启示》，载《中国行政管理》2017年第3期。

❷ [美] 西达·斯考切波：《国家与社会革命——对法国、俄国和中国的比较分析》，何俊志等译，上海人民出版社2007年版，第32页。

❸ [美] 彼得·埃文斯、迪特里希·鲁施迈耶、西达·斯考切波编：《找回国家》，方力维等译，生活·读书·新知三联书店2009年版，第10页。

统治者自身的利益。

新加坡在李光耀时期的政治制度表现出明显的自主性特点。李光耀建立的制度和统治具有"威权"的表现,这种"威权"的统治说明了统治者行动的自主,但是行动的后果和目的是国家的稳定、发展和繁荣以及国家内多元种族的融合和国家认同的形成。

李光耀主政新加坡时期在实际的政治过程中,一定程度的严刑、对政治参与的控制以及采取一些措施对公民权、政治权以及新闻自由的限制等现象的存在,都意味着在某种程度上新加坡在人民行动党尤其是李光耀统治下存在着"威权"的方面。❶ 这主要体现以下几个方面:一是国内安全法(Internal Security Act,ISA)、刑事法(临时条款)(Criminal Law Act,CIA)以及药物滥用法(the Misuse of Drugs Act,MDA)三部强制性法律的出台和实施。这些法律允许了国家在无审判和授权的情况下进行逮捕的权力。二是死刑和鞭刑(The death penalty and caning)。李光耀对新加坡在日据时期严酷的惩罚下没有犯罪现象印象深刻,"因而,我(李光耀)从不相信那些提倡对犯罪和惩罚从宽处理的人所宣称的重罚不能降低犯罪率的说法"❷。这两种刑罚尤其是鞭刑引发了东西方对人权的大辩论,被视为是"威权"统治的工具。三是社会组织条例(The Societies Act,1967年出台,1988年修订)。这一条例要求超过十人以上的社会组织必须注册登记。政府通过这一条例可以控制社会,尤其是那些政治性组织。四是诽谤法(the Law of

---

❶ Diane K. Mauzy & R. S. Miline, *Singapore Politics under the People's Action Party*, Routlege, 2002, p. 128.

❷ Lee Kuan Yew, *The Singapore Story: Memoirs of Lee Kuan Yew*, Prentice Hall, 1998, p. 74.

Defamation)。李光耀经常利用这一法律将那些诋毁或者是严厉批评政府和人民行动党的人告上法庭,并往往获胜。五是对媒体的控制。人民行动党政府实现了对报纸、电视、电影、动画的控制,而且致力于排斥外来媒体尤其是批评新加坡的外来媒体。政府通过审查掌控着言论和新闻自由。在 20 世纪七八十年代,一大批报纸因为批评政府而被关门停业。❶

李光耀时期"压制性"的统治策略被认为是适合新加坡国情的。但是,这并不意味着在李光耀近 30 年的统治中,新加坡在政治发展上毫无进展。一方面,新加坡从独立以来建构了较为完整的现代政治制度;另一方面,在李光耀主政时期,新加坡政治稳定、经济发展,在强有力的国家建设下,新加坡初步确立了"好政府"的理念,获得了人们的支持,巩固了统治上的合法性。

这一时期,新加坡政治发展的首要任务除了建立正式、完整、有效的政治制度体系,还要在复杂的局势中保持新加坡的政治稳定和政治秩序。新加坡的政治稳定被汉斯视为"新加坡之谜"(The Singapore Puzzle)之一。克拉克·内尔(Clark D. Neher)将新加坡的政治稳定界定为"政府持续满足公民不断变化的需求的能力和相伴的在公民眼中政府政策一致性和可预见性的看法。在这两个方面,新加坡做得都很好"❷。为了政治的稳定,国家权力的集中是必然的,但是"人民并没有将政府视为一个恐怖和需要束缚的利维坦,法律和秩序是最为优先和主要的,需要维持这种法律和秩序,一定的代价不得不为此而付出。这一看法如此盛行

---

❶ Diane K. Mauzy & R. S. Miline, *Singapore Politics under the People's Action Party*, Routlege, 2002, p. 129 – 142.

❷ Michael Haas ed., *The Singapore Puzzle*, Praeger, 1999, p. 45.

以至于上诉法庭都采用了这一做法"❶。新加坡的主权、完整和团结是当时政治发展的重要任务。亨廷顿也正是基于对 20 世纪 50 年代到 70 年代局势的观察才得出政治稳定和政治秩序是当时政治发展的主要任务，而未能保持稳定和秩序的国家被笼罩的"不是政治的发展，而是它的衰朽"❷。

在强有力的国家建设下，新加坡促进了多元种族之间的融合和新加坡国家认同的形成。正是 1964 年的种族暴乱让人民行动党意识到权力保障秩序和稳定的重要性，因此在巩固权力的同时，新加坡将种族和谐摆在了政治发展的重要位置。李光耀很早就意识到种族问题之于新加坡的重要性，早在独立那年，他就发表过题为"多元种族利益，彼此扶持尊重"的重要演说。❸ 李光耀采用了多元种族政策，主张各种族语言平等、坚持政教分离，提倡宗教宽容、促进各种族政治地位平等、缩小种族之间经济上的差距、实行"居者有其屋"政策，尊重各种族自己的语言，各种族有权学习母语，各宗教相互容忍，反对华族沙文主义，缩小经济差距，打破各种族聚族而居的习惯，增加种族接触和交流，促进种族融合，坚定地推行种族的协调发展，等等。❹

种族的融合也促进了新加坡国家认同的形成。国家的强大、经济的发展、人民生活水平的提高以及种族的和谐促进了新加坡人形成了自己是"新加坡人"的国家认同意识。李志东将新加坡

---

❶ Li‑ann Thio & Kevin Y. L. Tan edited, *Evolution of a Revolution*: *Forty Years of the Singapore Constitution*, Routledge, 2009, p. 51.
❷ [美] 塞缪尔·P. 亨廷顿:《变化社会中的政治秩序》，王冠华等译，上海人民出版社 2008 年版，第 3 页。
❸ 李永乐:《构建超越种族与区域的政治共同体——新加坡研究新视角》，复旦大学 2007 年博士学位论文，第 28 页。
❹ 卢正涛:《新加坡威权政治研究》，南京大学出版社 2007 年版，第 132 - 139 页。

的国家认同概括为一种制度型国家认同,即"它是以制度认同为主,结合文化认同等其他认同而形成的国家认同,这种国家认同完全摒弃了传统的由族群认同发展成为国家认同的道路。这种认同具体是指一个人基于对特定政治、经济、社会制度的肯定所产生的政治性认同。"❶

人民行动党政府意识到,不管怎样一种统一的新加坡人的身份和文化很难单独通过政府就能实现,也很难实现这种身份和文化的同一性。因此,从一开始人民行动党政府就保证了多元种族之间的自主性,保证了他们文化、语言、宗教和身份的平等。这一做法被学者称为"文化民主",即"不同身份的多元种族被确保享有平等权利:文化继承权、价值观、宗教、使用和传播语言的权利。重要的是,尽管华人占多数,但是并未受到特殊对待、享有特权。"❷

在民主建设方面,新加坡基于自身的国情建立了维斯尔(Raj Vasil)所说的"有限民主",一种能够有效运转的民主形式,"实现了民主与治理的平衡"的民主形式。❸ 这种民主在形式上继承了英国的议会民主制,但是实质上并没有将政治权利、自由和政治竞争放在首位,而是让位于稳定、发展和多元种族的和谐。

正是保持了政治的稳定、经济的发展、种族的和谐、国家的认同,人民行动党取得了执政的重要合法性,并通过法治和廉政建设,成为一个为民谋利的务实政府。新加坡的政治发展稳定而又有效,政治制度具有较高的自主性,按照亨廷顿的划分可归入

---

❶ 李志东:《新加坡国家认同研究(1965 - 2000)》,中国人民大学出版社2014年版,第46页。
❷ Raj Vasil, *A Citizen's Guide to Government and Politics in Singapore*, Talisman Publishing Pte Ltd, 2004, p. 173 - 174.
❸ Raj Vasil, *Governing Singapore: Democracy and Notional Development*, ISEAS, 2000, p. 45.

"有效能的国家范畴,而不属于衰微的政治体制"❶。

(三) 李光耀时期新加坡政治制度建构的二元化

政治制度的自主性特点也间接使李光耀时期建立的这一套现代的正式政治制度具有二元化特征。新加坡独立之后,摆在李光耀面前的重要问题是集中权力进行国家构建,建立一套制度化、结构化的国家制度。新加坡受英国殖民140年,独立后也很难从头建立一套崭新的制度体系。新加坡的脱殖过程实际上就是一种文化殖民和制度殖民的延续。就新加坡本地情况而言,还有一些因素决定了新加坡在很大程度上吸纳英国的宪法经验和政治制度的成分:一是新加坡独立的方式是和平移交。在具体的制度确立方面,新加坡既不是在推翻旧制度后重建一种新制度,也不是代表一种意识形态的阶级或阶级联合打倒代表另一种意识形态的阶级或阶级联合。这样以和平移交为主要特点的独立方式使得新加坡起码在制度的形式层面上能够接受更多的外来因素;二是新加坡匆匆独立,只能保留原殖民地时期的制度。被并入马来西亚,又匆匆被"开除"出联邦,新加坡领导人从未对未来的制度像其他殖民地独立过程中那样有过明确的设想。新加坡的生存压力使其保留原有的政治结构是最为明智、最为现实的选择;三是英、马、新的当权者在对付东南亚地区的共产党方面的一致性使新加坡在很大程度上继承殖民时期的政治和法律制度。新加坡在独立过程中是抵制共产主义的,使得殖民时期的西方政治制度得以保存、延续。❷

新加坡继承了英国式威斯敏斯特政治体制,形成了正式的制

---

❶ [美] 塞缪尔·P. 亨廷顿:《变化社会中的政治秩序》,王冠华等译,上海人民出版社2008年版,第1页。
❷ 王瑞贺编:《新加坡国会》,华夏出版社2002年版,第7-9页。

度化的政治制度,而且是一种民主体制。它与西方的民主体制存在在政党、选举、选区、议会等方面相同的政治制度形式,但是又确有不同甚至相对立的地方,这主要表现在:一是新加坡的政党体制具体体现为一党独大制,独大党即人民行动党具有很强的包容性和开放性,通过精英的选拔来不断充实力量;二是新加坡的官僚行政机构以"好政府"为目标,将自己视为人民利益的保护者和托管者,将自身的角色和利益与国家利益联系起来。

李光耀时期统治的"威权"方面与正式的民主政治制度形成了政治制度的二元化特征。新加坡独立后初期的政治制度基本上继承了英国殖民的遗产,议会内阁制、文官制度、司法体制等这些制度都是现代的政治制度。这些政治制度在形式上规定了新加坡政治体制的民主性,但是在实质上却因为李光耀审时度势集中权力进行强有力国家的建设而造成了实际政治过程的"威权"特点。这两个方面并不是联系在一起的。正如猪口孝所说:"人们是那么容易地把亚洲式民主和发展型独裁、东方文化论及政治威权主义联系在一起。"❶ 这都说明了李光耀时期新加坡政治制度的二元化特征。

第二节 李光耀时期新加坡政治价值的建构

新加坡在建构政治制度的背后秉持何种政治价值也是其国家建构的重要内容。尽管政治价值来源于实践,但是当时的实践过程中

---

❶ [日]猪口孝、[英]爱德华·纽曼、[美]约翰·基恩:《变动中的民主》,林猛等译,吉林人民出版社1999年版,第221页。

形成的政治价值带有明显的"主体性特征"和"试错性特征"[1]。新加坡在实践并开创自身政治发展的道路过程中本身就面临着政治价值上的建构与选择。李光耀承认建国之初不得不从零开始建立国家,"当时我们也没有意识到,从完全不同的种族、语言、宗教和文化的人民之中建立起一个国家,这会是一个多么棘手的难题。假如时光倒转,我必须从 1954 年 11 月 21 日重新来过的话,我将因为洞悉几乎无法协调的分裂笃定出现而心惊胆寒。"[2] 在此背景下,新加坡为了生存而形成了一种生存主义和务实的实用主义,审视自身的资源而建构了精英主义,为了国家的发展而选择了国家主义,此外新加坡还深受英国现代政治价值的影响。

一、发展型政治价值的建构:李光耀时期新加坡形成的政治价值

李光耀主政时期的新加坡正处于国家建构的形成时期,面临着一系列的内外压力。基于对国内外环境的认知和考虑,这一时期新加坡在政治价值建构方面主要是为新加坡政治的生存与发展而考虑的,因而建构的是务实和发展的政治价值来指导新加坡的政治发展。无论是生存主义、实用主义、精英主义,还是国家主义都属于发展导向型政治价值,而西方的法治、自由、平等等政治价值也是受上述发展型政治价值支配和影响的。

(一)生存主义(Survivalism)

生存主义是指由内外部压力和危机而产生的强烈的怕输和生

---

[1] 张铭:《政治价值体系建构:理论、历史与方法》,社会科学文献出版社 2012 年版,第 6 页。
[2] Jon S. T. Quah edited, *In Search of Singapore's Nation Values*, Institute for Policy Studied, 1990, p. 83.

存意识。根据几十年的"世界价值观"调查研究，英格尔哈特提出了从"物质主义价值"向"后物质主义价值观"的代际价值观转变的理论。英格尔哈特指出，这"仅是更广泛的、从生存价值观到自我表达价值观的文化转型的一部分"。其中生存价值观是许多不发达国家和后发展国家起飞阶段所形成的强调经济和物质安全与稳定的价值观。这一阶段国家发展条件的匮乏使生存的价值观占据主导地位。❶新加坡建国之初这种生存主义尤为明显，而且成为新加坡建国的最重要的政治价值之一。生存主义之所成为一种政治价值，就在于这种由危机、怕输、害怕失败产生的生存意识已经慢慢成为国民性的一种特点，内化成他们的政治价值观。蔡明华认为："这种'生存的意识形态'已经成为新加坡国家政策合理性的基本理念。"❷

新加坡的国家规模、自然资源、地缘政治、族群冲突和经济破败以及独立时的国际环境决定了国家构建的艰难。自治后的新加坡本来打算加入马来西亚这样一个有着丰富资源和市场的联邦，最终却被"开除"。新加坡宣布独立的那一刻，李光耀在电视机前放声大哭："一开始，我面临的问题是：夹在自然资源和人力资源更加丰富、生活空间更加广阔的邻国之间，新加坡如何生存下去？"❸"当你注定要居住在一个只有400多万人口，并且笼罩在有时候是不稳定、拥有1.7万个岛屿与2.41亿人口（印尼）的巨大

---

❶ [美] 罗纳德·英格尔哈特：《现代化与后现代化：43个国家的文化、经济与政治变迁》，严挺译，社会科学文献出版社2013年版。
❷ Beng‐Huat Chua, *Communitarian Ideology and Democracy in Singapore*, Routledge, 1995, p. 4.
❸ [美] 格雷厄姆·艾莉森、罗伯特·D. 布莱克威尔、阿里·温尼编：《李光耀论中国与世界》，蒋宗强译，中信出版社2013年版，第102页。

阴影下的小国，你必须正视事实与历史。"❶"新加坡是一个生存在充满妒意的邻国夹缝中和竞争激烈的世界市场上的小国，犹如一叶扁舟航行在惊涛骇浪的大洋上，处境极为危险，稍有不慎，便会船沉人亡。"❷

正是在这种环境下，新加坡产生了强烈的居安思危的危机意识，时刻在寻找生存下去的道路。李光耀领导的人民行动党精英对于这种环境产生的危机、恐惧有着清醒的认识，他们害怕社会的不稳定和政治的动乱，"这种意识通过总理国庆演说、国会辩论、施政报告、对话会和建国行动等，弥散于社会各个角落，久而久之，成为今天新加坡人普遍持有的国家意识"❸。德国学者史蒂芬·奥特曼（Stephan Ortmann）认为，新加坡执政党一直在强化国民的危机意识，从中建立国家守护者的形象赢取支持，并通过选举得到认受。❹ 因而，新加坡的生存主义最明显的体现就在于"怕输"这一俚语中。多种族构成的新加坡在语言上往往夹杂着各种方言。怕输（kiasu）是新加坡人使用频率较高的词汇之一，还被收入牛津词典中；2012年、2015年和2018年等社会价值的相关调查中"怕输"永远都"金榜题名"；BBC也曾经针对新加坡的怕输文化做过专项的调查采访。❺ 这一词汇背后反映的是新加坡人在危机中求生存的强烈忧患意识和先天资源不足情

---

❶ ［美］汤姆·普雷特：《李光耀对话录：新加坡建国之路》，张立德译，现代出版社2011年版，第129页。
❷ 韦红：《新加坡精神》，长江文艺出版社2000年版，第25页。
❸ 欧树军、王绍光：《小邦大治：新加坡的国家基本制度建设》，社会科学文献出版社2017年版，第65页。
❹ Stephan Ortmann, *Managed Crisis*: *Legitimacy and the National Threat in Singapore*, VDM Verlag Dr. Müller, 2009.
❺ 新加坡眼：《新加坡社会价值观：怕输！怕输！怕输!》，载新加坡眼2018年8月1日，https://www.yan.sg/jiazhiguanpaishuma/。

况下输不起的生存能动性。"这里的人们常说,他们最怕输,为什么?很简单,他们输不起。他们说,一旦落伍新加坡就完蛋了。确实,没有一点自然资源,就连淡水也要从邻国进口的,随时面临着断水的危险;区区 700 公里的小岛,才 400 多万人口,他们确实输不起。"❶

上述特点都使新加坡的政治文化形成了一种"怕输的文化"和生存主义价值观。新加坡南洋理工大学的张志斌在梳理新加坡的行政改革时就将自治后改革的第一阶段划分为"生存阶段",其"目标是在摆脱殖民统治后,如何自治以求国家的生存"❷。因而,如何生存是当时新加坡发展的首要任务和目标。如何生存也是常挂在李光耀嘴边的词汇之一。生存主义也成为新加坡政治发展背后的首要价值观。

(二)精英主义(Elitism)

李光耀的治国思想已经被许多学者研究,如莫齐(Diane K. Mauzy)和米林(R. S. Miline)❸、巴尔(Michael D. Barr)和斯库比斯(Zlatko Skrbis)❹以及吕元礼等❺。他们对李光耀治国思想中相关价值的研究后认为其政治思想建立在精英主义的基础。李光耀治国思想的核心在于认为新加坡的生存和发展只有靠精英,

---

❶ 社论:《怕输的新加坡》,载联合早报网,http://www.zaobao.com/forum/letter/others/story20081103 - 44179。

❷ [新] 张志斌:《从生存到卓越:新加坡的行政改革》,载《公共行政评论》2009 年第 4 期。

❸ R. S. Miline & Diane K. Mauzy, *Singapore: The Legacy of Lee Kuan Yew*, West view Press, 1990, p. 105 - 106.

❹ Michael D. Barr & Zlatko Skrbis, *Constructing Singapore: Elitism, Ethnicity and the Nation - Building Project*, NIAS Press, 2008.

❺ 吕元礼等:《鱼尾狮智慧:新加坡政治与治理》,经济管理出版社 2010 年版,第 9 - 63 页。

没有精英来领导，新加坡便无发展的可能。

　　李光耀的精英主义政治价值对精英的理想愿景与柏拉图的"哲学王"统治具有许多相似之处。柏拉图主张人治，他心目中理想的政治家就是"哲学王"。这位"哲学王"拥有无限的权力，拥有最高的权威，拥有绝对的统治权，是一位卓越的政治精英、出色的领导者，因而受到万民的敬仰。每位公民心悦诚服地接受哲学王的统治，这种统治不同于以武力强权统治而又违背人心的专制君主制。哲学王的统治既是一种科学，也是一种艺术。统治是一项专门的学问，必须要由精英来从事。政治家的统治完全依据他个人的经验和智慧，不必去征询和采纳人民的意见。政治家所做的就是要超越人民的短期利益和非理性，以其智慧来谋划长远利益。政治家可以立法，但是他的智慧是高于法律的，以法律的硬性来限制政治家的作为或不作为是不合理的事情。正如一位医生治疗病人，并非按部就班依据老师传授的知识或书本上的教条，而是依据他个人临床积累的经验以及审查病人当时的病症来加以对症医治，他们的最终目的是病人的早日康复。又如一位船长在航海中遭遇暴风雨，他不必去征求每位乘客的意见来决定继续航行还是抛锚停泊，而是完全依靠他个人的航海经验和当时的实际情况来处置。❶ 李光耀建构的精英主义和柏拉图的上述哲学王思想有着许多相似之处。新加坡在李光耀主政的 31 年中就出现了上述情况，国家由掌握正确方向、代表人民利益的政治精英所掌控，人民安分守己地接受其统治。

　　另一方面，精英作为一个小比例整体被政党得以组织和选拔出来。人民行动党代表了这个精英小圈子，把持着政府的组成。

---

❶ 郭俊麟：《李光耀主政后的新加坡政治：威权抗拒的结构分析》，台湾大学社会科学院 2006 年博士论文，第 51 页。

这又有点类似于米歇尔斯的"寡头统治铁律"❶。但是,新加坡实际上并非像米歇尔斯的政党社会学所描述的精英主义那样,而是倾向于柏克和韦伯对于政党的精英主义定义和观察。柏克对于政党下了一个堪称经典并被广为引用的精英主义的定义,即"政党是一些人基于一些一致同意的原则组织起来,并用他们的共同努力促进国家利益的团体"❷。这个定义的本质在于柏克看到了人民在将权力授予政党之后,政党必须以国家利益为宗旨,根据他们自身的独立意志,根据他们自身的独立判断,根据他们普遍认可的原则,以其共同的努力来增进国家的利益。柏克还认为,政党是由精英领导的。只有在精英的领导下,社会才能稳定,国家政治制度和权力结构才能得到保障。柏克所认同的政治制度是一个代议制政府,它在一个组织严密的具有为公精神的少数精英集团领导下运转。议员不是选民的简单的代言人,他们要对整个国家负责,应该按照自己的最佳见解自由行事,而不论这些见解是否与选民的意见一致。而韦伯对代议制民主也有着类似的精英主义观察,在精英主义下的代表"可以自己做决定,他唯一的义务是表达自己的信念,而且确信自己的客观公正,因此无须考虑此举是否有助于选举人的利益",在某些情况下,"代表经由当选而对选民行使支配权,并非仅是其'代理人'而已"。❸ 韦伯认为借助

---

❶ [德] 罗伯特·米歇尔斯:《寡头统治铁律——现代民主制度中的政党社会学》,任军峰等译,天津人民出版社2003年版,第351页。
❷ Edmund Burke, *Thoughts on the Causes of the Present Discontents* (1770), in Louis I. Bredvold and Ralph G. Ross eds., The Philosophy of Edmund Burke, University of Michigan Press, 1960, p. 134.
❸ [德] 马克思·韦伯:《经济与历史:支配的类型》,康乐等译,广西师范大学出版社2004年版,第455页。

于民主机制确立能够并愿意保持权力和声望的政治领袖。❶

柏拉图、柏克和韦伯的精英主义的思想和李光耀的精英主义思想有相似的地方。李光耀正是在上述精英主义思想指导下来进行精英的培养、选拔、录用和流动的。所以,巴尔和斯库比斯认为:"在新加坡精英教育制度、精英治理和实用主义下,有充分的人才和真理确保了新加坡这个城市国家的稳定和发展。"❷

(三) 实用主义(Pragmatism)

实用主义是李光耀主政新加坡的另一大政治价值。实用主义是一种强调行动、实践、生存的哲学。❸ 实用主义的集大成者威廉·詹姆斯(William James)用"有用即真理,真理即工具"❹ 来概括实用主义的特点。实用主义重视效用、追求积极的行动、敢于进取。这些特点在李光耀身上得到了明显的体现,影响了这一时期新加坡的政治价值。

在李光耀的领导行为中,有着强烈的实用主义倾向,他将"功效至上"或"有用"作为政策制定和执行的法则。这种倾向已贯彻于执政党人民行动党及其政府制度之中。实用主义原则,只相信"有用便是真理"。对李光耀和人民行动党来说,所谓有用,就是一切为了对新加坡的发展有用、有利。李光耀说:"我们随时准备调整和采纳任何适合的政策;只要一有机会,我们就会掌握

---

❶ 金贻顺:《当代精英民主理论对经典民主理论的挑战》,载《政治学研究》1999年第2期。
❷ Michael D. Barr & Zlatko Skrbis, *Constructing Singapore: Elitism, Ethnicity and the Nation-Building Project*, NIAS Press, 2008, p. 81.
❸ 王元明:《行动与效果:美国实用主义研究》,中国社会科学出版社1998年版,第46页。
❹ [美] 威廉·詹姆斯:《实用主义》,陈羽纶等译,商务印书馆1979年版,第31页。

它。"❶ "我不会利用那些条例来进行思考。我的哲学和理论并不强。我不按照理论做事。反之,我会问:什么可以使这件事情成功?如果经过多次尝试,我发现某种策略可行,那我就回去寻找有关解决方案背后的原理","我只对可以行得通的有兴趣","若我提出的解决方案无效,我会检视我还有那些替代选择。我会选择一个成功率较高的方案,但是一旦失败,我还有其他方法。肯定会有出路。"❷ "我一向都不会为理论所困,理性判断和现实情况才是我的照明灯。我测试一个理论或计划的方法是:它是否行得通。这是我执政以来一以贯之的原则,要是发现一个理论或计划行不通或效果不理想,我不会再浪费时间和资源。我几乎不曾重犯同样的错误,也常吸取别人犯错的教训。执政之处,我很快就发觉我的政府所面临的困难,其实甚少是其他政府未曾所碰到过或未曾解决了的。所以,我养成习惯,一定要去找碰到类似问题的政府,了解他们碰到问题是怎么应付和解决。不论是建造新机场还是改变我们的教学方法,我都会先派遣一组官员到那些取得成功的国家访问和考察,我总喜欢借鉴和参考别人的经验。"❸ "在一切理想主义之外,我和我的同僚也在'功效至上'的基础上决定政策。"❹ 显然这是典型的实用主义。梁文松、曾玉凤总结了新加坡的制度文化中的核心价值观,其中之一就是"以结果为导向","结果导向而非意识形态导向"是对有效性地务实计算,是

---

❶ 郜良:《李光耀的实用主义、亚洲式民主理念和法治方略》,载《领导科学》2009年第22期。
❷ [美]格雷厄姆·艾莉森、罗伯特·D. 布莱克威尔、阿里·温尼编:《李光耀论中国与世界》,蒋宗强译,中信出版社2013年版,第51-52页。
❸ 李光耀:《李光耀回忆录:经济腾飞路(1965-2000)》,外文出版社2001年版,第612页。
❹ 李光耀:《新加坡之路:李光耀政论集》,新加坡国际图书出版公司1967年版,第124页。

无法依赖于任何理论和教条而是解决实际问题的实用主义。❶ 可见,"工具理性"是新加坡实用主义的重要特征。❷

人民行动党政府在李光耀的影响下确立了这种实用主义的执政理念和政治价值。这种政治价值不空谈理论和问题,不以意识形态为导向,而是注重实效、注重结果、注重经验和教训的吸取,发现问题,积极行动,在实践中注重经验,不断调整政策,不拘泥于别人成功的"本本",不断地学习,时刻注重本国的国情,审时度势、因地制宜地制定政策,为国家和社会的长远利益着想。实用主义的形成不只是李光耀个人的政治理念,其根源也在于新加坡国家构建的多元种族背景、国家环境的现实。人民行动党没有选择只能从现实出发,采取务实的策略。❸ 李光耀反对任何领域的"政治上正确"的教条。他强调政府必须以务实而不是武断的方式来制定国家政策。❹

实用主义作为人民行动党治国的政治价值,在李光耀执政时期得到了系统地阐述,也深刻地影响了人们的政治价值观,内化成了人们行动的不自觉的价值指南。李光耀政府的这种务实的作风以及民众的实用主义价值是新加坡成功的重要原因之一。

(四)国家主义(Nationalism)

汤姆·普雷特(Tom Plate)这样评价李光耀的思维:"数十年来,他塑造自己的思维,其中综合了英国实证主义、孙子兵法和

---

❶ [新]梁文松、曾玉凤:《动态治理》,陈晔等译,中信出版社2010年版,第101 – 104页。
❷ Beng – Huat Chua, *Communitarian Ideology and Democracy in Singapore*, Routledge, 1995, p. 59.
❸ Beng – Huat Chua, *Communitarian Ideology and Democracy in Singapore*, Routledge, 1995, p. 59.
❹ 吕元礼:《新加坡为什么能(上卷)》,江西人民出版社2007年版,第15页。

百分之百的新加坡国家主义。"❶ 国家主义是新加坡建国过程中一个重要思潮，也是建国后国家构建的重要政治价值。国家主义是 Nationalism 的中译，其实还包括民族主义的含义。这两者是一体两面的关系，对内是民族主义，对外是国家主义。建立一个现代民族国家，必须处理多民族的关系，又要集中权力建立一个"绝对主义国家"，涉及 Nation-Building 和 State-Building 的关系。"民族主义是国家主义存在的理由，国家主义是民族主义的归宿。"❷

因而，新加坡的国家主义包含着两层含义：一是民族主义方面，培养新加坡人的民族国家认同，实现新加坡多民族的融合；二是国家主义方面，其导向是权力的集中，国家凌驾于社会之上，一切都是国家优先，最终的目的也是国家的发展。正如汉斯所说："全部的政治忠诚必须都献给国家。"❸

新加坡是多种族国家，语言和宗教信仰多元化，国家独立前并没统一的"新加坡国家意识"。新加坡独立时面临的生存危机在很大程度上也是国家认同的危机。因此，独立后新加坡注重于建立一个融合的新加坡，使各民族产生自己是"新加坡人"（Singaporean）的国家认同意识。从 1960 年开始，新加坡着手灌输"新加坡国家意识"，围绕着"重新塑造核心参与者的目标，优先事项和责任感，灌输共享的假设和共同期望，从而在此基础上培育出共同的理性"❹，采用共同课程标准、打破语言种族门限、认真

---

❶ ［美］汤姆·普雷特：《李光耀对话录：新加坡建国之路》，张立德译，现代出版社 2011 年版，第 28 页。
❷ 杨春时：《中国现代化进程中的民族主义和国家主义》，载《海南师范学院学报（人文社会科学版）》2002 年第 1 期。
❸ Michael Haas ed., *The Singapore Puzzle*, Praeger, 1999, p. 173.
❹ 肖宇：《国家认同与腐败治理：新加坡的经验及其启示》，载《中共浙江省委党校学报》2011 年第 5 期。

推动国语运动，致力于"新加坡化"，还建立了公民信约：我们是新加坡公民，誓愿不分种族、语言、宗教、团结一致，建立公正平等的民主社会，并为实现国家的幸福、繁荣与进步共同努力。❶ 在这些努力实施过程中，"对他族群的容忍和接受的开放的心态，可以解除文化族群意识的咒语，从狭隘主义的解放为更加包容的国家认同的产生提供了沃土。从最初的不容忍到慢慢接受，国家认同的水平也逐渐提高"❷。

在致力于"新加坡化"和"新加坡国家意识"的建构过程中，新加坡还致力于在国家主义的指导下集中权力实现国家的发展，其具体体现在国家与社会的关系上。"从国家与社会的关系角度看，新加坡政府的政治权力结构是一种国家主导型。"❸ 国家主义倡导以强有力的国家和政府来支配社会，政府拥有绝对的权威，个人和社会组织服从集体和国家。人民行动党政府以对社会的严密监控，尤其是对基层组织和公民社会的领导来实现社会的紧密团结和政治的稳定，这具体体现了新加坡的国家主义。新加坡政府和李光耀在治理国家和进行有效的社会管理方面积累了丰富的经验，他们视人民行动党和青年团、领导核心、军警特、职工总会、基层组织（人民协会、公民协商委员会、居民委员会等）为支撑新加坡社会、擎起新加坡国家的五大支柱。❹ 在新加坡强政府下公民社会和基层组织是受制于政府、服务于政府的。《新加坡社

---

❶ 李永乐：《构建超越种族与区域的政治共同体——新加坡研究新视角》，复旦大学 2007 年博士学位论文，第 36－37 页。
❷ 肖宇：《国家认同与腐败治理：新加坡的经验及其启示》，载《中共浙江省委党校学报》2011 年第 5 期。
❸ 李志东：《新加坡国家认同研究（1965－2000）》，中国人民大学出版社 2014 年版，第 98－99 页。
❹ 陈友文、马志刚、萧宜美主编：《新加坡公共行政》，时事出版社 1995 年版，第 220 页。

团法》对社团有着严密的法律规定,各类组织必须在登记的法律范围内活动,而且这些公民组织的财政很大部分是来自新加坡政府。"社会组织围绕人民行动党政府进行活动。在组织利益取舍上,社会组织需要将国家利益放在组织利益和组织成员利益之上。在国家和社会的互动中,新加坡社会始终是追随国家的,国家是社会行动的主导者。"❶

(五)现代西方政治价值

生存主义、精英主义、实用主义和国家主义是李光耀时期新加坡因地制宜而形成和采用的发展导向型的政治价值。这些政治价值的形成也受到西方现代政治价值的影响。新加坡受英国殖民近140年,受西方现代政治价值影响深远,法治、自由、平等、民主等现代政治价值在李光耀时期也有着明显的表现。

新加坡最大的特点就在于其严明的法治(the Rule of Law)。新加坡的法律体系是舶来品,属于英国的习惯法体系。新加坡建国后,除继续沿用根据《英国法令应用法令》和新加坡成文法所允许的英国法律的同时,新加坡的法律制度也在探索独立的发展道路。1994年2月新加坡通过了《司法委员会(废除)法案》(同年4月8日生效),废除了向英国枢密院上诉的制度,新加坡的最高上诉法庭成为终审法院,法律主权获得回归,新加坡法律的本土化进程得以大大推进。❷从根本来看,新加坡在法治思维上深受英国习惯法影响,虽然新加坡有成文法,但是不成文法在新加坡适用范围很广,适应新加坡多元种族的特点,而且往往援引英国法传统。新加坡的立法、审判、司法以及法律习惯和用语和英国

---

❶ 隋斌斌:《合作主义从理念到制度:瑞典与新加坡福利制度比较》,中共中央党校2010年博士学位论文。

❷ 邹平学:《新加坡法治的制度、理念和特色》,载《法学评论》2002年第5期。

很相似。新加坡法治不同于英国的一个特点在于"严刑峻法",有人认为这是受法家影响。表面上看,新加坡的严法与法家主张相似,但是法家并非新加坡严法的思想源头。新加坡国立大学王江雨做过考察,认为由精英统治的新加坡很少懂得和去研究法家,李光耀虽是华人但接受的是英国的正统教育,未受过系统中国传统教育,30岁之前不会说华语,自然和法家毫无接触。因而,王江雨认为新加坡的法治源头除英国的法治传统外,其严刑峻法很大程度上来自李光耀对新加坡日据时代日本的铁腕统治的个人体会。❶ 因此,新加坡的法治很大程度上受英国法治思想影响,在独立后根据本国国情作了调整。

新加坡建国以来,受西方影响,自由主义在新加坡得到发展,那些精英领导人所追求的就是建立一个自由、平等、公正的新社会。这可从独立后新加坡的国旗中所体现出来,新加坡国旗由红白两个长方形组成,红色在上,白色在下,旗的左上角有一轮白色新月和五颗白色的五角星。红色象征着四海之内皆兄弟和人类平等,白色标着人民有美德;新月反映新加坡是年轻向上的国家,五颗星表明本国建立在民主、和平、进步、争议和平等的基础上。❷ 新加坡还与公民签订了国家信约,即"我们是新加坡公民,誓愿不分种族、语言、宗教,团结一致,建设公正平等的民主社会,并为实现国家之幸福、繁荣与进步共同努力",体现了新加坡对公平与公正的追求。新加坡的英国习惯法源头除了影响了新加坡的法治思想和道路,还给新加坡带来了重要的现代政治价值:"一是对个人自由的重视,二是对私人财产权的保护,三

---

❶ [新]王江雨:《法治才是新加坡的"最长板"》,载《同舟共进》2014年第4期。
❷ 许心礼主编:《新加坡》,上海辞书出版社1983年版,第1页。

是程序规则至上"❶。这三者的具体体现就是以个人主义为特征的市场竞争机制在新加坡的确立。自 1960 年新加坡致力于工业化、现代化以来,个人主义在新加坡得到了快速的发展,"具有极度个人主义的取向"抬头,社会生活中"吸毒、性解放、高消费和政治自由主义"❷ 现象蔓延。这都说明了独立后西方政治价值对新加坡的影响。

在民间社会,有许多具有自由主义倾向的知识分子批评政府的压制手段和政策。如曾庆豹的《与 2020 共舞》、祝家华的《解构政治神话》和丘光耀的《第三条道路:马来西亚华人政治选择批判》等专著就持此观点。在当地的华人报刊上,也有这一批人的大量专栏文章,这些人并不一定持亲西方的立场,但往往以西方自由主义理论为圭臬,锋芒直指政党政治、社会管理等方面的专制与腐化;也有人从国民性批判出发,对本民族、本区域的文明进行反省并期望在多元基础上重构本民族、本区域的文明。❸ 人民行动党政府一方面在经济方面推行自由市场,另一方面在政治上保持对民间自由主义的警惕。总的来看,自由主义对后李光耀时期新加坡的民主化、制度化和开放性起到了一定的作用。

(六) 激进左翼

新加坡脱殖的独立过程是一个左右意识形态激烈斗争以及在上述两种意识形态指导下左右政党竞争的过程。无论是人民行动党还是其他政党都是当时意识形态格局和民族国家独立过程中的

---

❶ [新] 王江雨:《新加坡法治的源头》,载《南风窗》2013 年第 13 期。
❷ 郝宏桂:《"文化价值"重建与新加坡的现代化》,载《学术论坛》2006 年第 6 期。
❸ 庄礼伟:《亚洲的高度》,广东旅游出版社 1999 年版,第 370 页。

产物。二战后的对立格局造成了这一斗争的特点。"靠向西方议会民主,认同自由市场经济与通过和平宪政民主体制,追求国家独立和民族解放为一方;靠向以马克思主义理论为指导的共产主义阵营,认可其创导的社会主义计划经济,通过非和平与暴力革命追求国家独立和民族解放为另一方。时代背景、意识形态和博弈框架,决定了新加坡人民的政治选择和命运。"❶ 人民行动党成立之后联合亲共分子打击右翼势力,1955 年大选更加显示出了人民行动党的极左特质,与极右党进步党和民主党针锋相对。从竞选运动、口号、宣言、对工人的同情到背后的马来亚共产党的积极支持都显示了这一点。❷

然而,李光耀的温和倾向在巩固权力之后更加突出,开始排斥左翼激进思想和路线,走赢得全民的中间和大众路线。左翼退出国会,走院外革命斗争的道路,受到掌权者的镇压,可以看到"左翼力量由弱转向强盛,再由强盛逐渐转向式微"❸。

式微之后的左翼运动陷入低潮,但是激进左翼的思想仍然存在。"虽然左翼统战备受挫折,身陷囹圄的新加坡左翼领袖依然坚持自身的理念,他们为信仰付出沉重的代价。如林福寿医生一坐牢就是漫长的 20 年,直到 1982 年才恢复自由。"❹ 人民行动党政府全面掌控政权之后立即全面进行对马共与左翼的封杀,逮捕左翼领袖、封禁左翼团体、削弱左翼的力量,极力摧毁共产意识形态。

---

❶ 蔡裕林:《新加坡议会民主的建构》,载联合早报网,http://www.zaobao.com/forum/views/opinion/story20140407 - 329595。
❷ [新] 冯清莲:《新加坡人民行动党:它的历史、组织和领导》,苏宛蓉译,上海人民出版社 1975 年版,第 5 页。
❸ 叶德民:《浅析新加坡华文教育之式微》,载豆丁网 2011 年 12 月 31 日,https://www.docin.com/p - 318257421.htm。
❹ 谢诗坚:《悼左翼旗手林福寿》,载新加坡文献馆 2012 年 6 月 12 日,http://www.sginsight.com/xjp/index.php?id = 8382。

1965 年以前，人民行动党主要借助马来西亚政府对付左翼。1965 年以后，人民行动党执行镇压左翼的政策，在意识形态上与左翼划清界限，并巧妙地以国家民族主义作为新意识形态来团结国民，确立了非共民主社会主义民生政策，标榜议会民主、民族平等、经济建国的务实政策，建立起民族国家。❶ 在对左翼思想和运动的镇压过程中，人民行动党政府继承了民主社会主义的一些倾向，致力于国家福利、人民民生、社会公正的建设。

二、政治价值的相互影响、优先性与疲软：李光耀时期新加坡政治价值的特点

李光耀时期新加坡的政治价值呈现出多样性，它们之间相互影响。新加坡政治价值受精英主义的影响，精英主义背后又有着传统儒学和西方精英文化的支撑，且更多受西方文化的影响。李光耀等精英阶层大多留学英国，受英国文化影响深远，"而英国文化又是西方文化中最讲究精英主义的，这就使新加坡自近代以来就非常盛行精英主义"❷。实用主义背后则有着英国功利主义的支撑。李光耀就坦承："我对哲学没有兴趣。你可以说我是'功利主义者'。我只对可以行得通的有兴趣。"❸

新加坡是儒家文化圈，受儒学政治价值影响，但是"我们在追溯新加坡现代化的早期历史即 20 世纪 60~70 年代的历史时，我们会发现新加坡在确立价值观方面，它首先是以西方的价值观念

---

❶ 陈剑：《意识形态与新马四十年社会变迁》，载新加坡文献馆 2010 年 4 月 4 日，http：//www.sginsight.com/xjp/index.php?id=4473。
❷ 李路曲：《新加坡社会的政治价值观及其作用》，载《现代国际关系》1997 年第 3 期。
❸ [美] 汤姆·普雷特：《李光耀对话录：新加坡建国之路》，张立德译，现代出版社 2011 年版，第 50-51 页。

和行为规范为标准的,希望以此来塑造有利于现代化事业的一代新人。"❶ "实际上,与东亚其他新兴工业化国家相比,在整个19世纪和20世纪的大部分时间里,新加坡东方文化的传统更少些,而西方文化的影响表现得更为突出。"❷

西方文化的主导主要表现在法治主义以及追求民族独立时个人权利与自由的觉醒。然而,李光耀时期新加坡的国家构建过程中集权的优先性使得诸如民主、自由和平等西方现代政治价值仅仅停留在形式上,而实用主义才是李光耀时期新加坡政治价值的核心。正如李光耀在建国初期所说的,现在的条件让我们在面包和自由两者之间作出选择的话,我们只能选择面包。❸ 实用主义决定了哪种方法和道路能够让新加坡生存那么就选择哪种方法和道路,这比较容易取得效果。

政治价值的主导性背后反映了政治价值选择的优先性问题。政治发展过程中并不是所有的"美好"都能同时实现,经济现代化与政治现代化、发展与民主、自由与秩序等的矛盾与纠结,也使东亚各国的现代化进程同样面临着艰难的价值次序的选择。东亚后发现代化的历史逻辑要求的首要政治价值是稳定与秩序,这是一切现代化起步和推进的政治前提和政治保障。解决人民生存问题和保证民族国家统一是重中之重的问题。❹ 人民行动党的领导人较早就意识到文化价值观(尤其是儒家价值观)的重要性,但是在国家构建的最初几十年中,其他更为紧要的事情占有更高的

---

❶ 郝宏桂:《"文化价值"重建与新加坡的现代化》,载《学术论坛》2006年第6期。
❷ 李路曲:《新加坡社会的政治价值观及其作用》,载《现代国际关系》1997年第3期。
❸ [新]王江雨:《实用主义的成就与迷失》,载《南风窗》2013年第9期。
❹ 周少来:《东亚民主生成的历史逻辑》,中国社会科学出版社2013年版,第148页。

优先性。新加坡取得经济成功和平稳发展之后,他们开始注意文化价值观当中所存在的问题。❶ 新加坡独立之初的动荡要求内外环境稳定,自然资源的欠缺要求充分发挥人力资源。在这种情况下,新加坡选择实用主义、生存主义、精英主义和国家主义皆出于上述情况的考虑,这些主义背后虽受西方现代政治价值的影响,但是这些政治价值的采用和实行过程中对西方制度的落实仅仅体现在工具制度上。例如,新加坡采用英国的法治和民主仅仅将其作为一种程序性工具、手段和制度以及合法性基础,其背后的实质性价值并没有凸现出来。民主逻辑背后有着自由、平等、政治参与、多元竞争的支撑,然而实用主义主导的政治价值体现的是发展的逻辑,追求集权、秩序、稳定、效率和结果。李光耀主政时期新加坡政治发展的特点是"发展和稳定压倒一切""发展的逻辑压倒民主的逻辑"。那么,在这种情况下民主自然而然成为发展的手段和工具,民主背后的价值就退居于民主的手段和工具性特点背后。李光耀时期的"威权"统治是以权力推动国家构建、经济发展和社会稳定。陈庆珠(Chan Heng Chee)在对人民行动党早期统治的研究中注意到,"实际成就和效率的记录"为"该执政党获得支撑提供了坚实的经济基础"❷。

实用主义的主导是"去意识形态化"的,它不依赖于任何意识形态的教条。新加坡独立时期的意识形态斗争使李光耀致力于终结意识形态领域的讨论,因而对左翼思潮极力压制。当然,曾与左翼结盟的人民行动党也继承了左翼对于社会福利、公正价值

---

❶ Tan Chwee Huat, Confucianism and Nation Building in Singapore, 16 *International Journal of Social Economics* 14 (1989).

❷ Chan Heng Chee, *The Dynamics of One-Party Dominance: The PAP at the Grassroots*, Singapore University Press, 1976, p. 36.

的要求。

实用主义的主导在李光耀主政早期取得了政治与经济上的巨大效果。在政治上，新加坡搁置了对西式民主的模仿，转向"先发展"的经济问题，因而在经济上采用了"战略实用主义"。新加坡于 1961 年成立经济发展局，专门负责推动和发展新加坡的经济。埃德加·沙因（Edgar H. Schein）专门研究了经济发展局采取的战略，指出了其所采用的战略实用主义，即经济发展中战略性地思考与实用性地执行。❶ 这种战略性实用主义既促进了新加坡经济的快速发展和不断转型升级，也避免了意识形态和教条式发展所容易带来的问题，使新加坡在经济上就业充分、贫苦率非常低、快速步入发达国家的行列；在政治上秩序稳定；在社会上大部分居民拥有房产、人均寿命提高、教育水平不断提高，从而成为"四小龙中最具特色的国家"❷，由此李光耀的统治赢得了新加坡人强有力的支持。

然而，实用主义虽对国家的发展有着显著的贡献，但是在 20 世纪 80 年代李光耀执政后期逐渐显露出"疲态"，不能充分适应政治经济社会发展的潮流。随着新加坡政治、经济与文化的发展，实用主义已经暴露出越来越多的问题：一是实用主义虽是李光耀时期新加坡的主导政治价值，但是因其更多地指向经济后果所以没有实质性的价值内容和体系；而生存主义、精英主义、国家主义以及西方的政治价值在实用主义影响下并没有一种明确的国家政治价值指向，它们既不灌输意识形态也不宣扬"普世价值"，

---

❶ Edgar H. Schein, *Strategic Pragmatism: The Culture of Singapore's Economic Development Board*, MIT Press, 1996. 转引自［新］严崇涛：《新加坡成功的奥秘：一位首席公务员的沉思》，张志斌译，人民出版社 2012 年版，第 34 页。

❷ Ezra F. Vogel, *The Four Little Dragons: The Spread of Industrialization in East Asia*, Harvard University Press, 1991, p. 82.

而只追求"秩序""稳定"和"发展",不能形成一套提升国家文明境界的价值体系。二是新加坡的公民的修养总处于"邯郸学步",难以升华的境地。新加坡虽是华人为主的国家,但是在治理、法治以及政治制度框架上都是西方的,从而使新加坡从形式上看表现出"西化"特征。但是,仔细审视就会发现新加坡的"西化"只体现在工具制度方面,而在内在的价值和精神方面却不是那么地"西化",华人毕竟还受一些保留下来的儒家传统政治价值的影响。随着英语的推广,华文教育的退缩,尤其是南洋大学的"倒闭",儒家传统也正在"退缩"。不那么"西化"的新加坡,又没有认真去继承儒家传统,那么新加坡的"根"终究归于何处?❶

深究就会发现新加坡精英虽受西方文化影响深远,但是儒家文化在礼教伦常方面对新加坡家庭本位的价值观方面发挥着重要影响。李光耀时期新加坡的快速发展也带了一系列的问题,除了上述实用主义的"疲软"的问题,还出现了20世纪80年代中后期经济的衰退带来的人才流失问题,以及政治价值上的冲突即儒学政治价值和西方政治价值的冲突问题。儒学在新加坡的发展一直是"涓涓细流",在家庭和日常的礼教伦理上发挥着重要作用。"大多数新加坡华人是移民的后代,多数人贫困,没有受过教育,他们不是学者或知识分子,他们由于'新文化运动'而反对儒学。这些人大部分没有接受过高品位的儒学正规教育,但是在日常生活中受过儒学教规的熏陶,他们的文化低,或可说属于民间文化,从父母或亲友那学来的。"❷ 然而,新加坡的快速发展,市场经济

---

❶ [新]王江雨:《实用主义的成就与迷失》,载《南风窗》2013年第9期。
❷ [澳]李瑞智、黎华伦:《儒学的复兴》,商务印书馆1999年版,第132页。转引自李文:《儒家文化与新加坡民主政治》,载《复旦政治学评论》2010年第1期。

的引入、个人主义的兴起，都市化、青年人的西化现象等都冲击了家庭伦理。前总统黄金辉在施政演说中说道："我国人民尤其是年轻一代的态度和人生观，在不到一代人的时间内都有了改变。传统亚洲价值观里的道德、义务和社会观念，在过去曾经支撑并引导我们的人民，现在这种传统价值观已逐渐消失，取而代之的是西方化、个人主义和以自我为中心的人生观。"❶ 这种现象在 20 世纪 80 年代表现得越来越严重，被称为"80 年代的危机"❷。这种危机是一种认同危机和价值危机，是儒学价值观在西方政治价值的冲击下不断解体造成的"无根"危机。于是，在 20 世纪 80 年代，儒学传统价值与西方政治价值的冲突带来了随后的儒学复兴运动、国家意识形态运动、教育改革运动以及"亚洲价值观"的大讨论。这导致了 20 世纪 80 年代后期以来新加坡政治发展的转折。

第三节　发展型互动：李光耀时期政治价值与政治制度的互动

李光耀时期新加坡建构的政治价值与政治制度之间存在紧密的互动关系。新加坡根据建国初的国情而选择的生存主义、精英主义、实用主义和国家主义决定了它继承了英国遗留的政治制度，并根据自身的特点进行了制度的创新和调适而建立了独具特色的政治制度。新加坡虽受英国现代政治价值影响，沿用了英国式的议会民主体制，但是又基于实用主义和精英主义的政治价值导向

---

❶ 王文钦：《新加坡儒家文化三特征》，载《社会学研究》1996 年第 4 期。
❷ 陈岳、陈翠华编：《李光耀：新加坡的奠基人》，时事出版社 1990 年版，第 107 页。

从而将民主理解为一种合法性的程序和形式。在实质上，新加坡抛弃了"民主—非民主"的政体二分法，既不盲目模仿西式的多党竞争式民主，又根据自身的特点在精英主义政治价值取向下形成了独具特色的精英政治。

因而，在发展型政治价值的主导下，李光耀时期新加坡政治价值与政治制度的互动呈现出发展型互动的类型。这主要表现为在发展型政治价值的影响和指导下，新加坡在建构政治制度时出于发展和稳定的考虑一方面移植了英国的议会民主制形式，另一方面又受实用主义、精英主义以及国家主义的影响建构了较为集中的政治和权力精英体制，以保证新加坡的平稳有序发展。反过来看，新加坡政治制度的移植和建构所形成的现代化的较为集权的权力体制又巩固了生存主义、实用主义、精英主义和国家主义这些发展型的政治价值，从而使这一时期政治价值与政治制度的互动表现出发展型互动的特点。

这种发展型的互动并未有效地处理新加坡政治价值多元化的内在问题，而是一味地强化发展型政治价值和权力的集中，反而导致政治制度形式与实质以及多元政治价值之间的二元化，进而导致了政治价值与政治制度互动的二元化。

一、生存主义、实用主义与政治制度的移植

独立后的新加坡为了生存和发展而在政治价值上首先选择了生存主义和实用主义。当时，李光耀深刻清楚地意识到自治后加入马来西亚又被"开除"出马来西亚而获得独立的新加坡所面临的国际和国内环境，那么新加坡所面临的首要关键性问题就是"如何生存"和"如何发展"。被迫独立的新加坡是一个华人占绝大多数的城市国家。生存是新加坡的第一要义，在这种情况下新加

坡的政治领袖只能移植殖民地时期的政治制度,这是当时最为明智也最为现实的选择。另一方面,从殖民地时期开始新加坡整个社会就已形成了一种对政治不太关心的氛围,人们普遍秉持实用主义的态度和理念,注重实际问题的解决。因而,当时新加坡人对如何建立政治制度并没有明确的相关设想。例如,在"1959—1964年五年计划"当中人民行动党阐述了其纲领和政策,提出人民行动党的一般任务:一是把国家观念灌输到其多种族社会里,目标是在十年之内稳固建国的基础;二是要改组经济,使它从非生产性的贸易经济转变为生产性经济。此外,人民行动党还提出了八项特殊任务,涉及经济和社会福利,但是并未提及政治制度设想。❶ 所以,基于生存主义和实用主义,新加坡移植英殖民时期的政治制度是水到渠成的事情。

新加坡对英国威斯敏斯特议会政治制度的继承在很大程度上是形式和程序上的。为了生存,建立形式上的制度是保持新加坡国家稳定的前提。只有先建立起一整套的制度,国家才能生存下去,这是新加坡生存的第一步。因而,新加坡独立后首要的政治任务就是如何构建一整套完整的政治制度,这既要有上层的政治制度,又要有基层的制度;既要确立基本的政治制度,又要有高效的公务员制度。而确保这套形式上的制度能够运转起来的关键是要有足够的人才支撑。那么,英国文化的精英主义等思想自然而然也为新加坡所继承下来。

虽然生存主义和实用主义的政治价值也内在地要求新加坡移植英国殖民地时期的政治制度,但是移植的政治制度能不能顺利

---

❶ 社论:《行动党召开特别党员大会杜进才宣布五年计划》,载《南洋商报》1959年4月26日。转引自乔印伟:《新加坡建国与一党独大体制的确立——新加坡人民行动党早期活动研究(1954-1968年)》,北京大学2005年博士学位论文。

发挥相应的作用来促进新加坡的发展则是另一问题了。生存主义和实用主义的采用实际上也提出了新加坡政治制度的实际运转同时也是新加坡的发展问题：是真正地继承西式民主的精髓，还是先建立形式上的制度进而在关切新加坡国情与实际实践后进行制度的调适与创新。因此，新加坡政治制度的建构实际上使其议会内阁制虽继承自英国，但也只是形式上的继承，而在具体表现形式上新加坡基于自身的国情作了实用主义上的调整，这主要表现在新加坡政治制度调适后所基于国家规模而形成的一院制、政党体制上的一党独大制、非君主立宪的"总统制"以及在宪法上所拥有的成文文本。

正是基于生存主义和实用主义的政治价值，新加坡对民主政治与民主制度形成了自身的理解。李光耀也意识到，继承英国的这套政治制度主要是基于生存和合法性的需要。李光耀在 20 世纪 60 年代以前比较强调政治民主原则，主张政府的主要工作在于证明民主制度能够产生有效的结果。那么如何去证明呢，"我们所要证明的是，在一人一票的制度下，能建立起一个有效而诚实的政府，通过一个有效的行政组织，为人民利益工作"，公务员须保障民主制。❶ 然而在实际的统治过程中，李光耀发现西方民主的普遍性是存在问题的，那些独立后的新兴国家实施了西方式的竞争性民主带来了诸多问题。因此，李光耀政府执政的首要目标定在了在民选的政府形式上形成一个能够代表人民利益、能够满足人民利益、能够服务人民利益以及能够时刻获得人民支持的政府。

人民行动党政府以下面三种方式来为其行动证明：一是人民行动党领袖认为好的政府能够为人民提供福利。任何损害政府这

---

❶ ［新］新加坡《联合早报》编：《李光耀 40 年政论选》，现代出版社 1994 年版，第 522 页。

一诉求和政治稳定的行为都应被制止。在他们看来，民主存在上述的风险，因此必须被限制；二是人民行动党指出他们也进行定期的选举，在选举中人民可自由表达他们的政治偏好，而人民行动党经常在大选中被选举上台；三是人民行动党诉诸文化差异，不同于西方的个人主义，新加坡将集体利益放在首位。❶

新加坡基于生存主义和实用主义政治价值将政治制度选择和建构的首要目标定为"好政府"。所谓的"好政府"意味着"政府必须廉洁有效，能够保护人民，让每一个人都有机会在一个稳定和有秩序的社会里取得进步，并且能够在这样一个社会里过美好的生活，培育孩子，使他们取得更好的表现"，"好政府比民主人权更重要"，民主人权并不是一下子就能实现的，对此应采取更实际的态度才可能会给新加坡带来发展。❷ 因而，在新加坡好政府意味着务实的政府、讲求效率的政府、贯彻实用主义的政府以及注重国家整体和人民利益与社会稳定有序的政府。实用主义政治价值也促使新加坡建构高效廉洁的文官制度。以工具理性和效率效果为核心的实用主义要求决策执行必须高效快速，而其载体也必然形成韦伯式的官僚科层结构。❸ 新加坡独立后就继承了英国的文官制度和相应的公务员招聘晋升程序，建立了一个"行政国家"。因而，高效率的行政与司法体制是"好政府"的基础和表现。

新加坡继承了英国议会民主制的形式，采用了"一人一票"的方式。在实际的运转中，人民行动党也要接受几年一次的选举"大考"，以此来回应民意、倾听民意。李光耀认为："我们现在搞

---

❶ Jean E. Abshire, *The History of Singapore*, LLC, 2011, p. 142.
❷ ［新］新加坡《联合早报》编：《李光耀40年政论选》，现代出版社1994年版，第563–575页。
❸ Michael Hill and Lian Kwen Fee, *The Politics of Nation Building and Citizenship in Singapore*, Routledge, 1995, p. 191.

这种制度，因为这是英国人给我们的遗产，而且我们还没有真的发现挑战这种制度的必要性。"❶ 这种选举也产生了对人民行动党的外部压力，以促进其更加务实地回应民意。人民行动党采用这种形式以及对其如何调适或创新都是出于实用主义的考虑。

然而，在实际运转中实用主义与宣称个人权利和平等的民主规范是存在冲突的。实用主义基于工具理性和后果主义的考量会促使人民行动党在特定领域（如教育中的"分流制度"以及人口生育政策）进行干预，这必然会与个体权利和偏好发生冲突，其结果往往是个人私域的"退缩"。因而，人民行动党对于权利和民主的"形式"保留使其一方面反驳那些"反民主"的批判，另一方面又在实际统治过程中运用了不平等的手段。在这样的情形下，对于民主的可行界定就采用了非常技术性的定义："一人一票"。而新加坡实行的就是这种投票方式。❷

此外，新加坡对过度民主的担忧是出于过度自由和极端个人主义以及民主非理性的实用主义考虑。新加坡前外交部长马凯硕（Kishore Mahbubani）就说过："自由不仅解决问题，也会制造问题"，美国的衰落说明了这个问题。另一位行动党领袖也认为："我不认为与民众协商是很有成效的，即使是受过教育的人，也往往是非理性的。"❸

正是对民主的不同理解，新加坡在移植英国的议会内阁制的同时，基于生存主义和实用主义政治价值导向而创造了自己的政党体制——一党独大制。在这一时段，新加坡人民行动党的一党

---

❶ ［美］格雷厄姆·艾莉森、罗伯特·D.布莱克威尔、阿里·温尼编：《李光耀论中国与世界》，蒋宗强译，中信出版社2013年版，第145页。
❷ Beng-Huat Chua, *Communitarian Ideology and Democracy in Singapore*, Routledge, 1995, p. 72–73.
❸ Jean E. Abshire, *The History of Singapore*, LLC, 2011, p. 142.

独大又具体表现为霸权党的独大。而萨托利在对霸权党分类时，指出了实用主义霸权党❶这一重要类型。为了生存，人民行动党必须控制国内的局势并保持政治的稳定，那么权力的自下而上的集中和冲突的减少就不可避免。新加坡一党独大体制形成的重要原因之一就是为了确保新加坡的生存和发展。也正是追求发展、效率和结果的目的，一党独大的人民行动党在实用主义的指导下在这一国家构建的关键时期成为实用主义霸权党。

总而言之，出于生存主义和实用主义政治价值的考量，新加坡在形式上继承英国殖民时的政治制度遗产，但是在实质上基于国情作了自身的修改和调适。新加坡学者冯清莲认为："人民行动党以它对政治的实用主义方法非常成功地赢得了人民的支持，它是东方国家中一个最卓越的、有功绩的政党，这一点也是确切无疑的。"❷

二、国家主义、精英主义与精英政治的建立

实用主义是李光耀主政时期新加坡的主导型政治价值。实用主义要求人民行动党采取精英治国的方略并动用全部的国家力量来促进发展。那么，国家主义和精英主义那就是新加坡政治发展中的应有政治价值。

国家主义在理念上倡导国家主导式的发展，在具体政治制度层面上主张精英主导政府。这与精英主义的相关主张是一致的。巴尔等人就认为："在国家主义理论中，精英是国家的关键鼓动

---

❶ [意] G. 萨托利：《政党与政党体制》，王明进译，商务印书馆 2006 年版，第 323 页。
❷ [新] 冯清莲：《新加坡人民行动党：它的历史、组织和领导》，苏宛蓉译，上海人民出版社 1975 年版，第 152 页。

者、赋予生机者（animators）。"❶ 新加坡的精英主义在传承上延续了英国在新加坡的统治思想。英国对新加坡的统治本质上采取了一种精英统治策略，其背后有着西方精英主义的支撑。新加坡好政府理念的基础就是精英主义。那么，国家主义和精英主义的"前台"政治就是一种精英政治。傅高义曾以"大众精英政治"来形容人民行动党政府领导人的信念，即精英政治"不仅适用于行政官僚，还同样适用于政治家"。他认为："对新加坡第一代领导人而言，好政府的支柱并非权力的分割，而是一个强大集中的精英政治。"❷ 吕元礼也指出："人民行动党的领导力，是以精英政治为基础。"❸ 这皆是对新加坡精英政治最贴切的描述。

因而，新加坡的精英政治背后是国家主义和精英主义的政治价值。国家主义强调以国家为中心，由政府主导国家的发展，这进而又要求政府必须是一个好政府。那么，什么样的政府才是一个好政府呢？在新加坡和李光耀看来，由优秀人才和精英组成并有好领袖的政府才是一个好政府。李光耀认为："建立好政府，非有优秀人才不可。不论政治体制有多好，差劲的领袖仍会给人民带来伤害。相反，我见过好些社会，尽管缺乏健全的政治体制，却管理得很妥善，正因为有优秀强悍的领袖当政。我也亲眼看着80多个前殖民地，虽有英国法国亲自为他们制定宪法，却多数以失败告终，原因不是宪制出了问题，而纯粹是由于建立民主政治

---

❶ Michael D. Barr & Zlatko Skrbis, *Constructing Singapore: Elitism, Ethnicity and the Nation-Building Project*, NIAS Press, 2008, p. 41.
❷ Ezra F. Vogel, *A Little Dragon Tamed*, in Kernial S. Sandhu & Paul Wheatley ed. Management of Success: The Moulding of Modern Singapore, ISAS, 1989, p. 1052 – 1053. 转引自 [澳] 约翰·芬斯顿主编：《东南亚政府与政治》，张锡镇等译，北京大学出版社2007年版，第288 – 289页。
❸ 吕元礼：《新加坡为什么能（上卷）》，江西人民出版社2007年版，第107页。

体制的先决条件并不存在。这些国家无一拥有一个公民社会和受过教育的选民，人民也未曾具有接受在位者的权威的文化传统。这些民主传统要在群众中扎根，还得历经好几代人。在人民仍然以族群领袖为效忠对象的新兴国家里，诚实无私的领导人不可或缺，否则，就算宪法制度提供再多保障，国家终究要失败。就因为这些继承民主宪制的领袖强势不足，终于导致国家走上暴乱、政变和革命之路。新加坡最关键的发展因素，在于部长能力高强，并拥有一群素质高的公务员做后盾。"❶

新加坡的政治掌握在一群精英政治人物手中，李光耀就说过，"目前负责策划和执行的重担，主要是落在约 300 名主要分子的肩上。他们包括人民行动党要员、国会议员和干部党员——他们负责动员民众和向民众解释政策，尤其是某些政策引起一时的不便或照顾不到局部利益的时候"，"如果这 300 人同时在一架巨型珍宝喷射客机中坠毁并同时死去，那么，新加坡就难免要瓦解"。❷这足以说明了新加坡政治与行政背后的精英主义本质。

好政府是以精英为后盾的。基于精英主义政治价值，李光耀政府建立一套精英培养和选拔的程序与制度。我们在上文中已经予以详细的阐述。国家主义和精英主义又共同影响塑造了新加坡的"好政府"理念和实践。"好政府"是精英政治的最大表现。"李光耀先生的'好政府'的理念是以改良的精英主义政治理论为基础的。"新加坡"好政府"的实践就是在精英主义政治理论的指导之下而展开的。李光耀认为，从制度上讲对于发展中国家精英

---

❶ [新] 李光耀：《李光耀回忆录：经济腾飞路（1965 – 2000）》，外文出版社 2001 年版，第 612 页。

❷ [新] 新加坡《联合早报》编：《李光耀 40 年政论选》，现代出版社 1994 年版，第 137、138 页。

主义可能比一人一票的政治平等更能带来"好政府"。❶ 李光耀历来宣扬"好政府",认为一个好的政府必须廉洁有效、保护人民,让每一个人都有机会在一个稳定和有秩序的社会里取得进步,并且能够在这样一个社会里过美好的生活。❷ 好的政府是由精英尤其是好的领导人构成的,并由他们践行着精英治国的价值。可见,"好政府"是精英政治的表现。

"好政府"又与民主产生关联。好政府是符合民主理念的,好的政府意味着政府为人民服务的同时其权力是来自人民的委托的,这是民主的价值理念。一方面,好政府要求通过选举和选拔的方式来筛选精英,这将民主视为一种手段。政府通过民主的选举而获得合法性的授权;另一方面,获得委托的政府以服务民众、促进社会发展为最终目的,从而将民主视为一种目的。精英政治的表现是"好政府","好政府"背后是精英主义同时又体现着民主原则。因而,有学者将新加坡政治体制视为是"精英民主"❸。

然而,国家主义和精英主义所支撑的新加坡"精英民主"并不同于西方式的精英民主。正如上文所分析的,生存主义和实用主义视角下的民主在很大程度上是将民主视为一种手段和工具,并非像西方自由民主制那样将民主视为一种目的。李光耀等人的现实主义态度使其奉行精英主义理念,认为自由民主制度所立足的一个前提假设是不成立的,这种假设认为所有的人具有相同的

---

❶ 王子昌:《善政与善治:新加坡"好政府"模式的理论定位与走势》,载《当代亚太》2002年第8期。
❷ [新]新加坡《联合早报》编:《李光耀40年政论选》,现代出版社1994年版,第570页。
❸ 梅少粉:《权威主义还是精英民主:新加坡政治发展研究》,天津人民出版社2023年版。

能力并因此可以负担相同的责任。❶ 此外，新加坡一党独大的政党制度与西方精英民主的多党竞争是存在区别的。因而，新加坡的"精英民主"在很大程度上不同于西方式的精英民主，是一种立足于民主选举手段基础上追求精英治国的精英政治。

三、严明的法治、精英的培养、权力的集中与政治价值的巩固

新加坡建国以来上述政治价值的形成及其对政治制度建构与运转的指导与影响，使新加坡在政治制度方面的国家建构得以顺利展开。上述政治价值对政治制度的影响在一定程度上是决定性的，反过来这些政治制度在实际政治过程中的建立与运行又对上述政治价值进行了加强与巩固。

新加坡在西方尤其是英国法治思想的影响下建立了一套司法系统，而且在政治与社会生活中遵循着法治思想带来的程序与规则意识以及对产权的强调等。新加坡基于国家建构的需要在继承英国法治思想时又采用了实用主义的态度，最终形成了一种严明的法治主义。正如蔡明华所观察到的："在人民行动党政府的治理下，法律体系被注满了（is infused with）实用主义价值。"❷ 因而，法治思想在新加坡的发展实现了多重"价值"：一方面，它传播了法律思想和规则文化，培养了人们的法治意识，使人们在遇到问题时首先想到的是运用法律来维护自身的权益；另一方面，被注满了实用主义的法律体系成为一种严明的法治。正如吕元礼所言，

---

❶ 赵自勇：《民主与效率：对新加坡政治制度的重估》，载李文主编：《东亚：宪政与民主》，中国社会科学出版社 2005 年版，第 121 页。

❷ Beng-Huat Chua, *Communitarian Ideology and Democracy in Singapore*, Routledge, 1995, p. 193.

新加坡的依法执政带来的是权威力和法治力。❶ 严明的法治是建立在新加坡的司法体系基础上的，并在实际的政治过程中形成的。这种严明的法治在实际的运用中一方面传播了法治思想，另一方面又加强了实用主义，从而带来了对政治价值上的双重效果。

新加坡对精英的重视所形成的精英教育、培养与选拔制度与精英主义政治价值也有着相互加强的内在联系。新加坡资源的稀缺使人才成为最大的资源，也是精英主义成为新加坡长期加以坚持的政治价值的重要原因。在精英主义政治价值指引下，新加坡形成了精英政治并建立了一套精英人才教育、培养和选拔的制度与机制。这套制度与机制的建立从根本上来讲成为新加坡的一项长期的"国策"。新加坡自建国以来一直强调的就是"最优秀和最聪明"人才的重要性，也从侧面说明了培养出这些"最优秀和最聪明"人才是新加坡的重任。而培养出这样的精英人才并不是短期就能实现的，而是一个不断投入时间、精力、物质基础的长期过程。新加坡对教育制度的改革、资金的投入、人才培养模式的探索、海外人才的引进、选拔精英的复杂程序以及任命精英人才担任教育部长等都表现出了对精英培养的重视。正是立足于此，新加坡的精英政治才能形成，以精英统治，托管人民利益，为人民谋长远利益，最终实现民有和民享。这是新加坡政治的最大特点。因而，精英培养的长期性决定了精英主义政治价值的长期性。对精英培养和选拔制度的重视，以及实际上精英治国的政治实践，都巩固和加强了新加坡精英主义的政治价值。

总体而言，一党独大的政党体制、自下而上的精英政治等共同形塑了一种权力较为集中的政治体制，这是新加坡独立后国家

---

❶ 吕元礼：《新加坡为什么能》（上卷），江西人民出版社2007年版，第61页。

构建的内在要求。政治价值上的生存主义、精英主义、实用主义和国家主义影响了这种政治体制的建构,这种权力较为集中的政治体制的运转反过来又加强了这些政治价值(图2-3)。制度承载着价值,政治制度承载着政治价值。政治制度还具有"强化力"❶的特点,不仅有自我强化的功能,还有能对其承载的政治价值进行强化和巩固的功能。政治制度的不断运转、有效实施是政治价值的最好证明,也是对其进行巩固的一个过程。不论是严明的法治、自下而上的精英选拔,还是一党独大的政党体制等在新加坡都表现出了较强和较高的适应性,从侧面巩固了支撑这些制度的政治价值,为其运行和巩固提供了最大的合法性证明。

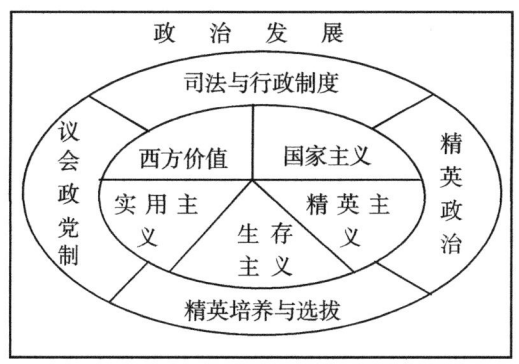

图2-3 李光耀时期新加坡政治价值与政治制度互动关系模式

四、形式的移植与发展型互动背后的二元化

李光耀主政时期是新加坡政治发展的关键时期。这一时期政治价值与政治制度的建构及其互动影响着新加坡的政治发展走向

---

❶ 张悦:《政治文化向度与制度选择》,华东师范大学2013年博士学位论文,第224页。

及其政治发展道路模式。这一时期新加坡政治发展的主要任务就是要完成国家构建的重要任务,即集中权力保证政治稳定和社会秩序进而构建基本的政治制度。这一任务决定了这一时期政治价值与政治制度的互动及其特点。

(一) 形式的移植:李光耀主政时期新加坡政治价值与政治制度的建构及其互动特点之一

李光耀时期新加坡主导性的政治价值既非现代西方政治价值也非儒家传统政治价值,从而导致其政治制度的移植只能是形式上的。新加坡独立之前深受西方政治价值影响,但是这些政治价值的影响在很大程度上只存在于社会层面和个体层面,并没有成为独立后新加坡的国家指导性的意识形态,并未在其指引下形成相应的政治制度安排。新加坡主导型的政治价值是实用主义、生存主义、国家主义和精英主义,这些发展型政治价值的产生乃是源于国家构建的需要,是解决国家生存、集中权力的产物。伊斯顿认为,"任何价值系统都具备一定的主导性政治价值,他们会给政治行为、规范和结构排列确定基调和方向"❶。在这些价值的主导下,新加坡继承了英国殖民的政治遗产,同时又根据国情的需要进行了一些制度上的调整。

作为新加坡独立后第一任总理,李光耀当时面临着复杂的国内外环境。他审时度势认为,新加坡的政治发展在此背景下首先需要进行强有力的国家建设。因而,新加坡在政治价值上形成了生存主义、实用主义、精英主义和国家主义的取向来集中权力、指导国家构建。在这四种政治价值的影响下,新加坡为了生存、

---

❶ [美] 戴维·伊斯顿:《政治生活的系统分析》,王浦劬译,华夏出版社1999年版,第222页。

稳定和发展，继承了英国殖民的政治遗产，将英国式议会内阁制、行政和司法制度移植过来，并作了相应的调整，形成自身对民主、政党和贤能政治的理解并建构了相应的政治制度。

除了上述政治价值，新加坡深受英国政治价值的影响，还存在西方那套自由、民主、法治和平等等政治价值。但是，新加坡在民主与民生、权利与权力方面的国家建构难题使其政治价值的选择偏向了后者。生存主义、实用主义、国家主义和精英主义的形成与运转都是为了确保国家权力的集中，进而实现发展、维护社会秩序、保证新加坡的独立和生存。那么，西方那套政治价值体系除了法治，就很难上升为国家层面的政治价值。即便是法治，新加坡也对其进行了改造使其成为一种严厉的法治主义。

这些发展型政治价值的主导性地位带来了新加坡国家的发展，但在实际上却隐藏着危机。新加坡发展型政治价值建构了发展导向的强有力的国家权力和制度，但是却掩盖了背后政治价值的冲突以及政治价值与政治制度的二元化。

(二) 发展型互动带来的二元化：李光耀主政时期新加坡政治价值与政治制度的建构及其互动特点之二

新加坡发展型互动背后政治价值与政治制度的二元化状况在李光耀主政后期越来越突出。这主要表现在以下两个方面：

一是发展型政治价值集中了权力导致这些价值的主导性却没有有效处理多元价值之间的冲突，反而带来了新加坡20世纪80年代末的价值危机。新加坡发展型政治价值虽然受东西方政治价值的双重影响，但是其内在本质更多地偏向西方政治价值中的法治、精英、实用，强调发展与稳定，因而不具备融合东西方政治价值之间冲突的能力。

生存主义、实用主义、精英主义和国家主义这些发展型政治价值是强有力的政治价值。虽然在这些政治价值主导下新加坡移植了议会民主制的形式，建构了强有力的精英政治，但是这些价值未能有效处理价值多元之间的关系，简单地使国内存在的西方政治价值（如民主、法治）和传统政治价值（如对权威的服从）等服务于发展的需要。

精英主义、国家主义和实用主义虽然也受到传统儒学中对精英权威服从的影响，但仔细分析就会发现，新加坡是一个非常西化的国家，精英主义、国家主义和实用主义等政治价值背后其实更多的是受西方政治价值的影响。例如，精英主义受西方精英主义的影响，实用主义受英国功利主义的影响，而国家主义受西方绝对主义国家谱系的影响。新加坡主导性的语言是英语，尽管南洋大学的成立以及华语的推广为传播传统政治价值提供了媒介，但是南洋大学历经劫难之后的关闭也意味着英文教育的胜利。这意味着西方政治价值的传播具有语言媒介上的优势；而涓涓细流的儒学只不过在家庭层面尤其是华人普通家庭层面发挥影响，而对以英语为主导的精英家庭影响甚微。从而，新加坡形成了政治价值上的二元化。上文在分析这一时期政治价值的特点时已经阐述了这种二元化，尤其是到20世纪80年代，新加坡的实用主义的缺陷开始暴露，个人主义等西方政治价值的"泛滥"导致了传统儒学政治价值的"退缩"。新加坡"80年代的危机"说明了这一时期政治价值的冲突。

二是新加坡发展型政治价值所建构的政治制度造成了形式与实际过程的二元化，即形式的民主与实际过程的"威权"并存的特点。新加坡受实用主义等政治价值的影响移植来的政治制度在形式上表现为西方式的议会民主制，但是在实质上却并不按照西方的那一套运行。新加坡发展型政治价值建构起来的政治制度偏重于权力的集中,建国伊始的新加坡致力于在国家构建的权力集中上迈出重要的一步来确保国家的生存和稳定,因而在实际的政治过程中出现了"威权"特点,从而造成了政治制度形式与过程的二元化。李光耀主政后期,随着西方政治价值的影响、人们受教育程度的提高以及公民权利的觉醒,人们对人民行动党的严厉控制开始提出抗议,人民行动党在选举中的得票率开始下降,反对党也开始获得议席。新加坡国民对政治制度形式与实际过程的二元化感到的不满,连同世界范围内第三波民主化浪潮在后发展国家的涌现等都使新加坡政治发展的压力倍增。

因而,从政治价值与政治制度互动来看,发展型政治价值与西方政治价值的主导性和实际政治过程的威权特点使李光耀主政时期新加坡的政治发展形成了复杂的二元化格局。为了应对政治价值与政治制度互动的二元化,李光耀在20世纪80年代致力于复兴儒学政治价值,调整政治制度,并宣布一定时期后将从总理职位上隐退,从而使新加坡进入"后李光耀时期"。然而,"亚洲价值观"的提出引发了国际范围内的大讨论,人们更是对"亚洲式民主"和"儒家民主"提出了质疑。新加坡试图复兴儒学政治价值来支撑新加坡式的民主所带来的这些质疑使儒学传统政治价值与现代西方民主政治制度对接的问题被提上了讨论的"前台"。这种政治价值与政治制度的二元化问题能否消除是"后李光耀时代"新加坡政治发展的重点。

五、影响李光耀时期新加坡政治价值与政治制度互动的国内外环境

李光耀主政时期新加坡政治价值与政治制度的建构及其互动深受外在和内在的环境因素的影响,这些也在一定程度上影响了

其政治价值与政治制度互动的特点。

　　李光耀时期新加坡采取的上述政治价值与政治制度及其互动有着内外的影响因素，主要有：一是国际环境。新加坡的独立经历了一个从自治到加入马来西亚，又从马来西亚分裂出去的过程。这样的国家极易受到环境的影响。首先，新加坡作为城市岛国，自然资源稀缺，连淡水都要从邻国马来西亚进口，这样的新加坡比较容易受到国际经济环境的影响。尽管新加坡不断调整经济政策和政治策略，但是周期性的世界经济危机和石油危机都给新加坡带来了相应的波动。其次，新加坡独立后的国防仍由英国驻军把守。当英国政府于 1968 年 1 月 16 日宣布将于 1971 年 3 月 31 日之前把在苏伊士运河移动的所有英军撤回本土之后，李光耀深知此举将对新加坡的政治和经济产生重大影响。英军驻守新加坡，对新加坡来说是一颗定心丸。得到英军的保护，新加坡无疑会有安全感，而不必太担心苏联和越南的"军事威慑"。❶ 所以，英国的撤军对新加坡来说是一个大考验。因此，李光耀请求英国延缓撤军，以度过撤军带来的危机。再次，最重要的是新加坡自治以来就面临着美苏冷战开启的两大阵营和两大意识形态的对抗。新加坡站在哪一阵营、人民行动党是何种性质的政党都影响着新加坡的政治走向。1955 年新加坡大选人民行动党是处在政治谱系的极左一端的，1957 年及 1959 年的选举中人民行动党也是极"左"的，这在其竞选和宣言中都有左翼党特性的体现。后来人民行动党经历了党内的两次分裂后到 1963 年，人民已把它认作为一个中间派，它本身也倾向于自认为一个中间派了。到 1965 年，人民行

---

❶ 陈岳、陈翠华编著：《李光耀：新加坡的奠基人》，时事出版社 1990 年版，第 22 页。

动党就宣称代表国内各方面利益。❶ 人民行动党的这种转换一方面是为了赢得选举，另一方面是为了适应国际环境的变化。独立前和独立后的新加坡在意识形态方面是亲英的，因此抵制共产主义和左翼势力，也正因此才继承西方的政治制度。所以，独立后的新加坡受西方政治价值影响较深，成为一个较为西化的国家，同时又抵制共产主义运动的影响。最后，作为一个后发展国家，新加坡面临着"先进—落后"的国际关系格局。生存就像一把"达摩克利斯之剑"时刻悬在新加坡头上。不论是政治发展还是经济发展都具有紧迫性、全面性、追赶性和计划性的特点，外在的强大压力迫使新加坡不得不集中权力来为政治发展保驾护航。正是在这样的夹缝、这样严峻的国际环境中，新加坡不得不采用生存主义、实用主义、国家主义和精英主义等政治价值，继承英国殖民时期所遗留的政治制度遗产，集中新加坡的优势精英资源，由国家来主导政治发展和经济发展，通过集中权力来保证政治和社会稳定。

二是国内环境。新加坡独立前后不仅面临着严峻的国际环境，而且也面临着复杂的国内环境。虽然是一个蕞尔小国，但新加坡同时也是一个多种族、多宗教、多语言的国家，民族建构与国家建构合二为一带来了更多的国内问题。新加坡的多元种族中，华人占绝大多数，约为总人口的75%；其次为马来人，约占15%；再次是印度人，约占7%；其余3%为其他血统。每个血统都有各自的语言、宗教与文化传统。有学者就发现，在19世纪新加坡"每个不同的种族都形成自己不同的社区，并且完整地保存了它们的传统，就好像他们根本就不是由外地迁移而来，倒像是本地土

---

❶ [新] 冯清莲：《新加坡人民行动党：它的历史、组织和领导》，苏宛蓉译，上海人民出版社1975年版，第4—5、37、45页。

生土长发展起来的",且在此 100 年之后,依然是"一个没有归属感的地方"。❶ 对于新加坡这样一个具有多元复杂性的小国而言,宗教信仰的差异、文化类型的不同、种族语言的隔阂很容易产生各种各样的矛盾冲突,在独立过程中出现的种族冲突和暴乱对于新加坡人来说更是可怕的"记忆"。那么,独立后的新加坡面临着的重要问题之一就是新加坡的国家认同。新加坡内部的这种环境在很大程度上决定了实用主义、生存主义能够解决国家认同和政治发展中的问题,而实践也证实了这些政治价值的重要性。另一方面,独立时新加坡还面临着国家的破碎和社会的分裂,只有建立起强有力的国家才能实现社会的整合和国家建构。因而,新加坡在这一环境影响下建立起了"强国家—弱社会"的国家与社会关系格局。这种格局也促使了新加坡采取了国家主义的政治价值,导致新加坡虽继承英国议会民主制,但实际政治过程却存在着严密的控制。国家无所不在,正如李光耀所说:"如果我们不这样做,我们就发展不到今天。"❷

---

❶ Victor R. Savage, *Street Culture of in Colonial Singapore*, in Chua Beng Hua, Public Space: Design Use and Managements, Singapore, 1992, p. 11 – 23.

❷ Not Unreasonable for Union to Seek: New York Tails, *Straits Times*, 25 July 1989.

CHAPTER 03 >> 第三章

后李光耀时期新加坡政治价值与政治制度的互动

何为"后李光耀时代"？无论是学界还是新闻界多数将 2011 年 5 月 15 日李光耀和吴作栋宣布退出内阁视为新加坡迈入"后李光耀时代"❶。李光耀的突然引退令新加坡各界备感震惊，但也是很多人意料之中的事。一名国会议员直言：新加坡人已经准备好迎接"后李光耀时代"。❷《联合早报》更是于 2011 年 5 月 21 日推出社论《后李光耀时代的开始》，

---

❶ 前内阁资政李光耀和国务资政吴作栋没有加入内阁，中国东南亚问题专家张学刚认为，这意味着新加坡开启了"后李光耀时代"。参见周乔西、崔沂蒙、王祥颖：《新加坡开启"后李光耀时代"》，载国际在线，http：//gb.cri.cn/27824/2011/05/26/5311s3260128.htm。周晶璐：《新加坡正式步入后李光耀时代》，载东方早报网，http：//www.dfdaily.com/html/51/2011/5/22/608225.shtml，以及凤凰网、新浪网、国际中文频道等媒体都对此做了报道。

❷ 社论：《新加坡将进入"后李光耀时代"？》，载中国网络电视台（今日亚洲），http：//news.cntv.cn/world/20110515/105201.shtml。

认为"5月19日的内阁会议,议程简短,但却是具有历史性意义。它是原政府内阁的最后一次会议,也是内阁资政李光耀过去52年来所参加的最后一次阁会。它象征李光耀时代的终结,以及后李光耀时代的开始。今天在总统府宣誓就任的新内阁,将开启新加坡政治的全新篇章。"❶

然而,尽管如此,对"后李光耀时代"的划分还未定论。新加坡政治观察员蔡裕林、文化历史学者陈剑、新加坡国立大学历史系副教授黄坚立博士及随笔南洋文化协会会长李叶明在"李光耀时代 VS 后李光耀时代"座谈会上对如何划分"后李光耀"时代提出了各自的看法。有学者认为,政治人物的寿命是政策的寿命,只要李光耀推行的政策延续,那么新加坡就还未进入后李光耀时代。陈剑指出,这些政策是新加坡的治理制度,只要行之有效,无论谁担任领导人都会延续,而判断一个时代的到来,应该看得是个人治理作风的变化。新加坡国立大学历史系副教授兼亚洲研究所副所长黄坚立博士认为,新加坡何时进入后李光耀时代并不容易定夺,也有不同划分,各有各的长处。最简单的方法是从政治人物过世后算起,不过那样的定位不一定准确,因为政治人物过世后,对国家的影响未必完全消失。除了以2011年大选为分界线,黄坚立认为,也可以从李光耀卸下总理职务算起。❷

那么到底如何划分"后李光耀时代"?本书以李光耀个人治理作风的转变来划分"后李光耀时代",李光耀治理作风的转变在其主政后期就已经凸显出来。20世纪80年代以来,新加坡的成功与潜在的危机以及国内外环境的变化开始让李光耀思考新加坡进一

---

❶ 社论:《后李光耀时代的开始》,载《联合早报》2011年5月21日。
❷ 《学者从不同角度谈论李光耀时代 VS 后李光耀时代》,载新加坡两极哲理论坛,http://www.lee-philosophy.org/viewthread.php?tid=12483。

步发展以及下一代接班人的问题。从这时起，李光耀逐渐改变独立后的"威权"作风，将实权逐渐移向第二代年轻领袖，朝向更加民主的治理方式，从而开启了"后李光耀时代"。新加坡学者就认为"20 世纪 80 年代是新加坡的分水岭"❶。而且，正如加内桑所说："因为大部分'改革'起始于 20 世纪 80 年代中期，它们通常与人民行动党第二代领导集体联系在一起。其中一些最具协商性质的改革是与吴作栋政府联系在一起的，他们采用了'关心与分享'的价值观，改变了之前家长式的治理作风。"❷

"后李光耀时代"新加坡政治走向多元化。在内外环境的影响下，新加坡经历了政治权力的代际交接；新加坡的政治制度在"路径依赖"下不断微调以适应时代的发展，从而不断走向制度化；新加坡的政治价值也为了应对 20 世纪"80 年代的危机"出现了较为明显的转折，二元化的政治价值在这一时期开始进行重构和融合并走向一元化。正是新加坡政治价值的重构和融合对政治制度产生了重要影响，"托管式民主"得以提出。政治价值与政治制度互动使新加坡政治发展走向新的历史阶段。

第一节　20 世纪 80 年代以来国内外环境的变迁与新加坡政治权力的交接

20 世纪 80 年代是新加坡政治发展的转折点。一系列国内外环境的变化促使新加坡不断调整自身的政治价值和政治制度，以推

---

❶ [新] 梁文松、曾玉凤：《动态治理》，陈晔等译，中信出版社 2010 年版，第 74 页。

❷ N. Ganesan, Democracy in Singapore, 4 *Asian Journal of Political Science* 67 (1996).

进新加坡的政治发展。也正是在内外环境的影响下，新加坡实现了政治权力的代际交接。

一、新加坡国内外政治经济环境的变化

亨廷顿在《变革社会中的政治秩序》中采用政治稳定的视角在一开篇就指出苏联是有效能的共产主义集权国家，它与英美一样具备强大的、能适应的、有内聚力的政治体制。❶ 然而，苏联的解体却无法嵌入此书的解释框架。因而，亨廷顿在《第三波》一书中对 20 世纪后期的民主化浪潮进行了分析，试图分析 20 世纪后期的世界局势。正如亨廷顿所观察的，20 世纪 70 年代到 90 年代第三波民主化浪潮席卷整个世界，从南欧到拉美再到亚洲，从资本主义世界到共产主义国家，都发生了大规模的自由化的民主运动。在亚洲，印度在经历了一年半的紧急状态后回到了民主的轨道；在菲律宾，暗杀阿基诺的事件引发了一系列反应并最终导致在 1986 年结束了马科斯的独裁，恢复了民主；在韩国，军人统治逐渐向文人政府过渡，在激烈的竞争和相对公平的选举中走向了民主。随着冷战的结束，"到 1996 年，几乎所有的环太平洋亚洲地区国家都处于某种形式的民主制度下。"❷ 福山也提出了冷战后自由民主制的胜利这一"历史终结论"的论断。❸

外部的民主化运动对于新加坡的治理产生了外部的压力。西方国家乘着这波民主化浪潮，站在西方的立场上，并以东亚诸多

---

❶ [美] 塞缪尔·P. 亨廷顿：《变化社会中的政治秩序》，王冠华等译，上海人民出版社 2008 年版，第 1 页。
❷ [日] 猪口孝、[英] 爱德华·纽曼、[美] 约翰·基恩编：《变动中的民主》，林猛等译，吉林人民出版社 1999 年版，第 214 页。
❸ [美] 弗朗西斯·福山：《历史的终结及最后之人》，黄胜强等译，中国社会科学出版社 2003 年版。

国家为例，公开批评新加坡及人民行动党是"独裁国家"和"一党独裁"。虽然人民行动党对这种指责予以坚决反击，人民行动党的高层包括李光耀资政在一些场合和国际会议上也历数身边诸如泰国、日本民主的乱象，强调新加坡民主政治的稳定性和优越性，但民主多元化的观念给多元化的新加坡社会还是带来了影响。❶ 李光耀卸下总理职务担任内阁资政后主要处理国际关系，在与欧美新闻界就"民主"和"人权"问题的辩论这一现象本身在一定程度上反映了这一外部环境的变化。

与民主化潮流相伴的是复杂多变的国际环境。冷战格局的解体带来了复杂的国际格局，一些地区的冲突开始表面化，局部战争升级。南亚的新局势影响着新加坡的政治形势。印度、缅甸、菲律宾和泰国所发生的变化将影响新加坡的政治进程。这一地区出现了较多冲突，它们起因于经济问题、复杂的领土要求或内部冲突外部化。如马来西亚的种族关系、印度尼西亚苏哈托的连任都引发了政治的不稳定，而且两国之间的经济竞争加剧，引发了政治上的分歧和地区环境的动荡。旨在对抗共产主义而诞生的东南亚国家联盟在20世纪80年代也将目标转向了地区性经济目标。经济一体化的目标反而加剧了这一地区的矛盾和冲突。

新加坡和上述地区之间的关系影响着国内的局势。新加坡作为经济最繁荣的地区性地域中心，对东盟的发展和该地区的政治动态产生重要影响。新加坡军事力量的增强、美国有关加强同新加坡的军事关系及其将海军后勤部队从菲律宾转移到新加坡的政策，都有可能增加这一地区的动荡。哈克是这样简述新加坡的困境的："由于被成就冲昏头脑，可能会出现一种忘记其势力局限的

---

❶ 刘绵绵：《现代化视野下新加坡人民行动党长期执政研究》，南京师范大学2010年博士学位论文，第151页。

总趋势。对第二代的领导人来说,上述诱惑可能会证明是特别强烈的,因为他们轻而易举地被提升到政府的重要职位,可能已使他们看不清现实了。由于他们没有经过炮火的洗礼,可能不会充分认识到这个小国及其官员们的活动不得不受制于某种局限。对于一个小国来说,再也没有比忘记它的细小更为可怕的了。"❶ 外部的环境及其变化都会对新加坡的政治发展产生一定的压力。新加坡处于世界格局的"夹缝"之中,无论是民主化浪潮,还是经济发展的动荡,抑或是地缘政治的危机,新加坡都得"小心翼翼"加以应对。

另一方面,经过20世纪50年代到70年代的发展,80年代的新加坡逐渐跨入现代社会。这种政治经济发展的转型是由市场经济驱动的。众所周知,西方国家的现代化转型是自发的、渐进的、内生的过程,市场经济在这一过程中自然壮大发展,从社会内部引发渐进性的制度成长和社会变革。而后发展国家的转型则是以外源的、引进的、快速的、自上而下的方式,市场经济的发展被压缩在几十年甚至是几年内,这容易带来东方与西方、传统与现代之间的矛盾和冲突以及更多的社会风险和压力。

新加坡独立后为了促进经济的发展,实行"高积累、高投资、高输出"的三高政策,实现了十年的快速发展。但是,这一机制随着转型升级不再具有竞争优势,于是新加坡政府于1979年提出了"第二次工业化"的经济重组计划。转型升级使新加坡经济出现衰退,20世纪80年代经济增长缓慢。1985年新加坡出现20年来的第一次负增长,失业率攀升。1997年,亚洲金融危机对新加坡也造成了一定的冲击。实行市场经济的新加坡容易受到

---

❶ [澳]埃里克 C. 保罗:《新加坡政治自由化的前景》,载《南洋资料译丛》1994年第 Z1 期。

外部环境的影响,李光耀就指出:"面对全球化的真正的关键在于所处的是有利的位置,或是不利的位置。新加坡就是处于不利的位置。我必须让新加坡人学会的第一件事情就是:如果新加坡不改变,就会遭到残酷的冲击。新加坡非常小,而且是完全开放的经济体。换句话说,世界决定了我们的命运,我们毫无选择余地,我们必须改变。"❶

市场经济也具有"脆弱性",它"要求高程度的经济稳定和低程度的外部效应"❷。然而,进入20世纪80年代以来,市场经济的全球化、全球经济的周期性波动和金融危机的爆发带来的经济上的不确定性对于新加坡这个外向型经济高度发达、依赖国际市场程度高而自然资源又缺乏的小国来说意味着更高的风险。新加坡虽然不断调整经济结构并进行转型升级,但是其外在环境和自身的缺陷让经济波动和金融危机不可避免,人民行动党不可能永远保持经济的持续稳定高速增长,而经济问题又与执政党的合法性和诸多民生课题联系在一起,这些都使人民行动党政府面临着巨大的挑战与压力。

在结构上,新加坡工业和金融业的发展带来了社会结构的变化,这突出表现为中产阶级的崛起。新加坡的领导人都曾根据相关变化认为新加坡成为一个中产阶级社会。1987年,李光耀就认为:"我们的社会已变成一个中产阶级占80%的社会了。"❸ 这一比例虽有所夸张,但新加坡20世纪70年代到80年代中产阶级人数的飞速增长是不争的事实。以中产阶级中最具代表性的专业技

---

❶ 匡导球:《星岛崛起:新加坡的立国智慧》,人民出版社2013年版,第37页。
❷ Herbert A. Simon, Public Administration in Today's World of Organizations and Markets, 33 *Political Science & Politics* 751 (2000).
❸ Garry Rodan edited, *Singapore Changes Guard: Social Political and Economic Directions in the 1990s*, St. Martin's Press, 1994, p. 54.

术人员、企业管理人员、政府行政人员为例。据统计，1957 年他们在全部就业人口中占的比例为 6.8%，1979 年增至 10.3%，1980 年增加到了 18.3%，1990 年更增至 24.2%，30 年间增加了近四倍。如果把属于中产阶级下层的公司职员和中小学教师也计算在内，那比例就更高了。❶ 克劳奇在 20 世纪 80 年代中期曾进行估算，"有 40% 以上的劳动力受雇于中产阶级职业而且似乎已过着中产阶级的生活方式"。如果采用 1990 年的人口统计分类表，那么即使作个保守的估计，专业、技术、行政、管理和主管人员也在总数为 150 万人的受雇人口中占有 36%。❷ 中产阶级比重上升的同时，社会阶级之间的差距也在扩大。经济的转型升级和不断发展以及城市化进程的加快导致阶层差距开始拉大，贫困人口增多，社会矛盾也开始激化，下层阶级以及中产阶级因人民行动党一党独大而对其统治产生不满，进而要求更多的民主与自由。总的来看，新加坡中产阶级通过两种途径来施加政治压力：一是在合法的政治选举程序内与执政党竞争；二是在政治选举程序之外通过各种独立的利益集团来施加相当程度的压力。❸

由此可见，新加坡内外环境逐渐呈现多元化的发展趋势，价值观念的多元、利益的多元、阶层的多元、生活方式的多元化给执政党的治理带来更多挑战。

二、政治权力的代际交接

李光耀于 1989 年在接受英国广播公司驻亚洲记者布莱恩·巴

---

❶ 李保英、高奇琦：《"亚洲价值观"与新加坡民主政治》，载《社会科学战线》2004 年第 1 期。

❷ ［澳］埃里克 C. 保罗：《新加坡政治自由化的前景》，载《南洋资料译丛》1994 年 Z1 期。

❸ 郭继光：《浅析新加坡中产阶级》，载《东南亚研究》2000 年第 3 期。

伦的采访时就说过:"其实,我早就想卸下总理职务,但他们建议我留任一个时期。不过,十年来,所有重大的决策都是由年轻的班子作出的,我基本上没有插手。他们实际上已在掌权。去年(1988年)底,我再次提出退位,吴作栋副总理又要我待两年……因此,我决定在1990年底让位给吴作栋副总理。新一代是否有好的判断力及在逆境中勇猛向前的气质,只有让时间来说明。"❶ 其实,早在1967年,年方44岁、任职才9年的李光耀就开始考虑政治权力的代际交接,提出了高层领导的自我延续和自我更新的问题,并在执政过程中有意挑选和培养国家最高层的接班人。尤其是1974年当时的财政部长韩瑞生向李光耀请求下届大选退休,当时的韩瑞生只有60岁,他的一番话"给了我(李光耀)前所未有的震撼"❷。因此,从20世纪70年代初,人民行动党就着手在政府法定机构、工艺学院、国营企业和选区公民咨询委员会中物色人才,让他们加入人民行动党并通过选举磨炼才干,并于1980年初步确定了王鼎昌、吴作栋、达纳巴兰、陈庆炎和林子安等五位作为国家领袖的候选人。李光耀并没有指定哪一位接任总理,而是建议由新一代主要成员共同讨论推举总理的人选。不过,在李光耀的心里对于这几位候选人有着自己的排序:第一位陈庆炎;第二位是吴作栋;第三位是王鼎昌;第四位是林子安。而达纳巴兰之所以未被考虑,主要是李光耀出于新加坡国情的考虑不宜接受一位印度后裔担任总理。

20世纪80年代,人民行动党和新加坡政府的元老开始主动考虑退位让贤。1980年初,李光耀在《行动报》为纪念人民行动党

---

❶ 张永和:《李光耀传》,花城出版社1993年版,第485页。
❷ [新]李光耀:《李光耀回忆录:经济腾飞路(1965—2000)》,外文出版社2001年版,第614页。

成立 25 周年出版的特刊上，发表了名为《温故知新》的文章，再一次强调了领导人新陈代谢的重要性。文章指出："我们目前最迫切的任务是新陈代谢问题"，"在 80 年代后半期，有能力负起领导新加坡进入 90 年代这个重任的一批领袖，必须担任掌权要职。新加坡最优秀的人才，必须集合起来组成一支坚强的队伍。""我们必须为把治国重任交给年轻一代领袖的这个过渡程序做好准备。他们不但将接管内阁里的重要职位，也将接管公用服务、新加坡武装部队、警察部队以及法定机构里几乎同样重要的职位。""我不怀疑将来会出现比我们这一代所面对过的更加严重的危机。这些危机可以考验年轻领袖的气质，并且锻炼他们。成功的一个主要因素是，当危机降临时，他们能不能团结一致，就像打橄榄球那样，形成一个坚不可摧的紧密领导层，对任何过错都集体负责，而一旦一切顺利了，则共同分享功劳。"李光耀的这一番讲话向全党和全国人民表明，新加坡老一代领袖将逐渐将权力移交给新一代领袖。❶

　　1981 年，首先由人民行动党内部作出人才的自我更新的决定。党内元老、新加坡经济发展之父吴庆瑞率先让出了自 1961 年 8 月一直担任的行动党副主席的职务，并于 1984 年主动辞去内阁部长职务，并退出当年的大选。被李光耀称为"一位极得力的同僚"、"亲密的顾问"的拉贾拉南在 1984 年 4 月甘榜格南选区发表演说时就决定主动引退，"把权力和平有意识地移交给下一代"。此外，杜进才、林金山、王邦文等一大批开国元老都主动引退，扶持新秀，实现新加坡的人才更新和权力的代际转移。李光耀 1984 年就宣称，他有意于 1988 年退休，也正是在这一年他加快了人民行动

---

❶ 凌翔、陈轩：《李光耀传》，东方出版社 1998 年版，第 350－351 页。

第三章　后李光耀时期新加坡政治价值与政治制度的互动

党内部的自我更新的过程。❶ 1988 年行动党再次赢得大选之后组阁，李光耀仍担任总理，但是已经宣布任何时候都可以移交总理职务给吴作栋。实际上，吴作栋团队已经掌权。

1985 年大选之后，李光耀在内阁成员宣誓就职仪式上把他的领导班子比喻成一支足球队，他风趣地说："1959 年我当'中锋'，1981 年转为'中卫'，今天我把'中锋'的角色让给年轻领袖，他们已经经受了各自角色的考验，现在他们选出了自己的'中锋'，我现在退当'守门员'了。"而第一副总理兼国防部长吴作栋在宣布内阁名单后表示："李光耀总理将扮演好比是足球队'守门员'的角色。他将推举后方，由年轻一代领袖挑起主要的治国重任。"吴作栋还宣布他将从此开始扮演"中锋"角色，作为新一代领袖，将尽自己最大的努力，竭力承担好这一职务。❷ 李光耀和吴作栋作为两代领导人所作的发言皆表明了新加坡政治权力已进入交接阶段。李光耀虽然仍担任总理职务，但是实权已经转移到吴作栋这一代手中。

对于新加坡高层的自我更新和权力的代际转移，国际舆论纷纷发表评论，认为这是新加坡发展史上的一个"真正的分水岭"，标志着执政的人民行动党工作已告一段落。在新旧交替的领袖递嬗中，新的领导班子即将从党内元老手中接过领导棒，引导新加坡走上一段新的里程。14 位政坛元老宣布退贤让位，人民行动党派出的全部候选人中有四分之一是新鲜血液，为年轻化领导奠定了更坚实的基础。吴作栋在 1989 年 1 月 8 日人民行动党干部大会上引用李光耀新年献词中的话说："1988 年，标志着一个时代的结

---

❶ Jon S. T. Quah, Singapore in 1984: Leadership Transition in an Election Year, 25 *Asian Survey* 221（1985）.

❷ 凌翔、陈轩：《李光耀传》，东方出版社 1998 年版，第 360 - 361 页。

束,在新加坡,年轻一代领袖已经接任。"1988 年大选的胜利不只显示了选民对新一代领袖政绩的肯定,也不只表达了选民对新一代领导层过去四年治国成绩的赏识,更显示了新加坡模式中权力转移的成功。有媒体评论认为:"世界上任何一个民主国家政权的过渡,总是一件艰苦的事。基本上自我更新面临两个问题,一是能否找到足够的、有能力而又愿意作为接班人的青年俊杰;二是如何使那些曾经为新加坡今日繁荣作出牺牲的人,心甘情愿地让位给其他人而不会心怀怨恨。"❶

1990 年 11 月 18 日,李光耀在人民行动党干部大会上作了《领袖不应指定继承人》的演讲,指出:"1990 年 11 月是新加坡历史上的一个重大日子。这就是领导层的换班。经过 30 年后,我们凭本身的经验创造了我们自己的政治文化,以满足我们的需求。到新加坡访问的外国人都明了,我们是不同的。不同之处在于政治文化,也就是支配新加坡领导人物行为的思想态度和价值观所代表的政治文化。在许多国家,人们都争权夺势,因为权力意味着金钱,而金钱可买到一切东西。因此,马科斯在菲律宾搜刮了几十亿元,使国家债台高筑,要好几十年才能复原。在这样一个国家里,政治是那些争着往上爬,希望靠权力致富者的生死斗争。新加坡的政治廉洁而又公正。""我国政治文化的一个主要特点是,当领袖的人不能自私自利或以自我为中心。人民行动党的每个干部都必须抱着利他主义,有一种肯为同胞做事的气概。我们如何传播和保存这种政治文化呢?我们展开了一种不寻常,但幸好是成功的罗致人才的方法,把一些志同道合、具有相同动机的人招募入党。我们曾从党支部选拔人才,但却无法找到足够的人选。

---

❶ 张永和:《李光耀传》,花城出版社 1993 年版,第 485 – 493 页。

因此我们从党外罗致人才。""我从来不相信一个领袖可以指定他的继承人,并肯定他会成功。当一个领袖指定他的继承人的时,他所选的人可能不是被选者那一群人中的自然领袖。这样一来,他周围的人就可能不太愿意同他合作。可是,如果你选出一群人,让每一个人都有可能成为你的继承人,成功的机会就会更大。你让他们互相竞争,让他们自行决定谁当领袖。由于这是他们自己的选择,这个继承人就会得到他们的支持,成功的机会也就更好。我们罗致了好几个更能干、有献身精神的人才。他们选吴作栋为领袖。他们将支持他。"而吴作栋将李显龙挖掘出来并当吴作栋出国时由"李显龙出任代总理","批评我的人认为我要显龙当总理。但我并没有这么做,为什么?这跟我没有委任吴作栋当总理的道理一样,那就是,他那一群同伴必须选他、支持他做领袖,他才能成功。如果我指定显龙当总理,其他的人将很勉强地支持他。部长和国会议员都会暗中反对他,而且反对的势力会扩展到民间去。""他没有理由继承我的总理职务,我没有义务要使他在政治上成功。""最后,为什么我要留下来担任秘书长。吴作栋说他要我担任一个固加守卫的角色。第二个理由是,根据民意调查显示,老一辈新加坡人对我留任政府里感到舒适。""几年后,这个领导班子将不必再借重于我而靠自己的力量创造信心。"❶

随后,1990年11月26日,李光耀提交辞呈,黄金辉总统接受辞呈,吴作栋接受总理任命。李光耀卸下总理职务,但是并没有退出政坛。因李光耀有着丰富的治国经验并受新加坡人的信赖,他成为新内阁的一名"资政"。"资政"这一名称要追溯到中国宋朝,宋朝有资政大学士,清宣统新政时设资政院。资政主要为国

---

❶ [新]新加坡《联合早报》编:《李光耀40年政论选》,现代出版社1994年版,第504-507页。

家提供意见和建议,一般从德高望重的人中选出,相当于智囊和顾问。李光耀成为资政之后的主要精力放在外交活动上,他在"民主"和"人权"问题上与美国的学者和记者进行论战使其在20世纪90年代的世界政治中独树一帜。

吴作栋主政后,新加坡在经历了经济危机后跨入新世纪并取得平稳发展。吴作栋在2003年时就表示有意"急流勇退",在两年内将权力移交给继任者。这主要是出于以下考虑:一是吴作栋已经主政13年,经济开始脱困。虽然许多人支持他参加2007年的大选,但是吴作栋认为在大选前主动"退位让贤"更符合新加坡的利益和传统。吴作栋年事已高,新加坡应该由年轻一代来掌权,带领新加坡迎接新的挑战;二是新一代的领导班子已经形成。吴作栋在辞职信中说,现任副总理兼财政部长李显龙"已经做好了接管新加坡大权的准备"。吴作栋在执政时,就留意下一代的领导人。他已经就新总理的人选倾听了许多内阁成员和议员的意见,他们意见非常一致,那就是现任副总理兼财政部长的李显龙是最佳人选。1984年吴作栋邀请李显龙从政,担任其副手长达13年。吴作栋说:"没有人怀疑他的能力、领导素质和对新加坡的承诺。外国领导人和投资者尊重他。这对新加坡来说至关重要。"❶

在渡过"非典"以及经济强劲发展的背景下,吴作栋于2004年8月10日向总统纳丹提交辞呈,纳丹接受辞呈后随即邀请现任副总理李显龙组阁。李显龙于8月12日宣誓就职,宣布新的内阁名单,第三代领导集体形成,开启了新加坡又一新的历史发展时期。吴作栋被任命为国务资政,李光耀则继续担任内阁资政。2011年大选之后,李光耀和吴作栋集体辞去资政职务,退出内阁。

---

❶ 评论:《吴作栋有意急流勇退》,载新浪新闻,http://news.sina.com.cn/w/2003-08-18/1430588347s.shtml。

李光耀和吴作栋的辞职退位方式和培养选拔下一任领导人的方式基本上奠定了新加坡政治权力交接的方式和方法，尽管其权力交接的时间间隔并不固定。关于外界对新加坡政权过渡方式的议论，吴作栋曾向国民发表告别电视讲话时辩解说："有计划、有秩序的过渡是新加坡的特色……在其他国家，政界人士利用社会上分裂的各派力量来争取当选，在这个过程中，也造成了他们国家的分裂。我称这种现象为'分歧政治'。""在新加坡，政治领导人不会为个人权力或利益而争斗。相反，他们动员全社会力量为国家的集体利益服务。这种'一致政治'才是我们前进的最佳方式。"❶

总体而言，吴作栋和李显龙主政新加坡时期表现出了不同于李光耀主政时期的治理作风，从而给新加坡政治价值与政治制度的互动带来了新的变化。

第二节 后李光耀时期新加坡政治制度的微调与制度化

国内外的一系列挑战使人民行动党执政的合法性出现了危机。作为新加坡政治发展外壳的政治制度最先"感受"到这一系列的挑战和危机，作出了相应的反应以化解危机、巩固人民行动党的执政合法性。这主要表现在人民行动党对选区、议员、总统制以及政党等制度作出了调整使之不断制度化，以适应时代发展的要求。当然，政治制度的变迁具有路径依赖的特点，一国的政治体制除非发生根本性的"破"与"立"，基本上会在原有的制度基础

---

❶ 赵卓昀：《吴作栋退位，李显龙组阁》，载《北京晨报》2004 年 08 月 11 日。

上不断微调，走向制度化。

一、路径依赖、微调与制度化：后李光耀时期的政治制度变迁

政治制度的变迁是一个稳定的过程，尤其是对于一国的根本体制来说更具有较大的稳定性。政治制度在稳定变迁的过程中具有路径依赖的特点。所谓"路径依赖"指的是，"一旦一个国家或地区沿着一条道路发展，那么扭转和退出的成本将非常昂贵。即使在存在着另一种选择的情况下，特定的制度安排所筑起的壁垒也将阻碍着在初始选择时非常容易实现的转换。"❶ 政治世界中集体行动的核心地位、制度的高度密集、权力的非对称性和内在的复杂性与不透明性进一步强化了政治制度的路径依赖特征。❷ 政治制度存在路径依赖的同时又不断地自我修补和微调来保证这套政治体制的顺利运转。20 世纪 80 年代以来，新加坡在政治体制上进行了一些微调进一步推动了新加坡的政治发展。其中，"1984 年大选最重要的意义在于推动了新加坡由家长式统治模式向更具协商型统治模式转变，主要表现在 1985 年 3 月反馈机构的建立、1987 年 2 月国家议程的启动、1987 年 12 月政策研究机构的成立，以及 1988 年 2 月 6 日 6 个咨询委员会的创设。"❸

（一）非选区议员制度（Non-Constituency Member of Parliament）

20 世纪 80 年代以来，随着新加坡国内外政治经济环境的变化

---

❶ Paul Pierson, Increasing Returns, Path Dependence, and the Study of Politics, 94 *American Political Science Review* 251 (2000).

❷ 何俊志：《结构、历史与行为——历史制度主义对政治科学的重构》，复旦大学出版社 2004 年版，第 239 页。

❸ ［澳］约翰·芬斯顿主编：《东南亚政府与政治》，张锡镇等译，北京大学出版社 2007 年版，第 290 页。

与国内的发展，人民行动党在连续的"全赢全得"后遭遇的一系列的挑战使其意识到反对声音的存在对于新加坡政治发展的重要性，人民行动党也意识到在经历了权力集中以保障国家构建之后公民民主权利发展的重要性。因此，人民行动党于 1984 年在议会中引入非选区议员制度。非选区议员是指获得选票最多的反对党议员候选人，但同时规定其当选必须获得参选选区至少百分之十五的有效选票。这一制度的目的在于确保即使人民行动党获得全部议席，反对党仍然可以在议会中保留至少 3 个议席。然而，这种议员的制度设置并没有使其获得与民选议员一样的权利和权力，而主要是出于磨炼人民行动党和教育选民的目的，对非选区议员的种种限制使他们成为"二等"国会议员，因而这一制度并没有得到大众和反对党的欢迎。❶

（二）官委议员制度（Nominated Member of Parliament）

由于非选区议员未能满足议会中存在反对的声音这一要求，人民行动党政府于 1989 年又引入了官委议员制度。吴作栋阐明了建立官委议员的两个目标："一是通过向新加坡民众提供更多参与政治的机会来进一步强化我们的政治体制；二是培育一个人们更加认同的政府方式，使人能倾听到不同的声音，包容建设性的不同意见。"❷ 官委议员的任职资格是：年满 21 周岁的新加坡公民，不要求断绝政党背景，具备选民的条件，能够用四种官方语言中的一种参与议会的正常工作；官委议员的任期为两年，拥有与非选区议员相同的投票权。设置官委议员的目的是使政府和国会能够倾听更多的政府之外的意见。实际上，非选区议员制度和集选

---

❶ Jon S. T. Quah, Singapore in 1984: Leadership Transition in an Election Year, 25 *Asian Survey* 223（1985）.

❷ Goh Chok Tong, Straits Times, 30 November, 1989.

区等制度都是新加坡代议制度上的特殊之处,它们不符合传统的由选民选出议员的代议制原则,因而反映的不是选民的意志,在某种程度上反映的是精英主义的独立意志。

(三) 集选区制度(Group Representation Constituency,GRC)

集选区最早是由哥本峇鲁地区(Kebun Baru)的国会议员林文兴(Lim Boon Heng)于1987年1月提出的。他建议,改变每个选区只选举1名议员的规则,由相邻3个选区组成一个市镇理事会,每个政党选派自己的由3位候选人组成的小组参加竞选;这3个选区的选民从这些小组中选出一组,赢得最多选票的那个小组将赢得选举,该小组的3位成员将成为议员,并集体负责管理他们所在的市镇理事会。《新加坡共和国宪法法案》(第2号修正案)和《议会选举法案》(修正案)于1987年11月30日通过,规定了集选区制的构成,即由3名议员组成的小组当中必须有1名议员是马来人或印度人或者来自其他少数民族。最初,公众对集选区制度的反应相当消极,普遍认为这一制度不利于反对党参选。吴作栋在1987年2月27日对此作出回应,称集选区制度在政治上是中立的,并不偏袒任何一个政党,并暗示这一制度的主要目标在于确保议会中多种族的代表。❶

(四) 民选总统制与总理产生方式的改革

新加坡政治体制最重要的变化是总统制于1991年1月转变为总统选举制。由于国会中没有强有力的反对派,行政体系和内阁就不易于受到制衡。随着新加坡政治的发展,权力的制度化和受

---

❶ [澳] 约翰·芬斯顿主编:《东南亚政府与政治》,张锡镇等译,北京大学出版社2007年版,第273 - 274页。

控成为新加坡人关注的重点。那么新加坡所采取的"解决措施就是建立另一种政治制度,即民选总统制,来限制总理和他的内阁"❶。1984年,李光耀就开始考虑修宪的问题并提出了民选总统的提议。1988年总统民选的白皮书被提交议会,经过两年半左右的讨论于1991年1月得到通过。这一修宪对总统制作了两处修改:一是总统由新加坡公民选举产生,任期6年;二是当选总统不再只是一个象征性领袖。为了确保公共服务的诚信度,民选总统有权拒绝任命某些人出任重要公职,也可以不同意撤换主要公职的人选。这些主要职位包括总检察长、公共服务委员会主席和成员、总审计长以及新加坡武装部队总长和警察总监。在委任大法官、法官和宪法第五附表所列的法定机构及政联公司的董事会成员和总裁时,民选总统也同样有否决权。总统在内部安全法下的拘留令、贪污调查局的调查以及维护宗教和谐的限制令方面也有可行使的权力。例如,若内阁不同意根据内部安全法咨询团的建议释放某个拘留者,就必须获得民选总统的同意,才能继续拘留他。此外,民选总统的同意也将允许贪污调查局局长在总理不同意的情况下展开贪污调查。在宗教和谐方面,如果内阁不同意宗教和谐总统理事会的建议,民选总统也有权取消、更改或确认《维持宗教和谐法》下的任何限制令。❷ 总之,民选总统及其从一个礼仪性角色到拥有否决权的总统权限的变化是新加坡政治体制的最大变化。

2004年初,吴作栋在马林百列欢迎新居民的聚会上透露新总

---

❶ Kevin Tan & Lam Peng Er ed., *Managing Political Change in Singapore: The Elected Presidency*, Routledge, 1997, p. 4.

❷ 尚穆根:《吴作栋当年已说明,民选总统属监管角色》,载联合早报网,http://www.zaobao.com/special/report/singapore/pe/story20110611 - 181730。

理从下任开始将由执政的人民行动党国会议员选出,而不再只是由现任领导人及内阁决定。这个程序由他开始后,就会成为人民行动党的一个正式机制。他强调新总理的人选将由人民行动党议员选出,因为执政的是人民行动党政府。2004年5月29日,新加坡人民行动党中央执行委员会的会议通过了副总理李显龙出任下届政府总理的决定。❶ 这一制度化的机制促进了新加坡政治权力交接的规范化和程序化,有利于新加坡的政治发展和民主建设。

(五)司法体制改革

吴作栋执政后,新加坡废除了向英国枢密院司法委员会上诉的制度,进行了司法体制方面的重大改革。这一改革势在必行。由于新加坡独立后法律主权并未完全解决,新加坡仍长期适用英国法律。新加坡独立时只收回了政治和经济方面的主权,当时的国防还是由英军掌控,直至1971年英军撤军,新加坡才收回这一主权。但是,新加坡仍一直适用英国法律,如果贸然废除并宣布新加坡在法律上拥有完整主权,势必引起社会诸方面法律上的不适用。但是,新加坡也存在本土的法律习惯。因而,为了解决英国法律与本土习惯之间的冲突,新加坡国会在1993年制定了"英国法律适用法令"第74章,规定只有经过修改后的英国法律才可以在新加坡继续适用。1994年新加坡废除了向英国枢密院司法委员会上诉的制度,使其获得了完全的法律主权。❷

(六)政党体制的制度化

从1981年安顺选区补选反对党议员进入国会议席,到1984年

---

❶ 孙景峰:《世界民主浪潮下的新加坡威权体制》,载《吉林大学社会科学学报》2007年第4期。
❷ 卢正涛:《新加坡威权政治研究》,南京大学出版社2007年版,第244-245页。

大选人民行动党并未像以往那样"包揽"全部议席而是赢得了79个议席中的77个,得票率也从1980年大选的77.6%下降为1984年的64.8%,人民行动党"一党独霸"的天下已经逝去。人民行动党的"一党独霸"演变成"一党独大"。

一党独大制也是存在竞争的,但是这种竞争是一种"有限竞争"。在形式上,新加坡的政党制度是一种竞争型制度,反对党的参选使新加坡的政党制度呈现出竞争性的特征。但是,无论从选举的过程还是从选举的结果来看,这种竞争性是非常有限的,反对党力量弱小,在竞争中只能获得少数议席,而且其竞争也只在少数选区展开,人民行动党能够在与其他政党竞争中立于不败之地。因此,新加坡一党独大制的竞争特质非常有限,是一种有限竞争性政党制度。❶

新加坡人民行动党一党独大也并未故步自封,而是随着时代、社会的发展与时俱进,建立了议员定期接见选民的制度。人民行动党注重深入民众,积极听取民众的意见与反馈,包容反对党的批评和意见,不断吸纳和网罗各类精英与人才,保持政权与社会的流动性和开放性,使其更好地代表人民的意志、维护人民的利益。

在上述特征及国内和国际的多重压力下,人民行动党依靠精英治国,成为人民的"托管者",以独立的意志克服短期利益的缺陷,保持强有力的自主性。人民行动党在强有力的自主性前提下,不断提高自身的制度化水平,建立制度化的精英选拔与培养制度,保证自身能够吸纳与网罗优秀人才参与治国理政。在政治参与方面,人民行动党整合社会各方面力量,通过各种组织建立

---

❶ 王彩玲:《新加坡政党制度的内在逻辑及其演进趋势》,载《厦门大学学报(哲学社会科学版)》2008年第4期。

了大众政治参与—回应制度,保证了人民行动党的一党独大和长期执政。❶

亨廷顿曾指出:"反对现存制度的革命或民族主义过程最终通常会建立起一党或以一党为主的政治制度,取代原来的制度……这一模式在政党发展的早期阶段一旦形成,就会变成制度化。"❷ 新加坡就属于此种类型。新加坡的一党独大体制经过较长时间的演变,其组织的政治参与程度较高,制度化水平较高,法制化和程序化水平也相当高,最终实现了体制的制度化。❸ 新加坡一党独大体制的制度化可以从亨廷顿对制度化的适应性、复杂性、自主性、内聚性四个方面进行衡量:一是适应性方面。人民行动党成立已经几十年,作为执政党已经带领新加坡经受住了各个方面的考验,而且表现出了旺盛的生命力和良好的环境适应性;二是在复杂性方面。人民行动党设立了严密的组织体系,在基层有各种基层委员会联系党员和公民。一党独大的多党体系也增加了组织上的复杂性,反对党的角色和地位越来越重要,发挥着越来越重要的作用,从而形成了较为复杂的政党关系网络;三是在自主性方面。人民行动党依靠精英治国,成为人民的"托管者",以独立的意志克服短期利益的缺陷,保持强有力的自主性,同时又能代表全社会的整体利益;四是内聚性方面。人民行动党在独立之前经历过两次分裂,一度导致党的凝聚力下降,但是在此之后人民行动党特别重视组织内聚力方面的建设,不断吸引精英入

---

❶ 胡荣荣:《自主性与制度化:一党独大制的适应性研究》,中共中央党校 2013 年博士学位论文,第 66 - 80 页。
❷ [美]塞缪尔·P. 亨廷顿:《变化社会中的政治秩序》,王冠华等译,上海人民出版社 2008 年版,第 349 页。
❸ 朱仁显、王长晖:《90 年代新加坡政党制度的特点》,载《南洋问题研究》1999 年第 2 期。

党,并把党员紧紧团结在党中央周围,凝聚力不断增加,入党人数大大增加。

二、制度化与民主化:后李光耀时期新加坡的政治发展

新加坡政治制度的微调带来了具体的政治发展和民主进程,集选区制度等在实际的运用中不断调整。人民行动党和反对党的竞争程度开始激烈化,政党体制在此过程中也走向制度化,如表3-1所示,民选总统的实践带来了对总理权力的限制,为新加坡的民主进程"添砖加瓦"。形式的民主与实际的政治过程向一元化发展。新加坡的这一系列变化有着重要的公民社会基础。公民社会的成长为新加坡的民主进程打下了重要的基础。

表3-1 1984年以来新加坡国会大选结果

日期	国会总席次	参选政党数	参选独立候选人	获胜政党	获胜政党议席	反对党议席	执政党得票率(%)
1984/12/22	79	9	3	人民行动党	77	2	64.83
1988/9/3	81	8	4	人民行动党	80	1	63.17
1991/8/31	81	7	7	人民行动党	77	4	60.97
1997/1/2	83	6	1	人民行动党	81	2	64.98
2001/11/3	84	5	2	人民行动党	82	2	75.29
2006/5/6	84	4	0	人民行动党	82	2	66.60
2011/5/7	87	7	1	人民行动党	81	6	60.14
2015/9/11	89	9	0	人民行动党	83	6	69.86
2020/7/10	93	11	1	人民行动党	83	10	61.24

数据来源:新加坡选举局,网站:https://www.eld.gov.sg/。

（一）制度化的实践与民主进程：后李光耀时期新加坡具体的政治进展

1988年，新加坡第一次实行集选区制度。这一年新加坡总共设有13个集选区，每个集选区3个候选人为一个竞选小组，总共81个议席。1991年新加坡集选区数量增加了2个，总数为15个；集选区竞选小组的人数作了调整并规定3—4人为一组，而单选区设置了21个。新加坡选举法又规定，在集选区当选的议员人数应在议员总人数的二分之一和四分之三之间，总议席81个。1997年新加坡大选时，集选区数量与上一次大选相同，但是每个集选区议员名额增加到4名到6名，总共83个议席，在15个集选区中有5个4人集选区，6个5人集选区，4个6人集选区，总名额增至74人，单选区的数量下降至9个，因此集选区议员占整个国会议员的比例却提高了。2001年新加坡大选中只有14个集选区，其中9个5人集选区，5个6人集选区，9个单选区，总共有84个席位，单选区产生14名议员，集选区产生80名。2006年新加坡大选，集选区数量和候选人数量均维持了2001年的规模，其中划分为9个单选区和14个集选区，共有84个议席。这次新加坡大选的特点是设置了8个海外投票站，海外具有选举资格的新加坡选民都可以到当地大使馆、领事馆或代表处的投票站进行投票。

2011年新加坡大选共设有15个集选区和12个单选区，其中有8个4人的集选区、11个5人的集选区、2个6人的集选区，总议席也将从之前的84席增加到87席。2011年大选是新加坡独立以来举行的最激烈的一次大选，反对党几乎在所有单选区和集选区与人民行动党角逐87个议席中的82个，被称为新加坡政治发展的"分水岭"（见表3-1）。反对党在此次大选中实现了历史性的突破，赢得一个单选区和一个集选区，其中工人党赢得6个议席。

根据李显龙的承诺，反对党在国会中的议席至少有9席，工人党还将获得2个非选区议员席位，另一非选区议员席位将由新加坡人民党获得。最终，工人党拥有8个议席，成为国会中实力最强的反对党。这标志着新加坡选举竞争的激烈程度由此将会不断增加，反对党在国会中的力量变强，对执政党的监督和制约加大，而人民行动党为赢得多数议席和执政地位也将不断改变。此外，这次大选中新加坡选民数量也创历史之最，他们开始具有更为强烈的政治参与意识和政治表达诉求。新媒体在此次选举中发挥了重要作用，表明了参与渠道的多元化。人民行动党也包容不同的意见，提供平台让民众参与，倾听民众的声音，体现了民主精神。2011年大选之后，新加坡新一届内阁班子成立。李光耀和吴作栋于5月14日发表声明，表示不再担任内阁任何职务，退出内阁并正式退出政坛。之后，陈庆炎通过选举当选总统，任期六年。这标志着老一代政治人物退出政治舞台。"李光耀先生从内阁退休，标志新加坡的'后李光耀时代'正在向'李光耀后时代'转变。"❶ 在此次大选中，民生议题占据大选的主要议题，其中涉及组屋的价格问题、工人党提出的"第一世界国会"（指有可靠的和负责任的反对党议员来监督政府的国会）以及关于选举制度的争论等。❷ 连反对党都承认此次选举是民主的、秘密的，也是公正的和透明的。❸

2011年大选前，新加坡国会就通过了新加坡共和国宪法修正案和国会选举修正法案，对非选区议员、集选区、单选区、宣传、

---

❶ 黄卫平、陈文：《2011年新加坡大选的观察与思考——兼论一党长期执政如何直面竞争性选举挑战》，载《中共四川省委省级机关党校学报》2012年第2期。
❷ 李路曲：《新加坡2011年大选与政治发展模式》，载《当代世界社会主义问题》2011年第4期。
❸ [新]吴元华：《新加坡的良治与民主》，载吕元礼、陈家喜主编：《新加坡研究（2013年卷）》，社会科学文献出版社2014年版，第14页。

竞选广告、资金、提名、演讲、演说角等作了修订，放宽了对新媒体的限制，使选举更加公平和宽松。其中，修正法案规定将来在没有反对党人当选为议员的情况下，可由落选的反对党候选人出任的非选区议员人数，从宪法目前所规定的最多 6 名及国会选举法所规定的至少 3 名，增至目前的最多 9 名，确保国会未来即使在不足 9 名反对党候选人当选为议员的情况下，仍有多达 9 名反对党议员。为更贴切地反映新加坡选民的意愿，修正法案也规定最多只能有 2 名非选区议员来自同一个集选区。另一项改变是把官委议员制度定为永久性的制度，无须每一届国会通过动议表决。这两项改变合起来将使今后属于非执政党阵营的议员人数占国会议席的比重从目前的 12.8% 增至近两成。这一举措可以被看作是新加坡主动迎合世界民主浪潮和民众意愿的举动。❶

在民选总统方面，民选总统及其从一个礼仪性角色到拥有否决权的总统权限的变化是新加坡政治体制的最大变化。修宪之后的 1993 年 8 月，王鼎昌被选为总统，1999 年塞拉潘·纳丹（S. R. Nathan）接任，纳丹在 2005 年的总统大选中以唯一符合条件的候选人身份再度自动连任总统一职。2011 年 8 月底，从事公职长达二十余年历任财政、贸易、教育和国防部等部部长的陈庆炎当选新加坡总统，成为新加坡第七任总统也即第三任民选总统。民选总统制于 1991 年实行之后又于 1994 年 9 月进行了修正，出台了"第 2 号修正案"，对民选总统的财政储备金、最高法院的建议权、人事权以及无权处理国防和安全事务等方面进行了规定。❷

---

❶ 社论:《新加坡宪法修正案将规定非选区议员人数增至 9 名》，载《星洲日报》2010 年 4 月 28 日。
❷ Kevin Tan & Lam Peng Er ed., *Managing Political Change in Singapore: The Elected Presidency*, Routledge, 1997, p. 65 – 67.

第三章　后李光耀时期新加坡政治价值与政治制度的互动

在政党制度化方面，从20世纪80年代中期开始吴作栋致力于加强政党的制度化建设以减少对"人事"的依赖并扩大党的基础。其中，人民行动党秘书长下设的组织部长从1名增设为4名，还新增了一些委员会。人民行动党还定期组织各种论坛、讨论会等。1996年人民行动党还成立了"人民行动党之友"，拥有200名成员，其中大多是私人部门的高级人才，其主要作用在于帮助人民行动党筹集资金和出谋划策。人民行动党还成立了人民行动党社区基金会（PCF）致力于各种草根项目。吴作栋还致力于吸引年轻一代加入人民行动党，从1998年起人民行动党每年大约有1000名新成员加入，但还是远低于吴作栋制定的4000名的目标。❶ 吴作栋还于1986年成立了青年人民行动党（Young PAP）来吸引新加坡年轻一代的支持，以增强他们对人民行动党及其政策的公开认同。青年人民行动党的成员年龄介于17岁到35岁，其第一任主席就是李显龙。他们的主要活动内容聚焦于政治问题，为此还专门成立了政策研究小组（Policy Study Teams）以积极参与选区事务。❷ 2009年以来，为了应对一党独大的政党体制所受到的质疑和批评，人民行动党及其政府推动了以制度"平衡"为目标的政治改革，期待改革后的选举制度能公平对待各个政党、有利于选出强大政府和让国会发出不同的声音。❸ 进入后李光耀时代，人民行动党政府对待反对党的态度也产生了重要的变化。从李光耀时代的限制与敌对到后李光耀时代的宽容与包容。一党独大体制的竞

---

❶ Diane K. Mauzy & R. S. Miline, *Singapore Politics under the People's Action Party*, Routlege, 2002, p. 44.
❷ Diane K. Mauzy & R. S. Miline, *Singapore Politics under the People's Action Party*, Routlege, 2002, p. 41–42.
❸ ［新］蔡裕林：《新加坡刮起改革风：李光耀时代VS后李光耀时代》，新加坡朝晖出版社2013年版，第13页。

争程度开始增加，人们也开始支持反对党来表达不同的意见。对此，人民行动党也乐于接受他们的意见和建议，以此检视自身和政府的政策。

吴作栋在任期间还试图推进"民主化的去中心化"（Democratic Decentralisation）。这一创举的主要目的并不是让人民来管理政府，而是让人民管理自身的事务。政府希望人民能够对自身负责，如果人民乐于承担这样的责任，那么政府将扩大人民的权利；如果人民仍指望政府，那么他们必须接受政府做事的方式。作为一项试验，吴作栋建立了市镇代表会来"控制、管理、维持和提升"人民所居住的组屋发展委员会。正如吴作栋所说："我认为，我们正处于一个可以允许人民更多参与的政治发展阶段。如果那些受过教育的人们可以帮助我们治理，而且乐于在政策制定和执行中发挥更大作用，我们必须为他们创造机会。我的想法是将治理分成不同的区域，这样居住于其中的人民通过每一个共同体可以照看自身的利益，管理自身的事务。"吴作栋致力于改变集权政府掌控一切事物的局面，让新加坡人创造自身行动的中心，享有管理自身事务的权力。❶

正是基于这些变化与发展，吴作栋才将新加坡的民主概括为"托管式民主"："政府像人民的信托人，一旦在选举中受委托以负责看管人民的长期福利时，它就以独立的判断力来决定人民的长期利益，并以此作为它的政治行动的根据。"❷。新加坡实行的并不是西方式的"自由放任的民主制度"，而是"经过调适的民主制

---

❶ Raj Vasil, *Governing Singapore: Democracy and Notional Development*, ISEAS, 2000, p. 165.

❷ 吴作栋：《新加坡政治是"托管式民主"模式》，载《联合早报》1995 年 9 月 28 日。

度"。❶ "托管式民主"体现了新加坡对民主的理解,他们将"好政府"视为为民执政的民主实质诉求,民主的目的就是要从根本上造就能够为人民谋福祉的好政府。单纯追求大范围的选举和投票而忽略好政府的实质,难免会陷入玩耍民主的游戏陷阱;而没有选举和投票作为基本民主程序产生的政府,则又显失上台执政的合法性基础。可见,新加坡的托管式民主具有独特的意义,为理解民主提供了重要的"材料"。❷ 而李显龙则在此基础上进一步提出"重造新加坡",以此进一步回应民意,打开言路,营造一个开放的环境。他通过对政治制度的微调,特别是提供政治参与的渠道、提高民众的素质、放松控制、赋予人民更多的自由和民主权利等来争取民意、达成共识并促进新加坡的政治发展。

(二)公民社会的成长

20 世纪 80 年代以来新加坡的"政治过渡伴随着新加坡人的政治觉醒。"❸ 自从 1984 年以来,新加坡人开始更多地支持反对党,更为自由地表达他们对于政府政策的看法,也拥有更多的渠道去这样做。换句话,他们的政治参与愿望和渠道更多。这些都使公民社会不断壮大。而政府也以更加地开放和鼓励的态度进行了回应。1985 年,人民行动党政府在社区发展委员会下成立了一个反馈机构(The Feedback Unit), "用来充当政府与民众联系的桥梁"❹。但是,由于这个反馈机构当初设立的主要受众是受英语教

---

❶ 吴作栋:《若解决经济问题,两三年内将卸任》,载《联合早报》2001 年 11 月 3 日。
❷ 吕元礼等:《鱼尾狮智慧:新加坡政治与治理》,经济管理出版社 2010 年版,第 182–183 页。
❸ [新]梁文松、曾玉凤:《动态治理》,陈晔等译,中信出版社 2010 年版,第 82 页。
❹ Raj Vasil, *Governing Singapore: Democracy and Notional Development*, ISEAS, 2000, p. 163.

育者并非普通民众，所以调查显示只有 58% 的受访者知道这一机构，只有 15% 的受访者认为这是一个最有效率的参与渠道。因而，1997 年人民行动党政府决定扩大反馈机构，它被分为 27 个反馈小组。1998 年，反馈机构计划扩大参与并召开有 400 人参加的反馈大会。与此同时，吴作栋表示：第一，咨询并不是向每一个新加坡人咨询所有的政策；第二，政府对那些在相关领域有专长的人的咨询尤为感兴趣；第三，如果一个提议能够较好地阐述和论证，那么它将得到公正的对待，但是这并不意味着所有的提议都将被政府接受。第四，那些寻求政策改变或希望影响政府议程的人也要预料到政府会挑战他们的观点。❶

由此看出，人民行动党政府试图发展协商对话，听取民意反馈，以增进治理绩效。2004 年，新加坡政府以法律的形式出台了《公众咨询条规》，规定公共部门制订政策必须先与民众协商，并详细规定了协商的目的、范畴、过程、时间、资料等。❷ 2006 年，为了进一步增加民众的参与和协商，李显龙将反馈机构改为"民情联系组"（Reaching everyone for active citizen@ home，简称 REACH），将政府与民众的协商从之前的"反馈"（feedback）转变为"主动联系"（REACH），并设立专门的网站（https：//www. reach. gov. sg）以适应信息化时代政府与民众的互动和集中沟通。民情联系组下设监察委员会，由国会议员和非公的基层公民咨询委员会代表组成，任期两年。随着信息化水平的不断提高，民情联系组高度重视网站平台建设，2008 年更新监察委员会委员时邀请了新加坡报业控

---

❶ Diane K. Mauzy & R. S. Miline, *Singapore Politics under the People's Action Party*, Routlege, 2002, p. 156.
❷ 胡月星：《新加坡、韩国在创建完善公民利益诉求机制上的探索》，载《行政管理改革》2014 年第 8 期。

股 Stomp 网站主编萧丽贤以及新传媒 E－News 副总裁杨福麟加入帮助民情联系组更好地利用新媒体来与民众互动。❶ 从网站来看，它的互动特点突出而且还有 Facebook、Twitter、Youtube 等新媒体的链接以方便多渠道互动，民众的政治参与度较高。

鉴于新老两代人的差异，吴作栋更强调"集体领导"和"民主作风"。吴作栋采取协商和开放的领导方式，或通过自由公开讨论，或播发国会开会实况，或由内阁成员定期与基层组织各界代表对话，让人民针对政府的重要政策发表意见、集思广益以增强当家作主的自豪感和信心，从而创造出一种更加生动活泼的政治气氛。❷ 吴作栋 1997 年在国会发表演讲时提出了"新加坡 21 愿景"（Singapore 21 Vision），认为公民社会是新加坡未来发展的重要因素，"当人民积极参与并融入社区和国家事务中，他们就在自身与国家之间建立了联系和纽带"❸。吴作栋的演讲引发了新加坡国内对公民社会的讨论，一些公民组织相继成立并不断发展，如穆斯林协会（AMP）、圆桌论坛（the Roundtable）、工作委员会（The Working Committee）、演说角（The Speaker's Corner）等。芳林公园的演说角后来成为公众示威的场所，被称为"对外民主橱窗"。李显龙认为，政府一方面要对公开示威有所谨慎，另一方面又要允许人们在演说角举行公开示威。因而，芳林公园成为法定的户外示威活动的地点。李显龙带领政府以"轻柔"的身段处理户外示威，不需要让警方插手。芳林公园设置的总体用意是使新加坡社会自由化，通过扩大言论自由和参与的空间鼓励人们更积

---

❶ 张键、吕元礼：《新加坡政府民意吸纳与反馈机制——以民情联系组为例》，载《学习月刊》2010 年第 12 期。
❷ 凌翔、陈轩：《李光耀传》，东方出版社 1998 年版，第 364 页。
❸ Simon S. C. Tay, Towards a Singaporean Civil Society, 30 *Southeast Asian Affairs* 251 (1998).

极地参与辩论。❶ 南洋理工大学何启良表示从新加坡在政治上向来谨慎和保守的作风来看，放宽政治空间是开放的一种表态，也是政府领导人对部分新加坡年轻人和那些提倡政治自由者所做的正面响应，"这是总理从善如流的表现，值得肯定"。❷ 此外，李显龙提出了"重造新加坡"的政治口号，主张在多元政治的环境下进行民主的渐进提升。在政治环境方面，李显龙主张谨慎开放，这从芳林公园示威的设置就可以看出这一特点。随着教育水平的提升、社会的多元，新加坡人也希望能够进一步参与到政治当中。李显龙希望在这种开放性环境下的民主行政慎开言路，而管制宽松、公民参与、顾客至上、平等自由等民主价值观念被纷纷引入。因此，李显龙试图通过建立渐进民主行政的模式来实现当代公共行政为公民服务的宗旨和目标。❸ "2013 年 3 月，李显龙接受《华盛顿邮报》访问时说，时代不同，政治也随之改变，民众想法更多元难测。所以政府要更开放，很难再扮演保姆角色（We can't be the nanny）。"❹

在媒体方面，人民行动党政府的管制也开始放松并有意培育人们的公民意识。随着新媒体的多元化发展，政府领导人也开始利用多元的渠道在网上与民众互动沟通、了解民意、宣传政策。新加坡在影片管制方面通过了一读的影片修正法案，开始对影片实行分级审查。在报刊管理上，虽然新加坡对外国的报刊数量有所限制，但是网络的发展也使新加坡人能够浏览全球媒体。新加

---

❶ 吕元礼等：《鱼尾狮智慧：新加坡政治与治理》，经济管理出版社 2010 年版，第 147－148 页。
❷ 孙景峰、孙培：《芳林公园的进一步开放与新加坡民主政治发展趋势》，载《南京师大学报（社会科学版）》2009 年第 4 期。
❸ 吕元礼等：《鱼尾狮智慧：新加坡政治与治理》，经济管理出版社 2010 年版，第 145 页。
❹ 邝健铭：《善治与民主不相容？以新加坡为例》，载《当代评论》（马来西亚）2013 年第 1 期。

坡一方面限制一些国外蛊惑人心和干涉新加坡内政的媒体，另一方面又为新加坡人创造获取信息的多元渠道。这种做法被著名学者陈冰称为"负责任的新闻自由"模式，它既避免了西方媒体过强的干政力、少约束的自由度，也不会导致因信息操控带来的国民视野狭隘、遇事极端的危害。在集权国家"坚硬"的新闻政策和民主国家"散漫"的新闻制度之间，新加坡走出了"柔和而富有弹性"的媒体管理之道。❶

三、政治制度化、权力限制与治理风格转变：后李光耀时期政治制度的特点

政治权力的交接和国内外环境的变化带来了新加坡的政治发展。这一时期最大的特点就是政治体制的制度化建设不断增强。"20世纪80年代之前，人民行动党很少关注政治制度建设。领导层相信的是他们自身统治的凝聚力和能力，而不是强有力的政治制度，以防后者阻碍了快速的管理决定的需求。唯一的例外就是政治研究所的建立。"❷

在这一转变中可以看到新加坡一系列新制度的建立与变化：非选区议员、官委议员、集选区制度、民选总统以及政党体制的制度化。这些制度的确立与变迁虽然受到了一些反对党议员和民众的指责，但是"它们同样为政治参与和引入对政府的新的限制提供了诸多良机"❸。

---

❶ 陈冰：《世界的新加坡》，载《联合早报》2009年7月15日。
❷ Beng - Huat Chua, *Communitarian Ideology and Democracy in Singapore*, Routledge, 1995, p. 175.
❸ Beng - Huat Chua, *Communitarian Ideology and Democracy in Singapore*, Routledge, 1995, p. 177.

这些制度的建立、变迁及其运转表明了人民行动党政府的转变：从重视能力和行动转而重视制度建设。这些变化的"集体性政治效果潜在地将转变为中立或'温和'的立场"，"不同的议员设置通过议会进程吸收和缓和了不同的政治差异；集选区制度确保了少数种族的代表并避免了沙文主义；民选总统对未来政府的财政不负责起到了限制作用"❶。这种中立或温和的政治可以带来更多的"红利"，尤其是对诸如人民行动党政府这类高效地与民分利的政府。吴作栋曾表达了新加坡应该由一个立基于中间立场的主导党所领导的期望。这种政党必须通过一个协调性和参与性的政府竭力扩大其中间基础，来吸纳而不是排除政治进程中最广泛的新加坡人。这不仅对新加坡有利，而且对任何一个成熟和稳定民主政体都有利。因此，这一特征的彰显对新加坡建设一个稳定而又成熟的民主体制而言是一个积极的动向。李光耀时期民主形式与实际的"威权"所形成的二元化开始趋向一致。

　　政治的制度化建设开始使人民行动党政府关注限制权力的正式措施并更加关注民主政治建设。"在 1959 年到 1984 年人民行动党最初执政的 25 年里，其关心的焦点一直在于如何使政府更加有效，而不是如何限制政府的权力。"❷ 国内外的挑战尤其是民主化浪潮使人民行动党意识到政治制度变革与权力限制的重要性。当然，变革并非一朝一夕就可以完成的，新加坡领导集体也意识到在新加坡这样的国情下，一下子进行政治转型是不现实的。因而，新加坡政治制度的微调体现了渐进式变革的政治发展路径。

---

❶ Beng‑Huat Chua, *Communitarian Ideology and Democracy in Singapore*, Routledge, 1995, p. 177 – 178.

❷ [澳] 约翰·芬斯顿主编：《东南亚政府与政治》，张锡镇等译，北京大学出版社 2007 年版，第 271 页。

新加坡这一时期政治体制的制度化增强意味着权力限制的增强，朝向更加民主的方向发展。通过民选总统制度来限制总理权力的过大和独断，通过非选区议员、官委议员和集选区制度保证"反对声音"的存在和代表的广泛性，反对党实力增强，议席增多，在国会中的力量变强，对执政党的监督和制约力量也在增长，这些都意味着制度化权力制约的增强和民主程度的提高。

政治制度的制度化水平提升、对民主权利和权力限制的关注开始使新加坡政治制度的二元化格局向一元化发展。李光耀时代正式的民主制度与实际的"威权"方面形成的二元化状况在后李光耀时期开始弥合。上述一系列政治制度的微调和民主建设使一元化成为新加坡政治发展的取向。

另一方面，通过对政治制度微调和制度化的相关措施的分析，我们可以发现政治制度的另一个比较明显的特点，即新加坡政治制度的独特性和独创性。虽然政治制度朝向制度化和民主化发展，但是新加坡在这一方向下采取的制度是有着自身特点的。无论是非选区议员制度、官委议员制度，还是集选区制度都体现了新加坡的独创性，而不是盲目模仿西方的政治制度。这与李光耀时期政治制度既有相同又有不同。这些制度有限、有序地推进了权利的保障和民主的进程，又表现出新加坡的独特性。那么，新加坡政治制度的微调和制度化为什么会表现出这一特点？从根本上来讲，这反映了后李光耀时期新加坡对政治价值重构中优先性的强调。

对限制政治权力和民主建设制度化的关注背后涉及的是新加坡三代领导人治理风格的转变。政治权力的代际交接带来了国家治理风格的转变，胡欣就认为，"吴作栋和李光耀最大的区别就在于治理风格的不同"❶,"政治领导人的变化预示着政治风格的转变,从李光耀的强制、任务和结果导向,到吴作栋的希望建立一个更加友好、平和的新加坡和一个更加注重协商的政府。"❷ 维斯尔总结了吴作栋和李光耀的五大不同之处,除治理风格不同以外,"协商与民众参与的性质和范围、民主化的去中心化、对待反对派的态度以及新加坡的政治环境"等方面均不同。❸ 吴作栋的治理方式是协商型的,他不同于李光耀而依靠议会的特别委员会获得公众关于提案中法案的反馈意见,因而在公民的参与与协商、营造国内宽松民主的氛围方面都取得了很大的突破和进步。尽管新加坡受李光耀影响之深,但是吴作栋还是努力营造一个不同于李光耀时期的治理风格,力图走向一个协商型、开放型的政府。尽管吴作栋并非改革型领袖,但"对许多新加坡人来说,吴在任内的表现,可算是中规中矩,国际社会或许会很快就忘了这个人,但新加坡人将缅怀他的亲民作风"❹。不管如何评价吴作栋,其治理风格的转变是成功的,他确实将新加坡带入一个新的时代。

而李显龙接过了吴作栋的"接力棒",在其协商式治理的基础上进一步将人民放在政策制定和执行的中心。在李显龙刚继任总理时就有人质疑并将李显龙和李光耀进行了比较,但是新加坡管理大学法律系陈庆文留意到这类比较随着李显龙执政时期的变长已不多见,这说明李显龙已发展出个人风格。李显龙于2006年年

---

❶ Hussin Mutalib, *Parties and Politics: A Study of Opposition Parties and the PAP in Singapore*, Marshall Cavendish Academic, 2004, p. 378.

❷ [新]梁文松、曾玉凤:《动态治理》,陈晔等译,中信出版社2010年版,第82页。

❸ Raj Vasil, *Governing Singapore: Democracy and Notional Development*, ISEAS, 2000, pp. 159 – 169.

❹ 江雨航:《吴作栋为新加坡留下些什么?》,载亚洲时报在线网,http://www.chinanews.com.cn/news/2004year/2004 – 08 – 13/26/471744.shtml。

底接受美国有线新闻网（CNN）专访时，对是否受父亲影响的提问回答说："我不会花时间去思索我的风格，应该做的事我就会去做。我是我，跟我父亲不一样，我们是完全不同的人。我们生活在不一样的时代，这个时代的人在安定与繁荣中成长，他们希望改善生活，参与新加坡的改造过程。我会同他们共进退。" 2012 年李显龙委任教育部长王瑞杰发动"全国对话"，希望全民参与政治，为新加坡发展出谋划策。人民行动党政府在制定政策时将考虑和采纳公民在此活动中的建议并为此设置了"我们的新加坡全国对话"（Our SG Conversation）脸书专页和网站，邀请民众上网表达意见。新加坡全国对话委员会的 26 名成员包括了 6 个政务官和 2 个国会议员，还有像计程车司机、草根艺人、学生等来自社会各界的人士。全国对话委员会经过 1 年多时间主办了 30 场公民对话，并进行 3000 到 4000 人的民意调查来了解新加坡人最在意的议题，以此进行政策检讨。❶ 回顾李显龙主政新加坡的十多年可以发现这一特点。李光耀公共政策学院院长马凯硕概括道："李显龙能以高智慧施展必要的政策改变。"❷

　　吴作栋意识到与民众协商和开放政治空间的重要性，但是其开放的力度还是有限的。进入 21 世纪李显龙主政新加坡以来，新加坡人对政治参与的要求也越来越强烈，使李显龙开始意识到政治参与与政治稳定的关系。亨廷顿对政治参与与政治稳定以及政治制度化的关系作了详尽的阐述。过度的政治参与而制度化水平不高容易带来政治参与的爆炸，带来社会的不稳定。尽管后李光耀时期新加坡政治制度建构的重点在于走向制度化，但是这一制

---

❶ 中央社：《新加坡启动全国对话》，载新加坡文献馆网站 2012 年 11 月 9 日，http：//www.sginsight.com/xjp/index.php?id=8754。

❷ 社论：《李显龙领导新世代狮城》，载《南洋商报》2014 年 8 月 15 日。

度化水平的提高并不是一下子完成的。李显龙意识到这一问题的重要性,因而政府对于满足民众政治参与的要求也不是一下子完成的。而李显龙关于芳林公园演说角和示威场地的有限开放的规定也反映了这一问题。

最近的这十多年是新加坡充满挑战也是新加坡多元化的社会快速发展的时期,这是一个风险与机遇并存的时期,也是一个人民敢于表达不同意见、追求社会公平正义的时期。李显龙政府为了顺应民意、拉近与民众和社会的距离,经常进行公共政策咨询,致力于建立一个开放、包容和协商的政府,并保证适时改变治国之道。这都使新加坡与时俱进地适应时代变化,朝着更开放、符合国情的民主政治前进。

第三节 后李光耀时期新加坡政治价值的重构与融合

20 世纪 80 年代以来,新加坡内外环境的变化使新加坡的政治制度作出相应的调整。新加坡内外环境的变化以及政治制度的调整也对新加坡原有的政治价值产生冲击,导致这一时期新加坡政治价值上的重构以及进行重构后的融合。很早开始,人民行动党领导人就意识到文化价值观(尤其是儒家价值观)的重要性,但是在国家构建的最初几十年中其他更为紧要的事情具有优先性。在取得经济成功和平稳发展之后,新加坡领导人开始注意文化价值观存在的问题。❶

---

❶ Tan Chwee Huat, Confucianism and Nation Building in Singapore, 16 *International Journal of Social Economics* 14 (1989).

新加坡内外环境的变化一方面要求更高的民主程度，另一方面要求保持较高的经济绩效。面对这两方面的合法性要求，新加坡的政治制度不断微调适应民主发展要求的同时不断提高政府治理水平以达到"善治"的要求。为了支撑这一政治转型并适应政治制度调整的要求，新加坡的政治价值进行了某种程度的重构。此外，市场经济的发展以及经济危机的周期性波动也对新加坡政治价值产生了冲击。正如上文中我们所论证的，主导性的实用主义在20世纪80年代受到市场经济转型升级以及政治社会多元化的影响开始出现"疲软"，而个人主义主导的市场经济带来了个体的"功利化"和"工具化"。在实用主义影响下新加坡虽然建立了形式上的民主并追求结果导向的民主实质，但是实用主义的衰退和经济的波动导致民主的绩效合法性受挫。如何更好地维持和发展民主？如何应对西方个人主义的"洪流"？新加坡通过复兴儒家价值观来实现政治价值上的重构与融合并发展"新加坡式的民主"和"贤能政治"，来应对20世纪80年代末的价值危机，进而引导新加坡的政治发展。

一、发展型政治价值的延续

当然，生存主义、精英主义、国家主义以及西方的法治、自由、平等、民主等政治价值仍发挥重要作用。尽管经过几十年的发展后新加坡的各个方面都有了质的改变，生存对于新加坡来说已不是主要的问题，但是政治制度与过程上的一系列变化表明"随着新加坡经济的整合以及乐观的未来发展前景使其对经济没有之前那么担忧，公共政策上的生存主义和发展主义的合理性就会减弱"[1]。新加坡对

---

[1] Beng–Huat Chua, *Communitarian Ideology and Democracy in Singapore*, Routledge, 1995, p. 190.

于生存主义的强调虽然没有建国时那么重要，但是危机意识已经成为国民性格与心理的一部分。新加坡政治价值中仍存在着"要生存就不能出错"的怕输意识，而且生存危机也对国家主义和精英主义的形成和维持一直发挥重要作用。而精英主义一直是新加坡的主导性政治价值，其背后有着西方精英主义和儒家传统政治价值的双重支撑。儒学的复兴进一步巩固了精英主义。精英人才是新加坡的立国之本，精英政治是新加坡政治的本质，因而精英主义是新加坡一直以来所坚持并强调的主要政治价值之一。新加坡时事观察家蔡裕林就认为，"几十年来，事实证明，精英治国是对的，有效的。要不然新加坡就不会有今日的成就和进步……这是必须加以肯定的"[1]。而国家主义也是新加坡建国以来的主要政治价值。亚洲价值观的提出实际上也支持了国家主义。而自由、法治、平等、民主等西方现代政治价值也一直贯穿于新加坡政治价值的建构、追求和演变过程中。儒家的传统价值与西方的政治价值一直存在着一定的冲突，亚洲价值观的提出集中体现了这一冲突。新加坡为了解决政治价值上的冲突才将儒家价值作为根基提出了共同价值观，力图在不同层面融合西方政治价值和儒家价值。

二、反思与批判：亚洲价值观的兴起及其对西方人权与民主的挑战

20世纪80年代末，新加坡政府对新加坡年青一代日益西化以及新加坡传统价值的衰落感到担忧。实用主义政治价值虽然使新

---

[1] [新] 蔡裕林：《新加坡刮起改革风：李光耀时代VS后李光耀时代》，新加坡朝晖出版社2013年版，第64—65页。

加坡采用了形式上的西方政治价值，但是却使其没有形成实质性的价值体系，将政治发展的目标更多地指向了经济后果。而生存主义、精英主义、国家主义以及西方的政治价值在实用主义影响下也没有一种明确的国家政治价值指向，使新加坡既不主张灌输意识形态，也不宣扬"普世价值"，而单纯追求"秩序""稳定"和"发展"，因而不能形成一套提升国家文明境界的价值体系。市场经济的引入、个人主义的兴起，都市化、青年人的西化现象等冲击了家庭伦理，这导致传统价值的衰落，影响了新加坡的社会凝聚力和政治稳定与繁荣，才导致了 20 世纪 80 年代末的价值危机。

正是在上述背景下，新加坡的领导人提出了国家意识形态与核心价值观的问题，引发了国民的讨论。1988 年，李光耀就提过东亚国家共享共同的文化特征，即提倡勤奋工作和节俭的"儒家伦理"。吴作栋出任总理后也同意李光耀的观点，认为新加坡和东亚的日本、韩国一样共享儒家伦理和一些核心的价值观。他建议将这些核心价值观作为国家意识形态，并且在工作、家庭和学校等场所进行传授。到 20 世纪 90 年代，出任部长委员会主席的李显龙受命研究这个问题。在他的领导下，政府开始关注少数种族的感受。在广泛吸收各种族共同的价值观念后，政府开始使用共同价值观（shared values）来代替核心价值观（core values）。❶ 政府也开始委托政策研究所的国家价值观研究小组来研究用来团结新加坡人民的国家价值观。该小组在 10 个月内完成了研究，于 1990 年 9 月以专著形式发表了研究报告。❷ 该报告经国会讨论后于 1991

---

❶ Raj Vasil, *A Citizen's Guide to Government and Politics in Singapore*, Talisman Publishing Pte Ltd, 2004, p. 184.

❷ Jon S. T. Quah, ed., *In Search of Singapore's National Values*, Times Academic Press for the Institute of Policy Studies, 1990.

年1月2日在国会发表了《共同价值观》白皮书,确认了五项共同价值观:"国家至上,社会为先;家庭为根,社会为本;关怀扶持,同舟共济;求同存异,协商共识;种族和谐,宗教宽容。"1991年1月14日至15日,新加坡国会对这份白皮书进行了辩论并提出了两个修正,将"关怀扶持,同舟共济"改为"关怀扶持,尊重个人";将"求同存异,协商共识"改为"一致同意,禁止冲突"。❶

新加坡的亚洲价值观并不是一下子就提出的。处于儒家文化圈的新加坡儒学传统源远流长,建国后的快速现代化和社会转型带来的西化冲击了新加坡的传统价值。在政治价值的冲突与危机中,新加坡开始重新挖掘传统。早在1979年,新加坡就发起了"华语运动"(Speak Mandarin Campaign)。1982年,第一副总理兼教育部长吴庆瑞博士就宣布在新加坡引入道德教育,将儒家伦理作为选修课程,并从国外邀请了八位儒学学者进行调研,为新加坡传播儒学提供建议。❷ 1983年成立了东亚哲学研究所(Institute of East Asian Philosophies),此后在新加坡召开了一系列的儒学研讨会。1994年新加坡国立大学成立了"汉学研究中心",成为东南亚儒学研究重镇。"亚洲研究会""南洋学会""中华总商会""新加坡宗亲会馆"等一系列民间社团也纷纷成立。新加坡也成为国际儒学联合会的重要成员国,李光耀是第一届和第二届的名誉理事长。❸

可以发现,新加坡在国际上大力宣扬"亚洲价值观",而在国

---

❶ [澳]约翰·芬斯顿主编:《东南亚政府与政治》,张锡镇等译,北京大学出版社2007年版,第282页。
❷ 其中杜维明根据讨论和调研出版了《新加坡的挑战——新儒家伦理与企业》一书,记录了调研和讨论的详细情况。参见杜维明:《新加坡的挑战——新儒家伦理与企业》,高专诚译,生活·读书·新知三联书店2013年版。
❸ 朱仁夫:《儒学传播新加坡二百年》,载《云梦学刊》2003年第6期。

内主要倡导"共同价值观"。其实,新加坡最先提出"亚洲价值观",一方面是为了对抗西化的价值倾向和西方价值的影响,另一方面是为了响应马来西亚等地对亚洲价值观的提倡。但是,基于多元种族和谐的考虑,"亚洲价值观"后来被改称为"共同价值观"。但是,李光耀在对外参加论坛、访谈和辩论时使用的仍是"亚洲价值观",其主要目的在于对抗西方使新加坡区别于西方。例如,1992年李光耀参加《创造21世纪论坛》时正式提到"亚洲价值观"的重要性。❶ 1994年,扎卡利亚对李光耀的访谈中,李光耀虽没有明确使用"亚洲价值观"这一词语,但是已经明确表达了亚洲的价值观不同于西方价值观。❷

李光耀的"亚洲价值观"一经提出,国内外便掀起了热烈的讨论。大量文献表明"亚洲价值观"之争被视为"东西方之间的对抗。西方,提倡自由民主的价值观;而东方,表达了保守与传统的价值观"❸。亚洲价值观被不断提及并被视为是回应西方尤其是美国对其自身价值观的全球宣传。加之,亚洲价值观之争最热的时期恰恰是20世纪90年代初,因而这一东西对抗被打上了后冷战时代国际意识形态领域的"两极格局"的标签。那么,西方尤其是美国对此以批判和诘难为主,发起了一轮对"亚洲价值观"的"公审"。❹ 而以新加坡为首的提倡亚洲价值观的国家发起抗辩来挑战西方"普世价值"。

---

❶ [新] 新加坡《联合早报》编:《李光耀40年政论选》,现代出版社1994年版,第571页。
❷ Fareed Zakaria, Culture Is Destiny: A Conversation with Lee Kuan Yew, 73 *Foreign Affairs* 109 (1994).
❸ Diane K. Mauzy & R. S. Miline, *Singapore Politics under the People's Action Party*, Routlege, 2002, p. 57.
❹ 庄礼伟:《亚洲的高度》,广东旅游出版社1999年版,第459页。

西方尤其是美国对新加坡的亚洲价值观持批判态度，认为亚洲价值观是反民主反人权的"遮羞布"，是为其"威权"主义辩护的屏障。亚洲价值观不过是政治的附庸，是一个"政治上的修饰语"。"新加坡对亚洲价值观的强调是为了恢复衰退的传统价值，这种价值强调服从和忠诚。因而，亚洲价值观是一个支撑合法性的意识形态。"❶ 亚洲价值观成为一种意识形态的规划（an ideological programme），被用来组织社会，将市场经济与各种以国家为基础的政治保守主义统合起来。❷ 亚洲价值观被用来在一个存在着异质性的文化国度里来加强社会团结这一虚假的意识，也被用来防止来自政治领域的离心力量来保持国家权力不受损害。❸ 尼尔·安格哈特（Neil A. Englehart）也认为新加坡政府对亚洲价值观的倡导事实上是基于政治上和意识形态上的原因而提出的（have actually been advanced for political and ideological reasons），与人们的传统道德有着很小的联系。❹

我们需要注意新加坡亚洲价值观提出的国内背景和国际背景。不可否认的是，亚洲价值观在某种程度上确实是新加坡重建国家意识形态的一种努力。但是，新加坡并非将亚洲价值观"意识形态化"，而是作为一种"共同价值观"来凝聚多元种族和政治价值以应对传统价值的衰落。共同价值观在一定程度上是新加坡试图融合东西政治价值冲突的努力，我们将在后文中着重分析这一点。

---

❶ David Martin Jones & David Brown, Singapore and the Myth of the Liberalizing Middle Class, 7 *The Pacific Review* 83 (1994).
❷ Joakim Ojendal & Hans Antlov, Asian Values and its Political Consequences, 11 *The Pacific Review* 524 (1998).
❸ Kunal Mukherjee, Is There a Distinct Style of Asian Democracy? 45 *Journal of Asian and African Studies* 686 (2010).
❹ Neil A. Englehart, Rights and Culture in the Asian Values Argument: The Rise and Fall of Confucian Ethics in Singapore, 22 *Human Rights Quarterly* 549 (2000).

另一方面，后冷战格局的背景无疑放大了亚洲价值观的重要作用，使其成为东西方对抗的"靶子"。后发展国家尤其是后殖民地国家试图在摆脱西方影响下走向非西化的现代化道路，这一过程反而加剧了亨廷顿所说的"文明间的冲突"。非西方国家的崛起本身在一定程度上就是对西方国家的冲击。后发展国家试图摆脱"拒绝主义"，走出自己的"改良主义"，因而摒弃了"基马尔主义"。所以，正如李光耀所说的"不要把他们（美国）的制度毫无例外地强加于那些根本行不通的社会"这一论断在一定程度上代表了东方尤其是东亚的声音。他们可以接受西方的制度形式，但是拒绝西方中心主义的制度照搬和文化价值。东西方"差异最显著的方面是在精神方面和文化价值方面"。❶ 彭定康也承认："亚洲人对西方社会所提出的某些质疑是完全公允的。"❷

前新加坡驻美大使、新加坡政策研究院院长许通美（Tommy Koh）认为，亚洲价值观确实存在，是亚洲人从先祖那里继承而来的。虽然其中有些理念与西方的主流价值有共通之处，但这些价值理念在西方已经被严重腐蚀，这也是西方恢复传统价值运动日益高涨的原因。当然，许通美承认亚洲价值观中也有糟粕。新加坡是东西文化融合的产物，在这场东西大辩论中的角色自然就是寻求东西方共同基础上充当两方的传媒，进而避免东西方文明的冲突。❸

新加坡国立大学王赓武认为新加坡的儒学"并不是狂热爱国主义的（flag‑waving）意识形态"，"并不是一种宗教"，而是

---

❶ Fareed Zakaria, Culture Is Destiny: A Conversation with Lee Kuan Yew, 73 *Foreign Affairs* 109 (1994).
❷ Christopher Patten, *East and West: China, Power, and the Future of Asia*, Times Books, 1998, p. 148.
❸ Tommy T. B. Koh, Asian Values Reconsidered, 7 *Asia‑Pacific Review* 131 (2000).

"一种培养道德意识的理性途径"。❶ 儒学关注个体,关注共同体,也关注社会秩序和稳定。尽管儒学存在一些弊端,但是经过调适,"儒学似乎能够回答这一问题,即如何使一个社会实现现代化但又不同于西方"❷。新加坡之所以大力提倡儒学以及以儒学为基础强调并宣扬"亚洲价值观"和"共同价值观"的原因就在于此。

三、共同体主义

新加坡官方在中小学中推广儒家伦理课程的努力在很大程度上失败了。❸ 到1989年,有17.8%的学生选修儒家伦理,而有44.4%的学生选修佛教,21.4%的学生选修《圣经》。宗教与儒家伦理相比,前者在解决"道德危机"方面更具吸引力。❹ 但是,新加坡中学的道德课中仍融入了儒家思想,华文课本也不断推陈出新,只是大规模的儒学复兴又恢复到之前的潜龙在田、细水长流的状态,儒家思想继续流传下去。❺

儒家伦理教育实验失败之后,儒学在新加坡的发展尤其是对儒学的深入挖掘和"瘦身"之后被转为对"共同体主义"的强调❻。与之前强调的儒家伦理教育更多的是一种道德价值而不应被作为一种政治意识形态不同,共同体主义被作为一种重要的政治

---

❶ *Straits Tines*, June 21, 1997.
❷ Diane K. Mauzy & R. S. Miline, *Singapore Politics under the People's Action Party*, Routlege, 2002, p. 58.
❸ 参见严春宝:《新加坡儒家文化传承研究》,北京师范大学2007年博士学位论文。
❹ Beng‐Huat Chua, *Communitarian Ideology and Democracy in Singapore*, Routledge, 1995, pp. 29-31.
❺ [新] 苏新鋈:《儒家思想近十五年来在新加坡的流传》,载李明辉主编:《儒家思想在现代东亚》(总论篇),台湾"中研院"中国文哲研究所1998年版,第313页。
❻ Beng‐Huat Chua, *Communitarian Ideology and Democracy in Singapore*, Routledge, 1995, p. 31, p. 35.

价值而进入政治讨论的中心。尽管儒家价值观起源于古代中国的封建社会,但是其中很多价值观在像新加坡这样的现代多元种族社会中仍然有效,如共同体的价值观。❶ 共同价值观的英文表述刚开始的时候是"Placing society above the self, upholding the family as the basic building block of society, resolving major issues through consensus instead of contentions, and stressing racial and religious tolerance and harmony",后来第一句被修改为"Nation before community and society above self"来反映新加坡的多元种族构成,尤其是用"community"来指不同的种族共同体。

蔡明华认为新加坡是一个"强调共同体主义"的"政体"(polity)。"它对此的发展将会是证明领导层承诺给人民带来福利的最具体的方式;它将继续保持民主的外在正式的特征,尤其是选举机制,这是因为通过这一机制它是赢得人民信任和尊重以及有权去统治的最好的方式,'人民的授权'将通过公开的方式获取;由于必须维持公开的共识建构的过程以作为共同体主义实践的表现,共同体主义将开辟更多的政府与人民沟通交流的途径。"❷

总的来讲,新加坡强调的共同体主义主要体现在以下三个方面:

一是强调共同体的优先性,同时又尊重个体。共同体主义的根本特点在于强调共同体的优先性,尤其是共同体相对于个体的优先性,反对个人主义尤其是极端的、原子化的个人主义。任何个人都要处于一定的共同体内,共同体是国家和社会的重要单元。共同体的凝聚对国家和社会具有重要的意义。共同体不仅是利益

---

❶ Tan Chwee Huat, Confucianism and Nation Building in Singapore, 16 *International Journal of Social Economics* 15 (1989).

❷ Beng - Huat Chua, *Communitarian Ideology and Democracy in Singapore*, Routledge, 1995, p. 36 - 37.

的共同体，而且还是价值与伦理的共同体。共同体主义一方面强调共同体利益的优先性，主张发展的目的是维护共同体的利益，同时又能够将获得的利益惠及共同体的成员；另一方面又强调共同体给予个体的价值与伦理支撑，它能够"承认我们的同一性要求他人的认同"❶，尤其是共同体的认同。儒家思想中是存在着共同体主义的，狄百瑞的专著《亚洲价值与人权——儒家社群主义的视角》对儒家的共同体主义思想进行了挖掘。狄百瑞特别强调反对将儒家的共同体主义传统理解为一种重群体而轻个人的集体主义传统。其实儒家的共同体主义承认个人与群体的相互依赖，同时又肯定个人的尊严。狄百瑞将这一立场称为"人格主义"（personalism）以区别于西方的个人主义（individualism）。❷ 张灏认为"内圣外王这个观念蕴含着一种人格主义"，"这种人格主义综合群性与个性，而超乎其上，消弭了西方现代文化中个人主义与集体主义的对立，可以针砭二者偏颇之弊病，为现代社会思想提供一个新的视角"。❸

新加坡的共同体主义是一种国家共同体主义，强调国家的优先性。新加坡的国家共同体主义又是建立在家庭共同体基础上的，主张以"家庭为根"，从家庭出发关注国家层面的共同体建设。新加坡建国以来一直努力塑造一个新加坡国族，培养新加坡人的身份认同来对抗狭隘的族群认同。❹ 因而，国家这一大共同体是要包

---

❶ ［加］查尔斯·泰勒：《本真性的伦理》，程炼译，上海三联书店2012年版，第56页。
❷ ［美］狄百瑞：《亚洲价值与人权：儒家社群主义的视角》，尹钛译，社会科学文献出版社2012年版，第24页。
❸ 张灏：《幽暗意识与民主传统》，新星出版社2006年版，第44-45页。
❹ ［加］贝淡宁：《东方遭遇西方》，孔新峰等译，上海三联书店2011年版，第208页。

容多元种族共同体的。新加坡在强调国家共同体利益的同时也注重多元种族共同体的和谐。而且,新加坡共同体主义的兴起在很大程度上是为了应对西方个人主义带来的价值危机,强调通过国家共同体、社区共同体、种族共同体和家族共同体来为新加坡人提供认同、归属和价值上的支撑。所以,新加坡国家大学苏新鋈指出,"新加坡不但完全避开了那些在中国久以被无自觉地归诸儒家的思想之蹂躏,而且始终能全面继承正宗儒家所提倡的君臣、父子、夫妇间的合理伦常关系",致使华人族群成为与"其他民族和谐相处、共荣共进的族群"。❶ 而新加坡的共同价值观也是强调"国家至上,社会为先;家庭为根,社会为本;关怀扶持,尊重个人",对国家、社会、家庭和个体作了共同体主义的阐释。2011 年大选之后的 6 月 8 日,由新加坡政策研究院主办的邀请六个反对党候选人共同解读"年轻人要什么?"论坛中,工人党的饶欣龙认为"说到底,大家只有一个新加坡,不管你支持哪个政党,我呼吁所有新加坡人集体为新加坡的共同利益努力"❷,这代表了多数新加坡人的观点,也体现了以共同体为先的价值观。

二是国家的角色并非中立的,而要发挥积极作用,尤其是要为社会和个人谋求福祉,实现分配正义。共同体主义的重要内容之一就是如何对待国家角色和地位,其基本立场是认为国家并非中立的。共同体主义主张的是公益政治而非权利政治,主张的是善优先于权利而非权利优先于善。这里的善,指的是普遍的善(universal good),简而言之就是追求社会的公共利益,即公益。因

---

❶ [新] 苏新鋈:《儒家思想近十五年来在新加坡的流传》,载李明辉主编:《儒家思想在现代东亚》(总论篇),台湾"中研院"中国文哲研究所 1998 年版,第 264 页。

❷ [新] 蔡裕林:《新加坡刮起改革风:李光耀时代 VS 后李光耀时代》,新加坡朝辉出版社 2013 年版,第 158 页。

而，在现实政治中，共同体主义追求的是公益的政治而非权利的政治。公益的政治要求实现分配正义，以满足普遍的善的实现。公益的政治要求包括政府在内的各种共同体应该积极作为，提供公共利益，追求公共的善和普遍的善，从而最终增进每个人的利益。公益的政治要求国家发挥积极的角色，将国家的目的设立在追求普遍的善上，而禁止以追求公益的积极权力来兴极权统治。

新加坡的善治追求和好政府的角色设定体现的就是对国家角色的界定。现任新加坡国务资政兼国家安全统筹部长张志贤就谈到，任何政府都必须从照顾人民的利益和交出良好的政绩来取得合法的执政权，它也必须抑制贪污腐败的情况出现，政府必须公平地分配机会和利益，并照顾少数族群和弱势群体。❶新加坡的领导人必须承诺给新加坡人带来福利，不然就会失去人民的信任和委托。人民行动党严格的选拔程序也要确保将最优秀的人才引入党中，以便更好地为人民服务。

三是和谐比冲突更能维持政治秩序，因而重视协商和共识。共同体主义注重和谐，强调共同体的联系和稳定，关注的是协商和共识而不是无限度的竞争和冲突。泰勒就指出反共同体主义的原子化个人主义容易导致社会的分裂，在其中社会或共同体成员越来越难以将自己与作为一个共同体的政治社会关联起来，容易激化矛盾，因而就有效断绝了妥协的可能性。❷那么，与此相对的共同体主义注重协商和共识。新加坡共同价值观中由最先的"求同存异，协商共识"改为"一致同意，禁止冲突"，从本质上讲还

---

❶ [新] 吴元华：《新加坡的良治与民主》，载吕元礼、陈家喜主编：《新加坡研究（2013年卷）》，社会科学文献出版社2014年版，第18页。
❷ [加] 查尔斯·泰勒：《本真性的伦理》，程炼译，上海三联书店2012年版，第139-141页。

是需要通过协商和共识的途径来达到的,也从本质上反映了新加坡对和谐的追求。李显龙就认为,"即使我们无法取得共同的谅解,我们也应该互相尊重相反的意见","我们不应该在取得共识的过程中反目为仇,因为取得共识的道路并不永远是平坦无阻的,有时必须通过相左的意见,才能达成共识"。❶

四、民本主义

在对儒学的挖掘和对亚洲价值观与共同价值观的转换中,民本主义得以凸显,成为新加坡又一重要的政治价值。儒学中具有非常强烈的民本主义思想,可以说民本思想是传统政治哲学的主流。民本源出《尚书》:"民惟邦本,本固邦宁",主张的是以民为本才能安邦定国。民本主义包括两方面的内涵:其一,人民为政治之目的,也即民享;其二,人民为国家之主体,也即民有。民享即政治必须为人民服务,政府或统治者必须为人民服务。民有即国家或天下不属于一人所有,人民才是国家真正的主体。"新加坡政治的重要特色,就是在吸收西方民主思想的同时,发扬光大儒家民本理念,努力实行儒家民本政治。"❷

民本主义在一定程度上阐释了人民与国家、人民与统治者的关系。民本思想是和圣王思想结合在一起的。圣君贤相以身作则,教化庶民,上行下效,才能无为而治。而民本主义为国家和统治者的统治设置了底线。民本,强调的就是人民对于国家和统治者来说具有"根本"的地位和意义。那么国家的统治必然以民为导

---

❶ 吕元礼:《新加坡为什么能:和谐社会是怎样建成的》,江西人民出版社 2007 年版,第 94 页。
❷ 吕元礼:《亚洲价值观:新加坡政治的诠释》,江西人民出版社 2002 年版,第 303-307 页。

向才能具有自身的统治合法性，才能获得人民的信任，统治才能稳固和长久。统治者必须"重民""恤民""与民更始""不与民争利"，必须做到"重民培本"，才能长治久安。这些政治价值为统治提供了行为底线和道德底线。更进一步，儒学对于民本思想的重视把"重民"思想进一步神圣化，使统治者用心领悟到"民心"背后实际就是"天命"与"天道"。所谓"天道无常，唯德是辅""民心向背"无不提示着统治者顺应民心即是顺应天意，只有做到"爱民""保民而王"才能统治好。❶ 新加坡不只大力发扬儒家价值观，而且着重在实践上践行民本主义，主要体现在组屋制度和公积金制度上。我们将在本章第四节中来分析这一问题。

五、东西政治价值的冲突与融合

新加坡作为一个英语主导的开放社会，很容易受到西化的影响，进而易削弱新加坡的"亚洲遗产"，影响新加坡的传统文化和身份认同。新加坡经济增长的前三十年是西化的三十年。个人主义在这一时期迅速发展，虽然促进了新加坡经济的快速增长，但也导致了新加坡 20 世纪 80 年代末的价值危机。"'西方'VS'亚洲'价值观的二元特征变得越来越明显。"❷ 杜维明在 1982 年被邀请访问新加坡时也提到："在新加坡，我注意到两种伦理的相互作用：一个是儒家思想——这是属于比较年长的一代的一种更注重集体的伦理，另一种伦理，功能上相当于西方学者认为更注重个人的新教工作伦理。所以，在这两种相互作用里，我见到了一种

---

❶ 张铭：《政治价值体系建构：理论、历史与方法》，社会科学文献出版社 2012 年版，第 330 - 331 页。

❷ Beng - Huat Chua, *Communitarian Ideology and Democracy in Singapore*, Routledge, 1995, p. 32.

价值的冲突","这一种价值的冲突,可以被理解为一种二分法。一方面是把自我作为各种关系的一个中心的儒家思想,另一方面则是我们可以称作注重个人的生活风格。"❶

新加坡东西方政治价值的冲突集中表现在由亚洲价值观所引发的争论上。新加坡前三十年的发展在很大程度上受到了个人主义的"鼓舞",西方政治价值在社会和个人层面得到了传播。而儒家政治价值在新加坡一直是细水长流,对于家庭伦理有着重要的指导作用。西方政治价值的传播对于新加坡的青少年产生了重要影响,而儒家政治价值主要是体现在中年人以上的人群中。在20世纪80年代末,随着国内外政治经济环境的变化,这两者的冲突得以集中体现出来,并通过亚洲价值观的争论爆发,从而使新加坡政治价值凸显出典型的本土与外来、传统与现代的二元特征。

这种二元特征在新加坡表现得比较明显且存在着冲突。这种冲突对于新加坡政治发展来说是非常不利的。新加坡是多元种族、宗教社会,现代化的发展加剧了这种多元化,使发展一种共同信念变得比较困难,所以也不可能提倡某一种文化占主导的文化主义,这只会造成新加坡的分裂。杜维明也认为:"唯一的选择就是创造性的一体化———一种寻求文化认同和普遍观点的综合。"❷

新加坡领导层非常明确地意识到新加坡存在的这种二元冲突。亚洲价值观的提出加剧了这种冲突,使新加坡领导人意识到单方面的挑战西方可能并不是一种明智的做法,对于国内多元种族的融合也非明智之举。因而,亚洲价值观被共同价值观代替。共同

---

❶ 杜维明:《新加坡的挑战——新儒家伦理与企业》,高专诚译,生活·读书·新知三联书店2013年版,第224–225页。
❷ 杜维明:《新加坡的挑战——新儒家伦理与企业》,高专诚译,生活·读书·新知三联书店2013年版,第227页。

价值观实际上是以儒家价值为基础并融合了其他价值而形成的。儒家价值是新加坡的一大传统价值并随着新加坡的发展而被继承和转化。正如李显龙所说："许多儒家理念仍与我们密切相关。王道（government by honorable men）的概念便是一个例子。君子有责任做对人民正确的事情，并且享有人们对他的信任和尊重。这比起西方那种认为政府应当被赋予尽可能有限的权力，并且除非得到证实，否则便总是面临着不信任的观念要更适合我们。"❶

儒家思想并不排斥其他文化而单独强调中国文化。儒家并不是专制的，它是一种传统，一种富有活力、流动的、可以改造的传统。儒学在东亚的发展抵挡了西方的挑战。"在某种方式上，西方的竞争性和经典的儒家伦理的勤奋结合到了一起。儒家伦理不再是孤立的了。这是一种为接受西方的挑战而转化了的儒家伦理。这种新的模式，作为一种反应回答，不仅仅是对于世界的适应。它超越了简单的人际关系和谐，但是它利用的，正是儒家价值的某些重要方面。它重视集体的活动甚于以个人为中心的活动，重视一种完全融合的竞争的体制甚于西方模式的挥霍的、横向和纵向的动力。"❷

所以，在某种意义上，汉斯认为取代"亚洲价值观"的"共同价值观"运动致力于融合亚洲和西方文化中最优秀的因素。❸ 这主要体现在以下几个方面：

一是共同体主义与西方政治价值、西方民主的融合。新加坡提倡的共同体主义是儒家政治价值中的共同体主义。而共同体主义也是西方政治哲学中新近兴起的思潮，它是对自由主义的批判

---

❶ Edwin Lee, *Singapore: The Unexpected Nation*, ISEAS, 2008, p. 547.
❷ 杜维明：《新加坡的挑战——新儒家伦理与企业》，高专诚译，生活·读书·新知三联书店 2013 年版，第 232 页。
❸ Michael Haas ed., *The Singapore Puzzle*, Praeger, 1999, p. 161.

与纠正。"在过去二十年里，共同体重新受到关注。在政治哲学中，出现了一种被称作'社群主义'（又译共同体主义）的思潮，它的中心论断恰好是：就算不把对共同体的考虑置于自由与平等之前，也有必要给予同等程度的重视。"❶俞可平认为西方共同体主义主张"公益政治学"，善优先于权利，公共利益优先于个人权利，这种权利是主张法律权利、重视积极权利、倡导集体权利；强调公共的善，每个人应当努力追求美德，在追求美德时候实现一种善良的生活。个人生活在社群中，社群给予个人共同的目的和价值；社群主义者所倡导的公共利益是一种非排他性的相容性利益；国家观是社群主义理论的重要组成部分，唯有国家才能引导公民确立正确的价值观，也唯有国家才能承担起对公民进行美德教育的责任，国家并非中立的，而是要发挥积极作用的。❷

可以看出，儒家共同体主义和西方共同体主义存在着相同的地方，都强调个体生活在共同体中，共同体具有优先性，重视国家发挥积极的作用，强调公共的善和追求美德。这些是儒家政治价值和西方政治价值汇通的地方，是可以融合的方面。但是我们也应注意，西方共同体主义本质上是对自由主义的补充，在一些假设上仍同自由主义保持一致。因此，儒家共同体主义和西方共同体主义的相同之处是新加坡在挖掘儒家政治价值时可资借鉴的，也是将东西政治价值进行融合的地方。新加坡的政治实践提供了二者可以融合的平台与场域。对于儒家共同体主义的挖掘，同时也意味着对儒家传统政治价值进行现代性的转换。谢晓东认为：

---

❶ [加] 威尔·金里卡：《当代政治哲学》，刘莘译，上海译文出版社 2011 年版，第 220 页。
❷ 俞可平：《当代西方社群主义及其公益政治学评析》，载《中国社会科学》1998年第 3 期。

"儒学进行现代性转型应当利用现代西方社会的资源,社群主义便是其中的一种。儒家可以利用之以创造出一种儒学的现代形态——儒家式社群主义。"❶ 张灏也认为儒家共同体主义中的人格主义对于汇通东西政治价值有着重要作用:"这种人格主义综合群性与个性,而超乎其上,消弭了西方现代文化中个人主义与集体主义的对立,可以针砭二者偏颇之弊病,为现代社会思想提供一个新的视角"。❷

以儒家为基础的共同体主义与民主也存在着亲缘性。郝大伟(David Hall)和安乐哲(Roger Ames)就认为民主有着各种文化的基础。以权利为基础的自由主义民主存在着不恰当性。"对民主的以权利为基础的理解,存在的一个根本性问题是,这种理解几乎没有什么机制来防止个人从共同体中异化出来,因为作为一个公正社会的最根本的标志和奖赏的权利,总是由个人来领受。"❸ 文化对于民主的形式发挥着重要的决定作用。将个体放在社会之上与将社会放在个体之上将产生对民主的不同理解。儒家共同体主义将共同体优先于个体,与杜威社群主义民主观产生共鸣。杜威"对民主的理解在许多方面与开始从儒学理论中显现出来的理解有惊人的相似性",尤其是对民主社会的共同体基础的阐释是一致的,"在传统儒家的态度中有许多是向着共同体生活的,它们推动一种强健的、可承受的甚至是宗教上强化的民主概念"❹。除此之

---

❶ 谢晓东:《试论"儒家社群主义"何以可能——从社群主义与儒家"自我观"比较的角度》,载《陕西理工学院学报(社会科学版)》2007 年第 2 期。
❷ 张灏:《幽暗意识与民主传统》,新星出版社 2006 年版,第 44 - 45 页。
❸ [美] 郝大伟、安乐哲:《先贤的民主——杜威、孔子与中国民主之希望》,何刚强译,江苏人民出版社 2004 年版,第 47 页。
❹ [美] 郝大伟、安乐哲:《先贤的民主——杜威、孔子与中国民主之希望》,何刚强译,江苏人民出版社,2004 年版,第 88 - 89、110 页。

外，在道德、平等和精英方面也存在着共通性。这种共通性使新加坡挖掘的以儒学为基础的共同体主义支持了民主形式。正是在这一意义上，蔡明华认为新加坡正在走向"社群主义民主"❶。中国学者李文也认为"新加坡的民主是社群社会的民主。在个体与群体、民众与政府、市民社会与国家这三组特定关系中，与西方的自由民主重视个体、民主与市民社会相比，新加坡的社群社会的民主强调的是群体、政府与国家的重要性"，"新加坡特色的社群主义民主的许多元素都是从传统儒家文化转化或演化而来的，是新加坡原有的儒家文化与西方现代政治文明相结合后产生的一个新品种。"❷

二是民本主义与民主思想的融合。民本与民主是中西文化的产物，虽然有学者将民本称为"类民主"，但是这二者仍是两个概念。如果从民主思想来抹杀民本思想的积极意义也是不可取的。民本主义和民主思想存在着融合的地方和可能性。总体上来看，"儒家的终极理想与民主政治并不相违背"❸。刘军宁认为，儒家和自由主义在东亚呈现融合的趋势，在政治方面的表现就是"民本加民主，即在引进代议民主制的基础上，用精英模仿民间的利益要求（民本），利益代表和精英模仿并重，而不像西方的民主政治单纯地建立在利益代表基础之上"❹。民本有着民享和民有的内在含义，这也是民主所追求和内含的价值。萧公权就指出："民权

---

❶ Beng–Huat Chua, *Communitarian Ideology and Democracy in Singapore*, Routledge, 1995, p.192.
❷ 李文：《儒家文化与新加坡民主政治》，"二十一世纪中华文化世界论坛"第六届（海外首届）国际学术研讨会论文集，2010年12于新加坡，第192、195页。
❸ 景海峰编：《刘述先新儒学论著辑要：儒家思想与现代化》，中国广播电视出版社1992年版，第28页。
❹ 刘军宁：《共和·民主·宪政——自由主义思想研究》，上海三联书店1998年版，第281页。

思想必含民享、民有、民主之三观念。"而那时的民权思想是基于西方民主思想而提出的。可以看出，民主是可以包含民本思想的。但是民治却不是民本所有的。虽然民本实质上是"君"为主体，是传统小农经济和一统君权下的产物。但在现代社会尤其是新加坡对于民本主义的强调，实质上是想将民本主义与民主相贯通，将民主主义的理想落实到民主政治的实体上，实现民治。"只有实现民本与民主的汇通，才能真正实现民本主义的民有、民享理想。"新加坡儒家价值传统丰富，如果进一步建设民主政治，必须利用好民本主义这一传统资源。东方社会现代性的转换不能彻底地抛弃传统，只拥抱西方价值，而是通过对传统资源的创造性地转化才能实现。新加坡力图开辟一条不同于西方的现代化道路，将共同体主义和民本主义挖掘出来，可以与外来的文化进行结合，实现现代性转化。那么，民主与民本的汇通和融合是一条现实的途径。"民本主义的民有理念是建设民主政治的内在根据；民本主义的民享理想是建设民主的逻辑前提；民本主义培育的权力分化和节制机制是建设民主政治的制度资源。"❶ 民本与民主的这些结合点，为新加坡民主政治建设提供了现实的依据。

新加坡发动的共同价值观运动实际上提供了东西方政治价值融合的机会。但是价值观的塑造和融合并非一朝一夕就能实现，新加坡在东西政治价值融合的道路上还有很长的路要走。

共同价值观运动兴盛于20世纪90年代吴作栋主政期间，而到李显龙接任总理时提出了"重造新加坡"的口号和计划，并成立了"重造新加坡委员会"。其中，李显龙指出"重造新加坡"意味

---

❶ 吕元礼：《亚洲价值观：新加坡政治的诠释》，江西人民出版社2002年版，第325－338页。

着人民和政府的心态须改变。❶ 21世纪初的新加坡在经济发展与政治稳定方面都取得显著成绩,但是李显龙依然力推重造新加坡,这是为什么?李显龙在为吕元礼教授《新加坡为什么能》一书所作序中指出:"新加坡完全沉浸在环球化的大潮中,我们必须重新打造","全球化的趋势,日新月异的科技,正加速人类社会的变化。为求生存和发展,所有国家都在寻找全新对策。为了与时并进,发展方向和心态的改变,在所难免。但是,我们不应该因此丢弃那些价值永恒的政策和道德观念。"❷

可见,李显龙提出的"重造新加坡"不只体现在经济意义上,在某种程度上它也反映了新加坡进行政治价值重构的尝试与努力。李显龙一方面提倡儒家政治价值在新加坡的传承与创新,另一方面又强调公正、正义、参与、开放和民主的政治价值。可以说,新加坡一直在探索东西政治价值的融合。每一次大选,人民行动党都要阐述政治价值上的愿景,即以共同的价值观和目标,缔造一个开放和包容的社会,大家求同存异,相互尊重,一起开创未来;建设一个公正平等的社会,并注重国人的栽培和鼓励追求卓越,同时帮助弱势的国人走向成功;致力于维持新加坡的社会安全、稳定和多元种族的和谐相处;为新加坡人创造一个充满机会的未来,而且社会繁荣,经济发达。这里人人安居乐业,生活愉快。❸

在对东亚现代化过程中文化论的研究领域还出现了"儒教自由主义"的相关讨论,刘军宁是最早提出者。他认为,东亚模式的最基本的特征应该是儒教和自由主义,可以被称为儒教自由主

---

❶ 李显龙:《要重造新加坡,人民政府心态须改变》,载《联合早报》2002年7月5日。
❷ 吕元礼:《新加坡为什么能》,江西人民出版社2007年版,序第2页。
❸ 由民:《新加坡大选:人民行动党为什么总能赢——以1997、2001、2006、2011年国会选举为例》,经济管理出版社2013年版,第216-217页。

义。它在经济方面的体现是孔子加斯密，在政治方面的体现是民本加民主，在意识形态方面的体现是保守自由主义。儒教自由主义是自由主义在儒家文化传统的土壤上安家落户对其加以融合后形成了带有浓厚色彩的自由主义。在政治上，儒家自由主义表现为代议政治、政党政治加上儒教的施政作风；在经济上，它实行自由市场经济，加上克勤克俭、互帮互助的儒家工作伦理，同时强调政府受儒家富民养民思想影响对经济生活进行积极的调控管理；在道德文化上，儒教自由主义既引入自由主义对个人权利、自立自主和竞争精神的强调，又保留了儒家忠恕孝顺、尊老爱幼、重视教育和重视集体利益的价值倾向。❶

"儒家与自由主义的融合，既涉及文明对话，也关系价值重建，是一个值得认真关注的话题。"❷ 不可否认，儒学中与自由主义中的许多因素尤其是民主可以进行对接，因而它们之间存在着融合的可能性。但是内涵丰富的儒学在向海外传播时又与新加坡、韩国等地存在着各自特色的当地传统进行了融合，以儒教自由主义来概括东亚模式是否恰当有待商榷。可以用儒教自由主义指代儒学和自由主义进行对话和融合的趋势，但是其内涵还需要具体问题具体分析。儒学和自由主义在哪些方面进行了对话和融合，在不同的国家存在着不同的情况。在新加坡，儒学与民主存在着融合的因素与可能，但是新加坡坚决反对西方自由主义中的个人主义，倡导共同体的社群主义，儒学与共同体主义存在着较大的融合性。

---

❶ 刘军宁：《共和·民主·宪政——自由主义思想研究》，上海三联书店1998年版，第275-290页。
❷ 胡岩：《"儒教自由主义"何以可能》，载《杭州师范大学学报（社会科学版）》2013年第5期。

第四节　一元化融合：后李光耀时期新加坡政治价值与政治制度的互动

后李光耀时期新加坡在原有的政治体制框架下进行了调整，主要表现在政治制度上的一系列微调和制度化措施，在政治价值上致力于建构共同价值观来解决20世纪80年代以来的价值危机和东西政治价值的冲突与融合问题。这一时期政治价值与政治制度存在着更为紧密和复杂的互动关系，政治制度的微调对政治价值产生了反馈，而政治价值的重构也对政治制度的渐进发展产生了决定性作用。

总体上来看，政治价值与政治制度的互动在这一时期开始走向一元化的融合。在李光耀时期发展型政治价值主导下，西方政治价值与传统政治价值的二元化问题逐渐凸显。发展型政治价值更多地受到西方政治价值的影响，与社会层面的传统儒家政治价值和政治过程的"威权"方面形成二元化的冲突。在后李光耀时期，新加坡挖掘儒家传统中的共同体主义来融合东西方政治价值中对民主、民本、秩序、和谐和贤能的重视，与新加坡外在政治制度层面的民主和精英政治对接起来，产生了政治价值与政治制度的一元化融合的趋向。

一、制度调整后政治制度对政治价值的影响

在经历了快速的经济成长和稳定的政治发展之后，新加坡在20世纪80年代国内外政治经济变化的环境下，国内政治制度和政治价值也在潜移默化地进行着一系列的变化。在政治制度经历了

微调之后，政治价值的重构才于 20 世纪 90 年代初表现出来，反映了政治制度对于政治价值的影响，也说明了作为政治发展内核的政治价值变迁的缓慢性。

首先，实用主义政治价值出现了"疲态"，经济发展和政治发展出现一系列问题，尤其是压制性的策略和结果导向的发展积累了国内的不满。随着经济发展和公民社会的成长，政治参与的意识开始觉醒，安顺选区人民行动党的败选说明了这一问题。这也导致了人民行动党政府开始有意识地调整政治制度。可以看出，从 20 世纪 80 年代中期到后期，新加坡在政治上的主要"行动"在于进行政治制度上的微调，这包括 1984 年人民行动党在议会中引入非选区议员制度、1985 年 3 月反馈机构的建立、1987 年 2 月国家议程的启动、1987 年 12 月政策研究机构的成立、1987 年开始探索的集选区制度、1988 年 2 月 6 日 6 个咨询委员会的创设、1988 年民选总统的提议、1989 年引入的官委议员制度以及人民行动党内部一系列组织和制度的建立。政治制度的调整以及实用主义的衰落带来的价值危机使人民行动党政府开始思考政治价值的重构问题。

政治制度的调整对政治价值的重构产生了重要影响。新加坡上述一系列政治制度的调整并不是模仿西方的那一套政治制度，而是新加坡根据自身的国情进行的独创。这一时期政治竞争的程度开始增强，非选区议员制度、官委议员、民选总统、公民社会的成长都使人民行动党政府意识到制度建设的重要性，也意识到限制权力的必要性与民主发展的重要性。但是，关于如何发展民主，新加坡有着自身的考虑。李光耀时期受实用主义等政治价值的影响，新加坡在建国后的相当长的时期仅仅将民主制度作为一套程序性工具、手段和制度以及合法性基础。换言之，新加坡当时致力于建设的是一个务实的制度体系，致力于务实地促进国家的发展和人民的幸福。政府执政的关键在于精英能够进行全局性的掌控，能够为人民的长远利益负责。新加坡这一时期并没有关注制度的效能问题，而将重点放在了对统治者治理能力的强调上。那么对于制度的重视又引发了人民行动党政府对其背后价值的重新思考，尤其是个人主义在新加坡的"泛滥"带来的价值危机的思考。民主制在西方运行背后有着一套自由主义的政治价值体系支撑。那么制度的调整如何体现对价值的权威性分配？是个体优先还是共同体优先？

通过这些微调后的制度，新加坡一方面有限度、渐进地保障个体的权利尤其是民主权利，另一方面更重要的在于保障了精英相对于大众的地位。人们通过选票将权力交于精英之手，由精英"托管"人们的短长期利益，让精英代表国家共同体并服务于国家共同体。李光耀意识到西方的个人主义对于新加坡来说并不适合，一方面是因为个人主义尤其是极端个人主义容易冲击社会秩序；另一方面个人主义的盛行对新加坡的儒家传统尤其是家庭伦理带来了冲击。因而，在一系列的制度微调中，新加坡意识到儒家政治价值对于新加坡政治发展的重要性。集选区制度的实行、选举中集选区所占比重的提升以及集选区产生的议席也越来越多，从而使新加坡注重多元种族融合的共同体的重要性。那么，共同体优先于个体就自然而然成为新加坡的首要之选。对共同体的强调也很容易使新加坡挖掘出儒家传统中本就存在的相关价值。因而，儒家价值观正是在这样的背景下被提出的。

从另一个侧面来看，新加坡追求务实政府、由国家统合社会发展、国家扮演积极角色、追求秩序和稳定等在很大程度上反映了共同体主义和民本主义，但是并没有明确提出这一政治价值，而是体现在制度上。这反映了制度成熟之后政治价值才得以凸显。制度实践往往先于价值，反映了政治制度对于政治价值的影响，而政治价值的转变也是为了响应制度的确立及其变迁成熟。

二、共同体主义与"托管式民主"

后李光耀时期新加坡政治价值的重构与融合对于这一时期政治制度的调整和制度化产生了重要影响。共同体主义融合了东西方政治价值对新加坡所形成的"新加坡式的民主"即吴作栋所提的"托管式民主"提供了重要的政治价值支撑。

众所周知，李光耀时代虽然形成了民主的形式架构，但是国家建构对集权的优先性要求造成了政治制度的二元化，形式的民主与实质的强权统治形成鲜明对比，生存主义、国家主义等政治价值也支持了这种二元化。所以，李光耀时代的口号是"先发展后民主"。而到了后李光耀时代，随着民主化浪潮的涌动，民主建设问题具有了时代的紧迫性。一系列的制度微调、政治空间的开放、公民社会的成长和政治参与的扩大使新加坡的民主程度大大提高。在共同体主义的影响下，吴作栋于1995年作出了新加坡式的民主是"托管式民主"的论断。[1]

共同体主义强调共同体的优先性、人民福利的优先性、和谐稳定的优先性，而排斥西方式对竞争和冲突、绝对权利和自由的强调。"人民行动党政府已经在许多场合阐述了如下的观点：共同体的利益必须优先于个体的利益（the interest of the community at large must take precedence over the interests of the individual）。"[2] 从

---

[1] 吴作栋：《新加坡政治是"托管式民主"模式》，载《联合早报》1995年9月28日。

[2] N. Ganesan, Democracy in Singapore, 4 *Asian Journal of Political Science* 70 (1996).

这一方面看出，新加坡已经有意识地避免走向西方式的自由民主。事实上，新加坡政府多次强调其不会推进西方式的个人主义，反对西方式民主和新闻自由，大力支持亚洲应该存在不同于西方式民主的民主形式。新加坡"发展了民主的结构以便保护和推进共同体式的生活方式"❶。蔡明华认为，新加坡是一个"强调共同体主义"的"政体"（polity）。"它对此的发展将会是证明领导层承诺给人民带来福利的最具体的方式；它将继续保持民主的外在正式的特征，尤其是选举机制，这是因为通过这一机制它是赢得人民信任和尊重以及有权去统治的最好的方式，'人民的授权'将通过公开的方式获取；由于必须维持公开的共识建构的过程以作为共同体主义实践的表现，将使共同体主义开辟更多的政府与人民沟通交流的途径。"❷

因而，形式上共同体主义也支持通过公开的竞选获得人民的授权、支持和信任的选举式民主。新加坡"托管式"的民主也是在选举中受到人民委托的民主，在形式上也强调通过选举实现这种托管的程序。因而，托管式民主首先是一种选举民主，选举是其合法性的第一来源。为了巩固这种合法性来源，新加坡在一党独大体制下设置了非选区议员和官委议员来提升其代表性，并主动设置了反对党进入议会的一定渠道。经过托管后的人民行动党要保持自身的执政和合法性，又必须"对得起"人们的信托，必须要在实质合法性上实现良治和善治。治理必须克服自身的狭隘利益，以共同体的利益为出发点和目标，以维护人民的长远利益

---

❶ Russell Arben Fox, Confucian and Communitarian Responses to Liberal Democracy, 59 *Review of Politics* 564 (1997).

❷ Beng-Huat Chua, *Communitarian Ideology and Democracy in Singapore*, Routledge, 1995, pp. 36–37.

为目的,以人们的长远利益来作为政府的政治行动的依据,才能真正成为一个为人民谋福利的"托管者"。国际顾问公司埃德尔曼诚信指数(Edelman Trust Barometer)公布的数据显示,在 2011 年 10 月至 11 月之间接受调查的 1000 名新加坡人中,73% 的受访者表示他们信任新加坡政府(国际的平均标准为 43%)。2013 年,埃德尔曼发布的各国人民对公共机构包括政府的信任度调查显示新加坡人对公共机构的信任度排名世界第二。新加坡人民对政府的信任度高达 72%,居世界各国政府之首。❶

共同体主义强调秩序和稳定,反对无限制的政治竞争。因而,在此政治价值指引下新加坡继续将一党独大体制进行制度化,并通过非选区议员、官委议员制度的设置来缓解选举竞争的压力。新加坡反对西方式民主的一个主要理由在于西式民主近来的表现导致了无序和冲突。两党和多党制之间的无限党争破坏了基本的社会秩序,在一些重要议题上达不成共识,以金钱政治为依托为争取选民的选票而聚焦于短期利益。这种竞争和选举带来的是对眼前利益的争夺,忽视了长远利益。而在共同体主义政治价值的指引下,新加坡主张渐进的民主进程,主张有秩序、稳定的政治竞争,主张精英以其独立的意志来托管人民的长远利益。共同体主义支撑的托管式民主本质上也是一种精英主义式的民主。"西方个人主义民主强调监督与制衡,来自儒学的社群主义民主强调互助与和谐。"❷

共同体主义强调共同体利益的优先性,强调多元共识的达成。新加坡集选区制度明显地体现了这种价值支撑。新加坡迈入后李

---

❶ [新]吴元华:《新加坡的良治与民主》,载吕元礼、陈家喜主编:《新加坡研究(2013 年卷)》,社会科学文献出版社 2014 年版,第 23 - 24 页。
❷ 李文:《儒家文化与新加坡民主政治》,"二十一世纪中华文化世界论坛"第六届(海外首届)国际学术研讨会论文集,2010 年 12 月于新加坡,第 197 页。

光耀时代以来,尤其是进入 21 世纪以来,多元社会的特征在多种族、多宗教的社会结构基础上不断放大并凸显。这种多民族国家异质性较高,不符合西方自由民主对于民情的一致性要求,从而使新加坡的民主表现出不同的特点,尤其是对共同体利益优先的强调。新加坡集选区制度自 1988 年独创以来经过 1991 年的完善,并在此后的选举中占有越来越多的比重。例如,1988 年有 13 个集选区;1991 年集选区数量增加了 2 个,总数为 15 个;1997 年大选时,集选区数量同上一次大选,但是每个集选区议员名额增加到 4—6 名,集选区议员占整个国会议员的比例却提高了;2001 年大选,只有 14 个集选区数量,其中 9 个 5 人集选区,5 个 6 人集选区,9 个单选区,总共有 84 个席位,单选区产生 14 名,集选区产生 80 名;2006 年大选,集选区数量和候选人数量,均维持了 2001 年的规模;2011 年大选共有 15 个集选区;2015 年大选共有 16 个集选区;2020 年大选增加为 17 个集选区(见表 3 – 2)。从中可见,集选区已经成为新加坡选举选区的重要基础。

表 3 – 2 1988 年以来新加坡大选选区划分情况

大选年份	集选区				单选区	议席总数(个)
	3 人	4 人	5 人	6 人	1 人	
1988	13				42	81
1991		15			21	81
1997		5	6	4	9	83
2001			9	5	9	84
2006			9	5	9	84
2011		2	11	2	12	87
2015		6	8	2	13	89
2020		6	11		14	93

数据来源:新加坡选举局,网址:https://www.eld.gov.sg/。

但从选区的划分和设置上来看，以集选区为基础的新加坡民主已经区别于西方的选举民主。这种集选区划分方法考虑的是多元种族的和谐与共同体利益的优先性。通过这种选区形式和选举过程，人民行动党政府协调了多元共同体，实现了多元种族社会中民主选举的难题。否则的话，"替代的措施只能是共同体主义的政治化——这是人民行动党政府极力避免的东西。"❶ 2011 年，反对党赢得一个集选区，使反对党议席数量大增，从而使反对党更加乐观。❷

共同体主义支撑的托管式民主使新加坡的民主体现出了协商和共识的特色。新加坡注重民主的秩序和有限竞争，主张共同体的利益优先，注重多元种族之间取得共识，注重政府与民间的协商。后李光耀时代，无论是吴作栋还是李显龙都进一步放松国内管制的政治环境，公民社会不断成长，各种论坛和民间组织不断成长，形成了公开讨论的社会大环境。政府依赖各种委员会以及诸如民情联系组等组织对各种政策进行协商和辩论，政府还不时就某一议题进行全国对话。例如，1989 年启动的"新的起点"全国对话、1997 年启动的"新加坡 21"全国对话、2002 年启动的为期两年的"重造新加坡"全国对话、2012 年启动的为期一年的"我们的新加坡"全国对话，主办了几十场公民对话，协商未来的政策议题。吕元礼认为，吴作栋不仅践行了民本，还发展了协商民主。❸ 而李显龙"更加注重托管式民主下协商民主和多元民主的改革"❹，其主

---

❶ N. Ganesan, Democracy in Singapore, 4 *Asian Journal of Political Science* 76 (1996).
❷ 韦红、谢伟民:《新加坡集选区制度初探》，载《南洋问题研究》2012 年第 1 期。
❸ 吕元礼等:《鱼尾狮智慧:新加坡政治与治理》，经济管理出版社 2010 年版，第 78－104 页。
❹ 赵虎吉、毛翔:《新加坡:托管式民主之路》，载《理论视野》2012 年第 12 期。

办的全国对话是对协商式民主的有益探索❶。

三、民本主义、民主实践与好政府

新加坡在儒学的传承和复兴中极为强调民本主义，强调民有和民享。民主在本质上是追求民有和民享的。新加坡式的民主中存在定期选举，人们将权力托管给获胜执政的人民行动党，而人民行动党为人民的长远利益着想，实现发展中的民有和民享。新加坡的相关政治实践与制度设计实现了民本与民主的会通。吕元礼就认为吴作栋时期就体现出了"一种由民本走向民主的具有过渡性特色的行政思想与实践"❷。

在民本主义的指导下，新加坡的民主实践得到进一步拓展：从注重民意到与民众协商对话，从好政府到引导民众参与等。20世纪80年代以来，儒学传统的复兴使吴作栋等领导人越来越重视民本的重要性。他们明确政府是为人民服务的，政策制定和执行都要符合人民的意愿。吴作栋一改李光耀时期的作风，注重听取民意，专门成立了收集和处理民意的反馈小组，后来又发展为"民情联系组"。它们的主要功能在于一方面使政府能自上而下地收集民意，另一方面可以拓展民主参与渠道，实现政府与民众之间的双向互动。此外，政府还会适时进行全国对话，成立专门的对话委员会会，在收集民意同时也成为政府与民众交流的渠道。随着新时代的到来，新媒体等手段、技术与平台的发展又使政府与民众之间的沟通渠道多样化。民情联系组还建有专门的网站，

---

❶ 吕元礼、张彭强：《全国对话会与新加坡协商式民主》，载《河南师范大学学报（哲学社会科学版）》2015 年第 5 期。

❷ 吕元礼等：《鱼尾狮智慧：新加坡政治与治理》，经济管理出版社 2010 年版，第 70 页。

便于民众的网络参与。听取民意和相互沟通的主题都围绕着新加坡发展的重要问题而展开：从上层的国家政策到基层的民生问题，从组屋政策到教育、就业、医疗改革，从关注普通民众生活到给男性公务员加假等，无一不体现了民本主义的思想，也体现了新加坡实质意义上的民主实践。

另一方面，民本主义还隐含着"内圣外王"的思想。圣君贤相对内以身作则，培养良好美德；对外教化庶民，施行仁政。在民本主义和圣王思想下，新加坡的民主实践表现出了"好政府"的模式。"什么是好政府？这要看人民的价值观而定。亚洲人所重视的东西未必就是欧洲人所重视的。"李光耀和吴作栋在20世纪90年代分别阐述了好政府这一新加坡成功的重要因素。李光耀于1992年出席东京"创造21世纪论坛"时批评了西方式的民主人权观，阐述了立基于亚洲价值观的新加坡式的好政府，认为"好政府比民主人权重要"，"政府廉洁有效，能够保护人民，让每一个人都有机会在一个稳定和有秩序的社会里取得进步，并且能够在这样一个社会里过美好的生活，培育孩子，使他们取得更好的表现"。❶ 吴作栋1995年在其母校美国威廉斯学院（吴作栋在此获得发展经济学硕士学位）演讲时说：新加坡的成功经验只有两条：第一条是经济因素，第二条就是良好的政府。因而，新加坡的发展及其成功可以说都离不开"好政府"的理念及其实践。儒家文化对新加坡政治社会的突出影响是这个岛屿共和国有一个"好人政府"。有学者认为还可以用别的字眼来描述它，如"君子政府""贤王（或哲王）政府"等。❷

---

❶ [新]新加坡《联合早报》编：《李光耀40年政论选》，现代出版社1994年版，第569—570页。
❷ 庄礼伟：《"好政府"模式及其社会效应》，载《当代亚太》2001年第10期。

新加坡所主张和实践的好政府的表现主要有两方面：一是君子当政；二是做到民有和民享。第一个方面也就是我们后面阐述的贤能政治。而好政府的理念与实践明显地体现了民本主义，其目标就是实现民有和民享。新加坡的发展是建立在民生、追求民享基础上的发展。无论是从人民行动党的竞选口号还是其与人民的信约（人民行动党立志改善民生，建设国家的誓言、承诺）都是为了实现人民的发展。❶

四、从"亚洲价值观"到"贤能政治"

"亚洲价值观"得以存在的缘由主要还是那些利用这一价值观的政府与政客在施政时常常本着为人民服务的精神来治国。因此，以此为价值理念和施政主张的政府往往能得到人民的拥护与支持。新加坡政府就是一个好例子。❷

新加坡建国以来重视精英，形成了精英主义的政治价值，并在其指导下建立了精英政治。新加坡的精英主义背后其实还有更深层的价值支撑，我们在前文中已经阐述。新加坡受东西价值的影响，精英主义背后有着东西精英文化价值的双重影响。在李光耀时期，新加坡的精英主义更多的是受西方精英文化的影响。进入到后李光耀时期，新加坡对儒家文化的弘扬使儒家文化成为新加坡政治价值的根基。而儒家文化中的精英思想也对新加坡的精英主义和精英政治产生重要影响。对儒家文化的重视及其某些元素的挖掘使新加坡的精英政治发展为"贤能政治"。正如贝淡宁所论证的，"亚洲价值观"的论证凸显了新加坡的"贤

---

❶ 吕元礼：《新加坡为什么能》（上卷），江西人民出版社2007年版，第97-98页。
❷ 瑞贤：《关于亚洲价值观》，载新加坡文献馆网1998年2月28日，http://www.sginsight.com/xjp/index.php?id=2045。

能政治"。

贤能政治本质上就是精英政治,但是前者区别于后者的一点在于对精英品德的高度重视。儒学在新加坡的发展及其受西方精英主义的影响使新加坡的贤能政治凸显出来。贤能政治立基于精英政治,更加强调精英的美德和品格。正如新加坡学者陈水华所说:"光有能力并不够好,如果领导人有能力而无美德对于国家来说是灾难性的、不利的。"❶ 儒家中领袖的标准是"贤能"。贝淡宁对于新加坡的贤能政治作了详细的阐述,他认为西方政治理论和实践中也存在贤能政治。柏拉图就重视那些既具有卓越能力又能作出合乎道德决定的政治领导。约翰·密尔(John Stuart Mill)和托克维尔都有过贤能政治的论述,但是相关理论论证上的努力已经从西方政治话语中消失了,而且已经很难找出一本最近出版的关于贤能政治的出色著作了。而新加坡则在现实实践中尝试着建立起贤能政治,"在'好'的民主政体和'坏'的专制政体之间,新加坡的领导人们摒弃了二分法。他们认为还是'贤能政治'的概念最为恰当地描述了新加坡的政治制度。"贤能政治的特点在于对精英的品德高度重视。"新加坡是一个建立在努力和品德,而不是取决于出身的财富或者特权基础上的社会","新加坡是一个贤能政治的社会。这些人是通过他们自身的良好品质、辛勤工作和高绩效来获得提升的。"❷

以儒家价值为支撑的精英主义对新加坡最重要的影响莫过于倡导在这个国家建立了一个"君子政府"。无论是亚洲价值观还是后来的共同价值观,其中最显著的元素就是"儒学中的君子概念,

---

❶ Tan Chwee Huat, Confucianism and Nation Building in Singapore, 16 *International Journal of Social Economics* 9 (1989).
❷ [加]贝淡宁:《从"亚洲价值观"到"贤能政治"》,载《文史哲》2013 年第 3 期。

由有德行的人来统治"❶。儒家主张"贤人政治",所以新加坡在选拔人才的时候,不只以才能来衡量精英,更是注重他们的"德行"。一个真正的精英不光有才能,还要有德行。只有那些有能力、有献身精神而又正直的君子,才有资格被称为领导群众进步的"精英"。"世界上为数惊人的有高度知识的人,对他们同胞的幸福,一点也没有贡献。有一种还无法确知的,或者更可以说是还不可能估量的质量,叫做'品德',加上你的智力,或者知识,或者训练,那就会对领导有利。"❷

因此,在精英选拔的时候,新加坡特别重视个人的品格、人格、品行、动机和德行。这些德行虽然难以评估,但却是衡量精英的重要标准。精英必须具备的品行和动机就是忠于人民、忠于理想的献身精神,因为一旦他们的动机有问题,这些人对社会造成的不良影响也更大。所谓品格和人格,就是要冷静镇定、临危不乱。身为领袖者,无论民选与否,都必须要有把自己当成人民信托人的意识。这些都组成了衡量一个人品德的因素,即良好的品德就是要有坚毅的意志、献身精神、廉洁的作风和为人民服务的奉献精神。除此之外,贤能之人还要将国家社会利益置于个人利益之上。贤能之人应该是真正的君子,只有那些有能力、有献身精神,而又正直的君子,才有资格为新加坡人服务。❸

"好政府"也是贤能政治的最大表现。新加坡建国以来一直延续的"'好政府'的理念是以改良的精英主义政治理论为基础的。"❹

---

❶ Neil A. Englehart, Rights and Culture in the Asian Values Argument: The Rise and Fall of Confucian Ethics in Singapore, 22 *Human Rights Quarterly* 558 (2000).
❷ [英] 亚历克斯·乔西:《李光耀》,上海人民出版社1976年版,第81页。
❸ 吕元礼等:《鱼尾狮智慧:新加坡政治与治理》,经济管理出版社2010年版,第24-25页。
❹ 王子昌:《善政和善治:新加坡"好政府"模式的理论定位与走势》,载《当代亚太》2002年第8期。

新加坡历来宣扬"好政府",认为一个好的政府必须廉洁有效、保护人民,让每一个人都有机会在一个稳定和有秩序的社会里取得进步,并且能够在这样一个社会里过美好的生活。它要求"统治者和人民都有很高的道德标准"。❶ 好的政府是由精英尤其是好的领导人构成的,践行着精英治国的价值。可见,"好政府"是贤能政治的表现。

"好政府"又与民主产生关联。好政府是符合民主理念的,好的政府意味着政府为人民服务的同时政府的权力是来自人民的委托的,这是民主的价值理念。一方面,好政府要求通过选举和选拔的方式来筛选精英,首先将民主视为一种手段,政府通过民主的选举而获得合法性的授权;另一方面,获得委托的政府以服务民众、促进社会发展为最终目的,从而将民主视为一种目的。贤能政治的表现是"好政府","好政府"背后是精英主义,同时又体现着民主原则。因而,有学者将新加坡视为"精英民主"❷。尽管关于新加坡是不是精英民主存在着一定的争论,但关键是新加坡"认为还是'贤能政治'的概念最为恰当地描述了新加坡的政治制度"❸。这在某种程度上说明了新加坡试图与西方式民主(包括精英民主)划开距离。正如王子昌所认为的"好政府"理念是以精英主义为基础,但又是对精英主义的一种改良。❹ 那么,不难理解贤能政治在一定程度上可能是新加坡基于儒家政治价值基础上对精英政治的进一步拓展。

---

❶ [新]新加坡《联合早报》编:《李光耀40年政论选》,现代出版社1994年版,第570页。
❷ 梅少粉:《权威主义还是精英民主:新加坡政治发展研究》,天津人民出版社2023年版。
❸ [加]贝淡宁:《从"亚洲价值观"到"贤能政治"》,载《文史哲》2013年第3期。
❹ 王子昌:《善政和善治:新加坡"好政府"模式的理论定位与走势》,载《当代亚太》2002年第8期。

五、价值的融合与互动的一元化

后李光耀是新加坡政治发展的又一重要时期。李光耀时期新加坡取得了政治发展的稳定，同时其发展凸显了一定的政治价值和制度问题，而后李光耀时代新加坡开始着重解决这些问题，从而带来政治的发展。这主要表现在新加坡的政治制度水平不断提高，实际的政治过程不断民主化，而政治价值开始融合东西之间的冲突。后李光耀时期新加坡政治制度的微调是受到外部的压力和内部的要求而产生的，这一微调和制度化也凸显了新加坡政治发展中政治价值的重构。

后李光耀时期新加坡政治价值和政治制度的互动凸显了以下几个方面的特点：

一是后李光耀时期新加坡政治制度的微调凸显了政治价值的重要性。后李光耀时代新加坡在原有政治制度基础上进行微调而逐渐建构了一系列新的制度，如非选区议员制度、官委议员制度、集选区制度、民选总统制度等。非选区议员制度、官委议员制度和集选区制度等都是新加坡的独创，而非西方民主的表现形式。那么，这些制度的合法性来自何处？这些制度的调整首先是为了应对新加坡发展过程中内外环境的危机和20世纪80年代末的政治价值危机。但是，新加坡力图建构一个不同于西方自由竞争的民主，那么对其进行形式上调整的背后制度的合法性支撑，也即政治价值的支撑显得尤为重要。这些调整也使人民行动党政府逐渐考虑并重视政治价值的重构来支撑这些制度。因而，在这些制度创立和运行不久，人民行动党政府就开始提出共同价值观来提供其合法性论证。

二是后李光耀时期新加坡政治发展中主导性的政治价值是共同体主义。人民行动党在这一时期中力图以共同价值观来融合东西政治价值，融合西方政治价值与新加坡的政治制度。后李光耀时代的新加坡以共同体主义作为主导性的政治价值为政治制度和政治行为确定了基本的方向。这主要体现在集选区制度越来越重要，已经超越单选区制度，成为新加坡选举的重要特色，也成为新加坡共同体式的民主或托管式民主的表征。共同体主义强调共同体的优先性，强调国家的积极作用，强调秩序和稳定，那么在此指引下新加坡的民主实践与制度建构就不会走向西方式的自由民主。非选区议员、官委议员制度的设立实质上强调新加坡的一党独大体制，并通过有限的竞争和反对派的存在来维持新加坡式的民主。而集选区制度及其在新加坡选举中占有的越来越重要的地位，实质上也说明了新加坡对于共同体以及多元种族融合的强调。

而共同体主义本身是与精英主义相融合的。共同体主义强调共同体的优先性，强调人民福利的重要性，强调国家的积极作用，这些都经由精英才能实现治理的。共同体主义是以儒家共同体主义为核心的，又与贤能政治、民本主义和民主发生关联。因而，共同体主义的主导性和优先性塑造了新加坡托管式民主。

三是后李光耀时期新加坡政治价值与政治制度互动趋向一元化。李光耀时代新加坡的政治制度与政治价值的互动是一种东西方冲突的二元化状态。而进入后李光耀时代，这种二元化的特征表现得越来越明显，使得新加坡政治价值与政治制度的互动必须协调这种二元化冲突，东西方政治价值与政治制度的冲突必须进行限制或者融合才能使政治发展实现稳定和有序。东西政治价值与政治制度、本土与外来政治价值与政治制度之间的冲突对于新加坡这个多元种族、宗教、文化的小国的政治发展非常不利。如果不融合这些冲突，开创出一种综合性的、创造性的一体化政治发展道路，就会容易造成新加坡政治发展的分裂与失序。20世纪80年代末，新加坡的二元性特征表现得最为明显,进而使新加坡意识到西方个人主义的冲击造成了新加坡传统文化的丧失,带来了无根的价值危机;另一方面这种危机也是由于新加坡在李光耀时代采取的实用主义政治价值所导致的。这些都使新加坡意识到建立一种融合东西方政治价值与政治制度的具有实质性价值内容的政治价值体系尤为重要。

新加坡较为明确地意识到西方民主的弊端以及后发展国家尤其是后殖民地国家在政治发展与民主化道路上的西化所带来的政治衰败。如何走出一条现代化而又不西化的政治发展道路是新加坡政治发展所需回答和探索的重大时代问题。新加坡从提出亚洲价值观再到共同价值观的提法转变实际上是以儒学政治价值为根基,试图融合东西方政治价值与政治制度走出一条新加坡式的政治发展道路。因而,在新加坡政治发展过程中,内含于共同价值观背后的共同体主义、民本主义在政治价值层面融合了东西方对共同体的重视、对民生的重视,同时又在政治制度层面与民主和精英政治对接,从而实现了东西方的融合,使二元化的冲突融合为一元化的趋同,走出了新加坡的现代化而又不西化的政治发展道路(图3-1)。

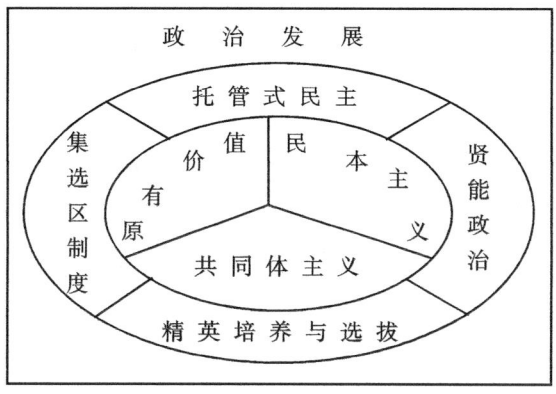

图3-1 后李光耀时期新加坡政治价值与政治制度互动关系模式

当然，这种一元化融合的维持并非易事。在当今世界，西方的影响源源不断，新加坡如何发扬和巩固儒学作为立国之本，仍是一项长期的重大课题。

六、影响后李光耀时期政治价值与政治制度互动的国内外环境

20世纪80年代以来新加坡国内外环境变化莫测。冷战格局的解体带来了复杂的国际环境，在经济全球化和第三波民主化的趋势下，国际局势变化莫测。任何国家和地区都被卷入这一多极化的格局中。任何国家和地区内部的发展也都受到了这些变化的影响。新加坡在20世纪80年代以来的政治发展受到内外多重因素的影响，主要表现在以下三个方面：

一是市场经济的发展。在李光耀时期，新加坡采取较为务实、实用的经济发展道路。虽然李光耀崇尚民主社会主义，但是在实用主义的主导下新加坡走的是市场经济的发展道路。当时的新加坡从马来西亚这个大市场分离出去之后，"必须从'小池塘'里游出去面对波涛汹涌的'大海'"❶。新加坡采取的市场经济并不是自由放任式的市场经济，而是在国家和政府有计划指导下的市场经济。新加坡专门成立经济发展局，规划工业区，实施经济发展战略。到20世纪80年代，新加坡从"淡马锡"成为"四小龙"之一。

然而，国家指导的市场经济的发展对整个新加坡带来了全面的影响。其中，最主要的表现就是个人主义的泛滥。市场经济承载了一些重要的价值观念。市场经济是个体自由交换的经济形式。市场经济的蓬勃发展带来了个人主义的不断发展。新加坡的市场

---

❶ 匡导球：《星岛崛起：新加坡的立国智慧》，人民出版社2013年版，第14页。

经济与全球化接轨,并高度融入世界经济体系。在经济实用主义的指导下,新加坡的市场经济带来了极端个人主义的发展。这随之带来了工具理性的泛滥,"具有极度个人主义的取向","吸毒、性解放、高消费和政治自由主义"❶现象在新加坡蔓延。这也导致了新加坡 20 世纪 80 年代末价值危机的出现。

另一方面,活跃的市场经济推动了新加坡社会结构的新变化。经济发展带来社会的积极变化,如教育水平的提升、公民社会的成长、公民意识的觉醒、中产阶级的壮大,也带来了国外的政治价值和思潮等,这些是现代化理论的经典论述。随着新加坡现代化的发展,新加坡也出现了上述变化,这些变化都对政治制度和政治价值产生了重要的影响。

二是新加坡的外部压力与示范效应。20 世纪 80 年代以来,民主化浪潮和冷战格局的解体是新加坡面临的外部示范效应和外部压力。一方面,民主化浪潮在全球的扩展也迫使李光耀等着手展开政治权力的交接和探索治理风格的转变。这使继任者吴作栋采取更加协商式的治理风格,并逐渐使新加坡的政治制度进行了民主化方向的微调以及政治价值的重构。另一方面,冷战格局的解体带来的是并不十分和平的国际环境和地缘政治格局。尤其是南亚和东南亚的地区政治较为紧张,使新加坡在不断开放的同时又高度关注国际与地区环境的变化对其所产生的影响。政治秩序的稳定是新加坡政治发展中所要考虑的重点内容之一。这两方面的国际格局使新加坡政府在处理政治开放、民主化进程和政治稳定方面面临着重要的挑战,成为新加坡未来很长时间内政治发展的难题。

---

❶ 李路曲:《新加坡现代化之路:进程、模式与文化选择》,新华出版社 1996 年版,第 291 页。

三是新加坡的国内环境。新加坡国内环境对政治价值与政治制度的主要影响表现在国家与社会关系方面。新加坡的公民社会在20世纪80年代以来逐渐复兴和重建,尤其是20世纪以来新兴媒体的发展壮大了公民的力量,公民的政治参与开始增多,反对的声音也开始出现。新加坡之前的"大政府,小社会""强国家,弱社会"的格局正在转变,人们开始呼唤"大政府,大社会""强国家,强社会"的国内关系格局。这一转变促使新加坡的政治价值注重挖掘共同体和民本方面的内容,促使人民行动党政府主动放开政治空间并与民众协商国家的未来发展大计,也促使新加坡国家政治制度的不断民主化以及政治权力对自我限制的强调和相应的探索。因而,不断转变中的国内关系新格局是影响新加坡政治发展以及政治价值与政治制度互动的重要因素。

CHAPTER 04 >> 第四章

新常态下新加坡政治价值与政治制度互动的挑战与展望

从1959年取得自治权,1963年加入马来西亚,1965年从马来西亚独立出去建立新加坡共和国,新加坡走过了半个多世纪的风雨历程。从李光耀时代,到后李光耀时代,新加坡经历了李光耀、吴作栋、李显龙三代领导人,而财政部部长黄循财也已被正式推举为第四代领导团队新领导人,并带领人民行动党迎战下届大选。在他们的带领下,新加坡以城市国家的姿态取得一系列的重要成就,被视为"亚洲四小龙"之首,取得了"新加坡奇迹",其成就与发展背后有着诸多待深入探究的"新加坡之谜"。总体而言,在政治发展方面,新加坡继承了英国议会民主制形式,又有着自身的创新,开创了新加坡式的"托管式民主",逐步融合了东西方政治价值,开拓出了一条适合自身国情的政治发展之路。

但是,在急剧变化的世界环境下,在东西方政治发展普遍遭遇挫折和困境的情况下，冉冉升起的新加坡也面临着时代的考验并"刮起改革风"❶。新加坡的政治发展道路并非一帆风顺的，在其取得成就的背后还存在着许多的问题。2011年大选之后，新加坡进入一种新常态（new normal）。李光耀和吴作栋宣布退出内阁，也标志着新加坡从后李光耀时代迈入新常态。在新常态下社会的多元分化、公民社会的不断成长、选民诉求的改变、政治价值的调整、政治制度的适应性问题等都使新加坡的繁荣与发展面临着一系列的挑战。如何应对这些挑战对新加坡未来的政治发展至关重要。

第一节　新常态：后李光耀时代演变中新加坡的新态势

新加坡迈入新常态受着一系列时代背景和国际环境的影响。20世纪末，政治上的民主制和市场导向的经济体制在世界各地蓬勃发展，民众表达愿望和意见的能力得以提升，公民的参与意识不断增强，社会转型在原有的体制下开始萌芽。然而福山观察到，第三波民主化浪潮在20世纪90年代后达到顶峰，21世纪第一个十年则出现"民主衰退"，21世纪第二个十年中民主世界出现若干形式的病症。政治发展的焦虑症不断蔓延：第一种焦虑是取得民主进展的某些国家如俄罗斯等出现彻底逆转而带来的；第二种焦虑是那些似乎走出威权政府却又陷入托马斯·卡罗瑟斯（Thomas

---

❶ ［新］蔡裕林：《新加坡刮起改革风：李光耀时代 VS 后李光耀时代》，新加坡朝晖出版社2013年版。

Carothers)所谓的既非完全"威权"也非货真价实的民主的"灰色地带"的国家所带来的;第三种焦虑无关乎政治制度能否走向民主化或保持民主化,而关乎它们能否向民众提供所需的基本服务。拥有民主制度这一事实,并不表明其治理的优劣。未能履行民主所允诺的好处,可能是民主制度所面临的最大挑战;第四种焦虑与经济有关。❶

新加坡敏锐地感受到了国际环境变迁带来的压力。李显龙上台之后已经意识到新加坡社会的变化,开始逐渐完善政治生态并主动回应民意。2011年人民行动党在大选中失去一个单选区、一个集选区,得票率为除2020年大选外历年来最低(见表3-1)。有观察家认为:"2011年5月的大选成为政治体制的分水岭,促成了一个新的历史时代的来临。"❷ 那么,新加坡社会到底发生了哪些变化?能不能称为一个时代的转型?

一、社会转型时代的到来?

2011年大选以及李光耀和吴作栋辞去内阁职务,标志着后李光耀时期出现了新变化。同时,2011年大选也标志着新加坡进入一种"新常态"(new normal)。大选之后,李显龙总理以人民行动党秘书长的身份在最新一期《行动报》上撰写《未来之路》一文,阐述了执政党接下来该怎么做、做些什么以及执政党未来的方向。这表明大选和总统选举过后,这个连续执政已经跨越半个多世纪的政党面对所谓的政治"新常态",正在进行深刻的反思并自我重

---

❶ [美] 弗朗西斯·福山:《政治秩序的起源:从前人类时代到法国大革命》,毛俊杰译,广西师范大学出版社2012年版,第4—6页。
❷ [新] 蔡裕林:《新加坡刮起改革风:李光耀时代VS后李光耀时代》,新加坡朝晖出版社2013年版,第71页。

构,以便继续获取最大多数选民的支持。❶

可见,2011年大选迫使人民行动党进行反思,人民行动党政府也承诺将进行改变,进行"新政"。这意味着新加坡仍处于政治转型过程中,其政治发展是一个不断向前推进的过程。也许正如新加坡太平洋经济合作委员会主席陈企业所说:"新加坡模式同样在寻求转型。"❷ 尽管陈企业在很大程度上是从经济角度阐述的,但是可以发现新加坡在政治方面也正在经历一场转型。

为期一年多的2012年"我们的新加坡全国对话"结束后,李显龙总理在2013年的国庆群众大会进行全国对话的总结时,发表了"迎接新挑战,迈入新方向"的主旨演讲,指出"新加坡的发展来到一个转折点"。新加坡国立大学社会学系副主任郑宝莲副教授听后认为,"我觉得总理演讲中最重要的信息是,政策上未来将出现范式转移。在治理新加坡的前40年里,我们确实很成功,但展望未来,我们或许不能再用同样的模式。"❸

李显龙总理在2011年辩论总统施政方针时指出,要有信心地面向未来,新加坡必须具有三大要素:包容社会、蓬勃经济及建设性的政治。❹ 在之后的两年中,执政党与反对党对这三大要素进行了数场国会辩论。工人党秘书长刘程强以其成熟的政治经验和工人党会"小心翼翼地避免形成'抗争性政治'(contentious politics)甚至'毁灭性政治'(destructive politics)的局面,工人党可能会

---

❶ 吴俊刚:《未来之路怎么走?》,载联合早报网,http://www.zaobao.com/special/report/singapore/ge/story20110912 - 134434。
❷ 南方日报记者:《新加坡模式同样在寻求转型》,载《南方日报》2013年5月28日。
❸ 李显龙:《迎接新挑战,迈入新方向》,载联合早报网,http://www.zaobao.com/special/report/supplement/ndp2013/story20130819 - 242488。
❹ 社论:《政策的赓续与调整》,载联合早报网,http://www.zaobao.com/forum/editorial/story20140417 - 333417。

尝试建立另一种新的分析框架,解释该党对建设新加坡政治的立场和原则,从而创造出新的体制模式,进行一种特有的创造性政治实践"。从中可以看出,工人党对建设性政治是比较感兴趣的。围绕着建设性政治,工人党形成了对当前政治生态的看法,与人民行动党进行了激辩。其中,2014年5月执政党与反对党工人党就"建设性政治"进行国会辩论。两党对建设性政治存在着截然不同的理解,"李显龙总理在国会就政府施政方针的第三天辩论中发言时,从五个方面为连日来引起朝野议员热议的建设性政治下定义,强调领导人制定执行政策的能力,操守、品格和诚信必须维持在一个高度,等等;而工人党秘书长刘程强则指出,要打造以团结人民为目的的建设性政治要有三大元素:政治价值观、政治文化和为人民所信任的体制。"❶ 可以看出,工人党作为反对党对于新加坡的政治生态也有了深入的了解,较为明确地提出了政治背后的政治价值观问题,而且把政治价值观和政治文化进行了区分。这反映了新时期新加坡政治价值存在一些问题。

建设性政治是一种议政原则,又是一种政党博弈格局。它以法治为最高权威准则,要求朝野双方遵守议政规则,不走极端,理性与负责任地进行沟通、辩论和批判。执政党要宽容反对党的多元意见和批评,合理采纳有利于国家和人民的政策建议;反对党不应为了反对而反对,而是以其所代表的民众利益为根基,对执政党的制度、政策等提出建议。朝野双方秉持同样的标准,执政党不搞特殊,反对党不"无理取闹"。要落实宏大的目标,就必须维持以人民和国家为先的建设性政治,"陈庆炎总统提醒说,因

---

❶ 傅来兴:《建设性的政治为谁而建设?》,载联合早报网,http://www.zaobao.com/forum/views/opinion/story20140619 – 356472。

激辩与分歧而产生的政治喧嚣最终可能导致政府陷入僵局和瘫痪,使新加坡衰弱"❶。

建设性政治也最凸显了政党政治的新变化。2011 年大选的分水岭使新加坡的政党政治有朝向两党制方向发展的趋势。尽管目前还不明朗,但是最大的反对党工人党已经高调倡导新加坡应该走向"第一世界国会"。工人党进入国会之后,对政府政策检讨发挥了一定的作用。时任总统陈庆炎博士在 2011 年 10 月 11 日宣读未来五年政府施政方针时提醒,"在政治气候变得更为开放之际,拥有不同政治理念者都必须摒弃党派之争,以国家的长远利益为先,因为唯有建设性及负责任的政治才能使新加坡如过去克服一关又一关的艰难挑战,继续取得进展"❷。工人党就建设性政治议题在第 12 届国会中与人民行动党展开了数次激烈辩论,从而使建设性政治成为新加坡政党政治发展和博弈的重要议题。朝野两党的辩论是在理性和负责任的态度下进行的,是以国家利益为前提,以国以民为先,是在既有的法律和规范框架下的政党博弈。反对党并没有挑战当前的政治体制,没有以对抗性的姿态指责执政党,没有国会中的恶斗,也没有无休止的拉扯战,而是负责任地批判执政党的政策。尽管新加坡出现了类似向两党制发展的讯号,但是并没有依循英美的两党政治,而是进行政治制度上的创新,独辟蹊径,在一党独大体制下不断容纳反对党的壮大,不断开放,获得了适应性,保持了生命力。人民行动党是在"原

---

❶ 陈庆炎:《政治喧嚣可致政府陷入瘫痪》,载联合早报网,http://www.zaobao.com/realtime/singapore/story20140516-343856。

❷ 社论:《陈庆炎总统宣读政府未来五年施政方针:国家包容性增长、人人分享成果》,载联合早报网,http://www.zaobao.com/special/report/singapore/pe/story20111011-181352。

有的宪政框架下容纳了反对党势力的发展","显示出了较强的制度弹性"。❶ 环比今日周边各国的议会对抗、政党分裂与极化的民主乱象,新加坡的政党博弈正在开辟一种新的模式和格局。❷

前总理、荣誉国务资政吴作栋在2011年大选之后,也认为新加坡发生了变化,新加坡不论是在政治、经济、社会和"硬体"发展都来到了一个十字路口,"我们下来选择走哪一条路势必决定我们共同的未来"。❸

新加坡本地政治观察家蔡裕林的著作阐述了"新加坡刮起改革风"❹,其在联合早报发表的评论性文章指出,新加坡近年来的努力"让人们看到了一个转型中的新加坡,正梳理出它应走的道路","时代的改变与重构,需要时间来完善。在现有改革的基础上,新加坡还须要怎么做?不同发展阶段有不同的治国理念和政策导向。李显龙总理主政下的10年,国家向前发展了,但问题和麻烦也增多了。如今的改革,毫无疑问是必要的,而且须持之以恒。但我们也必须清醒地认识到前车之鉴,避免矫枉过正。只有政治和政策正确,才是新加坡未来的保障"❺。

2011年大选之后的种种迹象都指向了新加坡的改革和政治转

---

❶ 胡荣荣:《自主性和适应性:政党视角下的政治变迁——以二战后的新加坡和台湾地区为例》,载《国外理论动态》2011年第11期。
❷ 李新廷:《从意识形态政治到建设性政治——新加坡一党独大体制的演变与博弈模式》,载严海兵、刘乐明:《上海青年政治学年度报告·2017》,中央编译出版社2018年版。
❸ 吴作栋:《政府人民应双向对话,为国家未来寻求共识》,载联合早报网,http://www.zaobao.com/special/report/singapore/ndp2012/story20120812-99679。
❹ [新]蔡裕林:《新加坡刮起改革风:李光耀时代VS后李光耀时代》,新加坡朝晖出版社2013年版。
❺ 蔡裕林:《本届政府的下半场议程》,载联合早报网,http://www.zaobao.com/forum/views/opinion/story20140530-349018。

型。新加坡在李光耀后时代面临着更多的挑战，这些挑战迫使新加坡不断地进行改革。正如蔡裕林所说："总体来说，改革已成定局，新时代的基本形态已成型。"❶

2015年3月前总理、建国之父李光耀去世之后，引发了新加坡政治发展的又一轮讨论。无论是学界、政界还是民众对李光耀所创立的"新加坡模式"展开讨论，讨论的中心议题基本上是围绕着李光耀的政治遗产。❷ 还有一部分评论关注到李光耀去世之后新加坡的发展走向的问题。正如前文所述，李光耀自卸下总理之职后，"日益淡出普通新加坡人的生活和视界"。正如马亮所认为的："没有李光耀的新加坡，可能不会像一些观察者所预测的那样危言耸听，但也不会像某些乐观者所期许的那样美妙绝伦。"❸ 正如前文所述，后李光耀时期以来新加坡政治制度的建设已经取得了极大的发展，精英政治和官僚体制运转良好，背后有着良好的共同价值观的支撑。新加坡人也形成了比较凝聚的政治认同，整体性的体制变革不太可能，但是新常态以来的转型已经逐渐形成。李光耀的去世实际上放大了人们对人民行动党执政能力的担忧以及对反对党壮大的欢迎。

可以说，李光耀去世后新加坡未来的走向和转型还是处于新

---

❶ [新] 蔡裕林：《新加坡刮起改革风：李光耀时代 VS 后李光耀时代》，新加坡朝晖出版社2013年版，第225页。
❷ 在笔者看来，最具代表性也最为中肯的几篇评论性文章是郑永年：《李光耀最大功劳是用西方制度实现儒家价值》，载凤凰网：http://news.ifeng.com/a/20150327/43429320_0.shtml。郑永年：《李光耀和后殖民地时代世界政治》，载联合早报网，http://www.zaobao.com/forum/expert/zheng-yong-nian/story20150407-465866。欧树军：《李光耀的九十年与新加坡的六十年》，载四月网：http://www.m4.cn/opinion/2015-03/1268248.shtml。
❸ 马亮：《后李光耀时代新加坡的支撑点和大选格局》，载爱思想网2015年3月25日，http://www.aisixiang.com/data/85673.html。

常态下新加坡所面临的各种问题和挑战的背景下。近年来,新加坡明显感受到各种压力,因而人民行动党政府也不断进行调整,进行变革,以适应形势和环境的变化。

变革意味着什么?变革不同于革命。新加坡所致力于的变革和政治转型并不是体制性的根本改变,而是渐进的政策变革和治理方式的变革。正如李显龙自2011年这一"分水岭"式的大选组阁之后所强调的,政府须与过去采取不同方式的治理。但为了确保新加坡人对人民行动党保持数十年信任的为民服务精神,为了不损害人民行动党所设下的诚实与正直的高标准,李显龙认为必须牢牢地坚守、绝对不能改变上述原则与方向:"我国的基本方向不变,而是会渐进地改进现有政策","新加坡必须专注于两方面,要处理人民感受到的紧张和压力,并追踪以及对外部挑战作出反应,同时要有正确的战略。我们必须确保政治和政策正确。如果能够这样,我们便可使全民团结共同建设新加坡。而政治和政策两者都正确,我们就必须从政治开始,这是我们要做的。"❶

二、演变中形成的新常态

那么,这种新常态到底意味着什么,新加坡社会各方面结构发生了那些变化?对于新加坡 2011 年以来形成的新常态的解读,一般的观点是认为,"新一代选民要有更大的参与,要求更大的包容和多元性"❷,但是新常态远没有这么简单,它涉及社会、经济与政治方面的新变化和新要求。

---

❶ [新] 蔡裕林:《新加坡刮起改革风:李光耀时代 VS 后李光耀时代》,新加坡朝晖出版社 2013 年版,第 135 – 136 页。

❷ 吴俊刚:《未来之路怎么走?》,载联合早报网:http://www.zaobao.com/special/report/singapore/ge/story20110912 – 134434。

(一) 民众参与意识更强烈

2011年以来的三次大选都是竞争激烈的议会选举。各政党卖力宣传、力争在选举中有所突破使政党竞争达到前所未有的程度。选民成为人民行动党和其他政党争取的对象。这三次大选带来的一个显著的政治后果就是它深刻地影响了选民的政治觉醒和投票意识,尤其是带动了年轻选民参政议政的热情。尤其是2011年这次"分水岭"式的大选之后,民众政治参与的意识更为强烈,体现在此后的总统选举中。"这次的民选总统选举的竞争竟然是如此的空前激烈。让国人在此经历一次深刻的政治历练而深受其惠。"❶

政治参与程度的提高一方面是由于多年来选举实践的培养以及公民社会的成长带来的,另一方面在很大程度上是由于选民的代际变化和更替带来的。随着建国一代的逝去,新加坡年轻选民越来越多地活跃在政坛、社会等各个领域,关注着这个国家的变化,或支持领袖,或自己代言,为国家的发展发出自己的呼声。如在2020年大选中,年轻选民的理念有了变化,希望国会能更加多元化,盛港集选区60%的家庭在40岁以下,给反对党在这个新选区的胜利提供了土壤。❷ 郑永年就指出:"选民的代际变化更强化着新加坡政治参与的动力。新一代选民的观念和老一代选民的观念不同。老一代从艰苦中走来,尚能够承受环境的压力;而年轻一代则更希望通过变革使新加坡变得更加美好。同时,他们希望通过参与产生政治压力,使得权力不至于骄傲。"❸

---

❶ [新] 蔡裕林:《新加坡刮起改革风:李光耀时代 VS 后李光耀时代》,新加坡朝晖出版社2013年版,第127页。
❷ 黄飞:《疫情中的新加坡大选》,载《第一财经日报》2020年7月14日。
❸ 郑永年:《新加坡与亚洲优质民主进程》,载联合早报网,http://www.zaobao.com/forum/expert/zheng-yong-nian/story20110510-56452。

年轻选民政治参与热情的高涨得益于新媒体和网络政治的发展。新生一代是伴随着网络而成长的。对于网络的关注很容易演变成对政治的热衷,从此开创了网络世界议政的风气。"网络议政之所以如此吸引年轻人,最重要的原因在于它一方面是他们熟悉的天地,游刃自如;另一方面,正是它的无边无际,畅所欲言,超快的速度,不受政府管治的特性,完全符合了新生代对世态和政治课题随意表态的诉求和特性。因此,新加坡不可避免像其他许多国家那样,日渐形成一股网络议政的风气。"❶

选民的代际变化和网络政治的发展推动着新加坡民众政治参与的高涨。随着社会和经济的发展,新加坡已从"第三世界"跃升到"第一世界",政治生态也开始发生变化,民众尤其是年轻一代要求政治多元化的呼声越来越高。他们不仅关心民生问题,还向政府要求更大的自我空间和政治参与度以及更多的发言渠道。❷ 这对于新加坡的民主发展来说必不可少,但是如何引导这股参政的潮流并平衡新加坡的政治稳定,是新加坡新常态面临的挑战。

(二)政治竞争与政党博弈的变化

2011年以来的三次大选最大的特点也在于竞争的激烈性。2011年大选中,反对党改变以往全面铺开,在各个选区与人民行动党相竞争的做法,开始集中优势和人才,确保能够获得更多选民的支持。例如,最大的反对党工人党在此次大选中共推出23名候选人,分别参加4个集选区(阿裕尼、东海岸、义顺、摩棉—加冷)和3个单选区(如切、后港、盛港东)。从候选人的布局来

---

❶ [新]蔡裕林:《新加坡刮起改革风:李光耀时代VS后李光耀时代》,新加坡朝晖出版社2013年版,第86页。
❷ 郭继光:《王瑞杰,未来的新加坡领导人》,载《世界知识》2020年第15期。

看，他们集中攻打阿裕尼集选区，也力图保住后港单选区。该党集中最优秀的人才，包括老将刘程强、林瑞莲和陈硕茂等，试图突破集选区自 1988 年设立以来反对党深受限制的局面。❶ 最终，工人党拿下了阿裕尼集选区，并保住了后港单选区，突破了以往反对党未能赢得集选区的历史，一举夺得 6 个席位，成为议会中最大的反对党。总体来看，反对党总共派出了 80 多名候选人参加选举，为历年来参选人数最多的一年，反映了反对党对人才的吸引力正在逐渐上升，改变了人才凋零的局面，对此后政党竞争的政治生态产生了重要影响。而 2015 年大选被称为史上最激烈大选，是新加坡独立以来第一次所有议席均存在执政党和反对党或无党派人士角逐的一次大选。❷ 这一次大选与被称为"分水岭式"和"新加坡民主的成人礼"的 2011 年大选相比，也更具有重要的里程碑意义。有学者认为，2015 年新加坡大选向世人展示了"新加坡式民主"的含金量，开创了新加坡政治发展的新纪元。❸ 2020 年大选中，新加坡共有 11 个党派的 192 名候选人参加竞选，角逐 93 个议席。虽然人民行动党得以蝉联执政，但反对党工人党取得有史以来最好的成绩，除了保住后港单选区和阿裕尼集选区，再度攻下了盛港集选区，在国会的议席从 6 个增加至 10 个，而其余 9 个反对党的候选人均告落选。❹ 反对党在上述三次选举中都采取了集中优势的策略，并增加了参加竞选的人数。这使近来的国会

---

❶ [新] 蔡裕林：《新加坡刮起改革风：李光耀时代 VS 后李光耀时代》，新加坡朝晖出版社 2013 年版，第 106 - 107 页。
❷ 孙景峰、刘佳宝：《2015 年国会大选与新加坡政治发展》，载《中共浙江省委党校学报》2016 年第 3 期。
❸ 孙景峰、刘佳宝：《2015 年新加坡大选与人民行动党理念嬗变》，载《厦门大学学报（哲学社会科学版）》2016 年第 1 期。
❹ 狮城 DNA：《新加坡大选落幕，2020 战况激烈》，载狮城新闻 2020 年 7 月 15 日，https://www.shicheng.news/show/918989。

大选竞争的激烈性程度不断提高,也使新加坡政党竞争突破以往的格局,出现新的局面。

另一方面,反对党进入国会中,占据着几个重要议席,能够起到一定的制衡作用。有观察家就认为:"如果反对党在国会里发挥积极的作用,对治理国家提出不同的观点,不同的策略,使政府的政策更加完善,最终更加利民,这是新加坡全体人民的胜利。"人民行动党主席林文兴也承认新加坡政治已经改变了:"如今,国会里有了不容忽视的反对党。工人党有六名国会议员,还有两名非选区议员。新加坡已经进入一个新阶段,进入一个'新常态'的局面。执政党在一个集选区落败虽然是心理上的打击,却并非意想不到的事。政府年轻的领导层必须尽快适应这'新常态'的政局。"❶ 2020年大选结束后,李显龙还致电工人党党魁毕丹星,祝贺他正式成为国会的"反对党领袖",在新内阁进行就职宣誓讲话中也在此强调国会将会有指定的反对党领袖。2022年2月15日,李显龙在国会发表关于新加坡贤能民主模式的讲话,指出反对党在国会监督政府,若执政党失去民心,反对党就是"候任政府"。这是新加坡领导人首次明确使用上述称谓,也表明了新加坡政党竞争的新变化。

除了政党竞争程度的增加,反对党进入国会之外,通过观察这几年反对党在国会的表现,就可以发现,就是反对党认真、负责、理性地充当国会反对派,对执政党进行监督与问责。朝野双方辩论与制衡皆以礼相待,按照法治规则进行,与现今东亚国家议会竞争的乱象形成鲜明对比。尤其是工人党刘程强以成熟、经

---

❶ [新] 吴元华:《新加坡良治之道》,中国社会科学出版社2014年版,第359页。

验、理性和负责任的态度,强调反对党不是为了反对而反对,小心翼翼地避免形成"抗争性政治"(contentious politics)甚至"毁灭性政治"(destructive politics)的局面。❶ 而人民行动党也严格规范议会辩论和竞争的规范、行为准则,严厉打击质疑政府诚信的行为,维护政治体制的诚信和清廉。新加坡正在开辟一种新的政党政治博弈的格局,即前任总统陈庆炎所提的"建设性政治"。

新加坡的这一建设性政治不是对抗性政治,而是在接受一党独大的体制下,朝野两党的理性博弈政治,朝野两党以国家利益为前提,以国以民为先,是在既有的法律和规范框架下的政党博弈。反对党并没有挑战当前的政治体制,没有以对抗性的姿态指责执政党,没有国会中的恶斗,也没有无休止的拉扯战,而是负责任地批判执政党的政策。尽管新加坡出现了类似向两党制发展的讯号,但是并没有依循英美的两党政治,而是进行政治制度上的创新,独辟蹊径,在一党独大体制下不断容纳反对党的壮大,不断开放,获得了适应性,保持了生命力。人民行动党是在"原有的宪政框架下容纳了反对党势力的发展","显示出了较强的制度弹性"❷。"新加坡反对党的成长与壮大是在与人民行动党理性博弈的过程中良性互动的结果。"❸

新加坡力图营造的建设性政治是达成一种团结的政治,而不是分化的政治,是一致性的政治,而不是对抗性的政治,是避免

---

❶ 傅来兴:《建设性的政治为谁而建设?》,载联合早报网,http://www.zaobao.com/forum/views/opinion/ story20140619 - 356472。
❷ 胡荣荣:《自主性和适应性:政党视角下的政治变迁——以二战后的新加坡和台湾地区为例》,载《国外理论动态》2011 年第 11 期。
❸ 陈玲玲:《新加坡的政党政治:在野党的参政议政空间》,湖南人民出版社 2016 年版,第 272 - 273 页。

走向喧嚣、民粹主义、政治混乱的政治。建设性政治是一种议政原则，又是一种政党博弈格局。它以法治为最高权威准则，要求朝野双方遵守议政规则，不走极端，理性与负责任地进行沟通、辩论和批判。执政党要宽容反对党的多元意见和批评，合理采纳有利于国家和人民的政策建议；反对党不应为了反对而反对，而是以其所代表的民众利益为根基，对执政党的制度、政策等提出建议。朝野双方秉持同样的标准，执政党不搞特殊，反对党不"无理取闹"。要落实宏大的目标，就必须维持以人民和国家为先的建设性政治，"陈庆炎总统提醒说，因激辩与分歧而产生的政治喧嚣最终可能导致政府陷入僵局和瘫痪，使新加坡衰弱"❶。

秉承以国以民为先的建设性政治在新加坡已经初步形成新的政治生态。建设性政治只是初步达成了国家和人民利益为先的底线，在具体内容上，人民行动党和工人党对建设性政治还存在着分歧。陈庆炎提出了建设性的政治，而工人党尤其是刘程强专门就建设性政治为题，阐述该党对当前政治生态的看法，从而引发了执政党和工人党在国会内的辩论。那么，人民行动党就更加需要建设性政治。那么什么是建设性政治？李显龙和刘程强各自给出了自己的阐释。"李显龙总理在国会就政府施政方针的第三天辩论中发言时，从五个方面为连日来引起朝野议员热议的建设性政治下定义，强调领导人制定执行政策的能力，操守、品格和诚信必须维持在一个高度，等等；而工人党秘书长刘程强则指出，要打造以团结人民为目的的建设性政治要有三大元素：政治价值观、

---

❶ 陈庆炎：《政治喧嚣可致政府陷入瘫痪》，载联合早报网，http：//www.zaobao.com/realtime/singapore/ story20140516 - 343856。

政治文化和为人民所信任的体制。"❶

二者的观点不同并不意味着达不成一致。仔细分析，可以发现二者的观点是建设性政治的不同层面，是可以互补的。李显龙总理关注的是能力和行动，而刘程强关注的是建设性政治的制度及其深层次文化、价值观的问题。刘程强关注的重点比较长远，是从文化的角度来培育建设性政治的环境。他的提法是"政治价值观""政治文化"，不同于意识形态，是比较中性的表达，反映了意识形态政治在新加坡的"终结"。良好的政治文化才能塑造良好的政治制度和政治行为，"只要形成了良好的政治文化，建设性政治也将水到渠成"❷。

独立以来，尤其是成为独大党之后，人民行动党建构了实用主义、精英主义、多元种族主义和社群主义的"意识形态"，但是这些"意识形态"存在着一些缺点，如实用主义在发展几十年之后出现了疲态，而且还存在着"实用主义指导下的国家没有清晰的价值观，除唯利是图发展经济外，不能建立和奉行一套提升整个国家文明境界的价值体系"、"公民人文修养总体上处在邯郸学步状态，终究难以升华"❸的困境。而对精英主义的过度强调也带来了精英政治的僵化、精英与大众分歧的加大等问题，所以近年来人民行动党政府不断开放政治空间，举办"全国对话会"，与民协商等，被有的观察者认为新加坡正"从精英主义滑向民粹主义"❹。而

---

❶ 傅来兴：《建设性的政治为谁而建设?》，载联合早报网，http://www.zaobao.com/forum/views/opinion/story20140619-356472。
❷ 社论：《新加坡需要良好的政治文化》，载联合早报网，http://www.zaobao.com/forum/editorial/story20140530-349010。
❸ [新] 王江雨：《实用主义的成就与迷失》，载《南风窗》2013年第9期。
❹ 孙喜：《新加坡从精英主义滑向民粹主义》，载新加坡文献馆2014年1月5日，http://www.sginsight.com/xjp/index.php?id=11398。

多元种族主义和社群主义都不能在政治文化方面"有所作为"。借建设性政治的提出,大力建设建设性政治背后的政治文化和政治价值观应该是新加坡政治发展的重点,刘程强指出了这一点对新加坡的政治发展至关重要。未来新加坡政治的关键问题就是人民行动党和工人党能否就"建设性政治"达成一致。此后,每一届的新内阁当中都保持了一定数量的反对党议员,李显龙在新内阁就职宣誓讲话中都会提及双方展开有建设性的辩论,提出实质性内容,从而制定更加完善的政策,造福于人民。

可见,建设性政治在新加坡还未达成确定的内容。不过在已经确立了基本底线,确立了游戏规则的前提下,新加坡的政党政治的未来必然是一种成熟、有序的建设性政治。这种建设性政治寻求的不是无限制的政党竞争,而是政党有限竞争,相互监督,寻求一致,以国家利益和人民利益为先,正在逐渐开创新加坡政党竞争和政治博弈的新局面。笔者认为,新加坡所实践的建设性政治下的有限竞争,成为新加坡一党独大体制的博弈新模式。❶

(三)民生问题的突出

经过几十年的发展,新加坡的经济等各方面取得了不菲的成绩,但是在取得成绩的同时也出现了一些问题,尤其是社会分化、贫富不平等现象逐渐突出。民众对于住房、就业、教育等民生领域给予越来越多的关注。2011年大选,人民行动党的得票率达到历来最低的60.14%,反映了较多的选民对政府政策的不满,希望政府能够在民生方面作出检讨和改变,惠及民众。

---

❶ 建设性政治这一部分的内容主要参见李新廷:《从意识形态下的无限竞争到建设性政治的有限竞争——新加坡一党独大体制的演变与博弈模式》,载严海兵、刘乐明主编,《上海青年政治学年度报告·2017》,中央编译出版社2018年版。

基于2011年大选的情况，李显龙在2012年委托教育部长兼淡滨尼集选区议员王瑞杰发动"全国对话"，希望全民参与政治，建立广泛的新时代共识，为新加坡发展出谋划策。"我们的新加坡全国对话"的时间为一年多，并没有设置专门的主题，主要的意图就是了解民众的意图，检视国家政策，了解新加坡的未来挑战。

历时一年、汇集了超过47000人参与的全国对话会，所收集到的民意反馈经探讨融会，最终促成李显龙总理在8月国庆群众大会上，回应民间诉求的一场演说，即"迎接新挑战 迈入新方向"的演讲，指出了全国对话会汇集了五大愿景：第一是"让社会充满机遇"（Opportunity），有充分机会充实生活、发挥潜能；第二是"同心同德，殊途同归"（Purpose），大家携手打造更美好的新加坡；第三是"让生活得到保障"（Assurance），满足基本需求，确保个人不会单独面对生命中的不确定因素；第四是"互相扶持，不离不弃"（Community Spirit），促进社区关系、加强社会凝聚力，建构更浓郁的甘榜精神；第五是"互信互重，有所担当"（Trust），加强政府与人民之间的互信，以及新加坡人之间的信任。全国对话带来的反思是"必须在建设国家方面采取战略性的改变"，尤其是在经过对话后收集的民众普遍关心的住房、医疗、就业、交通等主题方面（见表4-1）。

表4-1　2012"我们的新加坡全国对话"不同收入阶层关注主题的优先次序

个人收入（美元/月）	首要议题	次要议题	第三议题	第四议题	第五议题
< 1000	公共组屋	公共医疗	关心人民的政府	就业保障	公共交通

续表

个人收入（美元/月）	首要议题	次要议题	第三议题	第四议题	第五议题
1000—2999	公共组屋	公共医疗	就业保障	公共交通	关心人民的政府
3000—4999	公共组屋	公共医疗	就业保障	安全环境	关心人民的政府
5000—6999	公共医疗	公共组屋	就业保障	安全环境	关心人民的政府
7000—9999	公共医疗	就业保障	安全环境	整体教育	诚实的政府
>10000	公共医疗	就业保障	安全环境	整体教育	诚实的政府

资料来源：Our Singapore Conversation Survey，载新加坡"我们的新加坡全国对话"官方网站，http：//www.reach.gov.sg/Microsite/osc/index.html。

同时，李显龙在国庆群众大会上宣布了几项民生领域的重大改革。在住房政策方面，提供"住屋提升津贴"、扩大可申请"特别公积金购房津贴"、家庭月入2250新元顶限上调、低收入及中低收入的首次购房时获得津贴数增加等；在医药政策方面，扩大社保援助计划、取消年龄限制、让低收入家庭及残障人士都获得津贴、"健保双全计划"将加强，确保全民都得到这项额外的保障，并改称"终身健保双全计划"，取消年龄限制等；在教育方面，增加名校的入学名额、让更多各领域杰出的学生能够进入理想的中学、政府进一步加强经济援助和助学金计划、扩大教育储蓄计划等。❶ 此外，副总理黄循财和第四代领导团队展开了"新加

---

❶ 参见李新廷：《协商对话与国家治理：新加坡全国对话会的思考与中国启示——以2012年"我们的新加坡全国对话会"为考察对象》，载黄卫平等主编：《当代中国政治研究报告（第16辑）》，社会科学文献出版社2018年版。

坡携手前进"运动,协助国人掌握技能,更好地照顾社会里的弱势群体等。

通过上述措施,新加坡政府确定了"三可""三不可"方向,即政府可以为低收入人士做得更多,但不可以削弱人们自食其力的能力;政府可以增加医药保健的支出和津贴,但不可以鼓励人们过度消耗资源,接受不必要的治疗;政府可以让教育体制更开放,但不可以损害新加坡的教育水平。❶

新加坡开启的这种"新政"能否带来体制性的渐进变革,我们仍需拭目以待。但是变革意味着改变的同时也暗含着问题的存在,说明体制和政策还存在不足和局限。那么促成新加坡"掀起改革风"的主要原因何在?在下一节中,我们将主要讨论"新加坡式"政治发展背后存在的不足。

第二节 新常态下新加坡政治发展面临的挑战

新加坡的政治发展一直稳步前进,取得了不菲的成绩,福山尤其是对新加坡称赞有加。在 2013 年 7 月刊的《治理》杂志上,福山发表评论性文章将新加坡视为善治(good governance)的典范。❷ 在国内,最大的反对党工人党领袖刘程强都承认"建国以来政府的治理成绩有目共睹,可以说基本实现了善治。在这种情况下,民众即便在个别领域对政府有不满,也会通过合理的渠道向政府寻求帮助,而不会寻求推翻政府,这是执政党——人民行动

---

❶ [新]吴元华:《新加坡良治之道》,中国社会科学出版社 2014 年版,第 70 – 71 页。

❷ Francis Fukuyama, What Is Governance? 26 *Governance* 362 (2013).

党的发展优势。"❶ 但是，新加坡取得成绩的背后还存在着潜在的问题。这些问题在新常态中开始逐渐"浮出水面"，从而促使了新加坡进行主动的变革，而其改革背后反映了新加坡此前和当下所存在的问题。

一、政治制度方面存在的问题与不足

新加坡一方面移植了英国式的议会民主制，另一方面又进行了制度的独创和调整，形成了独具特色的议会民主制，并以一党独大制为政党制度架构，以精英选拔为人才基础，形成了权力较为集中的精英政治模式，后来又在选区、议员和总统制等方面进行了制度上的调整，形成了一定的权力自我制约。新加坡所形成的制度模式在发展演进中虽是适合国情的产物，但也存在着一些不足与问题，这主要表现为以下四方面。

（一）精英政治的持续性问题以及精英政治带来的社会分化问题

新加坡的立国基础是人才。李光耀在建国的时候就意识到新加坡自然资源的缺乏，认为这一缺陷只能以人力资源来弥补，因而强调要大力培养和选拔"最优和最聪明的人"来进入管理层，从而使新加坡形成了精英政治模式。事实证明，新加坡的精英治国和精英政治取得了较好的治理绩效。正是在这一理念和制度指引下，新加坡才取得了今日的成就并造就了诸多"新加坡之谜"。

然而，随着社会的发展，精英政治虽然在第一代和第二代领导人的创设和维持中并未出现问题，但是在迈入第三代领导人之

---

❶ 专稿：《中国学者对话新加坡反对党"一哥"》，载联合早报网，http://www.zaobao.com/special/zbo/story20130522 - 207333。

后精英政治面临着如下内在的问题。"新加坡今日所面对的问题，其中不少就是因为精英主义的倾斜所造成的后果与弊端。"❶

一是如何选拔精英的问题。随着时代的发展、社会的多元化，精英人才也变得多元化。精英的多元化带来了选拔的客观标准衡量问题。原有的标准能否适应时代发展的要求受到人们的质疑。人民行动党试图网罗所有的精英人才，但是事实并非如此。人民行动党在候选人筛选和选举策略上存在失误。该党推出的候选人越来越平民化。以 2011 年 5 月大选人民行动党推出的新人陈佩玲❷为例，她的资历和才华并没有说服民众她就是新加坡目前所能网罗的最佳精英之一；而 2020 年 6 月 24 日，新人林绍权作为准候选人正式亮相，立即引来其国民服役期间的战友、造船厂前同事、新加坡理工学院同学甚至是邻居异口同声地"炮轰"，随后不得不自动退选。反对党推出的候选人则越来越精英化，候选人林志蔚的一场网络辩论就吸引了近四万名粉丝，盛港选区的四名候选人都拥有硕士或博士学历，不仅懂经济、懂政治，还懂历史和哲学。在此情况下，人民行动党不仅没有吸引到更多的经济界精英加盟，也没能主动过滤掉不合格的候选人，令支持者失望。❸另一方面，社会的物质化使具有公益精神同时德才兼备的精英的选拔存在一定的难度。前国会议员吴俊刚就认为，"老实说，在今天这样的社会环境里，物质成就已成了人们普遍追逐的主要人生

---

❶ ［新］蔡裕林:《新加坡刮起改革风：李光耀时代 VS 后李光耀时代》，新加坡朝晖出版社 2013 年版，第 75 页。
❷ 陈佩玲当选议员时年仅 27 岁，被称为新加坡最年轻的国会议员，之前是安永会计师事务所高级商业顾问，被质疑靠当李显龙总理首席私人秘书的丈夫才能获选。参见张志贤:《攻击陈佩玲的言论恶毒，无助鼓励年轻人从政》，载联合早报网，http：//www.zaobao.com/media/photo/story20110401 - 116846。
❸ 张奕辉:《人民行动党得票率为何大跌》，载《世界知识》2020 年第 15 期。

目标,要找到才德兼备,具有服务社会人群意识,而且真的身体力行的平民化精英确实不容易"❶。这在2023年新加坡政坛的"七月地震"中也有明显体现。❷

二是精英在任用过程中的表现也随着体制变化出现了新的变化。最主要的表现就是施政过程中的"政治正确"现象。从近年来部长们的辩论来看,当后座议员和反对党议员提出疑问和异议时,除个别部长表现愿意聆听和考虑外,很多部长表现不尽如人意,这也导致了近年来新加坡政府各部门之间的配合存在着一定的问题。

三是精英政治带来的另一个备受争议的问题是高薪揽才、部长薪金制和高薪养廉。新加坡虽然做到了居者有其屋,但食阁❸内更多的是较低收入平民,这和政府内人民行动党各部长的高薪形成了鲜明的对比,经常被媒体质疑"高薪养廉"是否仍然正确。❹很多议员、国人都期待改革高层的高薪制,缩小收入差距和解决不平等问题。联合早报评论员就这样形容过:"如果要用四个字来形容政府设立独立委员会来检讨部长薪金制度的决定,我会选择'大快人心'","在大部分人心目中,部长所领取的薪金过高,这个问题一天不解决,人民心中那根刺就永远无法拔除。"❺众所周知,新加坡的部长薪金比较高,现在已经越来越多地被认为是政

---

❶ 吴俊刚:《行动党回归草根政治》,载联合早报网,http://www.zaobao.com/forum/views/opinion/story20140326-325189。
❷ 郑立颖:《新加坡政坛的"七月地震"》,载《中国新闻周刊》2023年第29期。
❸ 食阁(Hawker)是新加坡的一个特色,在新加坡,以"旧屋"为主,不可能在旧屋的街面开店铺,所以在居住的集中地,每隔不远,都会有集中吃饭的地方,称作"食阁",即小贩中心。
❹ 张奕辉:《人民行动党得票率为何大跌》,载《世界知识》2020年第15期。
❺ 郭丽娟:《拔除人民心中那根刺》,载联合早报网,http://www.zaobao.com/special/report/singapore/ge/story20110528-134521。

府在为自己的利益服务。尤其是 1994 年，国会通过政府提交的《以具竞争性薪金建立贤能廉洁政府——部长与高级公务员薪金标准白皮书》使高级公务员的薪金与企业界的薪金标准挂钩，大幅度提高了高级公务员和部长们的薪金标准。政府的这一举动意在"保证政府工作效率""防止人才流失""廉政建设"。❶ 新加坡内阁部长的年薪是新加坡 48 位收入最高的银行家、律师、会计师、工程师、企业高管年薪平均值的三分之二。此后，总理和部长年薪还多次上调。如此之高的年薪先不说是否真能网罗到最优秀的治国将才，就本质上看，这种任用过程就已经存在瑕疵。随着社会的发展，高薪养廉渐渐失去它的社会道德基准。关键问题还在于，随着经济发展，贫富差距、社会不平等日益扩大，高薪日渐成为显眼的对比和反射，凸显了社会分化的加大，日益使下层民众感到失落，一旦社会矛盾加剧，就会导致精英和民众的两极对立。现在新加坡的状况已经显示，随着多元社会的发展，精英与大众的分歧已经越来越大。

精英的界定和任用出现的问题使精英政治的持续性发生动摇，2017 年以来的一连串贪腐等事件让不少新加坡人怀疑，人民行动党向来注重的"能人"施政路线是否需要调整。❷ 所以，在人民行动党第 32 届大会上李显龙总理继续强调任人唯贤，并指出才能的定义可以更广泛，不局限在狭隘的学业成绩。精英的多元化使人民行动党也意识到精英政治的不足，而对选拔精英采取多元化的视角。而针对高薪养廉，自 2011 年大选以来，李显龙首先拿部长薪金制"开刀"，设立独立委员会来检讨部长薪金制度，2012 年完成检

---

❶ 卓越：《关于高薪养廉问题的一场对垒——新加坡〈部长与高级公务员薪金标准白皮书〉解析》，载《南洋问题研究》2004 年第 2 期。
❷ 郑立颖：《新加坡政坛的"七月地震"》，载《中国新闻周刊》2023 年第 29 期。

讨后实现了从总理到议员年薪的下调。薪金下调只是表象,如何解决精英政治带来的社会分化可能是新加坡接下来面对的重大挑战。

此外,精英政治带来的另一个重要问题是政治权力的交接问题。新加坡通过三代领导人的领导和权力交接形成了自己独具特色的领导人权力交接制度。这主要体现为通过培养、锻炼、选定几名候选人,再给予一定职位和实权的锻炼,形成新一代领导集体,然后让他们自己从中挑选出总理候选人。吴作栋之后,总理候选人还要经过国会议员的投票选举。所以,吴作栋认为:"有计划、有秩序的过渡是新加坡的特色……在其他国家,政界人士利用社会上分裂的各派力量来争取当选,在这个过程中,也造成了他们国家的分裂。我称这种现象为'分歧政治'。""在新加坡,政治领导人不会为个人权力或利益而争斗。相反,他们动员全社会力量为国家的集体利益服务。这种'一致政治'才是我们前进的最佳方式。"❶ 然而,这种培养和交接方式存在着一定的问题:一是时间并不固定,没有形成任期制,并不能确定何时能进行权力的交接,没有形成周期性的权力交接机制,从而导致总理权力过大;二是潜在领导人的培养和选拔耗费时间长,还存在着不确定性,这在第四代领导团队及其领导人的挑选上有明显的体现。再加之,精英培养和选拔的潜在问题,导致这一权力交接模式有待完善。

(二)权利保障与权力限制问题

新加坡基于独特的国情、地缘政治因素,建构了权力较为集中的政治体制,因而在权力保障和权力限制方面一直饱受西方自由民主国家的批判。美国驻新加坡大使海大卫(David Adelman)上任前就公开表示,要以公共外交强化新加坡的民主。美国国会

---

❶ 社论:《吴作栋退位,李显龙组阁》,载《北京晨报》2004 年 8 月 11 日。

参议院外交关系委员会曾在提名听证会上问他，是否有意或打算针对民主与新闻自由的课题与新加坡交涉。他当时回答说："我们要搞清楚，目前新加坡的政治绝对不是多党民主体制，我一旦成为大使，将通过公共外交来促进新加坡的新闻自由、集会自由，并最终促使新加坡的反对党有更多的政治空间，从而强化新加坡的民主，使它成为一个多党制的民主国家。"❶ 从中可以看出西方国家对待新加坡的态度。

这确实从另一侧面反映了新加坡在权利保障和权力限制方面存在的问题和不足。虽然新加坡宪法保障了国人的言论自由，但是实际上政府却施加了许多限制性条文。《新加坡国内安全法》仍在实行，鞭刑和诽谤罪等饱受国内外的批判。新加坡报业控股和新加坡传媒集团控制了国内的纸媒传播，新加坡的新闻信息都经过了政府的节选过滤。国外媒体一旦发表了反对新加坡政府的信息就会被停止其在新加坡的活动。虽然近年来，政府一再改革，引入竞争机制进行分级处理，但是在此方面仍存在一定的限制。

新加坡公民虽有投票权，但却实行强制性投票制，不投票就会被罚款。社团的成立也受到政府的限制和政府的审查，政治集会和游行必须在政府指定地点。例如，在芳林公园举行集会需事先向政府申请，按照政府规定的程序进行。在社会和文化方面，政府在照顾年长者和残疾者方面做得仍不够，社会保障不力。

新加坡的选举制度、选区范围以及大选的时间经常变动，人民行动党掌握着这方面的权力，变动的目的是使人民行动党能够获胜，却让反对党措手不及，面对诸多限制。很多著名的反对党领袖和政治人物都受到过人民行动党的控告或限制，比较出名的

---

❶ ［新］吴元华：《新加坡的良治与民主》，载吕元礼、陈家喜主编：《新加坡研究（2013年卷）》，社会科学文献出版社2014年版。

有徐顺全、邓亮洪❶等。一些左翼和被拘留的政治犯，如傅树楷、陈仁贵、林福寿、赛益·查哈利（Said Zahali）等人在几年前就已陆续出版对过去历史新解的书籍，皆以对现有政权提出严厉的责难并力主重写新加坡的建国史。❷

在权力限制方面，新加坡不断进行自我改革，并逐渐具有制度化的限权措施，如非选区议员、官委议员和民选总统制，确保国会中对人民行动党的限制与监督。但是，非选区议员、官委议员、民选总统等在实际的政治过程中存在着经验不足等问题。

新加坡在20世纪90年代实行了总统民选制，其初衷是为了稳定外汇储备，但是通过后的民选总统制不再是象征性领袖，而具有了否决预算的权力和对公职的任命权，以及有权检查政府在《新加坡国内安全法》、维护宗教和谐的法律和在腐败案件调查中的执法行为。这些权力于1991年的宪法修改中被写入正式文本。

然而，这一规定却使新加坡未来的政治发展面临着"两难境地"：一方面，现在的民选总统并未发挥实权，未对总理和国家权力形成限制。从王鼎昌、纳丹、陈庆炎、哈莉玛·雅各布以及现任总统尚达曼都是"体制"内的人，之前担任过人民行动党政府的职务，如陈庆炎原为新加坡副总理，哈莉玛·雅各布曾为国会议长和政务部长，尚达曼从2001年进入政坛后历任新加坡教育部长、财政部长、副总理兼财政部长和国务资政等职。如果民选总统的权力只停留在"纸面"上，那么民选总统仍如之前只是象征性的角色；另一方面，如果民选总统真正履行了宪法规定的实权，

---

❶ 具体事件可参见郭俊麟：《李光耀主政后的新加坡政治：威权抗拒的结构分析》，台湾大学社会科学院国家发展研究所2006年博士论文。
❷ [新]蔡裕林：《新加坡刮起改革风：李光耀时代VS后李光耀时代》，新加坡朝晖出版社2013年版，第83页。

又会使新加坡面临新的问题。新加坡是议会民主制而非总统制国家,总理和内阁拥有最高权力。如果民选总统具有实权,这意味着总统和总理之间会产生制约,使之有点类似于半总统制但又不同于半总统制。那么,民选总统制如何演进将是新加坡未来政治发展的一个难题。

(三) 好政府的制度化问题

新加坡建构了独特的好政府体制。在过去的 60 年中,新加坡政府的诚实和效率得到了人民的支持。那么,如何保持政府诚实和高效的传统是新加坡政府面临的问题。在过去的 60 年中,这一传统是建立在精英政治和有效的反腐战略基础上的。在精英政治和高薪养廉遭遇质疑的时刻,新加坡的好政府理念与实践将如何持续下去?

好政府是新加坡在政治制度建构中逐渐建立起来的,背后有着对精英政治的承诺,有着高效的行政系统的支撑,有着儒家价值的文化滋养。在上述几个方面的因素都潜在地存在着问题的时候,好政府也存在着如何进一步制度化的问题。这具体表现在:一方面是精英政治的持续性问题;另一方面就是如何使新加坡政府保持廉政、诚实、道德的价值取向。新加坡学者柯受田认为,"新加坡好政府制度化的关键是成功地争取优秀的新加坡人加入政界、公务员队伍和武装部队,并激励他们忠实而理性地为国家利益服务"[1]。在这方面,新加坡仍有待继续加强,使之实现进一步的制度化。

另一方面,好政府虽取得巨大成功,但也付出了相当的成本:一是机会成本。好政府建立在一定的强制基础上,虽保证了社会

---

[1] [澳] 约翰·芬斯顿主编:《东南亚政府与政治》,张锡镇等译,北京大学出版社 2007 年版,第 292 页。

秩序的稳定，但这也是以牺牲一部分社会的开创性为代价的；二是一部分社会资源的浪费。❶ 好政府无法完全避免"政府失灵"的发生，从而在满足人们复杂多样的需求方面存在效率较低或力不从心的问题。❷ 要降低这些成本，好政府也必须向高质量的良善治理转变。在2011年新一届政府就职典礼上，李显龙总理也对政府新的治理作了宏观阐述，认为政府必须发展出一种对新加坡行之有效的政治制度和政治价值观，促进良好的政府为当今和以后新加坡人长远的利益着想。❸

（四）非选区议员、官委议员与反对党经验不足的问题

自从人民行动党在国会中"一党独霸"局面被打破之后，非选区议员、官委议员和反对党议员进入国会。但是，非选区议员和官委议员目前最多各为9名，而反对党议员议席更少，2011年大选工人党创造了历史纪录，赢得一个集选区和一个单选区，又在补选中赢得一个选区，再加上非选区议员的议席，总共获得9个议席。而在2020年大选后新一届国会中反对党议员增加到12位，是近年来数量最多的。其中，工人党成为最大的反对党。当然，非选区议员是反对党议员，而官委议员则持较为中立的政治立场。但是相对人民行动党几十年的执政经验，无论是官委议员还是反对党议员都存在着经验不足、议政水平不高的问题。

工人党自2011年进入国会，近年来的议政表现只停留在理念的诉求上，"严格说来，就连进行有效的监督与问责，对比执政党

---

❶ 王子昌：《善政和善治：新加坡"好政府"模式的理论定位与走势》，载《当代亚太》2002年第8期。
❷ 宋效峰：《新加坡的"好政府"模式与社会管理：经验与反思》，载《社会主义研究》2012年第6期。
❸ ［新］吴元华：《新加坡的良治与民主》，载吕元礼、陈家喜主编：《新加坡研究（2013年卷）》，社会科学文献出版社2014年版，第19页。

后座议员、官委议员,也还处于相对的弱势。这是值得关注的"❶。作为在野党不仅要在国会内外对执政党进行监督和制衡,还要突出其政治理念、政治参与水平、全面的政策能力以及国家治理层面所具有的执政潜力。

新加坡虽然形成了一党独大体制,但是允许成立多个政党。除了人民行动党,新加坡目前有二十多个其他政党登记造册,能参与竞选的只有为数不多的几个政党,而能够赢得选区选举胜利从而进入国会更是少数。新加坡政党的建设水平参差不齐,它们并不具备成为强而有力的在野党的能力,更不能发挥监督甚至是替代执政党的作用。

基于新加坡第 12 届第一会期的 46 次国会会议进行统计,可以发现,在总数 2735 个口头与书面询问中,7 名行动党后座新议员提出 381 个,7 名工人党议员提出 355 个,2 名工人党非选区议员提出 181 个,1 名人民党非选区议员提出 91 个,9 名官委议员提出 511 个,其他 1216 个询问由 37 名人民行动党后座议员提出。在内容上,反对党议员并没有对国家进入发展新阶段的国策提出全面或深入的看法和建议,少有论及经济发展的战略与策略,内容明显集中于对突发事件和政府施政过程中出现的问题的询问。这是必要与应尽的职责,但过于集中于上述内容却在一定程度上说明了反对党议员本身论政功力的不足。既然是在野党,工人党在国会中功能行使的重点应在于监督与问责政府的政策和施政,而其未能表达与提出全面的观点和对策思维,只能跟着事态而走的议政表现所发挥的反对党功效则有所局限。就 7 名工人党民选议员和人民行动党 7 名新民选议员之间的对比,从统计数字上看,工人党

---

❶ 蔡裕林:《解读工人党的建设性政治》,载联合早报网,http://www.zaobao.com/forum/views/opinion/story20140606-351533。

议员以 355 个对行动党议员的 381 个口头与书面询问，再扣除因后港和榜鹅东补选造成的空当后，询问的数量不相上下。但在询问课题上，两者的最大差别在于，工人党议员的询问中有 80 题以上是属于查询信息，而不是就热门课题或施政提出询问。由于政治属性的不同，在国会辩论时，工人党议员着重于了解、质疑和表达不同意见；而行动党后座议员着重于为了完善施政，或妥善处理突发事件而提出询问与改进建议。工人党议员的国会辩论尤其是在进入国会的第一年中表现出查询多、质疑多的特点，往往在部长回答询问后缺少后续询问，从而凸显他们与人民行动党议员之间的认知与论政能力的差距。❶

由此可以看出，反对党并没有体现出自我的政治诉求，在监督与问责方面表现并不出彩，更不用说反对党在政策制定等方面的能有所作为了。但是，反对党能够进入议会进行议政，对人民行动党进行问责和监督已经发挥了重要的作用，形成了一股不可忽视的力量。尤其是工人党作为最大的反对党，以其理性和负责的态度，以建设性政治为议题，避免形成一种对抗性政治，不以反对为目的，不依循英美的政治发展道路，进行政治制度上的创新，自辟蹊径，对新加坡的政治发展至关重要。"秉持以国以民为先的建设性政治原则非常重要。政治需要激烈的交锋和充满激情的辩论，但在许多国家，政治的喧嚣导致短期的民粹措施出台，有时候也造成僵局和瘫痪。这样的政治将使新加坡衰微。"❷ 新加坡的建设性政治经过一番建设必然走出一条稳定而有成效的政治发展之路。

---

❶ 蔡裕林：《窥探朝野议员国会辩论的表现》，载联合早报网，http://www.zaobao.com/forum/views/opinion/story20140620-356895。

❷ 吴俊刚：《建设性政治需要创意和正能量》，载联合早报网，http://www.zaobao.com/forum/views/opinion/story20140611-353326。

二、政治价值方面存在的问题与不足

政治制度方面存在着不足与问题的同时,新加坡政治价值方面也存在着潜在的问题与不足。政治价值方面存在的不足,一方面影响了新加坡政治价值的建构和重构,另一方面也影响了政治制度的建设,导致了政治制度潜在问题的出现。

(一)精英主义与实用主义的衰退?

近年来,多元诉求的出现和反对党的崛起使人民行动党感受到强大的压力,使其不断回应民意以获得人民的支持,巩固其合法性基础。在此过程中,精英主义的价值理念受到了民粹主义的挑战。有人就认为新加坡有从精英主义滑向民粹主义的"嫌疑"。尤其是在现今社会,网络化和民主化的发展使精英主义和民粹主义出现此消彼长的态势,各国政党迫于选举压力不断迎合选民短期要求,从而导致民粹主义的兴起。民众要求的往往是短期的利益,并在善变与走向理想化的民粹主义指引下,容易冲击精英政治体制并导致其走向衰落。新加坡近年来的改革,以及花大力气去收集民意,在某种程度上反映了民意政治的兴起。尽管李显龙在 2011 年大选之后表示,"输掉 6 个国会议席并非是个灾难性结果,也不意味着新加坡下来将出现一味迎合民众要求的民粹主义政府"。然而,面对日益高涨的竞选压力,若要真正勇于做到"轻(政党)胜负,重(国家)兴衰",又谈何容易?❶

新加坡对精英主义的过度强调在一定程度上导致了精英评判标准的僵化。多年来,新加坡政府选派优秀学生出国深造,归国

---

❶ 孙喜:《新加坡从精英主义滑向民粹主义》,载新加坡文献馆:http://www.sginsight.com/xjp/index.php? id=11398, 2014-01-15。

后即进入政府工作的做法,已经使人民行动党在大选中遭遇了危机。"行动党在很长的一段时间里所采用的是空降的方式,也就是在大选来临前,才向媒体介绍新候选人,然后就直接把他们分派到各选区去。与此同时,不少在任议员也是要等到最后一分钟,才能确定接班的人选","政治风向转变,政党单单向选民推荐具备高学历或专业资格的候选人已不足够。执政党尤其需要设法摘下被扣在头上的精英主义帽子。"❶ 在新常态以及政治竞争激烈化的情况下,人民行动党在一定程度上不得不积极回应民意,自然会有回归草根政治的倾向。在这种情况下,精英主义在一定程度上必然受其冲击与影响。

2013 年,人民行动党代表大会通过了 6 点行动纲领,即"三二一计划",其中提出维持开放又具同情心的任人唯贤制度。可以看出,人民行动党开始反思固化的精英主义,开始调整对精英的倾斜,改变社会流动的固化。2017 年,新加坡通过修改法律将下任总统名额给予马来族候选人,被称为是精英制原则和包容性原则竞争的结果,且包容性原则战胜了精英原则。❷ 尤其是公共服务委员会❸主席张赞于 2009 年和 2013 年分别发出公开信,指出公共服务不可以是

---

❶ 吴俊刚:《行动党回归草根政治》,载联合早报网,http://www.zaobao.com/forum/views/opinion/story20140326 - 325189。

❷ 王忠宇:《民粹主义思潮对东南亚的影响》,载《世界知识》2017 年第 16 期。

❸ 公共服务委员会(Public Service Commission,简称 PSC),1951 年成立,在公共行政体系扮演关键角色,一般人对它却所知不多。它权力来自宪法,任命属于公共服务部门领导团队的行政服务部(Administrative Service)的行政官;它也负责委任及擢升行政官,到被认为是他们事业重大里程碑的高级管理层(超级级别 D 或级别 7 或以上)。简言之,委员会的角色是为相关职位选择适当的人选,并确保遴选过程是不偏不倚的。委员会的一个非法定职责,是通过它发出的奖学金,为新加坡的公共服务吸引和培养人才。许多公共部门领导人及内阁部长,在就读大学和研究生课程时,皆是公共服务委员会不同奖学金的得主。参见 PSC 官网:http://www.psc.gov.sg/content/psc/default.html。

精英主义，应该多元化，人才选拔和培养也应该多元化，否则它就会被视为是特权的表现，很难留住人才。❶ 联合早报社论也指出，新加坡自独立以来推行的任人唯贤制度，在公共服务领域渐渐出现封闭式精英主义的苗头，以学业成绩为标准的任人唯贤制度及政府奖学金，反而成为社会流动的绊脚石。吴庆瑞博士是任人唯贤制度的坚信者，但他最大的担心是新加坡有一天会变成"校友会"（old boys' club）。因而，公共服务多元化符合政治新常态中政治参与、沟通、与民交流的趋势。然而，公共服务人才多元化是否能顺利推行，关键不在公共服务委员会，而取决于社会的价值观。新加坡多年来推行以学业成绩为主的精英政策，已经深入人心。任人唯贤将继续是新加坡的核心价值，因此精英群体也不会消失。但随着社会多元化，"贤能"的定义与内容将会扩大，这或许有助于建立一个开放与包容的精英群体，从而拓宽社会流动渠道并促进新加坡社会的稳定。❷

新加坡对精英主义的过度强调也引起了社会的一系列反应，尤其是对教育的期望。所有学生都期望能够获得一张大学文凭，从而掌握进入体制内的"敲门砖"。然而新加坡国内本科学校数量较少，尽管新加坡正在筹建科技大学，但大部分学生进入不了本地学校，同时被政府资助出国留学的学生少之又少，于是绝大多数学生纷纷前往其他国家就学并选择学成后就地置业，造成了一定外汇流失的同时也造成了人才的流失。固化和走向极致的精英主义容易带来社会流动的分化，伴随着贫富差距的扩大，这引发

---

❶ 陈庆文：《让公共服务多元化》，载联合早报网，http://www.zaobao.com/forum/views/opinion/story20130928-258368。

❷ 社论：《人才多元化政策释放的信息》，载联合早报网，http://www.zaobao.com/forum/editorial/story20130919-254863。

国人尤其是中下阶层的不满,使人民行动党的合法性受到一定的冲击。这些都引发了新加坡国内对精英主义的反思。

而随着经济和政治的发展,实用主义已经暴露出越来越多的问题。因实用主义更多地指向经济后果,没有实质性的价值体系,不能形成一套提升国家文明境界的价值体系等问题,使其对新加坡未来发展造成的一个潜在问题在于双语教育所带来的华文教育式微和儒家文化的衰落。

(二)"西学东渐"与儒学传统的衰退?

新加坡是同时受东西方文化影响至深的国家,受何种文化影响更为深远决定了新加坡的政治发展走向。在李光耀时期,主导性的政治价值并非上述二者,而是根据当时的国情、社情和党情形成的导向发展的生存主义、实用主义、精英主义和国家主义。当新加坡取得成功之后,东西方政治价值间的冲突与协调问题就会凸显出来,成为影响新加坡发展的决定性因素。儒学传统在新加坡的传承虽然有两个阶段的复兴,但是基本上处于涓涓细流的状态。从根本上来讲,新加坡受西方影响的程度更大一点。西方的个人主义、自由、平等、法治、公正等观念已经深入民心。尤其是新加坡以英语作为主导性语言和官方用语之一,它承载一定的政治价值,对于传播西方价值观发挥了巨大影响。2013 年新加坡还出现了关于"英语可以成为新加坡人的母语吗?"❶的相关讨论,折射出了新加坡双语教育

---

❶ 陆卢克(Luke Lu)在英文报刊登题为《英语可以成为新加坡人的母语吗?》的文章,认为年轻一代的国人对语言的认同感和老一辈国人不同,年轻国人更愿意认同英语作为他们的母语;将英语作为母语,有利于建立一个"新加坡核心"。《联合早报》相继刊登《双语教育出现拐点?》和《英语已逐渐成为新加坡人的母语》两篇文章,分别认为英语始终不能是"母语"、母语自然是英语,反映了新加坡存在的语言和价值观的冲突。参见梁海彬:《新加坡的母语课题》,载联合早报网,http://www.zaobao.com/forum/views/opinion/story20130915 - 253284。

及其背后深层次价值观所出现的问题。除此之外，西方对新加坡的影响更为深远的原因也在于儒学传统的衰退。

20世纪80年代末开始，新加坡兴起了儒学复兴运动。这是一项由政府推动的社会工程，但因教材、语言、师资等问题，这一运动只持续了八年便宣告失败。这一运动也揭示了新加坡儒学在新一代华族青年身上的传承亦然已不同于建国一代了。所以，当时运动的主要目的在于提升整个华社尤其是青少年一代对儒家价值的认识。这八年间对儒学的传播、宣传和教育是全方位的，无论是报刊、演讲稿、东亚哲学研究所的成果，还是新加坡国立大学中文系的相关研究成果都是非常丰富的。这场盛大的运动之后，相关的资料也一直存在，中学的道德教育也融入了儒家思想，华文课本和语文教学也灌输一定的儒家思想，这些都使儒家思想继续流传下去。❶

然而，儒学在新加坡近二十年的传播效果并非追求理想而主要在于教育。"儒学的最重要根基应是教育，这一根基清除了，儒学犹如沙上建塔。"❷ 目前，民众对儒学能予以阐述者少之又少，反映的就是这一现实。2013年，新加坡相隔十年之后再次举办大规模的国际儒学研讨会，其中杜维明阐述了对新加坡精英的四个"希望"：希望新加坡的官员不只是社会工程师，而是具备道德的领袖；希望新加坡的媒体不只是传播工具，而是能够创造价值；希望新加坡的企业家不只是会赚钱的商人，而是有社会责任的儒商；希望新加坡的学者有人文素养，而不只是专家学者。杜

---

❶ ［新］苏新鋈：《儒家思想近十五年来在新加坡的流传》，载李明辉主编：《儒家思想在现代东亚》总论篇，台湾"中研院"中国文哲研究所1998年版，第313页。
❷ 林佑璋：《此时此地儒学的尴尬》，载联合早报网，http://www.zaobao.com/forum/views/opinion/story20131129－282319。

维明认为"新加坡的精英,不论学术界、政府、企业、媒体等,对儒家伦理价值的理解是有问题的,他们更了解的是西方价值,如自由、人权、法制等,这些他们都可以讲得头头是道,但对儒家的价值却所知有限","这些精英一般对传统文化的敏感度不高,因为他们基本上受到西方文化的影响,所以他们有一种通过社会工程方式来处理文化问题的倾向。但文化不能够用社会工程方式,这是一个文化能力(cultural competence)的问题。"在这其中,杜维明认为新加坡把语言看得太简单,导致华语华文被边缘化。[1]

新加坡实行双语教育,英语第一,而母语第二,这种双语政策导致了华文教育的式微。而儒学传统的衰退在很大程度上是由其载体华文教育的式微所带来的。新加坡的双语政策反映了新加坡的政治价值和政治政策。在新加坡独立时期,人民行动党为了获得广大华人的支持而对华文教育秉持了大力支持的态度,并采取了一系列措施保障华校的生存。而人民行动党执政之后,基于新加坡的生存、多元种族的融合发展以及新加坡崛起的战略考量,人民行动党以实用主义的政治价值为指引,实行双语教育,将英语作为第一语言。建国时,人民行动党认为新加坡缺少天然自然资源,其生存有赖于为世界提供服务,因而必须与西方发达国家接轨,从中获益。其中,最有效的一个办法就是吸引庞大的跨国公司来新投资,这不但为新加坡提供就业岗位,还能协助新加坡实现工业化和现代化。因此,新加坡政府不得不偏重英文的学习和应用。人民行动党虽然推翻了英国殖民政府,但是李光耀和其他领袖对英文的实用价值的肯定始终不变,而且他们越来越觉得

---

[1] 新加坡新闻:《杜维明对新加坡精英有四个"希望"》,载新加坡瑞投资网2013年11月26日,http://www.65singapore.com/news/sinnews/22686.html。

英文的实用价值对新加坡的重要性。❶

在 20 世纪 80 年代之前,新加坡严厉禁止谈论华文沙文主义以防引起多元种族的冲突。李光耀在 20 世纪 50 年代和 60 年代亲身经历过因语言、教育和文化等问题所引起的全民骚乱和暴动,深知语文和教育问题的潜在爆炸性破坏力,因而对由华文教育和中华文化所引起的问题特别敏感,时常警惕华人争取提升华文的官方地位。同时,李光耀尊重华文教育所灌输的道德观念与价值观,也赞扬受华文教育者比受英文教育者较能拥护一个好的政府。但是,他不认为当时若以华文作为主要的官方行政语文,能使新加坡快速发展为一个现代化的国家,也不能解决内部多民族之间的矛盾。❷

新马时期,尤其是 1948 年殖民地政府颁布《十年教育计划》后,正式以行政措施倾力推行英文教育,压制各民族语文教育,使各民族语言和文化发展受到极大影响。当时的华族极力反抗,在先贤陈六使的号召下,形成了空前的凝聚力,选择在新加坡建立南洋大学,并于 1956 年 3 月 15 日正式开学。于是从小学到大学,一整套完整的华文教育体系终于建成,为东南亚华族教育事业谱写了光辉的一页,新加坡成为东南亚华族的文化中心。❸

1959 年人民行动党执政之后,开始改革教育制度。1962 年华校学制改为英校的四、二制,完成了华文中学向英文中学学制看齐的初步改造。1966 年,新加坡开始推行双语教育制度。双语教

---

❶ [新] 吴元华:《务实的决策——新加坡政府华语文政策研究》,当代世界出版社 2008 年版,第 12 – 14 页。
❷ [新] 吴元华:《务实的决策——新加坡政府华语文政策研究》,当代世界出版社 2008 年版,第 12 页。
❸ 叶德民:《浅析新加坡华文教育之式微》,载豆丁网 2011 年 12 月 31 日,https://www.docin.com/p - 318257421.htm。

育是人民行动党政府的一个十分重要的语言计划,可以说是政府全盘教育策略中的一个骨干政策,对后来的教育、政治和文化趋势影响深远。"以英文为主,母语为辅"的教育政策中"小学母语的总接触时间在29%以下,中学母语的总接触时间在19%以下",其他全部使用英语。❶ 此后,英文授课、学习占据了学校的绝大部分。推行双语制度之后,人民行动党开始对南洋大学"下手",1974年停止其招生,1975年教育部长李昭铭任南大校长,将南大的教学媒介语由华语改为英语。1981年,南洋大学与新加坡大学合并,成为新加坡国立大学。李光耀和人民行动党政府所制订的特定语言计划与教育策略,经历了二十八年的时光一步一步地实施,最终由小学—中学—大学的一个完整的华文教育体系消失得无影无踪,华文教育的完整体系被连根拔掉,并以英语文为主,母语为辅的双语教育体系取而代之。❷

新加坡政府虽然保证了多语言的平等地位,但是双语教育以及实用主义的政治价值和发展策略,已经使华文趋于式微。新加坡官方的人口普查统计数据显示,家庭使用英语的华族小一学生中,1980年占比9.3%,1999年升至42.4%;2000年数据统计中,年龄介于5-14岁的华族儿童家庭使用英语的占比35.8%,年龄介于15-24岁的华族青年家庭使用英语的占比21.5%。按这样的趋势走向,若政府的政策没有太大的变化,新加坡华族文化的未来难以乐观。❸ 吴俊刚先生等在《联合早报》上撰文提出了

---

❶ [新] 吴元华:《务实的决策——新加坡政府华语文政策研究》,当代世界出版社2008年版,第233页。
❷ 叶德民:《浅析新加坡华文教育之式微》,载豆丁网2011年12月31日,https://www.docin.com/p-318257421.htm。
❸ 叶德民:《浅析新加坡华文教育之式微》,载豆丁网2011年12月31日,https://www.docin.com/p-318257421.htm。

"新加坡实现语言政策转向三十年后,英语是否会成为新加坡华人的母语"这一重要的文化与社会问题。就目前而言,新加坡的双语教育无疑早已深入人心,但需要注意的另外一个倾向就是,年轻一代华语水平的下降也是不争的事实;随着以英语为日常生活、工作主要语言的新一代的成长,尤其是他们下一代完全出生在一个以英语为家庭交流语言的环境之中,未来新加坡新一代华语水平的前景依然不容乐观。❶ 甚至有人评论:"以英文为主母语为辅,是一个急功近利的短视眼光。拔苗助长的教育,和百年树人的智慧,背道而驰。可见,李光耀双语思维与教育正道背向而行,所以注定失败。"❷ 这一批判虽然过于绝对,但无疑道出了华语与方言没落的事实及其所带来的传统价值观的衰落。有学者就认为英语第一"将会导致新加坡人的'去文化'或'西化'"❸。

新加坡佛学院助理教授纪赟发现新加坡在双语教育下华语的衰落、方言的消失,以及英语主导带来的西化与传统儒学的衰退。"在这里,传统文化的土壤正日益流失。我们的孩子英语越来越好,却离诗经、楚辞、汉赋、唐诗、宋词、元曲还有明清小说越来越远。我们需要更多的陈瑞献、梁智强与《小娘惹》,更多不仅具有商业与挣钱天赋的孩子,来充实我们的未来梦想。我们也需要不仅仅工作,还有工作之外的灵魂追求。"❹

新加坡领导人也逐渐意识到华语的衰退带来的影响。李光耀

---

❶ 纪赟:《华语文振兴需要各方共同努力》,载联合早报网,http://www.zaobao.com/forum/views/opinion/story20130830 - 246917。
❷ 社论:《李光耀双语教育注定失败》,载新加坡文献馆2014年4月10日,http://www.sginsight.com/xjp/index.php?id=12886。
❸ Beng - Huat Chua, *Communitarian Ideology and Democracy in Singapore*, Routledge,1995,p. 158.
❹ 纪赟:《台湾对新加坡的启示》,载联合早报网,http://www.zaobao.com/forum/views/opinion/story20140818 - 378487。

不时表达对华族文化和优良传统在新加坡的式微感到"怅然若失";吴作栋曾发表国庆日群众大会的演讲,认为"假如华族语言、文化、价值观和传统不再是我们这个大都会社会的一个主要部分,那将是新加坡的灾难。"❶ 李显龙也从担任副总理时就关注华语的使用问题。因而,从1979年起,新加坡政府每年都会举行"推广华语运动",政府各部门全力支持。李光耀、吴作栋和李显龙都对华语给予重视,在不同的场合表达了挽救华文和保留华族优良传统的决心。随着20世纪80年代复学复兴运动的兴起,讲华语也成一股重要的潮流。尽管华文境况不尽如人意,但是正如吴元华先生所说:"新加坡的华文就像一株经历严寒的乔木,叶子掉了一地,但是它的根很深,散布得也很广,它不会就此枯萎甚至死亡","它依然富有生命力,前景也令人感到谨慎的乐观"。❷ 经过政府的推广和重视,尽管华文水平乏善可陈,但是华语越来越普遍,电台和电视的华语受众也比英语台多,华文报业发展迅速,民间华族文化活动增多。1997年吴作栋提出了培养"华文精英"(Chinese cultural elites)概念,致力于培养对中华文化有渊博知识的核心分子,李显龙延续这一政策。2004年李光耀决定提供特设奖学金,每年专门培养一两百名对中国语言、文化和历史有较深入认识的年轻人,以替代日渐减少的华校生,并确保新加坡与中国高层的密切交流。同年,新加坡教育部代部长尚达曼宣布成立"华文课程与教学法检讨委员会",研究如何改善华文教学的问题。❸ 这

---

❶ [新]吴元华:《务实的决策——新加坡政府华语文政策研究》,当代世界出版社2008年版,第426、428页。
❷ [新]吴元华:《务实的决策——新加坡政府华语文政策研究》,当代世界出版社2008年版,第447页。
❸ [新]吴元华:《务实的决策——新加坡政府华语文政策研究》,当代世界出版社2008年版,第452-468页。

些都给华文带来一定的活力。

2014年是新加坡"讲华语运动"的第35个年头。联合早报专门刊登社论"提高华语文的社会地位",主要反思华语的问题及其带来的社会效应,文章指出"在讲华语运动35周年之际,我们于珍惜其成效之际,理当探讨如何进一步提高和普及华语文的使用。在取代方言成为华人维系母族文化的用语后,华语对于华族同胞扎根本土,放眼世界的作用,扮演更为核心的角色。确保它继续保有活力,成为华人日常生活沟通以及思考及讨论公共事务的庙堂语言,是朝野今后必须共同努力的方向。"❶

儒学传统的衰退使后李光耀时期政治价值的一元化和政治价值与政治制度的一元化互动出现问题。政治价值、政治制度及其互动并不是始终处于稳定的状态,而是不断调试、调整或重构的。一旦政治价值或者政治制度出现了调整,二者的互动就会随之调整。政治价值的调整必然会引起政治制度的调整,而政治制度的变动也会对政治价值产生影响。

儒学在新加坡的发展,除20世纪80年代政府的强力推进以外,并不是占主导性地位的。迈入21世纪以来,儒学在新加坡的发展并不乐观。虽然吴作栋和李显龙提出培养"华人精英",他们自身也大力提倡儒学,但是儒学整体的发展情况并不乐观。后李光耀时期建立于儒学基础之上的共同体主义近年来在融合东西方政治价值的过程中显得颇为坎坷。新加坡政治发展中新常态的出现,多元化的发展使得民众多元诉求增多,新加坡政府和民众之间的价值分歧也越来越严重,共同体主义在凝聚共识方面显得"力不从心"。"在人民与政府的新常态关系下,我们可能失去了可

---

❶ 社论:《提高华语文的社会地位》,载联合早报网,http://www.zaobao.com/forum/editorial/story20140707-363143。

以将人们团结在一起的共同的责任感、共同的理念。随着时间的推移，我们甚至没有办法在一段长时间内，找到或形成新的通行规范的途径，来促成作为整体社会共同目标、共同价值规范、共同利益的所谓共同福祉（common good）"❶。

这是新加坡政府国家治理面临的重大挑战。这一挑战经由工人党所提出和所反思的"建设性政治"而体现出来。工人党秘书长刘程强认为建设性政治是以团结人民为目的，背后反映了政治价值重构的逻辑以及建立一个怎样的政治文化的问题。简言之，现在看来政治价值与政治制度的一元化出现了问题，尤其是新加坡政治价值面临着一个加强和巩固的问题，以巩固其文化底蕴凝聚新的社会共识和认同感。新加坡必须大力加强儒学传统的复兴及其现代化转化，以巩固共同体主义，进而融合东西方政治价值并为新加坡凝聚共识和社会认同感。

（三）政治积怨的暗流与左翼自由主义的兴起？

李光耀时期高压与家长式的统治，尤其是对反对势力的打压，导致了人们的政治冷漠以及部分国家的不满，这些不满逐渐转变成了政治积怨的暗流。蔡裕林注意到这股暗流包含了两个组成部分：一是前左翼亲共势力的死硬派或者受人民行动党政府引用各种法令对付而存在怨恨及受其影响的部分人士；二是自20世纪80年代以来，从事民主宪政活动的反对党及其支持者。他们在从事政治斗争的过程中，总是遭到人民行动党的刁难与打击，因而产生不满与抗拒，积怨渐深。❷

---

❶ 傅来兴：《避免价值分歧导致疏离感加剧》，载联合早报网，http：//www.zaobao.com/forum/views/opinion/story20140828 - 382586。
❷ ［新］蔡裕林：《新加坡刮起改革风：李光耀时代VS后李光耀时代》，新加坡朝晖出版社2013年版，第83页。

进入新常态以来,新加坡本地发生的一系列事件与变化可以反映一些端倪,蔡裕林进行了总结:一是2010年由八个新加坡本地非政府组织组成的联盟COSINGO提交给联合国报告,从公民与政治权益、社会与文化权益以及经济权益三个方面批判新加坡宪法虽然给予国人自由,但是政府却施加限制性条件,如选举制度与选区的变动,政府在社会福利方面仍做得不够,年长国人的社会保障偏低等;二是一些前左翼和被拘留的政治犯,如傅树楷、陈仁贵、林福寿、赛益·查哈利(Said Zahali)等近几年已经陆续出版对过去历史新解的书籍,如《〈华惹〉时代风云》《情系五一三》《白色风暴——新加坡的新愁旧怨》等,借新常态的变化,对现有政权提出批评并力主重写新加坡的建国史。❶

传统的那种激进左翼在当下的新加坡社会里已经被消除,在当前多元化的社会里,意识形态的各种活跃已经模糊了很多边界。被压抑的左翼和民间自由主义开始活跃,他们有着共同的诉求,那就是寻求自由和公正、平等的结合。一种左翼自由主义的思潮在新加坡开始萌芽。这种左翼自由主义也被有的学者称为"新左翼"❷,它一方面寻求自由权利的保障,另一方面要求国家在社会福利上做得更好。左翼自由主义兴起于美欧,现在正在向第三世界国家流传。这一流派的思想比较复杂,它杂糅了民主社会主义、自由主义等多派的观点。用这一主义来概括新常态以来新加坡被压抑的反对派,包括左翼力量、民间自由主义者的平等、自由的诉求,在一定意义上是成立的。

---

❶ [新] 蔡裕林:《新加坡刮起改革风:李光耀时代VS后李光耀时代》,新加坡朝晖出版社2013年版,第83页。
❷ 陈冠中:《新左翼思潮的图景》,载当代文化研究网2014年4月8日,http://old.cul-studies.com/index.php?m=content&c=index&a=show&catid=39&id=623。

左翼自由主义在新加坡发展的前景很难预测。左翼运动在新加坡的兴衰反映了新加坡上层政治精英对待左翼运动和思潮的态度。尽管20世纪80年代以来，尤其是21世纪以来，一批被捕的左翼分子和自由主义者被释放，他们在底层的抗争和呼唤对上层精英产生了一定的影响，但是这种影响力局限于上层精英的认知和作为。作为执政党的人民行动党受到多方的压力缓慢地放开政治空间来应对多元价值的诉求和社会转型的到来，但是新加坡主要的政治价值仍然是人民行动党所掌控的共同价值观等。

三、动态性与开放性：新常态下政治价值与政治制度的互动

新常态以来，问题和不足的存在使新加坡政治价值与政治制度互动一元化的状态不可能保持长期的稳定性，也不可能达到一种完美的状态。上述问题和不足在新常态下的凸显同时也体现了政治价值与政治制度互动内在的动态性和开放性的特点。

（一）新加坡政治价值与政治制度互动的动态性

不论是政治价值还是政治制度，它们一方面具有稳定性和路径依赖的特点，另一方面还处在不停的变化之中，这种变化不是根本性的变革，而是相对于停滞性、静止性而言的渐进调适。因而，政治价值与政治制度的互动具有动态性的特点。这种动态性表现在政治价值与政治制度各自的演化，也表现在二者的演化是朝着相互适应的方向进行调整的，从而保持互动的融合性而不是冲突性。这种动态性也表现在政治价值与政治制度出现了问题或不足之后，进入新一轮的调整和互动当中。

从李光耀时期到后李光耀时期，新加坡的政治价值与政治制度不断进行着调节，努力实现互动的二元化到一元化的融合。2011年大选之后，新加坡迈入新常态，凸显了新加坡各个方面存在或

者潜在的问题,政治价值与政治制度不可避免地要进行微调以适应新加坡的发展。这种微调凸显了互动的动态性,也显示了新加坡在新常态下政治价值的一元化融合并不容易保持,潜在问题使新加坡政治价值与政治制度面临着一个加强和巩固或者再调整的问题。

(二) 新常态下新加坡政治价值与政治制度互动的开放性

动态性也意味着开放性。任何系统都不是绝对封闭的,而是开放的、流动的。传统政治价值并不像许多人所认为的封闭的、不能变化的、趋于崩溃的。对于传统政治价值而言,开放性意味着它能够不断向前演化,实现现代性的转化,与现代政治价值进行对接。而政治价值与政治制度互动的开放性同样如此,这种互动的开放性有助于传统政治价值的转化,实现与现代政治价值的对接。另一方面,政治价值与政治制度互动的开放性意味着一旦出现内外的问题,它们能够随时感应到,实现开放性的变迁,进行不断的调适。

当前,新常态的发展阶段凸显了新加坡面临的新情况,也使新加坡之前存在的问题开始暴露出来。新加坡的政治制度和政治价值还存在着不少问题与不足。这些都迫使新加坡政治价值与政治制度在互动中必须应对这些问题,在这一过程中也不可避免地形成了互动的开放性特点。

这种开放性也反映了新加坡在后李光耀时期形成的一元化互动和融合模式并不是很容易能够保持的。政治价值与政治制度及其互动中存在的问题可能会使一元化融合出现裂缝,但是总体来看,只要新加坡继续巩固共同体主义,强调共同价值观,以此来凝聚共识,对制度进行渐进性调适,政治价值与政治制度的一元化融合状态会在开放中、动态中得以保持。

第三节　新常态下新加坡政治价值与政治制度互动的展望

迈入新常态的新加坡必须调整自己发展的步伐，正视问题和发展的内外环境，以政治价值的重构和巩固为切入点，来调整新加坡的政治发展问题。因而，在新常态下，新加坡必须在儒学政治价值、公民社会、新媒体渠道建设、建设性政治、政治精英的决策、政治参与与政治稳定关系等方面着手。

一、儒学思想的现代解读与政治价值的自我调整

新常态以来，新加坡政府治理面临着一系列的挑战，其难度不亚于建国时的国家建构困境。新加坡的开国元老在人民的信任下取得了巨大的成就。现今社会的多元化和政治发展中产生的问题导致政府和人民之间的分歧越来越大，如何重建政府与人民之间的互信互动模式是现任政府的艰巨任务与使命。因而，新加坡政府近年来一直强调改变治理思维，其中最主要的内容在于建立一个具有内在凝聚力的社会。这需要政治价值方面的调整。

新加坡基于生存、实用和发展的价值和策略，形成了英语第一的双语教育体系，大力引进外资，受西方思潮影响至深，导致新加坡西化现象严重。新加坡作为一个华人为主的社会，深受儒家传统思想的影响，西化导致了传统的衰退，也导致了新加坡价值体系的"真空"。西方思想在新加坡很大程度上被工具化，而传统的衰退进一步导致了新加坡价值的空洞化。"无根"的危机促使新加坡努力建设一个国家"意识形态"。虽然第二次儒学复

兴运动在很大程度上遭遇了失败，但这并不意味着儒学的消逝。新加坡在儒学思想的推广上虽面临着一系列的困难，尤其是在这个多元文化、种族和信仰的文化背景当中，但是新加坡儒学的现代解读并非不可能。新加坡应该重新解读儒学思想，积极调整政治价值。

任何国家和地区都有其在长期历史发展中积累的价值观，这是一个民族集体价值的表现和承载，具有历史性、传承性、流动性，能够激发人们内心的价值精神，并能最大化地凝聚起社会生存和生活必不可少的情感或思想的资源，因而都能以此作为相互认同的超越性精神。新加坡的儒学传统虽然是中国华人移民传入的，但是也是历经几百年的发展，涓流不息，已经成为新加坡最大的传统。然而，百余年来，新加坡一方面受英国的殖民，另一方面人们不是被动就是主动地将西方文化当作普遍性的文化，将西方的价值当作普遍性的价值，从而造成了东西方文化轻重比例的失衡，自身传统文化价值的主位性被抛弃。对此，有学者专门指出，"我们心甘情愿地接受西方文化反客为主的价值扩张，甚至不惜以对方的价值评判标准为判断是非的依据，动辄就反讽嘲弄自己固有的历史文化，依据别人的模式检讨和匡正自己的文化理念和发展路径，不仅误将一切应该由今人承担的污垢脏水倾倒在古人身上，而且错将别人的殖民谋略取用为自己的思想启蒙资源。"[1]

儒学这一优秀的传统文化价值资源在新加坡遭遇了"尴尬"。"外国学者，特别是中国学者往往会对新加坡尤其是提起儒家思想时，有一种莫名其妙的浪漫情怀。因而许多中国学者是从正面与

---

[1] 张新民：《对文化核心价值的维护必须怀抱敬意与责任》，载联合早报网，http://www.zaobao.com/forum/letter/others/story20101230-40271。

积极的角度来赞赏新加坡提倡儒学教育的活动。"❶ 实际上，新加坡的儒学并非像他们所谈论的那样。华文教育的衰落带来的儒学传统的衰退以及杜维明对新加坡儒学的四个期望反映了儒学在新加坡的尴尬境况。儒学如何与现代社会对接、如何与西方文明对接是一个难题与挑战。新加坡选择的"尊而敬儒"但又"敬而远儒"，从根本上说，并不容易保得住儒学在这小国长久的生命。❷

儒学思想对新加坡未来的政治发展至关重要。它是新加坡的传统根基所在，其思维已经融入人们的生活中，决定了新加坡政治价值的重构和未来的发展方向。正如新加坡《新汇点》主编周兆呈组织的一次访谈中，风和投资管理总裁胡猛所认为的，"儒家思想于今日新加坡的治理还有诸多尚待挖掘的妙方，新加坡由于是华人为主的国家，儒家思想是有土壤有接受度的"，"新加坡过去为了经济的成功，全盘西化，乃权宜之策，如今需要西学为用东学为体。内政需要政（策）教（育）合一。"❸ 所以，关键就在于新加坡如何复兴和解读儒学思想。

对此，新加坡可以着重于：一方面儒学的复兴有赖于其载体，即华文教育。新加坡双语教育的实行很大程度上造成了华文教育的衰败。虽然从 1979 年起，新加坡政府每年都会推广华语运动，但是青年一代的华人学习华文的时间和热情远比不上对英文的学习。这在很大程度上是实用主义带来的后果。随着实用主义的衰退、教育体制的改革、中国的崛起，新加坡对华文的强调有着有

---

❶ 社论：《新加坡儒学的幻象》，载新加坡文献馆 2008 年 4 月 16 日，http：//www.sginsight.com/xjp/index.php？id=56。
❷ 林佑璋：《此时此地儒学的尴尬》，载联合早报网，http：//www.zaobao.com/forum/views/opinion/story20131129－282319。
❸ 周兆呈：《改变治理思维，新加坡新挑战》，载联合早报网，http：//www.zaobao.com/social/crossroads/general/story20130819－242634。

利的国内外环境支撑。中国的崛起以及中新之间的广泛合作有利于新加坡推广华文的学习。从吴作栋开始所延续的培养华文精英的政策应该更为普及，除了提供特设奖学金，还要在教育体制上有所改革。对母语的学习力度更应加强一些。双语教育实施几十年来，英文教育已经取得了较高的成就，现在的关键问题就是要提高母语学习的时间和应用的时间。新加坡教育部已经成立华文课程与教学法检讨委员会，致力于改善华文教育的方法和课程。伴随着华语运动的推广，新加坡的儒学以教育为根基必然有着更好的传承和发展。

值得注意的是，在多语言、多种族的国情下，新加坡政府推广华文教育，"自然引起其他语言的使用者和支持者的密切关切，由于各种人士的立场不同，各方反响也会产生相互矛盾之处"，反对者"深恐华语运动带来华族沙文主义的浪潮"❶。这对华文教育的大力推广和改革是一个挑战。因而，新加坡必须平等对待各民族语言和文化，在推广华语运动和改革华文教育时，应该兼顾马来文和泰米尔语的生存和推广。

另一方面，儒学在新加坡的发展必须进行现代性的转化。儒学是一个庞大的体系，但是"儒家文化在东亚社会作为一个完整的范畴已不复存在。"❷ 儒家思想如何与现代化、现代社会和现代制度相对接是一项重要的课题，儒家传统必须经历一个现代性的转化才能实现。那么，儒家思想必须进行现代性的解读。杜维明先生对此有深刻的理解。他认为儒学有着时间、地域和层次三个

---

❶ 马志刚：《新兴工业与儒家文化：新加坡道路及发展模式》，时事出版社1996年版，第424、425页。

❷ 马志刚：《新兴工业与儒家文化：新加坡道路及发展模式》，时事出版社1996年版，第216页。

范畴。从时间来看,儒学是一个思想的长河;从地域来看,儒学和其他文明并存;从层次来看,儒学传统是分层次的,有民间的儒家传统,有知识分子的传统,还有政治上的儒家传统,儒学内部亦相当复杂。儒学是一个非常繁复、博杂的传统。而现在社会,儒学传统必然面临着一系列的批判,如对三纲的批判等。关键是儒家传统在一个多元现代性的社会,如何进行现代化转换的问题,比如,仁、礼、礼乐教化等在现代化有着重要的意义。❶ 李明辉先生还将儒学分为制度化儒学、社会化儒学、深层化儒学和作为精神思想传统的儒学四种类型。❷ 可以看出,儒学的复杂,以及对儒学的不同解读产生了不同的理解。在这种情况下,儒学很容易被误解和误读,尤其是新文化运动以来,在"打倒孔家店"的启蒙口号下对儒学进行了负面的解读,儒学的传播受到了很大的负面影响,新加坡当时也受到了新文化运动的影响,使新加坡儒学复兴运动落入低潮。对儒学的重新解读以及现代化的解读都值得人们深思,思考儒学传统的现代性转化的问题。因此,"我们光是提出儒家思想究竟是不是新加坡解决问题或作出选择的最好的方法之一,是很不够的。儒家思想本身需要现代化,才能面对这块土地上的挑战。在这个范畴之内,有必要弄明白,在新加坡这样一个有动力的现代国家里,我们计划引进的,是哪一种类型的儒学。"❸

在新加坡,不同阶层尤其是上层政治精英,对于儒学的解读,注重的是儒学中的如下要素:勤奋、教育、实用、节俭、自律、

---

❶ [美]杜维明:《儒家传统与文明对话》,彭国翔编译,人民出版社 2010 年版,第 183-198 页。
❷ 李明辉:《儒家视野下的政治思想》,北京大学出版社 2005 年版,第 132-133 页。
❸ 杜维明:《新加坡的挑战——新儒家伦理与企业》,高专诚译,生活·读书·新知三联书店 2013 年版,第 195 页。

家庭导向、集体主义以及对权威的服从。统治者容易借用儒学为自己的统治披上"仁慈的专制"外衣,强调民众的忠诚和服从,这样就容易被解读为威权主义和家长式的专制。"新加坡的儒学思想,强调的是中央集权化的领导、不容置疑的忠诚与服从,曾阻碍甚至威胁到朝向更大民主化的过程。"❶ 因而,我们可以发现西方对新加坡的批判,尤其是对亚洲价值观的批判都是立基于此的。

因而,应该避免对儒学的过度政治化的解读。"新加坡政府本身也曾警惕推动'政治化的儒学'。这是因为儒学一旦被视为一种政治化的意识形态,将迫使民众无理由地服从权威以保护少数人的利益。"❷

那么,应该如何对儒学进行现代化的解读来促进新加坡政治价值的重构,推动新加坡的政治发展呢?儒学有着复杂的要素,是一个庞杂的体系,但并非单一的体系。正如杨阳在评论狄百瑞的《亚洲价值与人权——儒家社群主义的视角》时指出的,儒学是一座大厦,其中存在着不同的"碎片",有社群主义的,还有自由主义的。如果忽视了儒学的这一复杂性,就会片面解读儒学。❸ 正如狄百瑞所分析的,儒学传统中有着社群主义(共同体主义)的碎片和传统,对于现代社会有着重要的意义。杜维明在新加坡考察时,也提出了儒学的创造性一体化,一种寻求文化认同和普遍观点的综合,必须挖掘新加坡自己的多民族和多文化的本源,从而达到社会的共同源泉。"我们在新加坡所有的,是不排斥一切

---

❶ Beng‑Huat Chua, *Communitarian Ideology and Democracy in Singapore*, Routledge, 1995, p. 163.

❷ Beng‑Huat Chua, *Communitarian Ideology and Democracy in Singapore*, Routledge, 1995, p. 166.

❸ [美]狄百瑞:《亚洲价值与人权:儒家社群主义的视角》,尹钛译,社会科学文献出版社2012年版,序言第1–16页。

其他百家的儒家伦理。"❶ 这一基础可以立基于共同体主义。新加坡在儒学传统复兴的后期走向了对共同体主义的强调与挖掘，但是随着儒学的衰落，共同体主义也随之衰落，从而导致新常态下新加坡政治价值出现危机。新加坡儒学的现代性转化并不是孤立的，而是要与西方文化和其他本土文化有所融合和对接的，这样才能重构和融合新加坡的政治价值体系。因而，对于共同体主义的挖掘是新加坡儒家传统现代性转化的一个重要切入点。

新加坡有着对共同体主义挖掘的传统，而且能够与西方对接起来。目前来说，新加坡应该明确这一政治价值观，将其作为一项重要的价值基础。从 2011 年大选以来的政策变革走向来看，李显龙也明显意识到共同体的重要性。在讲话和政策变革中已经体现了这一价值。例如，2012 年全国对话形成的共识之一是"互相扶持，不离不弃（Community Spirit），促进社区关系、加强社会凝聚力，建构更浓郁的甘榜精神"❷。李显龙 2013 年群众大会演讲指出"新加坡是建立在个人、社区和国家这三个支柱之上，而每个支柱都有它扮演的角色，有互补作用"，但是"社区和政府必须更努力帮助个别新加坡人。社区有能力也必须采取主动，组织和动员大家解决问题，把事情办好。"❸ 2014 年政府宣布的六大新施政方针中，第三条就是"扶持家庭和社区，确保同理心、孝顺父母、尊敬长辈和互相扶持等价值观，继续成为生命中的重要部分"。联

---

❶ 杜维明：《新加坡的挑战——新儒家伦理与企业》，高专诚译，生活·读书·新知三联书店 2013 年版，第 232 页。
❷ 参见李新廷：《协商对话与国家治理：新加坡全国对话会的思考与中国启示——以 2012 年"我们的新加坡全国对话会"为考察对象》，载黄卫平等主编：《当代中国政治研究报告（第 16 辑）》，社会科学文献出版社 2018 年版。
❸ 李显龙：《迎接新挑战，迈入新方向》，载联合早报网：http://www.zaobao.com/special/report/supplement/ndp2013/story20130819-242488/。

合早报也发表社论认为新加坡人，尤其是青少年应该"确立社群精神，为公共的善出力"❶。李显龙在历次的国庆献词和新年献词中都反复强调"共同体""社会凝聚""国家认同""人民价值"等的重要性。联合早报高级评论员傅来兴认为，在目前的价值分歧下，"政策可能会根据社群规范（community norms）而形成"❷。这一系列都表明新加坡对共同体的重视。共同体主义会逐渐成为新加坡政治价值的基础。

新加坡的共同价值观在一定程度上确认了共同体主义。新加坡的共同体主义强调社区、国家和家庭共同体的重要性，强调它们能够发挥积极的作用，同时共同体优先于个体，并不否定个体的权利和义务。儒学中共同体主义和人格主义是联系在一起的。人格主义讲求关系中的个体，共同体中的个体，认为个体的价值只有在共同体中才能实现。儒学追求的是自我与共同体的平衡。个体服从共同体，共同体又要尊重个体。政府可以获得人民的信任，精英获得人民的托管，但是人民同样可以批判政府和精英。

此外，新加坡对儒学的民本主义有着良好的继承和践行。无论是在理念上还是在制度实践上，新加坡都取得了相应的成就。这是新加坡儒学的一大特色。而且新加坡还把民本主义与民主对接起来，形成了独具特色的"托管式民主"。对于儒家文化圈的东亚国家民主发展来说，这具有一定的借鉴意义。

除了上层的民本主义和共同体主义，新加坡儒学政治价值还必须发扬礼教伦常对政治秩序的支撑和规范作用。儒学的礼教伦

---

❶ 社论:《打造青年志愿服务的有效平台》，载联合早报网，http://www.zaobao.com/forum/editorial/story20130824 - 244813。

❷ 傅来兴:《避免价值分歧导致疏离感加剧》，载联合早报网，http://www.zaobao.com/forum/views/opinion/story20140828 - 382586。

常是对统治者和民众的普遍规范,在现在社会的转化必然也是对所有人的行为规范,既强调权利又强调义务。新加坡儒学的最大成就在于民间和家庭,它通过日常的礼教伦常、忠孝仁义等价值规范着每个人的身份和秩序,并且内化到人们的心理结构中来,形成一种"集体无意识",是政府和社会有效、有序、低成本治理的价值基础。新常态下新加坡对儒学的解读和现代性转换必须重视礼教伦常所发挥的治理规范作用。

除了儒学,新加坡的其他政治价值也必须进行积极的自我调整以适应社会环境和制度结构的变化。实用主义的衰退必须要有儒学价值观来弥补,正如郝大伟和安乐哲对杜威实用主义的发掘一样,实用主义和儒学有着重要的联系。尽管新加坡的实用主义不同于杜威的实用主义,没有内在的哲学内涵仅强调结果,但是杜威的实用主义可以被新加坡加以学习,并与儒学联系在一起。"事实上,儒学与实用主义共享好多重要的哲学假设(这有些令人惊奇),因此它们可以作为不同文化间进行对话的资源",在反对种族中心主义、反对西方价值观随意输出、对社会交往的强调、自我教化、谏议义务、传统的重要性以及各自的民主视野等方面都有共通性,而且最后都指向了一种共同体生活。❶ 新加坡可以在上述几个方面进行充分的挖掘和转化。而新加坡的精英主义经历的挑战,也必须通过自身的调整,如精英培养方式、选拔标准的改革等,重新发挥其重要作用。儒学的复兴对精英主义也是一种重要的支撑。新加坡的生存主义尽管已经变得不那么重要,但是在新加坡这样一个小国还是具有一定的影响力,它还存在于人们的内心深处。当前新加坡精英和民众对于生存和怕输的意识仍然

---

❶ [美]郝大伟、安乐哲:《先贤的民主——杜威、孔子与中国民主之希望》,何刚强译,江苏人民出版社2004年版,第77-92页。

还很强烈，它仍然是激发新加坡危机意识和不断发展的政治价值之一。国家主义的政治价值是后发展国家普遍采用的价值，新加坡也不例外。虽然新加坡取得了较大的成就，但是发展永无止境，国家指导的发展是当前世界的主流趋势。随着新加坡"大政府、大社会"的形成，国家主义必然也随之调整，走向一种国家与社会合作的国家主义，在价值上有着共同体主义的支撑，在制度上体现了维斯所阐述的一种"治理式互赖"❶的合作结构。左翼思想和自由主义的兴起也给予了新加坡统治精英一定的压力，如何应对这一政治价值来融合多元利益和诉求也是新加坡未来发展的关键。当然，新加坡主导性的政治价值是共同体主义，它统合了整个政治价值体系。无论是民本主义、精英主义还是国家主义都与共同体主义有着重要的内在联系。

二、政治制度的调整与制度化

自吴作栋掌握实权以来，新加坡注重政治制度的制度化，不断提高其水平，改变以往的人治模式，民主程度不断提高，权力开始有所限制，政府也加大了与民众的协商程度，人民的政治权利保障也有了较大的改善。但是问题与进步并存，新加坡民众的权利保障仍不够，精英政治还存在着持续性的问题，好政府需要进一步制度化，反对党议员参政水平有待提高等。政治制度处于不断变迁的过程当中，只有在不断地调整中才能走向更高水平的制度化。

政治制度调整的第一个关键问题就是精英的选拔与培养问题。如何吸引、动员和留住"最好的和最聪明的"新加坡人来保证精

---

❶ ［澳］琳达·维斯、约翰·M. 霍布森：《国家与经济发展——一个比较及历史性的分析》，黄兆辉等译，吉林出版集团2009年版，第189页。

英政治的持续性，同时又不能引起社会的分化，新加坡必须应对四个主要的问题和挑战：一是精英选拔标准的问题。精英主义思想与实践导致了新加坡对于学历的崇尚，这也间接导致了教育体制出现一些问题。精英的才能并不局限于学业成绩。新加坡有着从社会中选拔精英的良好传统，这一传统应该继续坚持。例如，原副总理兼财政部长尚达曼原来只是中学校长，"对他个人而言，他若没有从政，他的潜能就没有机会得到更大的发挥"，因而，"是不是大学毕业生在新的思维底下已不是决定成败的因素"。❶ 因此，选拔人才的标准并不是唯一的，那么如何界定精英，如何选拔更有才能的精英进入政府体制中，且保证他们理性、忠诚地为国家利益和人民利益服务是新加坡政治发展必须处理的关键性问题；二是教育体制改革的问题。这主要涉及教育培养模式。根据2012年"我们的新加坡全国对话"的调查，民众对教育问题的关注排在议题的前列。新加坡的教育分流体制、小学排名、会考等制度已经引起了人民的反思。成绩并不是决定一切的标准，那些成绩不好的学生注定被分流到职业教育体系中，而不能接受高等教育，这也导致了大部分学生出国接受高等教育。英语第一、母语第二的双语教育体制也导致了传统价值的衰落，引起了许多人的批判和对政治价值观的反思。在民众的呼声中，政府采取怎样的措施来改革新加坡的教育体制也事关政治发展的前景；三是高薪养廉的问题。高薪养廉的问题也一直是新加坡精英政治的困扰。新加坡通过高薪养廉招募到人才，又保证了体制的廉洁。但是，这项政策发展到现在导致了人们对其能够达到上述目标的质疑，以及高薪养廉引起的社会分化问题。据新加坡统计局公布的数据，

---

❶ 严孟达：《还是"唯有读书高"》，载联合早报网，http://www.zaobao.com/forum/views/opinion/story20140830-383398。

新加坡的基尼系统呈上升态势，2012年达到0.478，虽然2022年下降至0.437，但也反映了社会差距的扩大。这在一定程度上是由高薪养廉引起的。尽管近几年来政府对高薪养廉政策进行了相应的改革，但是改革后的政府高官薪金在全球仍排首位。例如，李显龙的年薪尽管下调36%，但是仍高达220万新元（约合169万美元，1076万元人民币）。这一问题仍将是新加坡政治发展的一个重大问题；四是政治权力的交接问题。新加坡必须在现有权力交接体制上形成固定的任期制，才能更好地应对政治发展和现代化的问题。

政治制度的调整的第二个关键问题在于新加坡必须有序地推进政治空间的开放，保证人民的政治参与权利，同时必须对政府管控社会的权力有所限制。这需要政府在政治稳定和政治参与方面取得平衡。第三个关键问题就是民选总统制，目前的趋势是民选总统制在实权方面仍不具备，其前景有待观察。第四个关键问题在于好政府的制度设计与实践。新加坡的成功，好政府功不可没。那么，好政府如何制度化事关重大。在新常态下，好政府必须在建立和维护过去法治、廉洁、效率、公平、和谐、稳定、安全、包容和增长等良性体制基础上，增加新的内涵和因素，并走向制度化。在新时代下，新加坡的好政府也要具备新的内涵，这就是：一是要更加的包容与公正。政府要想获得人们的继续信任和支持，必须真正呈现出政治上的包容和公正，做到不偏不倚；二是精英政治必须选拔出具有真才实干的人才，必须转变治理思维，具备亲民的作风，善于与民沟通，同时必须在高薪养廉上作出一定的改变；三是必须扩大和深化社会安全网。由中央公积金、三保（3M）医疗体系、居者有其屋计划、就业入息辅助计划❶和

---

❶ 新加坡的一项社会保护政策，即 workfare income supplement 针对低薪员工设立，根据年龄不同每年的薪金补助不同。

社区关怀计划编制而成的新加坡社会安全网必须更有人情味,必须对弱势群体有所倾斜;四是要有效舒缓解决当前社会的棘手课题,如住房负担、公交拥挤、医疗费用、弱势群体的脱困等。只有处理好这些问题,才能加强或挽回人民对政府的信任,才能巩固好政府的威信。❶ 除了增加新的内涵和要素,如何保持政府的法治、廉洁、效率、公平、和谐、稳定、安全、包容和增长等优良的传统也是好政府制度化的关键问题。

而反对党、非选区议员、官委议员等制度的空间也不断扩大,这是他们自身努力的结果。在一党独大体制下,反对党能够取得较大的支持率和十个左右的议席也反映了民众对他们的支持。新加坡未来的政治发展有赖于反对党、非选区议员和官委议员发挥他们的积极作用,尤其是参政议政、监督人民行动党的重要作用。反对党所存在着的经验不足问题只有经过不断地磨炼才能解决。从目前的政治生态来看,"当前的政治生态提供了理性与负责任的在野党最有利的发展空间"❷,反对党应该抓住这一有利时机提升自己的各方面能力。反对党在一党独大体制下发挥的作用也不仅依赖于人民行动党释放的政治空间,更有赖于自身的能力和作用。

三、公民社会的兴起与新媒体时代的到来

随着社会发展的多元化和复杂化,单靠政府已经不能解决经济社会发展存在和面临的问题。新加坡的政治发展需要一个强有力的、成熟的公民社会的支撑。

---

❶ [新] 蔡裕林:《新加坡刮起改革风:李光耀时代 VS 后李光耀时代》,新加坡朝晖出版社 2013 年版,第 187-189 页。
❷ 蔡裕林:《解读工人党的建设性政治》,载联合早报网,http://www.zaobao.com/forum/views/opinion/story20140606-351533。

在 20 世纪 60 年代之前，新加坡的公民社会就相当兴盛。吉利斯（E. Gillis Kay）2005 年专门出版了《新加坡的公民社会与英国的权力》（Singapore Civil Society and British Power）一书，追溯了从 1819 年到 1963 年新加坡公民社会的发展。他认为这一时期的新加坡公民社会非常强盛，为新加坡的自治和独立贡献了重要的力量。❶ 国家建构之后，受各种因素影响，公民社会开始衰弱，强国家开始形成。在经历几十年的经济增长，新加坡已经开始重建一个强大的中产阶级和公民社会，而且从 20 世纪 80 年代开始，政府逐渐减少对公民社会的限制和干预，在一定程度上开始还权于民、还权于社会。

在新常态下，新加坡重建公民社会的努力"不仅仅是一个执政党和选民，政府和公民关系重新定位的问题，而是关系到我们要建设什么样的社会，什么样的国家的问题"❷。2004 年 1 月，时任副总理的李显龙在新加坡哈佛俱乐部成立 35 周年纪念晚宴上，以"建立一个公民社会"（Building A Civic Society）为题发表演讲，宣布放宽社团注册条例，使人们更容易结社。❸ 二十年后的今日新加坡，公民社会的景观呈现出多元化的格局。

公民社会的成长离不开政府的配合。"小政府，大社会"的模式并不适合新加坡这样的小国。新加坡需要的是"大政府，大社会"。吴作栋担任总理时就意识到放权于社会的重要性。在 1997 年的一次国会演讲中，吴作栋就提出了"新加坡 21"的愿景，将

---

❶ E. Gillis Kay, *Singapore Civil Society and British Power*, Talisman Publishing, 2005, p. 198.

❷ 王新斌：《重建公民社会》，载联合早报网，http：//www.zaobao.com/forum/views/opinion/story20131025 - 268661。

❸ 曾昭鹏：《公民社会十年进退》，载联合早报网，http：//www.zaobao.com/forum/views/opinion/story20131229 - 293572。

公民社会建设视为其中的一个重要组成部分。吴作栋的研究促成了1998年政策研究中心（IPS）主办的关于公民社会的研讨会，引发了公众的大规模讨论。在这次会议上，严崇涛作了主旨演讲，指出新加坡必须通过开放来适应世界的变化，代表了官方的观点。❶此后，新加坡延续这一观点，逐渐形成了建设一个包容性和开放的社会的政策取向。吴作栋的这一愿景也发起了历时18个月的"新加坡21"的全国对话。这一对话通过论坛、调查、讨论、电邮等方式咨询了6000多位新加坡公民，形成了一份调查报告，获得国会讨论通过。其中核心的观点是"积极的公民"（active citizenship），即鼓励多元观点，推动更广泛的公民参与。通过对话，公民表达了自己的观点，希望参与到更多的公共政策的协商中；希望积极参与而不是事后的反馈，等等。这一调查促使了政府提高开放和协商程度。❷

李显龙一上台就提出了关于公民社会的五点意见：关于新政策的公众协商、活泼有力的辩论空间、强调积极的公民、一个有建设性的媒体以及政府的继续开放等。❸原副总理兼财政部长尚达曼在亚洲慈善峰会上致词时就指出，建立一个互相包容的社会对新加坡的未来至关重要，而在打造包容性社会的过程中，政府、社区团体、义工和慈善组织都要通力合作扮演更积极的角色，不能单单依赖政府，因为"积极的政府和积极的公民社会，是相辅相成的"。而"大政府，大社会"这朵奇葩能否在这个"小红点"

---

❶ Diane K. Mauzy & R. S. Miline, *Singapore Politics under the People's Action Party*, Routlege, 2002, p. 161.

❷ Diane K. Mauzy & R. S. Miline, *Singapore Politics under the People's Action Party*, Routlege, 2002, p. 165.

❸ Terence Lee, Gestural Politics: Civil Society in New Singapore, 20 *Journal of Social Issues in Southeast Asia* 134 (2005).

热带雨林里绽放异彩，一方面要看民众能否改变事事依赖政府的心态，确立起当家作主的公民意识；另一方面则要看政府能否在不影响有效管治的前提下，逐步从一些可以由民间自理自决的社会领域退场。❶

可以看到，近年来新加坡政府一直致力于为建设一个包容性、公平性的公民社会提供强有力的援助。新加坡政府建立社会企业模式经营的小贩中心（即食阁），为弱势群体提供生计，还通过教育、慈善住屋、援助、义卖等各种方式鼓励更多的公民互助，促进社会公益，推动公民社会的发展。2013 年以来，新加坡政府筹划成立了新加坡青年志愿者计划，致力于全面和有系统地支持本地年轻人从事社区服务工作，力图通过实践培养更高尚的人格，发扬悲悯之心，确立社群精神，为公共的善出力，构建一支强大的志愿服务队伍，致力于使新加坡的公民团体日益茁壮，最终缔造强大的公民社会，形成"大国家—大社会"的格局。

新加坡公民社会的重建除了政府的支持，更多地依赖于公民组织的成长。自 20 世纪 80 年代以来，一系列的非营利组织成立，活跃了新加坡的公民社会领域。除了传统的人民协会，还成立了自然协会（The Nature Society）、妇女行动与研究协会（AWARE）、政策研究中心（IPS）、穆斯林协会（AMP）、圆桌论坛（the Roundtable）、工作委员会（The Working Committee）、演说角（The Speaker's Corner）等组织，上述有的组织是有官方背景的，例如政策研究中心；有的是独立的民间组织。上述组织在自己的专业领域内进行相关的活动和研究，为政府咨询和影响政府政策发挥了重要的作用。

---

❶ 社论：《建立大政府大社会》，载联合早报网，http://www.zaobao.com/wencui/zaobao-editorial/story20120912-143056。

新加坡公民的参政意识也在不断崛起,对国家政策的不满、对执政党的质疑、对政治事件的态度、对房价的批判、对公共交通的反思等等,从过去的沉默、害怕到现今的关注和抗议,各种诉求的出现已经成为公民社会兴起和公民意识崛起的表现。观念具有巨大的力量,就像一股暗流在不由自主地涌动着,政治的力量未必能主导它。政府开始意识到民众的诉求后,应该反思价值观,重建与人们的契约,引导公民社会的壮大,使公民成为政治发展的重要力量。

公民社会的兴起也推动了新媒体问政的发展。互联网以及新兴媒体传播已经越来越广泛地影响着人们的生活。新媒体时代、人工智能时代已经到来。在这个由智能手机、平板电脑、无线网络、区块链等信息技术产品构成的新媒体与人工智能时代里,信息传播的速度更快,广度更宽。"公民透过新媒体科技分享及时信息,被西班牙记者伊纳希欧·哈莫内(Ignacio Ramonet)称为'第五权'(The Fifth Estate)"❶,以区别于传统纸媒和媒介的"第四权"。网络问政和新媒体问政已经成为这个时代的一大特点,也是公民进行政治参与的重要渠道。网络参与没有限制,能够自由表达意见,能够形成更加开放和自由的社会讨论氛围。新加坡新传媒集团中文新闻副总编辑杨淑莲介绍,新传媒集团的报道没有所谓的"禁区"。❷

根据市场调查公司尼尔森(Nielsen)于 2014 年 9 月份发布的调查数据显示,平均每 10 个新加坡人中,约有 9 人会每天使用网络浏览网页,网络每天的使用率达到了 85%,较 2011 年的 80%,

---

❶ 林翠绢:《新媒体照亮"太阳花学运"》,载联合早报网,http://www.zaobao.com/special/report/politic/taiwan/story20140420 - 334453。

❷ 姜鹏:《新加坡的传媒管控与新媒体战略》,载《青年记者》2012 年第 31 期。

同比上升了 5%，约有 94% 的数码用户拥有一台或以上的智能手机，在使用数码产品的家庭中，64% 的家庭拥有平板电脑，87% 的消费者同时拥有两种数码产品。另外，在过去的三年中，平板电脑的拥有率同比上升了 3 倍之多，超过区域的平均渗透值 10% 左右，本地网民上网时间名列东南亚第二名。❶

新媒体时代进而是自媒体时代、大数据时代、人工智能时代已经颠覆了传统的信息和知识获取方式，改变了人们的生活和学习习惯。随着公民社会的发展，新媒体必然引发民众参与社会乃至参与政治的热情。新媒体作为一种新的便捷、快速的方式，成为新加坡网民政治参与和问政的新方式，已经引起新加坡政府的广泛高度重视，将其上升为国家发展的战略高度。

新加坡成立了媒体发展管理局，并在新加坡新闻通讯及艺术部特别设有一个新媒体部，该部门主要负责推广新媒体的应用，包括为内阁成员开通和维护社交媒体。李显龙总理、政府行政人员和国会议员都开通了众多新媒体账号，与网民进行互动交流，了解人们的看法和诉求。2013 年 11 月 23 日，李显龙在联合早报 90 周年庆举办的国是论坛上发表"新媒体景观"的华文主旨演讲中就指出："政府通过新媒体来拉近跟人民的距离，几乎每个政府部门、国会议员，都有面簿，包括我在内。我也有 Twitter 还有 Instagram，因为十多岁的少年对我说，面簿是老人用的（他们心目中的老人是二、三十几岁的人），我们十几岁的用 IG（指的是 Instagram）！我发现这是一个很有效的渠道，可以直接、迅速地跟人民交流，有它的价值。我星期三上传到网上有关猫头鹰到访总统府的小故事，不知道会那么受欢迎，上传一天之后就有 50 万人

---

❶ 尼尔森调查：《本地网民上网时间名列东南亚第二名》，载联合早报网，http://www.zaobao.com/media/graphic/story20140924 - 392687。

点击。"❶ 2023 年，李显龙接受法新社专访时，表示数字化技术和人工智能将会改变人类生活和工作方式，政府应为人们提供必要的培训和教育，以帮助他们适应这种变化，并在这个新世界中保持竞争力。❷

此外，新加坡国家研究基金会投入 5 亿新元，设立互动数字媒体研发管理办公室，资助具有战略意义的研发项目。新加坡媒体发展局也拨出 4000 万新元，鼓励"数字媒体领域的原创作品与创新思想"。❸

新媒体的运用及人工智能的发展，一方面方便了网民知识和信息的获取以及社会和政治的参与，另一方面也方便了政府信息的传播和与民众的交流。李显龙在联合早报国是论坛上的演讲以及与观众的现场互动，使众多民众意识到"传统与新媒体关系是国家重要课题"❹，使民众对此类的论坛和交流有了共鸣和良好的互动。

然而，新媒体是一把"双刃剑"。它在方便人们参与和交流的同时，也带来了一定的问题。李显龙在"新媒体景观"演讲中就指出新媒体的发展也带来了严重的挑战：一是新媒体被滥用；二是网络欺凌；三是网上漫骂。因而，李显龙强调了政府在新兴技术方面应为人们提供必要的培训与教育的重要性。李显龙总理的

---

❶ 李显龙：《新媒体景观》，载联合早报网，http：//www.zaobao.com/special/report/supplement/guoshi/story20131123-279974。
❷ 《法新社专访李显龙》，载维思迈财经，http：//openvsm.com/dk/article/799054.html。
❸ 王思璟：《新加坡"举国"发展新媒体》，载《21 世纪经济报道》2009 年 12 月 2 日，第 019 版。
❹ 谢燕燕、沈越：《多名与会者认为，传统与新媒体关系是国家重要课题》，载联合早报网，http：//www.zaobao.com/special/report/supplement/guoshi/story20131123-279734。

这一分析与强调也引起了一定的共鸣。新加坡佛学院助理教授纪赟就认为,"新兴媒体带来的冲击并不是新鲜事",新媒体带来的负面影响在现代社会已经日益显现,"这些问题不但使得新媒体本应具有的交流、传播、教育等有益功能受到削弱,甚至会让这种技术的发展带来对整个社会的负面影响。所以在主动适应新媒体发展的趋势之下,防患未然就显得非常必要"。❶ 网络这个虚拟公共空间容易让人们以虚假身份逃避制度和规则的约束,让人们产生身份受到掩护和保护的错觉,从而让违法和违背道德的人肆意侵害他人和国家利益。微软公司曾在 25 个国家针对青少年进行了一项专门的调查,结果显示"新加坡青少年受网络欺凌的严重情况是全球排列第二"❷。

新加坡政府意识到这种"过度的自由"并不是理性的人们所想要的。为了形成一种建设性、开放性和包容性的网络环境,新加坡政府采取了一系列的措施来保证网络交流的理性化和安全化。从 2013 年 12 月中旬起,新加坡政府开始要求民情联系组的交流网用户进行实名登录;对管制主流媒体和新媒体的条例作了协调,如新闻网站只要达到一定的规模与客流量,就必须个别受到《新加坡广播法》管制;新加坡注册的新闻和时事网站,不可以接受海外资金赞助;政府出台了新的媒体政策,以及划分一主流媒体和新媒体的管制法。

当然,新加坡政府出于理性和建设性的角度采取的这些措施,引起了一部分的反抗。一批社区博客、个人博客和论政网站在芳林

---

❶ 纪赟:《新媒体时代的新加坡》,载联合早报网,http://www.zaobao.com/forum/views/opinion/story20131210 - 286501。
❷ 洪奕婷:《害怕》,载联合早报网,http://www.zaobao.com/forum/views/opinion/story20131201 - 283070。

公园发动了上千人参与的"解放我的互联网"（Free My Internet）和平集会，以抗议政府对新闻网站实施新执照条例，批评政府此举有限制网上言论之嫌，并将削减新加坡人获得多元新闻信息的渠道。❶ 尽管新加坡新闻通讯及艺术部部长雅国博士一再重申新闻网站新执照框架将不会影响现有网上言论空间，但是网络人士的抗议依然不减。

如何看待新媒体与人工智能时代的网络参政是新加坡在新常态下要面临的重要问题之一。网络议政已经成为新媒体时代的发展潮流，对于公民社会的成长和民主政治建设有着重要的意义。如何规制新媒体与人工智能的负面影响，保障网络议政的理性发展是新加坡政治发展未来必须谨慎对待的课题。

四、政治精英的决策与建设性政治的构建

新加坡精英主义出现的衰退并不说明精英不重要。对于新加坡这样的国家来说，在政治新常态回应民众诉求和鼓励民众参与的情况下，精英仍占据着重要的地位，发挥着主导性的作用。正如李显龙在2011年大选之后所表示的，"输掉6个国会议席并非是个灾难性结果，也不意味着新加坡下来将出现一味迎合民众要求的民粹主义政府"。政治精英和任人唯贤仍将是新加坡未来政治发展的关键。作为新时代的推手，政府领袖对于新加坡的成功至关重要。新加坡必须充分发挥人力资源的潜能来弥补其他资源的缺失。

无论是李光耀时期还是后李光耀时期，李光耀、吴作栋和李显龙都发挥了非常重要的作用，决定了国家的走向，在关键时刻

---

❶ 沈越：《针对新闻网站新执照条例，上千人聚集芳林公园抗议》，载联合早报网，http://www.zaobao.com/media/photo/story20130609-214174。

进行政治改革和政策调整，而且能够以长远利益为重，保障政策的连续性和有效性，给新加坡带来了持续的发展。李显龙自2004年担任总理以来，已经过了二十个年头。早在2008年，李显龙就表示物色第四代领导班子并及早让人民认识将引领他们走向未来的领导人是当务之急。按照新加坡政治交接的规律，第四代领导班子必须在政府中经过长期磨炼才能接班，而且必须走向年轻化。但是，新一代领导团队及其领导人的确立并非易事。2011年新加坡大选后，李显龙表示要在2020年大选前将第四代领导人明确化，而且于2018年确定了时任教育部长王瑞杰为总理接班人，但2021年他因身体和年龄原因表示无意担任下一任新加坡总理。直到2022年4月14日，70岁的李显龙宣布，现任内阁财政部长黄循财将成为第四代团队领导人，并在未来合适的时刻接替总理职位。不管怎样，政治精英的决策在新常态下，对于新加坡的改革转型至关重要。这是因为：

一是政治精英掌握着改革和政策调整的主动权和推动权，通过化解矛盾和结构调整促进政治发展。精英是时代的推手。2011年大选反对党的壮大从实质上也反映了政治精英的主动转型。2011年之前，从吴作栋到李显龙就开始逐渐放开政治空间，打造包容性社会，保障人们的政治权利，并加大与民众协商的程度。尤其是2011年大选，政府放开网络竞选的限制，从而造成了这次大选竞争的激烈。而大选结束后，李显龙主动进行全国对话，检讨现有政策，与人民协商新加坡未来的发展，取得了重要的成果，在住房、医疗、教育和就业等方面进行了相应的改革。可以看出，李显龙政府始终掌握着改革的主动权，能够适时进行制度调整和政策转变，反映了政治精英的重要作用。新加坡未来的发展也有赖于精英人物的决策。新加坡一直以来的模式是"精英托管"人民的利益和信任。尽管近年来新加坡民众参政热情和改革的呼声高涨,但是政府高层并不是跟着百姓的声音走,并不是为人民的短期利益所主导,而是从新加坡长远发展的角度一方面检讨现有政策、"翻石头"的同时仍继续坚持符合长期发展的政策。改革和转型是在精英主导下渐进发展的。在主动改革的同时,政府精英还力图缓解社会矛盾,进行结构的调整,将人民关心的重要议题放在政策改变的首位。新加坡政府还通过自身的调整,如调整高薪养廉等民众有争议的议题,来缓解社会的分化,试图达成全国的共识。因而,未来新加坡的政治发展有赖于政治精英的主动改革。

二是政治精英是政治价值重构的推手和主导者。政治精英除了在政治制度、结构和政策方面进行主导改革,还能掌控政治价值的重构。无论是李光耀时期还是后李光耀时期,政治价值的建构和重构都是由政治精英所主导的。李光耀建构了生存主义、实用主义、精英主义和国家主义,并将这些政治价值深入全国、深入民众。到了后李光耀时期,也是李光耀和吴作栋发起了儒学复兴运动,提出了共同价值观,从而推动了新加坡政治价值的重构。虽然新加坡政府每年都推广华语运动,但是儒学的衰退已经成了不争的事实。后李光耀时期虽然朝向了政治价值的一元化进行整合,但是共同体主义缺少了儒学的支撑导致了这一重构的不足。因而,从后李光耀时期到李光耀后时期的转变,需要着重于政治价值的重构,这事关新加坡政治发展的未来。政治精英必须主导这一过程。儒学的弘扬需要政府的推动,尤其是在其载体语言的使用上。新加坡政府也必须加大华文的推广和使用,扭转英文第一、母语第二带来的严重西化的现象。政治价值的重要性已经被精英认识,工人党刘程强和人民行动党政府就建设性政治的辩论使各界精英意识到建设性政治背后政治价值观的重要性。政治价值的重构势在必行，政治精英已经意识到这一问题，并正着手解决这一问题。

建设性政治的建构是近年来新加坡政治建设最新的进展，反映了新加坡政治发展的前景。2013年，李显龙为榜鹅东区补选候选人许宝琨医生催票，用英语演讲时，一连抛出几个问题供新加坡人思考，其中提出"新加坡所需要的政治，是团结还是分化的政治？是具建设性的政治，大家通力合作，使政策能够让所有人都获益，还是分化的政治，大家互相攻击鞭挞，然后把那个称为监督与平衡？"❶ 2011年大选以来，人民行动党和反对党之间的竞争开始形成朝野双方的理性与负责任的互动，开始形成建设性的政治。

新加坡的议会民主制和政党竞争一开始也受西方和冷战格局的影响形成了两种意识形态对立的格局：一方是从最初的新加坡进步党、劳工阵线，到人民行动党的认可民主宪政的政党，另一方是以马共、社阵等左翼政党。这种以意识形态为主的政党竞争主导了早期新加坡议会的竞争，直到社阵退出议会、抵制大选才结束。之后，新加坡议会才在同一轨道上进行政治博弈，形成了理性、务实和负责任的论政规范。2011年以来的历次大选，反对党的活跃并没有形成极端的竞争态势。反对党领袖"詹时中、刘程强深具理性和负责任的从政作风，开创了政党政治和政治博弈的新天地。这一发展态势，无疑有力地促成建设性政治博弈的发展空间"，"这凸显新加坡议会民主的与众不同。归根到底，新加坡之所以能够维持这一政治生态，离不开朝野双方都能把议会民

---

❶ 李显龙：《国人要团结还是分化的政治？》，载联合早报网，http://www.zaobao.com/special/report/singapore/palmer/story20130125 - 96263。

主看成是确保国家善治良政的途径,秉承以民为本的宗旨。如若不然,新加坡也有可能步入泰国等地议会民主的乱象泥潭中"。❶陈庆炎也指出,因激辩和分歧以及民粹的倾向容易导致政府的瘫痪,这样的政治喧闹将使新加坡衰败。❷

最大的反对党工人党在理性睿智的刘程强等领导人带领下,以"建立第一世界国会"为口号和目标,就是要成为在国会中制衡并监督政府的力量,更提出"负责任反对党"的新论述,表示不会为了反对而反对,导致辩论僵持或陷入瘫痪。这反映了反对党对于建设性政治的诚意,也反映了工人党"小心翼翼地避免形成'抗争性政治'(contentious politics)甚至'毁灭性政治'(destructive politics)的局面,工人党可能会尝试建立另一种新的分析框架,解释该党对建设新加坡政治的立场和原则,从而创造出新的体制模式,进行一种特有的创造性政治实践"❸。而人民行动党也乐意建设一个理性、负责任的建设性政治。时任总统陈庆炎于 2014 年 5 月 16 日为第 12 届国会第二会期主持开幕代表政府发表施政方针时说,秉持以国以民为先的建设性政治原则至关重要,开启了新政治形势下的第一个辩论课题。

建设性政治的建构只是新加坡未来政治发展的一个开端。对于什么是建设性政治,朝野双方、人民行动党和工人党还未达成一致。两党曾就建设性政治展开专门的辩论,但是并未形成交点。李显龙强调建设性政治需要从领导人制定执行政策的能力、操守、

---

❶ 蔡裕林:《新加坡议会民主的建构》,载联合早报网,http://www.zaobao.com/forum/views/opinion/story20140407-329595。
❷ 陈庆炎:《政治喧嚣可致政府陷入瘫痪》,载联合早报网,http://www.zaobao.com/realtime/singapore/story20140516-343856。
❸ 傅来兴:《建设性的政治为谁而建设?》,载联合早报网,http://www.zaobao.com/forum/views/opinion/story20140619-356472。

品格和诚信必须维持在一个高度等方面来界定,而刘程强则认为要打造以团结人民为目的的建设性政治要有三大元素,即政治价值观、政治文化和为人民所信任的体制。不论双方的具体阐释如何,但是双方已经就建设性政治议题达成共识,都不会反对以国以民为先的大原则,而且都认为建设性政治的最终目的是为人民带来福祉,而不是一种零和游戏、零和政治博弈。

但是,刘程强提出的政治价值观和政治文化的问题对于建设性政治乃至新加坡的政治发展是至关重要的。当前,新加坡政治发展的关键就在于政治价值的重构和一元化,"只要形成了良好的政治文化,建设性政治也将水到渠成"❶。新加坡的精英只有在这一方面达成共识,促进儒学的现代解读和政治价值的自我调整,才能更好地促进新加坡的政治发展。

五、政治稳定与政治参与的平衡

新加坡政治发展面临的另一重大的挑战就是如何在政治稳定与政治参与之间保持平衡的问题。新加坡是多民族、多种族、多信仰、多文化、多语言的城市国家,近年来随着社会的开放,社会日益多元化,在这样的背景下保持新加坡的政治稳定是非常关键的政治发展问题。自建国以来,政治稳定就是新加坡政治发展的头等大事。为了解决这一问题,人民行动党政府通过各种措施,如引入集选区制度、颁布了《维持宗教和谐法》等以使种族及宗教冲突爆发的潜在可能性最小化。❷ 随着新加坡经济的发展、教育

---

❶ 社论:《新加坡需要良好的政治文化》,载联合早报网,http://www.zaobao.com/forum/editorial/story20140530 - 349010。
❷ [澳]约翰·芬斯顿主编:《东南亚政府与政治》,张锡镇等译,北京大学出版社2007年版,第292页。

水平的提高、信息的便利与新媒体带来的参政渠道的多样化，人民的政治意识逐渐觉醒促进了公民社会的不断壮大，公民政治参与也不断扩大，尤其是年轻的新加坡人对于政治参与有着更多的需求。那么，如何保持政治稳定与日益增长的政治参与的需求之间的平衡对于人民行动党政府来说，是一个非常艰巨的任务。

新加坡也是一个较为特殊的国家。亨廷顿关于政治秩序、经济发展、政治制度化、政治参与的关系并不符合新加坡的实际情况。亨廷顿认为现代化的一个主要标志就是参政的扩大化，"政治现代化最基本的方面就是要使全社会性的社团得以参政，并且还需形成诸如政党一类的政治机构来组织这种参政，以便使人民参政能超越村落和城镇范围"，而政治参与并不是时刻起着积极的作用的。政治参与是与政治秩序、政治制度、经济水平和社会动员水平相关的。关于这几方面的关系，亨廷顿给出了三个公式来予以说明：

1. 社会动员÷经济发展＝社会颓丧
2. 社会颓丧÷流动机会＝政治参与
3. 政治参与÷政治制度化＝政治动乱

政治参与高于政治制度化的水平就会引发动乱，而政治参与高于政治制度化水平的政体被亨廷顿称为普力夺社会。亨廷顿通过对西欧、美国以及广大后发展国家观察得出结论，各国政治的分野不在于政府的形式而在于政府的有效程度。社会急剧发展，民众被动员起来参与政治而政治体制建设落后，容易造成社会的动荡。因而，政治首要的问题不是自由，而是建立一个合法的政治秩序。❶

---

❶ [美]塞缪尔·P.亨廷顿：《变化社会中的政治秩序》，王冠华等译，上海人民出版社2008年版，第28、42页。

新加坡多年来一直以政治稳定为优先性的重要议题，因而在政治价值和政治制度上都强调秩序和稳定。然而，随着经济上和政治上的发展，新加坡公民的政治参与开始扩大。虽然新加坡政党组织的强制性投票范围较广，但是社团性的政治参与不强。虽然新加坡建立了较为现代的政治制度而且政治制度化的水平也达到了一定的程度，但是政府还是有意识地控制政治参与的程度。这是因为"他们担心政治自由会引发危险，所以他们可能不愿意完全满足青年一代对更多地参与政治的要求，害怕这些要求的满足可能会破坏政治稳定并影响新加坡在国际舞台上的竞争力"❶。

然而，新加坡的经济水平已经达到了很高的程度，社会动员的能力较强，社会的流动水平也较高，制度化水平也达到了一定的程度，唯独政治参与水平还比较低。在前几个要素的推动下，新加坡民众的政治参与要求越来越高，而人民行动党政府首要的议题一直放在政治稳定和政治秩序上，从而形成了政治稳定与政治参与的平衡问题。现代化的一个重要标志就是政治参与的扩大，新加坡未来必然要在政治参与水平上有所提升。那么，如何在有序地引导政治参与的同时又能使新加坡这样的城市国家保持政治稳定是人民行动党政府面临的重要挑战之一。人民行动党政府采取怎样的行动来实现这一平衡影响着新加坡未来的政治发展。

---

❶ ［澳］约翰·芬斯顿主编：《东南亚政府与政治》，张锡缜等译，北京大学出版社2007年版，第293页。

CHAPTER 05 >> 第五章

结论与启示：互动一元化与后发展国家的政治发展

放眼当今世界，无论是发达国家还是不发达国家，无论是早发国家还是后发展国家，政治发展问题尤其是民主转型与发展是摆在他们面前的最重大和最现实的问题。民主化的浪潮固然汹涌澎湃，但是涌现之后也会在很大程度上出现亨廷顿所说的"民主衰退"。第三波民主化浪潮在20世纪末达至顶峰，却在21世纪的初始十年迎来了民主的反弹。"阿拉伯之春"带来了西方学者认为的所谓民主化的第四波希望，却以"阿拉伯之冬"收尾。近十年来，民主的表现并没有给人们带来满意的答卷。一些国家和地区的政治衰败引发了全球性的政治焦虑。诸如美国、英国等发达国家都出现了一些问题，后发展国家的政治发展应该如何展开引发了人们的反思。

其中，反思的重点之一在于政治制度领域。人们在很大程度上是将民主作为一种典章制度来看待，关心的是政治制度如何走向民主化或者保持民主化。

然而，对政治制度的偏重，容易忽视政治制度背后政治价值的重要作用。政治制度自身的衰败是政治发展焦虑症的重要表现，但政治制度的衰败一方面有着自身的原因，而另一方面在于其背后政治价值的支撑与演变。政治发展是由政治价值与政治制度的互动组成的。有学者已经认识到："新加坡所采行的民主体制，不但已经是全球普遍的政治制度，更被很多人当做绝对的真理价值来追求。可是，现实生活里在各国运行的民主政治，却发生诸多弊端。原因或许并非仅仅出在制度，而是制度运行所凭借的政治文化，在根本上出现了问题。"❶

在当前较为普遍的政治发展衰朽背景中展开对政治价值和政治制度的分析，新加坡可以说是一个非常典型的案例。新加坡自独立以来，一直保持着政治发展的稳定和高效，其民主制度也备受国内外学者和民众的质疑与讨论，而其政治价值也处在不断地重构与演变中。正是在其政治价值的支撑下，新加坡建构了自身的政治体制，一方面移植了英国的议会民主制，另一方面又进行了自身的独创，形成了自身的政治发展道路，取得了良好的治理绩效。2011年大选以来，新加坡又刮起了改革风，朝野热议。新加坡的政治发展是经历了李光耀时期到后李光耀时期再到李光耀后时期的转变。在不同的时间段，政治价值与政治制度的互动不同，重点也不同。

新加坡形成了自身独特的政治发展模式与道路了吗？我们在上文中并没有给出确定的答案。这并不是否定新加坡现在的发展道路，相反新加坡正在努力走出适合国情的发展道路。新加坡的这一政治发展过程与特点虽然具有独特性，但是又对后发展国家

---

❶ 社论：《新加坡需要良好的政治文化》，载联合早报网，http://www.zaobao.com/forum/editorial/story20140530-349010。

的政治发展有着重要的启示意义。从独立到现在,新加坡在政治价值与政治制度的建设和互动中,存在着值得后发展国家学习和借鉴的许多做法和措施。

第一节 李光耀时期 VS 后李光耀时期:比较与总结

从独立以来,新加坡的政治发展经历了两个主要时期的交替:李光耀时期和后李光耀时期。这两个时期的交替是在和平和有序的环境下进行的,而不是通过革命、暴动或者群众运动而实现的。这种和平和有序的交替反映了政治发展的延续性和继承性。在李光耀时期,新加坡取得了繁荣和稳定,而之所以出现时代的交替主要在于领导人权力的交替和治理风格的转变,以及新加坡面临着的时代问题。后李光耀时期的划分本身即意味着两个时期的延续。"虽然李光耀时代结束了,但以李光耀为代表的成功要素依然会对新加坡的发展与未来的一段时期产生影响。"[1] 数十年的治理所形成的政策和治理模式已经深深地影响了新加坡的政治体制和政治价值。在后李光耀时期,李光耀仍然活跃在政治舞台上,他虽不是政策的直接参与者,但其言行仍然受到全国的关注,他的思想、见解与政策主张影响了新加坡数代人。"李光耀时代的光和热在后李光耀时代闪耀;李光耀时代的影子会在后李光耀时代逐渐消逝。"[2]

---

[1] [新] 蔡裕林:《新加坡刮起改革风:李光耀时代 VS 后李光耀时代》,新加坡朝晖出版社2013年版,第134页。

[2] [新] 蔡裕林:《新加坡刮起改革风:李光耀时代 VS 后李光耀时代》,新加坡朝晖出版社2013年版,第135页。

因而，后李光耀时期的到来本身也意味着改变。吴作栋和李显龙开辟属于他们的时代，给新加坡带来了新的治理风格，也使新加坡的政治发展"更上一层楼"。

总的看来，后李光耀时期新加坡的政治发展是对李光耀时期政治发展的继承与发展。而后者对前者发展的主要体现在于后李光耀时期试图弥合不论是政治制度还是政治价值及其互动中存在的二元化问题。

一、新加坡的政治制度：从二元化到一元化的发展

新加坡的政治制度在李光耀时期和后李光耀时期既有相同的地方，又存在不同的地方。总体上而言，新加坡在不同时期都立足于一整套政治体制不断地进行创新和调适，在政治制度存在路径依赖的情况下不断完善这套体制并将其往前推进。从李光耀时期到后李光耀时期，新加坡的政治制度实现了从二元化到一元化的发展，体现为形式规定与实质过程的一致性。这种一元化的发展表现了新加坡政治制度制度化水平的提高。

李光耀时期是新加坡国家构建的关键时期，也是维持政治稳定和政治秩序的关键时期。在"脱殖"的过程中，新加坡对未来的政治发展并未有太多的制度构想，同时又基于政治价值上的生存主义和实用主义，移植了英国殖民的政治遗产。新加坡移植了英国的议会民主制形式以及行政与司法体制，但是又根据自身的特点建构了一院制、任命总统制、成文宪法以及一党独大的政党体制。然而形式上的制度建构是一回事，实际中的政治过程又是另一回事。正是基于国家构建初期对权力集中以保障发展、秩序和稳定的内在要求，李光耀在形式民主和有限民主的合法性支撑下，实现了一定程度的集权来进行国家治理，从而造成了政治制

度的二元化。

到了后李光耀时期，新加坡取得了高速的发展和重要的成就，也随着时代的变化出现了新的格局，政治制度的二元化已经不适应新加坡政治发展的要求。反对声音的出现，"一党独霸"议会的结束，以及政治权力的代际交接都使政治制度的调适成为后李光耀时期新加坡政治发展的重点。而且，李光耀时期二元化的特征实际上反映了新加坡对能力的关注。这种特征对于一国国家建构初期的政治发展而言比较重要，但对其接下来的政治转型则非常不利。吴作栋的掌权带来了新加坡治理风格的转换。当然，整体的政治体制并不会因为领导人的代际交接而改变。政治制度往往具有非常明显的路径依赖特点，在制度延续变迁中保留整体制度特征与架构的同时往往修补与调适具体的政治制度以适应治理风格的转换。非选区议员制度、官委议员制度、集选区制度、民选总统制度、总理产生方式的改变、司法体制的改革、一党独大体制的制度化等一系列政治制度的调适，都使新加坡的政治制度走向制度化，并强调对权力的制约和对民众权利的保障。因而，这种改变是渐进的，并朝向更大程度的民主而发展，从而使新加坡政治制度的形式与实质结合起来，实现从二元化向一元化的融合。吴作栋、李显龙等领导人主动变革，放开政治空间，鼓励政治参与、培养中产阶级和公民社会，注重权力的自我限制与约束，都说明了这种一元化发展的趋向。

可以说，李光耀时期和后李光耀时期的政治制度既延续又发展，既有相同的地方又存在不同的特点。在政治制度路径依赖下，新加坡从李光耀时期发展到后李光耀时期；在政治发展下，政治制度又从李光耀时期的二元化向后李光耀时期的一元化方向发展。当然，后李光耀时期政治制度的一元化发展，并非意味着此前制度中存在的二元化冲突得以完全消解,也并非意味着一元化的融合实现了完美互动。新加坡的民主权利保障和权力限制还存在着诸多不完善之处,一元化的发展与融合仍是后李光耀时期到李光耀后时代乃至未来政治发展的重中之重。一元化的理想状态并不是很容易就达成的。新加坡只不过迈出了一元化发展的重要一步,其一元化渐进改革是新加坡未来政治发展的必由之路。

二、新加坡的政治价值:从二元化到一元化的融合

政治价值作为一种文化性的积淀,作为政治发展的核心,具有长久性和根本性的特点,一旦形成,就很难变革。政治价值作为政治发展乃至政治体系的深层次结构,决定着政治发展的目标和道路选择,决定着政治制度的选择、演进、构成与运行,因而是最为持久和最不容易发生改变的。在政治价值方面,新加坡也经历了从李光耀时期到后李光耀时期的转变。这里所提及的"转变"并非意味着根本性的变革,而是较为特殊的改变,指涉从李光耀时期实用主义等政治价值向后李光耀时期的共同体主义的政治价值转变。但是,精英主义、国家主义、生存主义和实用主义并没有因为时代的更替而消逝。精英主义仍是新加坡主要的政治价值,而国家主义、生存主义和实用主义开始衰退,并成为新加坡政治价值体系中的边缘价值。

李光耀时期和后李光耀时期的政治价值存在明显的阶段性特点,正是这一特点促使了新加坡政治价值上的转变和政治价值从二元化向一元化的融合。李光耀时期是新加坡国家构建和发展的初期。尽管新加坡自殖民时期以来受到东西方政治价值的双重影响,儒家文化和西方法治等政治价值并存,但是国家构建的要求并没有使这两者中的任何一方成为国家的指导性政治价值。李光

耀时期新加坡国家建构的最大要求就是确保发展和稳定，李光耀正是在明确意识到这一需求基础上为新加坡建构了生存主义、实用主义、精英主义和国家主义的政治价值来指导新加坡的政治发展和经济发展。这些政治价值的导向是稳定和发展，独立后新加坡国家建构面临的是如何生存的第一问题，因而实用主义在一定程度上被建构为政治价值体系中的主导性价值。而原有的儒家政治价值和西方政治价值在实用主义等政治价值的影响下在一定程度上被"工具化"和"社会化"了，未能成为国家层面指导国家建构的政治价值，所以只能在社会层面和个人层面发挥作用。

随着新加坡取得了经济上的成就和政治上的稳定，发展导向的这些政治价值尤其是实用主义开始暴露出一定的问题。这些发展导向型的政治价值最大的缺点在于缺乏实质性的政治价值内涵，从而导致了新加坡的政治发展在20世纪80年代出现了所谓的"价值危机"。这种价值危机，一方面是由于国家层面实质性政治价值的缺失，另一方面是由于社会层面和个人层面西方政治价值的扩展而带来了传统儒家政治价值的消逝所引起的。危机所凸显的冲突具体表现为政治价值的二元化，即西方现代的政治价值和本土传统的儒家政治价值的冲突。

为了解决上述危机和冲突，新加坡进入后李光耀时期以来开始明确提出国家意识形态建设的口号，即"重开意识形态讨论"（reopening ideological discussion）。其中讨论的重点就是如何使意识形态具体化和常识化，进而在危机与冲突中能够达成共识而不是分歧。❶ 在这场讨论中，儒家政治价值的重要性凸现出来。后李光耀时期政治价值重构的问题之一就是儒家文化在应对西方强势文

---

❶ Beng – Huat Chua, *Communitarian Ideology and Democracy in Singapore*, Routledge, 1995, p. 40 – 56.

化面前如何生存的问题。早在李光耀时期,李光耀就意识到儒家文化的重要作用,也意识到西方政治价值尤其是个人主义对传统带来的冲击等问题,由此激发了李光耀对新加坡未来政治价值走向的关注。因而,在李光耀主政后期,李光耀大力提倡亚洲价值观来弘扬儒家文化对新加坡的重要性。李光耀的这一做法虽然挑战了西方的自由和人权观,但是却未充分考虑到新加坡多元种族的事实。新加坡人口中虽然华人占比绝大多数,但是还存在着其他多元种族,因而华文沙文主义是新加坡一直所提防的。因而,在对亚洲价值观进行宣传之后,新加坡进行了数年的价值观调查才正式提出共同价值观,并出台了共同价值观白皮书。尽管共同价值观试图凝聚多元种族,但是其中存在很多儒家价值的成分。那么,应该如何建构政治价值来融合东西方政治价值的冲突,并且在这一过程中以何种政治价值为优先性的选择,是新加坡面临的重大挑战之一。

新加坡对儒学的提倡引发了相关的反思。王赓武认为新加坡提倡儒学实际上"并不是狂热爱国主义的(flag - waving)意识形态","并不是一种宗教",而是"一种培养道德意识的理性途径",经过调适,"儒学似乎能够回答这一问题,即如何使一个社会实现现代化但又不同于西方"❶。新加坡对共同价值观的提倡从本源上发掘出共同体主义这一重要的政治价值。共同体主义在儒学中存在着"理论和实践的碎片",同时在西方政治价值中也逐渐成为一种重要的流派。那么共同体主义在一定程度上就能够成为融合东西政治价值的一个重要的平台。共同体主义不仅在对共同体的互动上有对东西政治价值的融合,而且在民主的发展及其价值支撑

---

❶ Diane K. Mauzy & R. S. Miline, *Singapore Politics under the People's Action Party*, Routlege, 2002, p. 58.

上也存在着一定的融合。共同体主义支撑了民主，赋予民主以价值基础，这一点也是东西政治价值融合的一个连接点。此外，儒家对民本主义的强调以及其在新加坡的实践，实际上促使了对实质合法性强调的新加坡式民主的发展，这也使其成为价值融合的另一平台。这些融合促使新加坡从李光耀时期的政治价值二元化状况向后李光耀时期政治价值的一元化发展。诚然，在这种融合和发展过程中，新加坡的政治发展也存在一定的不足，我们将在下一节集中阐述。

对儒家政治价值的强调及其带来的东西政治价值冲突，都促使新加坡主动重构政治价值以解决政治发展中的二元化问题。因而，可以发现新加坡政治价值存在着一个转变的轨迹。这种转变是为了应对价值的危机，更是为了扭转李光耀时期政治价值在实质性内容上的缺失而带来的。无论是对共同体优先的强调、对和谐与稳定的强调以及对民本的重视，都赋予了政治价值以实质性的内容。

三、新加坡政治价值与政治制度的互动：从二元化向一元化的趋向

政治价值的建构与政治制度的建设之间存在着紧密的关系。政治价值在很大程度上决定了政治制度建设，而政治制度的建设、运转和调整又会影响着政治价值的建构和重构。新加坡政治价值和政治制度的互动在李光耀时期和后李光耀时期存在着显著的不同。从根本上来看，李光耀时期政治价值与政治制度的互动存在着二元化的状况，而后李光耀时期政治价值与政治制度互动的重点就是针对此前的二元化及其问题而进行重构和融合，从而使新加坡的政治发展呈现出明显地从二元化向一元化的融合趋向。在

此过程中，新加坡政治发展中政治价值和政治制度是如何互动的，在李光耀时期和后李光耀时期为什么存在不同，这是由诸多因素共同形塑的。

李光耀时期，新加坡政治价值上建构的生存主义、实用主义、精英主义和国家主义在很大程度上决定了政治制度的移植和精英政治的建立。新加坡国家建构中稳定与发展的优先性使其在政治价值建构上形成了生存主义和实用主义，这两种政治价值注重生存、发展和实用，那么新加坡建国时对政治制度没有太多设想的领导人在上述价值指引下移植英国的政治遗产自然是水到渠成的事情。生存主义和实用主义还决定了他们对政治制度尤其是对民主的理解。这两种政治价值使政治制度的移植首先体现为形式上的继承与发展，但其背后实际的运转却按照实用主义的原则展开。同样，新加坡对民主的理解也是工具性的，这体现在李光耀时期新加坡政治发展的策略是"先发展，后民主"。这一策略最能体现李光耀时期新加坡的政治价值。实用主义也内在要求政治价值上的精英主义和国家主义，落实在具体的政治层面就是精英政治。西方的法治主义也在新加坡扎根，但是在实用主义影响下演变成了新加坡独具特色的严明的"威权式法治"❶。李光耀时期政治价值与政治制度的互动导向了对权力集中的强调。生存主义、实用主义、精英主义和国家主义决定了政治制度的移植和精英政治的建立，反过来严明的法治、精英的培养和权力的集中又对上述政治价值起到了巩固和加强的作用。诚然，李光耀时期政治价值中也存在西方政治价值的其他因素和儒家传统政治价值。但是，这一时期主导性的政治价值既不是西方政治价值也不是儒家传统政

---

❶ ［新］约西·拉贾：《威权式法治：新加坡的立法、话语与正当性》，陈林林译，浙江大学出版社2019年版。

治价值，而是根据新加坡的具体国情所建构起的以实用主义为主导的政治价值。这一主导性政治价值决定了政治制度的移植只能是形式上的。西方政治价值和儒家传统政治价值的影响在很大程度上只能体现在社会层面和个体层面，并没有上升为国家层面。

因而，在国家层面上，实用主义等政治价值与建构的精英政治、移植的议会民主制是一致的、一元化的，二者之间存在着紧密的配合互动关系。但是，政治价值体系中还存在着西方政治价值与儒家传统政治价值，这两种政治价值对于新加坡的发展也非常重要，它们之间的关系及其与现实政治制度、实践的关系都影响着新加坡的政治发展。

实用主义等政治价值存在着自身的缺陷，集中体现在缺乏实质性的价值内容。缺乏实质性内容的政治价值很难成为一种长期性的政治价值，尤其是主导性的政治价值。这在李光耀主政的后期很明显地表现出来。

20世纪80年代以来，实用主义的缺陷开始暴露，个人主义等西方政治价值的"泛滥"导致传统儒学政治价值的"退缩"。那么，政治制度的背后价值支撑最终来源在哪里？这一问题导致了政治价值与政治制度的二元化，价值危机也带来了以何种价值为根的追问？政治制度的形式化必然要走向实质化，二者的融合是必然的趋势，那么何种政治价值才能支撑这种融合？这些问题都体现了李光耀后期政治价值和政治制度的二元化问题。

那么，进入后李光耀时期，政治发展的重点就转移到对这一危机的处理上。具体的表现在于：一方面是对民主的论证，另一方面则是对政治价值的重构和融合。二者综合起来就是用重构和融合的政治价值来支撑新加坡式的民主和政治发展之路。因而，后李光耀时期新加坡的政治价值、政治制度及其互动重点就朝向一元化方向发展。

后李光耀时期，新加坡的政治制度在路径依赖的前提下不断进行调整、创新，走向制度化，并进行了权力的制度化限制和民主权利的制度化保障。新加坡领导人的代际权力交接带来了治理风格的转变，也带来了政治制度的调整。政治制度的调整除了呈现出制度化特征，也表现出了新加坡的独特性和独创性，从根本上反映了新加坡建构与调整的政治价值的决定作用。后李光耀时期政治价值的重构是在儒学复兴运动下展开的。在亚洲价值观遭遇失败之后，新加坡挖掘出共同体主义和民本主义来重构和融合东西方政治价值。共同体主义和民本主义支撑了新加坡式的民主，即吴作栋概括的"托管式民主"。共同体主义强调共同体的优先性和共识的达成，而集选区制度充分体现了这一优先性。共同体主义和民本主义强调精英的作用，强调政府的积极作用，强调秩序和稳定，强调对政府的信任，这都决定了新加坡民主的"托管"特点。当然，在儒学政治价值被挖掘出来后，新加坡所强调的"好政府"和"精英政治"就有了儒学传统的支撑。这具体体现在好政府背后的君子执政和圣王思想的支撑，而精英政治在儒学价值的支撑下走向了"贤能政治"。

新加坡政治制度的调整对其政治价值有着重要影响。政治制度的调整在先，而在政治制度经历了微调之后，新加坡政治价值的重构于20世纪90年代初表现出来，这反映了政治制度对于政治价值的影响，也说明了作为政治发展内核的政治价值变迁的缓慢性。新加坡政治制度的调整以及实用主义的衰落带来的价值危机使人民行动党政府开始思考政治价值的重构问题，这种价值重构本质上也是为了支撑新加坡独特的政治制度。因而，总体上看，后李光耀时期新加坡政治价值与政治制度的互动呈现了从二元化向一元化的趋势。

四、小结：新加坡式的政治发展道路

总体上来看，新加坡形成了自己的政治架构，并在国家指导的市场经济配合下取得了令人瞩目的成就。那么，新加坡建构起了"新加坡模式"了吗？关于这个问题，恐怕没有统一的答案。虽然许多学者认为存在"新加坡模式"。例如，严苍认为新加坡模式最主要的七大相关因素是：外部环境压力、福利主义政治、社会组织网络、"善养严管"治吏、精英吸纳机制、灵活社会政策、限制反对派等。❶ 王江雨认为新加坡模式是指具有自身特色的议会民主，因而"不易学"。❷ 郑永年认为新加坡模式涉及权力的集中、政党融于社会、一党长期执政、"选拔"和"选举"结合的民主、强人政治等。❸ 欧树军、王绍光认为新加坡模式的实际经验是对"先发展后民主"的反思，实现了国家基本制度建设上的三大任务：好政府、好政体、好体质。这对东南亚各国而言具有重要的启示与典范意义。❹

有学者认为新加坡形成了"新加坡模式"，但是不易学；有的学者则认为能够借鉴。不管是否有借鉴意义，新加坡的政治发展有自己的特点，也取得了巨大的成就。

很多人对新加坡的理解仅局限于法治、廉政、中央公积金、公共组屋等具体的经验上，很少充分而又详细地谈论新加坡的政治制度和政治价值，这样就不能全面了解新加坡所取得的成就和

---

❶ 严苍：《新加坡模式的形成与持续》，载《文化纵横》2013年第2期。
❷ [新] 王江雨：《不易学的"新加坡模式"》，载《南风窗》2013年第6期。
❸ 郑永年：《解读新加坡模式》，载《中国党政干部论坛》2013年第10期。
❹ 欧树军、王绍光：《小邦大治：新加坡的国家基本制度建设》，社会科学文献出版社2015年版，第190–202页。

存在的不足。诚然，新加坡所实行的法治、高薪养廉、公积金制度和组屋制度对新加坡的崛起功不可没，但我们更应关注其背后政治制度和政治价值方面的成就。

从形式上来看，新加坡采取了议会民主制，但是又根据自身国情进行调适与发展而形成了有特色的议会民主制。这体现在它是由一院制、民选总统制、非选区议员和选区议员及官委议员相结合的议员制度、单选区与集选区相结合的选区制度、一党独大的政党体制、选举与选拔结合起来的政治录用制度等具体制度所构成的。

从实际过程来看，人民行动党的权力较为集中，虽然有反对党，但是反对党力量较小。在后李光耀时期，新加坡也逐渐发展了权力制约的制度，如民选总统和议员制度，但是新加坡相对集中的权力与政治上的较高程度的清廉并存。人民行动党以好政府为目标，立足于民本主义，主张权力是用来为民谋取利益、促进发展的，人民行动党只是权力的"托管者"。人民行动党权力集中的基础是一党独大制，同时政党融于社会又"优位于社会"❶。一党独大和政党优位又以精英政治和贤能政治的取向为指引。新加坡以人才立国，重视精英的培养和选拔，其主要渠道有二：一是学校，二是社会，且更偏重于后者。通过社会培养精英具有重要的意义：一方面，"能够和社会维持有机联系，能够更好地了解社会的需要，更好地表达和代表社会各方面的利益"；另一方面，"培养成本低"，而且能够"减少腐败"。❷ 通过社会来培养精英后，人民行动党又通过选拔的方式来录用精英，并让他们积极参

---

❶ 高奇琦：《政党优位协商：新加坡人民行动党与社会互动的模式》，载《社会主义研究》2014 年第 2 期。

❷ 郑永年：《解读新加坡模式》，载《中国党政干部论坛》2013 年第 10 期。

与选举，从而形成了选拔与选举相结合的民主制度，保证了新加坡好政府和贤能政治的人才根基。权力的集中，加上特色的政党体制和精英培养模式，造就了新加坡的强人政治和强有力的统治。这些都是新加坡政治体制的特色所在。

此外，新加坡对于政治价值较为重视，能够不断反思价值观存在的问题。这在很大程度上是由于新加坡一方面有着儒家传统，另一方面又受到西方的深远影响，在价值上存在着一定的冲突，让其能够重视价值问题。在李光耀时期，主导新加坡的政治价值都是发展导向的，儒家传统和西方政治价值的冲突到了李光耀主政后期才凸现出来，使后李光耀时期政治价值的重构和融合成为政治发展的重点。在价值重构中，以儒家为基础发掘出的共同体主义对于新加坡的政治制度具有重要的支撑作用，它是新加坡式民主、托管式民主的价值来源和支撑。通过共同体主义和民本主义等价值，新加坡把东西方文明结合起来，走出了一条具有自身特色的政治发展道路。总而言之，这一独特性在于新加坡融合了东西方政治价值，通过制度移植和制度创新以及政治价值重构实现的，有效地避免了后发展国家政治发展所走过的许多弯路，具有重要的启示意义。

综上所述，新加坡取得成功的原因在很大程度上在于它开辟了一条适合国情、具有自身特色的政治发展道路。新加坡建国后移植了英国的政治制度，建构了较为现代的民主制度体系，通过选举赢得人民的支持，具有形式和程序上的合法性，然后通过反贪、法治来保证政治清明，通过好政府、集中的权力和发展导向的政治价值来实现经济发展，并确保发展成果的共享和人民的平等，在一定程度上实现了实质上的合法性。此后，新加坡又通过渐进的制度调整和制度化来弥补政治价值与政治制度的二元化问题，不断保证国家的发展和人民的权利，而且强调价值观的重要性，以价值融合和重构来凝聚国民、指引制度建设，从而开辟了新的政治发展路径。

新加坡的政治发展历程就是一个不断调整政治价值和政治制度的过程，在这一过程中只有实现二者的融合才能更好地指导未来的发展方向和发展道路。后李光耀时期新加坡政治价值与政治制度的互动出现了走向一元化的趋势，那么当前新加坡完成这一融合了吗？换言之，新加坡已经形成了政治价值与政治制度的良性互动了吗？这一互动能够保持长期稳定性吗？

答案并不是肯定的。后李光耀时期新加坡虽然进行了政治价值与政治制度的重构和融合，但是进入21世纪以来，尤其是2011年大选以及李光耀和吴作栋辞去内阁职务，标志着后李光耀时期向李光耀后时期的转变。同时，2011年大选也标志着新加坡进入一种"新常态"。这些都意味着新加坡仍处于政治转型过程当中，其政治发展仍处于一个不断向前推进的过程当中。新加坡所致力于的变革与政治转型并不是体制性的根本改变，而是渐进的政策变革和治理方式的变革。

对新加坡是否存在"模式"的争议并不否定其为了生存和发展所做的努力，相反新加坡正在不懈地走出适合国情的道路。新加坡的这一政治发展历程虽然具有独特性，但是对后发展国家的政治发展有着重要的启示意义。从宏观的角度来看，任何国家的政治发展都有其独特性，但是这种独特性背后还隐含着一般性的特点、意义与规律。条件、变量、次序和集群不是普遍性的，而因果机制、相关关系确实是有迹可循的，是具有普遍性的。新加坡虽然是国家规模与治理负荷相对较小的城市国家，但是在其治理成功的"故事"当中也存在着重要的经验，值得后发展国家借鉴。新加坡的重要性不在于规模，而在于它的某些要素超越了面积和人口，使后来者和有心者可以从中学习到某些经验。

新加坡的独特性不只表现在政治制度方面，更重要的是表现在政治制度背后政治价值的建构、演进和重构等方面。新加坡政治制度的独特性，毋庸置疑，主要体现在英国式议会民主形式下发展出的非选区议员制度、官委议员制度、集选区制度以及民选总统制度。这种独特性背后有着独特政治价值的支撑。政治价值的支撑和政治制度的变革使新加坡政治发展道路具有了独特性，并最终表现在新加坡试图走出一条以儒家政治价值为基础来融合东西方政治价值的政治发展道路。

虽然儒学在新加坡的发展有点曲折，前途令人担忧，但是不能否认新加坡政治社会受到儒家影响的程度并不小。尽管新加坡的双语教育政策使华语前途堪忧，但是新加坡政府也已经意识到这一问题。十年的儒学复兴运动和几十年的华语运动的持续已经让新一代的领导人和年轻一代的新加坡华人感到谨慎的乐观。"文化是奇异的东西。它具备人们难以想象的顽强生命力。也许我们以为一株树已经枯死，仅剩朽木。有一天在细雨淋洒过后，它忽然间就长出翠绿的新芽。""春风吹拂，乔木抽芽"，新加坡的华文就像一株经历严寒的乔木，叶子掉了一地，但是它的根很深，散布得也很广，它不会就此枯萎甚至死亡。❶

十年复兴运动之后，儒学虽重归细水长流的状态，但是新加坡最重要的政治价值基础已经打好，也获得了新加坡社会的认同。新加坡已经意识到并讨论到了如何在现代化的同时又不西方化的问题。在一个受英国殖民、受西方文化影响较深的国度里探讨并

---

❶ [新] 吴元华：《务实的决策——新加坡政府华语文政策研究》，当代世界出版社 2008 年版，第 447 页。

实践这个问题具有非常重要的意义。

李光耀时期,在发展型导向的政治价值支撑下,西方政治价值在新加坡的社会层面和经济层面也得到了广泛的传播,个人主义泛滥,从而使后李光耀时期的新加坡开始思索如何在现代化同时又不西方化的问题,并将目光和焦点聚集于儒学上。后发展国家要想走出一条现代化而又非西方化的政治发展道路,必然涉及本土资源的问题。新加坡最大的本土资源就在于儒家传统上。因而,20世纪90年代的儒学复兴和亚洲价值观并非西方所批判的"狂热爱国主义意识形态""威权的遮羞布"等那么片面和简单,而是新加坡试图回答"如何使一个社会实现现代化但又不同于西方"❶ 这样一个重大的问题背景下积极主动作为的产物。只是当时在两极对立思维和意识形态铁幕下,新加坡关于这一重大问题背后的努力与取向被掩盖起来。

今天,我们重新反思,就能意识到新加坡这一时期相关努力的重要性。新加坡政治价值的重构和融合,以及政治制度的调整与变革都是在那时候开始着手展开的。至于新常态下新加坡面临的新问题当然是另一回事。系统的互动是一个动态的过程,一元化并不能很好的维持,往往在内外因素的影响下进行新的调整。

在后李光耀时期,新加坡经历了政治价值的重构与融合,政治制度也相应地进行了调整与变革,政治价值与政治制度的互动逐渐走向一元化。新加坡对儒学的挖掘来支撑其政治发展的内核并不是一下子完成的,也不是对儒学的直接"拿来主义"式的。儒学传统是一个复杂的体系,并不是所有要素都适合进行现代性转化。新加坡基于对极端个人主义的反思,逐渐从儒学中发掘出

---

❶ Diane K. Mauzy & R. S. Miline, *Singapore Politics under the People's Action Party*, Routlege, 2002, p. 58.

共同体主义的价值观。以共同体主义价值观作为内核,新加坡既能继承传统,又能融合西方的政治价值,矫正极端个人主义的泛滥,并与外围的民主制度进行对接,从而正在形成一条现代化而又不同于西方化的政治发展道路。

之所以说"正在形成",是因为一方面政治发展本身并没有所谓的"历史的终结",另一方面新加坡这一政治价值与政治制度的互动还存在着一定的问题,从而导致其一元化的趋向有时候并不明朗。尤其是新加坡进入新常态之后,政治转型和变革对其未来政治发展的前景也有着重要的影响。

总体而言,新加坡确实正在走出一条实现现代化而又不同于西方化的政治发展道路,这使其政治发展表现出独特性,并对后发展国家具有着重要的启示意义和借鉴价值。

第二节　一元化与二元化:政治价值和政治制度的互动与后发展国家的政治发展

政治发展是政治价值与政治制度持续互动的过程,具有开放性和复杂性。西方发达国家与后发展国家在政治价值与政治制度互动上面临着不同的发展环境,形成了两种主要的互动方式。从总体上看,西方政治发展在很大程度上是一元化的互动方式;而后发展国家与地区面临着外来与本土的二元化状况。如何处理这种二元化不一致的状况,实现从二元化向一元化的发展,并避免这一过程带来的冲突是后发展国家与地区政治发展过程中面临的最大难题。在这一过程中,后发展国家与地区实现何种民主形式是它们在政治价值与政治制度互动中必须考虑的一个重点。

一、政治发展：政治价值与政治制度互动的持续性与开放性

（一）政治价值与政治制度互动的持续性

政治发展是由许多要素组成的，也是各要素相互作用的复杂过程。其中，政治制度是目前为止人们研究最多和认同最高的要素。而目前政治发展的含义，在很大程度上被界定为后发展国家从传统到现代、从不发达到发达的政治体系的转型过程。民主化是其中最主要的特征与指标。然而，对民主和政治制度的偏重，尤其是对发达国家民主制度的模仿和移植，给后发展国家的政治发展带来了很大的困扰。其中的根源在于忽视了后发展国家本国的传统文化，认为只要移植和建立发达的政治制度就可以实现政治的现代化，带来政治发展的极大进步。

引入政治文化中的核心概念——政治价值，并考察政治价值与政治制度的关系模式对一国政治发展的重要影响，把政治发展看成是政治价值与政治制度互动的过程，这在一定程度上是对政治发展理论的修正与发展。政治价值是政治发展的"软件"，政治制度是政治发展的"硬件"；政治价值支撑和影响政治制度，而政治制度承载和反映政治价值。政治制度在政治价值的支撑下进行制度的变迁，政治制度的变迁又会对政治价值产生一定的影响。因此，政治发展，既表现为一种政治制度的变迁、演进、巩固与完善，形成制度化的政治结构；又表现为一种政治价值的重构，形成一种稳固的支撑政治体制的政治价值体系。进一步来讲，政治发展具有双重意蕴，即外在政治制度形式的结构化和内在政治价值层面的观念化。

政治价值与政治制度的互动在不同的国家存在不同的关系模

式。西方国家整体来说是一种一元化的关系模式，即政治价值与政治制度在很大程度上是自发形成和演进的，政治价值与政治制度并不存在相互偏离的状态。而后发展国家的政治发展在很大程度上并非如此。后发展国家的政治发展绝大多数是被迫的，受到西方政治价值与政治制度的双重影响，同时还存在着本国的政治价值与政治制度，从而形成了政治发展中政治价值与政治制度互动的二元化关系模式，即传统政治价值与现代政治价值、本土政治价值与外来政治价值形成的政治价值二元化以及本土政治价值与外来政治制度共存的二元化状态，由此还带来了政治制度规定与实际政治过程的二元化状况。

政治发展是一个政治价值与政治制度互动的过程，也即政治价值与政治制度的互动力图实现一元化的过程。二元化的互动对于政治发展来说，容易造成各种问题。后发展国家必须调和外来政治价值、政治制度与本土政治价值、政治制度的关系，避免它们之间的内在冲突。

政治发展是一个渐进的过程，是一个政治价值与政治制度不断互动的过程。政治价值和政治制度的稳定并非易事。政治价值虽然是政治发展的深层次结构，具有稳定性和变迁缓慢的特点，但是在变革年代，政治价值的变化并非缓慢的。而政治制度的维持也并非易事，具体的政治政策和政治过程更是容易产生变化。政治价值与政治制度的任何一方变化都会引起另一方面的变化，这种互动是一个持续的过程，从而导致了政治的不断发展。

总而言之，政治发展可以被看作政治价值与政治制度互动的过程。在持续的互动过程中，政治价值在经历调整，政治制度也在经历调整，政治价值的调整影响着政治制度的调整，政治制度的调整反映着政治价值。二者不断的、持续的互动促成了政治的发展，因而政治发展的进程并没有止境。政治发展实现了民主的转型，也需要民主的巩固。民主并非僵化的，政治发展也会出现中断、衰朽或逆转，因而政治价值与政治制度的调整与互动是动态性的。这也说明了政治发展并非线性的，也可能出现倒退的情况，从而使政治发展呈现出反复性的过程。

每个国家和地区都存在着自身的政治价值与政治制度，不同的政治价值、政治制度及其互动的方式都会带来政治发展的不同。后发展国家从二元化的互动方式走向一元化的互动并非易事，可能会出现反复，因而政治发展是一个长期的过程，是政治价值与政治制度持续互动的过程。

（二）政治价值与政治制度互动的复杂性与开放性

"解剖"新加坡这一经典个案，可以发现，政治价值与政治制度的互动并非僵化的一对一的线性模式。政治发展是一个复杂的过程，它关注和处理的对象是由诸多要素构成的复杂的政治系统。而作为政治发展内核和外壳的政治价值与政治制度同样是复杂的子系统，它们内部也有着复杂的构成要素。因而，政治价值与政治制度的互动是一个复杂的过程，并非一对一的线性关系。它们之间的相互关系同时还受到其他因素的影响，从而使它们的互动关系更为复杂化。

两种事物之间的互动，并非绝对的一对一之间的关系。正如罗纳德·英格尔哈特（Ronald Inglehart）所说："相互间的影响是一种互动的方式。"影响的含义是较为广泛的。从相互间的影响可以看出，互动并不是一种线性的作用方式。英格尔哈特对文化、经济和政治相互间的影响的研究得出的结论之一就是"转型不是线性的"，其中存在着复杂的关系问题。"简单来说，态度不是以一对一的模式决定行为的，我们必须把环境因素考虑在内。同样的说法也适用于对环境的理解：环境本身不决定行为，行为的发生需要动机和环境的并存。"❶ 任何两个事物之间的相互影响并非一对一的线性模式，它们还受到外在因素的影响。外在因素的影响可能会改变它们之间的影响程度和方式。

因而，政治价值与政治制度的互动同样也并非严格的一对一的线性互动模式。这主要是由于：一是政治价值与政治制度本身的复杂性和系统性。政治价值本身就是一个系统，我们用政治价值来宏观地概括所有的政治价值的构成要素。在政治价值体系中，有自由、民主、平等、法治等西方政治价值，也存在儒学传统政治价值等，还有诸如实用主义、精英主义和国家主义的发展导向型政治价值等；而政治制度同样也是一种体系性的存在，包括了政党制度、代议制度、选举制度、司法与行政制度等。因而，在分析政治价值与政治制度的互动关系时，很难进行一对一的模式分析。政治价值与政治制度的互动也不可能是它们内在要素之间一对一的影响关系。即使在社会科学量化分析中，控制相关因素进行一对一因果关系检验，得出来的影响因子也并不是绝对性的，一旦改变控制因素或放开控制因素，那么两个变量之间的关系就会复杂化；二是政治价值并非一对一地影响政治制度的另一原因在于它们本身及整体还会受到其他因素的影响。政治发展本身是受多重因素的影响的，那么政治发展中政治价值与政治制度的互动也要受到外在因素的一些影响，尤其是经济基础、国际环境等因素的影响。

这样看来，政治价值与政治制度互动是一个复杂化的过程，政治价值与政治制度的互动并非僵化的一对一的线性模式，而是

---

❶ ［美］罗纳德·英格尔哈特：《现代化与后现代化：43个国家的文化、经济与政治变迁》，严挺译，社会科学文献出版社2013年版，第3、55页。

一个开放的过程。那么，如何分析这一复杂化的过程就显得尤为重要。

二、从二元化向一元化的发展：后发展国家政治价值与政治制度互动的难题

后发展国家面临的环境不同于西方发达国家。世界范围内的现代化转型过程中，西方国家最早完成了这一转型。市场经济开启了这一转型，并将整个世界卷入世界性的市场经济体系中。因而，西方发达国家在市场经济过程中面临的诸种困境以及帝国主义的崛起，使对外殖民成为西方国家摆脱国内危机的出路。广大的亚非拉国家与地区成为西方国家的附庸。第二次世界大战后，这些殖民地国家与地区纷纷独立，走向现代化转型的道路。

但是，后发展国家与地区的转型面临着双重环境。后发展国家是在特定的发展环境中启动和推进这两个历史进程的。后发展国家的国际环境可以类型化为"先进—落后"二元结构环境，即后发展国家的经济发展和政治发展是在发达国家的经济发展和政治发展已经达到相当水平的时候才启动的，其起点很低，但有明确的追赶目标或参照系。就经济发展而言，后发展国家的经济发展主要不是创新过程，而是从发达国家采借现代性因素的过程。国内环境可以类型化为"强国家—弱社会"二元结构。"强国家—弱社会"二元结构，是指对各种资源（如经济、信息资源）的占有及组织化水平上的悬殊差异而形成的国家与社会关系。[1]

这说明了后发展国家与地区一方面受着西方全方位的示范效

---

[1] 赵虎吉：《后发展国家政治合法性的二元化与政治发展逻辑》，载《浙江学刊》2004年第3期。

应，另一方面也面临着国内重重的压力。这两方面的压力集中体现在政治价值、政治制度本土与外来的关系上。

外来与本土的关系是一种二元化的关系，政治价值与政治制度互动的这种二元化对后发展国家与地区的政治发展来说是最大的困境所在。如果忽略或者压制这种二元化，必然会在某个关键节点上出现重大危机。如何化解这种二元化存在的危机和难题，实现政治价值与政治制度互动的一元化的融合是后发展国家必须解决的问题。

从新加坡案例来看，在李光耀时期，新加坡政治价值与政治制度互动的主要任务是完成国家建构，因而导致发展型政治价值的建构以及相应的政治制度的移植。在发展型政治价值主导下，西方政治价值尤其是法治等主要成为一种工具性价值，而儒家传统政治价值也只能在社会和家庭层面发挥影响。国家建构任务一旦初步完成，新加坡政治价值与政治制度的二元化问题立马显现出来，在经历了制度的移植和精英政治的建构之后，政治价值虽然获得了上述制度的巩固和加强，但是潜在的二元化的政治价值冲突导致政治价值与政治制度的互动不能适应新加坡的政治发展。

新加坡逐渐过渡到后李光耀时代，这一时期政治价值与政治制度互动的重点就是实现政治价值与政治制度二元化的融合。政治制度首先进行了调整，一系列新的制度得以建立，政治过程也不断开放，对政治价值的重构产生了影响。为了实现政治价值从二元化向一元化的发展，新加坡挖掘了共同体主义来凝聚各方面的认同，并实现西方政治价值与儒家政治价值的融合，并大力弘扬儒家的民本主义以整合东西方中的民主思想，发展新加坡式的民主。新加坡在20世纪90年代进行的十年儒学复兴运动对政治价值与政治制度的一元化起了重要的作用。以共同价值观作为载体的背后实质上是以儒家传统政治价值为根来融合东西方政治价值，并进行现代性的转化。以此，新加坡试图走出一条现代化又不同于西化的政治发展道路。

然而，新加坡的成功并不意味着后发展国家与地区都能像新加坡这样顺利实现政治价值与政治制度互动从二元化向一元化的发展。广大的后发展国家与地区面临着复杂的情况。在对待西方和对待传统上，后发展国家都存在着各自的国情，加之宗教等诸多因素的错综复杂的作用下，使得他们在处理这种二元化状况时更加艰难。这一方面说明了新加坡在某种意义上的成功可能并不具有非常普遍性的意义，不值得后发展国家与地区进行普遍的效仿；但是另一方面却也说明了后发展国家与地区面临的困境是一样的，发展的方向存在着相似性，在具体的处理方法上是值得相互借鉴的。

三、何种民主化以及如何治理：后发展国家政治价值与政治制度互动的重点

民主问题是政治发展中比较重要的一个问题。按照亨廷顿的民主定义，在经历了几波民主化浪潮之后，现在世界上大多数国家已经成为民主国家。那些不是民主的国家要么处在"威权"统治下，要么就是不愿实现现代化转型的传统国家。

（一）后发展国家应该如何理解民主？

福山自从《历史的终结及其最后之人》发表以来就坚信历史"终结"于民主制，尽管此后他研究的重点有所转变，并且强调政治发展道路的多样化，但是 2014 年 6 月 6 日在《华尔街日报》上，福山再次撰文"民主依然挺立在历史的终结处"。福山认为，尽管现在发达国家和不发达国家中的一些民主政体运转不良，却并不

能证明他的历史终结论是错误的。"纵然我们会质疑要多久之后全人类才能抵达那个终点,但我们不应怀疑某种社会形态就挺立在历史的终结处。"❶

民主虽然被推上了类似"神坛"的位置,被置于历史的"终结"位置,但是对民主的争论可能永不停息,这是有史以来最大的话题之一。人们对民主的争论也可能永远达不成绝对的共识。江宜桦就总结了民主政治理论争论的三个重点问题:一是民主是手段还是目的;二是民主是一种政治制度还是一种生活方式;三是民主政治究竟是理性还是不理性的政治。❷

现在大多数人已经接受民主的程序性定义,将选举视为民主的一个核心。正如亨廷顿所说,根据选举来界定民主是一种最简单的定义。对某些人来说,民主具有或者应该具有涵盖性广得多的和更富有理想的相关含义。对他们来说,"真正"的民主指的是自由、平等、博爱,公民对政策的有效控制,负责任的政府等。这样做产生了一些问题,含糊不清的规范并不能产生有用的分析结果。由选举产生的政府可能腐败、短视等,这些品格也许使这种政府不可取,但并不能使得这种政府不民主,民主是一种公共美德,但不是唯一的美德,只有把民主与政治体制的其他特征明确地区分开来,民主与其他公共美德和罪恶的关系才能得到理解。❸

亨廷顿的观点获得了广泛的认同。如果将民主的含义无限扩大的话,那么就会出现含混不清的问题。将平等、自由视为民主的内涵,那么平等与自由本身又意味着什么,民主能不能承载这

---

❶ 弗朗西斯·福山:《历史的终结及其最后之人》,广西师范大学出版社2014年版,新版序第7页。
❷ 江宜桦:《自由民主的理路》,新星出版社2006年版,第30-35页。
❸ [美]塞缪尔·P.亨廷顿:《第三波:20世纪后期民主化浪潮》,刘军宁译,生活·读书·新知三联书店1998年版,第8页。

些价值,如何将它们区分开来。另外,民主之所以被推上"神坛",成为各国争相争宠的"好东西",在很大程度上就是因为它被赋予了太多的价值,被当成了不容置疑的"圣物"而被膜拜。所以,以程序民主论来理解民主有一定的优势,可以进而将民主视为一种典章制度、政治领域的一种制度模式。

从程序的角度来理解民主是一方面,但选举并不是民主的全部。从制度建设的角度来看,民主需要完善的规章制度,并非仅有选举就可以实现巩固的民主。选举也需要相应制度的保障。民主政治制度需要一整套的政党制度、代议制度、选举制度等,需要选举权的保障、选区的划分以及投票的规则。除了制度上的保障,民主这一程序实际上还会受到来自其背后政治价值的支撑。民主制度能够体现一定的政治价值,同时也需要这些政治价值的支撑。

诚然,民主政治制度并不是可以全盘照搬模仿就能实现的,尤其是对后发展国家的民主化来说,不加消化地照搬和学习发达国家的民主形式,容易带来民主的失败。后发展国家在引入民主制度时,必须考虑以下几个问题:特定民主政治表现形式的积极功能发挥有没有其特定的国情、民情背景?民主政治在不同的文化背景下应不应该有不同的表现形式?后发展国家应不应该把探索"可行的民主政治形式"列为自己民主政治建设的最重要议题?世界现代化进程与民主化进程中的曲折,与那些特定国家推行"不可行的民主政治形式"有没有关联?而推行对一个国家来说"不可行的民主政治形式"与我们对于民主本身的解读有没有关系?民主在一些国家的成功,究竟意味着它是一种"绝对的善",还是意味着它只是在特定背景下发挥了自己积极的社会功能?❶

---

❶ 张铭:《后发展国家民主政治发展需要有自己的可行形式》,载《理论视野》2012 年第 10 期。

上述问题也涉及了民主建设更应注意的一个关键问题,即民主制度背后需要政治价值的支撑,尤其是要考虑本国的政治价值传统。民主并非仅仅是一套政治制度,还涉及了背后的政治价值。西方的民主背后深深铭刻着西方的历史、文化等因素,那么后发展国家在通向民主的道路上如何实现民主制度与本国文化的融合,或者如何基于本国的历史文化传统推行带有自己特色的制度形式、民主形式是当下探索后发展国家政治发展的紧要问题。

(二)后发展国家应该如何实现民主的优良治理?

政治发展中民主问题不仅涉及制度的建设,也涉及制度的运行,更涉及民主治理的绩效问题。政治发展中存在的衰败,一方面是因为制度建设出了问题,另一方面是因为价值方面存在着困境,还因为民主治理存在着挑战。正如福山所说,政治的衰败"无关乎政治制度能否走向民主化或保持民主化,而关乎它们能否向民众提供所需的基本服务。拥有民主制度这一事实,并不表明其治理的优劣。未克履行民主所允诺的好处,可能是民主制度所面临的最大挑战"❶。

尤其是后发展国家,在民主化进程与腐败、犯罪、混乱、贫富差距、不平等等难题相伴,在某种环境或阶段中这些难题可能也会在民主制度下被放大。人们的普遍观念是将民主视为治理优良的政体。但是,福山指出,"目前发展研究的正统观点认为,民主和善治之间是相互促进的。我认为,这更多是一种理论假设,并没有在经验中得到了事实验证"。❷ 民主与治理并无直接的联系,民主并不是良治的必要条件。有的非民主国家也可能会实现良治。

---

❶ [美]弗朗西斯·福山:《政治秩序的起源:从前人类时代到法国大革命》,毛俊杰译,广西师范大学出版社2012年版,第5页。
❷ Francis Fukuyama, What Is Governance? 26 *Governance* 350 (2013).

所以有学者就认为"要求更好的治理而非民主化可能更能引起民众的共鸣"❶。

尽管事实如此，但是后发展国家走向民主化的过程必须解决治理这一问题，才能巩固自身的合法性基础。我们在上文中基于程序民主论将民主看作一种政治制度。在此立场下，一旦完成民主的转型，实现了程序的民主，民主政体还需要进一步巩固自身的合法性。这一过程必须通过两种合法性的途径来完成：一是绩效合法性的实现。选民对政府的工作是否满意决定了这一届政府能否取得连任。任何政党都想上台执政，通过程序的选举来实现取决于政党能否兑现曾经许下的诺言，能否赢得人民的信任。要想获得人们的持续信托，那么政府必然要取得良好的治理绩效，实现绩效合法性的巩固；二是政治价值（意识形态）合法性的巩固。民主政体的政治价值主张也必须获得民众的认同，能够指导政府致力于绩效的实现、民生问题的解决、腐败问题的消除、贫富差距的缩小等。只有实现了程序合法性、绩效合法性和政治价值合法性这三重合法性，一个民主政体才有可能实现治理的优良。

第三节 新加坡政治发展对后发展国家的启示

作为后发展国家，新加坡较快地实现了现代化又不同于西化的政治发展转型，从一个殖民地城市一跃为发达的城市国家。新加坡的政治发展道路和取得的成就已经引起许多国家和精英的注

---

❶ Bruce Dickson, *Populist Authoritarianism: China's Domestic Political Scene*, paper presented at the Third American – European Dialogue on China, Washington, D. C. , May 23, 2005.

意。从 20 世纪末以来，新加坡的发展都充满了各种争议，但是人们又不得不佩服新加坡的成就。各国领导人和政要对新加坡的经验和"建国之父"李光耀充满了赞誉。联合国前秘书长安南在《李光耀回忆录》的推介文里就说："对其他发展中国家的人民以及所有关心他们国家命运者，新加坡的经验可以给予极大的启发。"❶

一、新加坡政治发展对儒家文化圈国家和地区的启示

新加坡地处东亚儒家文化圈，和中国、朝鲜、韩国、日本、越南等国家具有文化上的亲缘性。新加坡对于政治价值与政治制度之互动的处理，尤其是发掘儒学传统文化，来支撑自身的政治发展和民主模式，对于儒家文化圈诸国家的政治发展和民主建设具有重要意义。

"民主能否与本地固有的传统、价值以及一些有时不够民主的制度共存？"这是后发展国家普遍面临的问题。政治发展并不存在西方这一唯一的道路，而是多元化和多路径的。我们在借鉴西方的同时更应注意本土化的发展。

新加坡正在走出一条以儒家政治价值为基础试图融合东西方政治价值的政治发展道路。新加坡提倡儒家价值观，形成了指导国家发展的共同价值观，发掘了儒家中的共同体主义、民本主义和贤能政治的成分，并进行了现代性的转化。在制度上，以上述价值为指导，新加坡开创了集选区的选举制度和精英政治、贤能政治的模式。在移植了英国的议会民主制形式之后，新加坡在独有的政治价值调整下，形成了吴作栋所说的"托管式民主"。它平

---

❶ ［新］吴元华：《新加坡的良治之道》，中国社会科学出版社 2014 年版，第 2 页。

衡了国内多民族、多种族的复杂情况，在有限竞争下保证了政治参与，在有效的精英选拔制度下实现了新加坡的政治稳定与有效治理。新加坡的发展与东南亚的"民主乱象"形成了鲜明的对比。

在这种情况下，新加坡的政治发展对儒家文化圈国家就凸显出重要的意义与启示。它首先向儒家文化圈国家传递着这样一种信号：借鉴西方，融合本土化的传统价值和制度，形成适合本国国情的民主模式是有可能的。威亚尔达所提的民主是否与本地固有的传统、价值以及一些有时不够民主的制度共存在新加坡得到了体现。其实，除了新加坡，中国、韩国、日本等在民主化进程中进行了本土化的努力。这种本土化努力的关键在于如何处理传统政治价值与现代政治价值、传统政治价值与现代政治制度的对接。如何找到一个切入点来实现这种对接至关重要。新加坡就是从共同体入手来实现的。对于儒家文化圈的这些国家而言，儒家传统文化中的共同体主义提倡责任、义务、共同体优先性、和谐、稳定、民本等，这些价值虽然是传统的，但是可以实现现代性转换的。这对现代政治具有积极的意义，对各国的政治发展有着重要的意义。

此外，在如何实现政治稳定与政治参与的平衡、如何发展体现传统价值的民主制度与形式、如何实现精英的持续培养与选拔、如何保持民主决策的长远利益、如何治理民主制下的腐败等这些具体的问题上，后发展国家值得向新加坡学习。

二、后发展国家视角的重要性

通过对政治发展理论的研究和对新加坡政治发展的经验考察，可以发现，无论是西方还是东方关切的中心点都聚焦于后发展国家的政治发展问题。政治发展理论范式的演变,从发展主义、到依附理论,再到新发展主义等,都致力于理解后发展国家的政治现象。从宏观层面看,整个比较政治学领域,后发展国家的研究占据着半壁江山。"今天留给我们的命题是:从现代化到民主化,如何更好地理解第三世界?"❶ 因而,秉持后发展国家的视角无疑是至关重要的。许多学者已经意识到第三世界的重要性,如威亚尔达就编著了《非西方发展理论——地区模式与全球趋势》一书,试图从非西方国家的视角探讨第三世界的政治发展道路和模式。威亚尔达认为:"一种本土的、地方的或者内生的发展理论的想法无疑是诱人的"。❷

后发展国家视角要求我们重新审视西方的理论和范式,认真研究后发展国家的政治发展问题。后发展国家并不是简单移植西方的理论和模式就可以实现政治和社会的转型。当前政治发展的现实,尤其是"阿拉伯之春"、一些国家的军事政变等民主失败的故事迫切要求我们站在后发展国家的视角上重新审视政治发展,尤其是民主转型的重大问题。

在关注这一重大问题上,有一个重要的论题不可避免地进入我们讨论的视野中来,即民主转型与本土传统、价值的关系问题。威亚尔达也提出了这样的问题:"民主能否与本地固有的传统、价值以及一些有时不够民主的制度共存?"❸ 这一共存的问题实际上

---

❶ 曾毅:《社会变迁视野下的国家能力——评乔尔·米格代尔著作中的国家—社会关系理论》,载《国外理论动态》2014 年第 6 期。
❷ [美]霍华德·威亚尔达主编:《非西方发展理论——地区模式与全球趋势》,董正华等译,北京大学出版社 2006 年版,第 9 页。
❸ [美]霍华德·威亚尔达主编:《非西方发展理论——地区模式与全球趋势》,董正华等译,北京大学出版社 2006 年版,第 13 页。

就是要实现外来政治价值、政治制度与本土政治价值、政治制度由二元化的状态向一元化的方向发展。

因而，政治价值的引入对探讨后发展国家的政治发展问题有着重要的意义。而政治价值与政治制度的互动，尤其是其中存在的二元化问题就成了后发展国家政治发展的重要问题。新加坡应该是较早意识到政治价值观的后发展国家。近年来，新加坡工人党领袖刘程强仍在反思建设性政治中政治价值的重要性。新加坡政治价值与政治制度的互动给后发展国家带来的启示是挖掘传统政治价值，并实现现代性转化具有重要意义。传统在很大程度上并不决然与现代对立的，在一定意义上能够与现代对接，并与西方某些政治价值实现对接和融合。另一方面，以传统政治价值的现代化为内核，能够使后发展国家根据本国国情创立或者发展出适合本国国情的政治制度形式。西方的政治制度有一定的可借鉴性，尤其是民主制度，但是后发展国家需要有自己的可行形式。

三、从二元化到一元化：政治价值重构与政治制度变革

后发展国家的政治发展并不是一下子就能完成的，这是一个持续的过程，并且是政治价值与政治制度互动的持续过程。在这一过程中，政治价值需要不断调整，甚至进行重构，而政治制度也要随着政治价值的演进而进行变革，以适应政治价值的发展。后发展国家一般都是有着深厚传统的国度，在政治发展道路上，全盘西化并不是绝对的典范，拒绝西方也非明智之举，传统政治价值的现代性转化是后发展国家面临的政治发展难题之一。改良的过程中如何与西方政治价值进行对接，如何来支撑本土化的政治制度形式，如何实现政治价值与政治制度互动的一元化也是政治发展的难题。

从新加坡等东亚国家的经验来看，一般来说，后发展国家一旦迈开现代化转型的步伐，如果一心致力于发展，尤其是经济发展的话，在政治价值上都可能形成发展导向型的政治价值，如生存主义、实用主义和国家主义等。这种发展导向型的政治价值主导了政治发展，注重政治稳定和经济发展，因而在国家政治层面压制了传统政治价值和西方政治价值，但是在政治制度形式上出于合法性的考虑可能会采取西方式的民主选举制度，然而在实质上权力是向上集中的，以保证发展的导向和稳定的秩序。一旦发展取得了一定的成效之后，随着社会经济水平的提高以及发展型导向政治价值暴露出一定的内在问题之后，政治价值重构和政治制度变革的问题就会立即提上议程。

政治价值的重构主要涉及传统政治价值现代化转型及与现代政治价值的融合问题。后发展国家的传统皆不一样，政治价值如何进行重构和融合都存在不同的方式。而政治制度的变革也不是任意的，需要在政治价值的重构下进行制度的调整。没有政治价值重构和融合的支撑，政治制度的变革也不可能获得成功，更别谈得到良好的运行。

新加坡政治价值的重构和政治制度的变革比较典型。在李光耀时期，实用主义是新加坡这一时期核心的政治价值，主导了政治制度的移植，带来了新加坡式的精英政治。实用主义在发展过程中逐渐出现了问题，并随着20世纪80年代国内外环境的变化，最终导致了新加坡"价值的危机"。因而，政治价值重构提上议程。在儒学复兴过程中，新加坡逐渐强调共同体主义价值观的重要性，以此为核心，融合了东西方政治价值。而儒学中的民本主义也得到大力的发扬。随着政治价值的重构，新加坡政治制度也在不断进行微调和制度创新，最典型的制度变革为集选区制度的产生。这一制度适应了共同体主义的要求，并作为民主选举的核心制度，地位越来越重要，从而使新加坡式的民主体现为一种共同体主义式的民主。新加坡政治价值重构和政治制度变革的启示在于要从自身的国情出发，深刻挖掘传统，实现政治价值体系的重构与融合，来支撑政治制度的变革，从而实现政治价值与政治制度的有序互动。

四、共同体主义对自由主义的批判

新加坡政治发展中最主要的一个启示在于共同体主义对自由主义的批判。首先，需要注意的是共同体主义并非一个紧密的思想流派。西方共同体主义内部差别巨大，并不具有自身的同一性。而新加坡挖掘出的共同体主义乃是基于儒学基础上挖掘的共同体主义的"碎片"。但是这一"碎片"也共享西方共同体主义对"自由主义自我观、自由主义普遍主义和自由原子主义"的批判[1]。而且，这些批判在一定意义上和西方社群主义对西方社会种种问题的批判具有类似性。正如苏力所说："大致说来，社群主义都对当代西方的社会及发生在这些社会中的冲突、矛盾和问题作出了某种批判，同时将这些令他们不安的社会现象归结为据说是支撑并支配西方社会的自由主义和个体主义。"[2]

在某种意义上，新加坡在李光耀时期的发展和西方社会有一定的相似性。这种相似性是因为新加坡大力发展市场经济所导致的。尽管新加坡的市场经济是政府严加管控的有计划指导的市场经济，但是受英国殖民的影响以及李光耀当时对新加坡发展的判

---

[1] [美]丹尼尔·贝尔：《社群主义及其批判者》，李琨译，生活·读书·新知三联书店2002年版，引言第6—10页。
[2] 刘军宁等编：《自由与社群》，生活·读书·新知三联书店1998年版，第7页。

断，使新加坡式的市场经济在很大程度上是自由主义的，或者说是立基于个人主义和法治基础上的自由主义。这种立基于个人主义的自由市场经济释放了巨大的活力，促进了新加坡经济的快速腾飞。但是，这种市场经济给新加坡也带来了类似西方市场经济发展的某些矛盾和问题。其中，最主要的问题就是极端个人主义的发展和泛滥。前总统黄金辉曾在施政演说中说道："我国人民尤其是年轻一代的态度和人生观，在不到一代人的时间内都有了改变。传统亚洲价值观里的道德、义务和社会观念，在过去曾经支撑并引导我们的人民，现在这种传统价值观已逐渐消失，取而代之的是西方化、个人主义和以自我为中心的人生观。"❶

危机的出现及其带来的系列反应促使新加坡的政治价值进行重构，也在某种程度上决定了新加坡对共同体主义的挖掘来应对个人主义的泛滥。因而，新加坡挖掘的共同体主义首先批判的就是自由主义中的个人主义倾向，进一步批判的是自由原子主义。这一批判具有重要的意义，而且是普遍性的意义。当然，这种批判在世界范围内来说，并不一定意味着社群主义可以取代自由主义，并在实践上加以解决。但是，共同体主义对自由主义尤其是个人主义的批判使人们意识到自由主义并不是万能的，它使人们意识到"现代性之隐忧"，重新重视共同体的重要性。原子主义的危害在当下已经受到批判并对其进行了深刻反思，泰勒已经深刻阐述了现代个人主义的困境带来的是"现代性隐忧"，因而重提本真性理想和道德以及生活于共同体的重要性。在实践中，西方诸多社会内部冲突和矛盾也在很大程度上根源于此。

---

❶ 王文钦：《新加坡儒家文化三特征》，载《社会学研究》1996 年第 4 期。

此外，共同体主义还对自由主义的普遍主义进行了批判。自由主义的普遍主义倾向是自由主义的一个内在的属性。但是这一普遍主义却出现了很多问题，它容易带来线性思维，主要体现在对自由民主制的普适性的强调上。而共同体主义批判了这一普遍主义，认为普遍主义对于共同体、社会大背景以及历史传统视而不见，从而出现了很多问题。而共同体主义者更看重特别主义，尤其是看重紧密的归属可能带来自我安全感这一好处。更进一步，共同体主义还内在地试图找到调和"特别主义"（particularism）的持续价值和"普世主义"（universalism）的正当主张。❶

因而，新加坡的共同体主义的实践，尤其是根据本国国情从儒学传统中挖掘出共同体主义，批判自由主义，并融合东西方政治价值，值得后发展国家认真审视和借鉴。

五、对自由民主普适性的质疑

共同体主义对自由主义的批判，尤其是对原子化个人主义的批判，导致了新加坡政治价值的重构。而对自由主义的普遍主义的批判，导致了新加坡对自由民主普适性的质疑，从而使新加坡在民主的政治价值基础和民主的外在制度形式上开始探索自己的民主发展道路。

众所周知，对于民主的探讨并没有定论，而且民主政治发展的道路并不只存在一种。西方式民主的发展在形式上也并不是唯一的。带形容词的民主定义已经有五百多种。如何发展本国而不是照搬别国的模式对于一国的政治发展、民主转型与巩固来说至

---

❶ [美] 菲利普·赛尔兹尼克：《社群主义的说服力》，马洪等译，上海世纪出版集团 2009 年版，第 44、26 页。

关重要。

这需要破除自由民主普适性的"神话"。自由民主普适性建立在自由主义的普遍主义基础之上。而共同体主义对普遍主义的批判已经动摇了自由民主的普适性。而现实的民主实践也证明了民主发展道路和实践形式的多样性。

对自由民主普适性的质疑带来的是如何判断民主的标准问题。标准并不是唯一的，民主的标准可以从程序、实质和政治价值基础三个方面进行。在这三个方面也不存在绝对的、普遍主义的判断。采取何种民主选举的程序，如何实现民主的实质以及采用何种政治价值来支撑民主不存在绝对的标准。

以新加坡为例，新加坡继承了英国式的议会民主制，采取的是内阁制的形式，在后来的发展中又形成了单选区与集选区并存，并以集选区为重的选举模式；在实质上，新加坡以民主为导向，主张发展成果的共享，并通过法治和反腐保证政治的清廉；在政治价值基础上，新加坡通过融合东西方政治价值，形成了以共同体主义为核心的价值观体系，并探索了适合国情的民主制度和形式，形成了共同体主义式的民主。这种形式的民主平衡了个体和共同体的关系。"在尊重个人权利与服从社会需求之间保持适当平衡，这个问题甚至在已建成民主政体的国家里都成为一个越来越被争论的问题"，"民主需要个人权利与集体责任之间的平衡"❶。而共同体民主可能是能够较好实现这一平衡的民主形式。新加坡的这种民主形式还注重与民众的协商，因而又被有的学者称为"审议的民主"。"审议的民主依赖共同体的人民。它假定政治争论

---

❶ [美]詹姆斯·F. 霍利菲尔德、加尔文·吉尔森主编：《通往民主之路：民主转型的政治经济学》，何志平等译，社会科学文献出版社2012年版，第38页。

的共同精神和适当而有能力的制度安排的存在。审议的民主允许共同体的人民共同推理和集体行动。"❶ 像新加坡的全国对话会等政府与民众协商的形式集中体现了这种民主的实践。此外，新常态以来新加坡人民行动党和反对党竞争正在形成的建设性政治博弈格局也值得我们特别注意。这种理性、审慎的政治竞争对于党争民主来说意义重大。

六、政治精英的重要能动作用

作为政治价值与政治制度载体的政治精英在政治发展过程中扮演着至关重要的能动角色。不论是李光耀时期还是后李光耀时期，政治价值与政治制度的建构、调整及其互动都是在精英的主导下展开与进行的，尤其是关键领袖人物发挥着主导性的作用。在李光耀时期，新加坡的政治发展在很大程度上是李光耀个人治理理念的体现；而在后李光耀时期，吴作栋和李显龙主导了这一阶段政治发展的调整和走向。

政治精英的重要作用主要表现在两个方面：一是政治精英在很大程度上建构和调整了本国或本地区的政治价值。执政的政治精英出于国家发展的考虑，必须建构一定的政治价值来指导国家的发展，凝聚民众的价值观和共识。当一定的政治价值不适应形势发展的要求或出现一定的问题之后，执政的政治精英必须适时进行价值的调整。最重要的是，后发展国家与地区往往面临着多元的政治价值，如何整合这些价值，选择哪种为核心主导型的政治价值是政治发展的关键，这都需要政治精英具有战略眼光和价值判断。二是执政的政治精英在选择了一定的政治价值之后，必

---

❶ ［美］菲利普·赛尔兹尼克：《社群主义的说服力》，马洪等译，上海世纪出版集团 2009 年版，第 82 页。

然会按照这套价值来具体指导国家的制度建设以及实际的过程运转。

　　后发展国家与地区的政治精英,尤其是执政精英担负着国家发展的重担。他们作出怎么样的选择,出于什么目的,都事关国家的发展方向和道路的选择。后发展国家的现代化转型、民主转型与精英的抉择有着重要的联系。因而,后发展国家的政治发展必须重视精英的培养、选拔,为国家塑造一批具有现代化取向又具有本土意识的执政精英。

参考文献

一、中文参考书目

[1] [阿根廷] 吉列尔莫·奥唐奈. 现代化和官僚权威主义：南美政治研究 [M]. 王欢、申明民，译. 北京：北京大学出版社，2008.

[2] [英] 弗里德利希·冯·哈耶克. 自由秩序原理 [M]. 邓正来译. 北京：生活·读书·新知三联书店，1997.

[3] [澳] 琳达·维斯，约翰·M. 霍布森. 国家与经济发展——一个比较及历史性的分析 [M]. 黄兆辉、廖志强，译. 长春：吉林出版集团，2009.

[4] [澳] 约翰·芬斯顿. 东南亚政府与政治 [M]. 张锡镇，等译. 北京：北京大学出版社，2007.

[5] [德] 罗伯特·米歇尔斯. 寡头统治铁律——现代民主制度中的政党社会学 [M]. 任军锋，等译. 天津：天津人民出版社，2003.

[6] [德] 卡尔·曼海姆. 意识形态与乌托邦 [M]. 黎鸣，等译. 北京：商务印书馆，2000.

[7] [德] 马克思·韦伯. 经济与历史：支配的

类型［M］．康乐，等译．桂林：广西师范大学出版社，2004．

［8］［法］托克维尔．旧制度与大革命［M］．冯棠，译．北京：商务印书馆，2010．

［9］［法］马太·杜甘．国家的比较：为什么比较，如何比较，拿什么比较［M］．文强，译．北京：社会科学文献出版社，2010．

［10］［法］孟德斯鸠．论法的精神［M］．张雁深，译．北京：商务印书馆，1959．

［11］［法］让-马丽·科特雷，克洛德·埃梅里．选举制度［M］．张新木，译．北京：商务印书馆，1996．

［12］［法］托克维尔．论美国的民主［M］．董果良，译．北京：商务印书馆，1988．

［13］［加］贝淡宁．东方遭遇西方［M］．孔新峰、张言亮，译．上海：上海三联书店，2011．

［14］［加］威尔·金里卡．当代政治哲学［M］．刘莘，译．上海：上海译文出版社，2011．

［15］［加］查尔斯·泰勒．本真性的伦理［M］．程炼，译．上海：上海三联书店，2012．

［16］［美］J. 熊彼特．资本主义、社会主义与民主［M］．吴良健，译．北京：商务印书馆，1999．

［17］［美］W. W. 罗斯托．经济增长的阶段——非共产党宣言［M］．郭熙保，等译．北京：中国社会科学出版社，2001．

［18］［美］霍华德·威亚尔达．比较政治研究的新方向［M］．李培元，等译．台北：韦伯文化国际出版有限公司，2005．

［19］［美］乔尔·S. 米格代尔．强社会与弱国家：第三世界的国家社会关系及国家能力［M］．张长东，等译．南京：江苏人民出版社，2009．

[20][美]乔尔·S. 米格代尔. 社会中的国家:国家与社会如何相互改变与相互构成[M]. 李杨,等译. 南京:江苏人民出版社,2013.

[21][美]西德尼·塔罗. 社会运动论[M]. 张等文,等译. 长春:吉林人民出版社,2011.

[22][美]C. E. 布莱克. 现代化的动力———一个比较史的研究[M]. 景跃进、张静,译. 杭州:浙江人民出版社,1989.

[23][美]巴林顿·摩尔. 民主和专制的社会起源[M]. 拓夫,等译. 北京:华夏出版社,1987.

[24][美]芭芭拉·格迪斯. 范式与沙堡:比较政治学中的理论建构与研究设计[M]. 陈子恪、刘骥,译. 重庆:重庆大学出版社,2012.

[25][美]彼得·埃文斯,迪特里希·鲁施迈耶,西达·斯考克波. 找回国家[M]. 方力维,等译. 北京:生活·读书·新知三联书店,2009.

[26][美]查尔斯·蒂利. 欧洲的抗争与民主(1650-2000)[M]. 陈周旺,等译,上海:上海人民出版社,2008.

[27][美]戴维·E. 阿普特. 现代化的政治[M]. 陈尧,译. 上海:上海世纪出版集团,2011.

[28][美]戴维·伊斯顿. 政治生活的系统分析[M]. 王浦劬,译. 北京:华夏出版社,1999.

[29][美]丹尼尔·贝尔. 社群主义及其批判者[M]. 李琨,译. 北京:生活·读书·新知三联书店,2002.

[30][美]道格拉斯·C. 诺思. 制度、制度变迁与经济绩效[M]. 杭行,译. 上海:上海人民出版社,22008.

[31][美]狄百瑞. 亚洲价值和人权:儒家社群主义的视角

[M]．尹钛，译．北京：社会科学文献出版社，2012．

［32］［美］杜维明．儒家传统与文明对话［M］．彭国翔，编译．北京：人民出版社，2010．

［33］［美］菲利普·赛尔兹尼克．社群主义的说服力［M］．马洪、李清伟，译．上海：上海世纪出版集团，2009．

［34］［美］弗朗西斯·福山．历史的终结及最后之人［M］．黄胜强、许铭原，译．北京：中国社会科学出版社，2003．

［35］［美］弗朗西斯·福山．政治秩序的起源：从前人类时代到法国大革命［M］．毛俊杰，译．桂林：广西师范大学出版社，2012．

［36］［美］弗朗西斯·福山．政治秩序与政治衰败：从工业革命到民主全球化［M］．毛俊杰，译．桂林：广西师范大学出版社，2015．

［37］［美］弗朗西斯·福山．国家构建：21世纪的国家治理与世界秩序［M］．黄胜强、许铭原，译．北京：中国社会科学出版社，2007．

［38］［美］傅利曼．新加坡华人的家庭与婚姻［M］．郭振羽、罗伊菲，译．台北：中正书局，1985．

［39］［美］格雷厄姆·艾利森，罗伯特·D.布莱克威尔，阿里·温尼．李光耀：论中国与世界［M］．蒋宗强，译．北京：中信出版社，2013．

［40］［美］格林斯坦，波尔斯比．政治学手册精选［M］．储复耘，译．北京：商务印书馆，1996．

［41］［美］郝大伟，安乐哲．先贤的民主——杜威、孔子与中国民主之希望［M］．何刚强，译．南京：江苏人民出版社，2004．

［42］［美］霍华德·威亚尔达．非西方发展理论——地区模

式与全球趋势［C］．董正华，等译．北京：北京大学出版社，2006．

［43］［美］霍华德·威亚尔达．比较政治学导论：概念与过程［M］．娄亚，译．北京：北京大学出版社，2005．

［44］［美］霍华德·威亚尔达．民主与民主化比较研究［M］．榕远，译．北京：北京大学出版社，2004．

［45］［美］加布里埃尔·A.阿尔蒙德，西德尼·维巴．公民文化——五国的政治态度和民主［M］．马殿君，等译．杭州：浙江人民出版社，1989．

［46］［美］加布里埃尔·A.阿尔蒙德，小 G·宾厄姆·鲍威尔．比较政治学：体系、过程和政策［M］．曹沛霖，等译．上海：上海译文出版社，1987．

［47］［美］列文森．儒教中国及其现代命运［M］．郑大华，等译．北京：中国社会科学出版社，2000．

［48］［美］鲁恂·W.派伊．政治发展面面观［M］．任晓、王元，译．天津：天津人民出版社，2009．

［49］［美］罗伯特·A.达尔，爱德华·R.塔夫特．规模与民主［M］．唐皇凤、刘晔，译．上海：上海人民出版社，2013．

［50］［美］罗伯特·达尔．论民主［M］．北京：商务印书馆，1999．

［51］［美］罗伯特·普特南．使民主运转起来［M］．王列、赖海榕，译．南昌：江西人民出版社，2001．

［52］［美］罗纳德·英格尔哈特．发达工业社会的文化转型［M］．张秀琴，译．北京：社会科学文献出版社，2013．

［53］［美］罗纳德·英格尔哈特．现代化与后现代化：43 个国家的文化、经济与政治变迁［M］．严挺，译．北京：社会科学

文献出版社，2013.

[54][美]迈克尔·桑德尔. 民主的不满：美国在寻求一种公共哲学[M]. 曾纪茂，译. 南京：江苏人民出版社，2008.

[55][美]尼考劳斯·扎哈里亚迪斯. 比较政治学：理论、案例与方法[C]. 宁骚，等译. 北京：北京大学出版社，2008.

[56][美]乔万尼·萨托利. 民主新论[M]. 冯克利、阎克文，译. 上海：上海人民出版社，2009.

[57][美]塞缪尔·亨廷顿，劳伦斯·哈里森. 文化的重要作用：价值观如何影响人类进步[C]. 北京：新华出版社，2010.

[58][美]塞缪尔·亨廷顿. 现代化：理论与历史经验的再探讨[C]. 罗荣渠主编. 上海：上海译文出版社，1993.

[59][美]塞缪尔·亨廷顿. 变化社会中的政治秩序[M]. 王冠华，等译. 上海：上海人民出版社，2008.

[60][美]塞缪尔·亨廷顿. 第三波——20世纪后期的民主化浪潮[M]. 刘军宁，译. 上海：上海三联书店，1998.

[61][美]塞缪尔·亨廷顿. 文明的冲突与世界秩序的重建[M]. 周琪，等译. 北京：新华出版社，2010.

[62][美]斯蒂芬·哈格德，罗伯特·R.考夫曼. 民主转型的政治经济分析[M]. 张大军，译. 北京：社会科学文献出版社，2008.

[63][美]汤姆·普雷特. 李光耀对话录：新加坡建国之路[M]. 张立德，译. 北京：现代出版社，2011.

[64][美]托马斯·哈定，大卫·卡普兰，马歇尔·萨赫林斯，艾尔门·塞维斯. 文化与进化[M]. 韩建军、商戈令，译. 杭州：浙江人民出版社，1987.

[65][美]威廉·詹姆斯. 实用主义[M]. 陈羽纶、孙瑞

禾,译.北京:商务印书馆,1979.

[66][美]西达·斯考切波.国家与社会革命:对法国、俄国与中国的比较分析[M].何俊志、王学东,译.上海:上海人民出版社,2007.

[67][美]约翰·罗尔斯.正义论[M].何怀宏、何包钢、廖申白,译.北京:中国社会科学出版社,1988.

[68][美]约翰·罗尔斯.政治自由主义[M].万俊人,译.南京:译林出版社,2011.

[69][美]约翰·奈斯比特.亚洲大趋势[M].蔚文,译.上海:外文出版社,1996.

[70][美]詹姆斯·F.霍斯菲尔德,加尔文·吉尔森.通往民主之路:民主转型的政治经济学[C].何志平、马卫红,译.北京:社会科学文献出版社,2012.

[71][日]猪口孝,[英]爱德华·纽曼,[美]约翰·基恩.变动中的民主[C].林猛,等译.长春:吉林人民出版社,1999.

[72][瑞典]博·罗斯坦.政府质量:执政能力与腐败、社会信任与不平等[M].蒋小虎,译.北京:新华出版社,2012.

[73][新]蔡裕林.新加坡刮起改革风:李光耀时代 VS 后李光耀时代[M].新加坡:朝晖出版社,2013.

[74][新]冯清莲.新加坡人民行动党:它的历史、组织和领导[M].苏宛蓉,译.上海:上海人民出版社,1975.

[75][新]李光耀.风雨独立路——李光耀回忆录(1923-1965)[M].北京:外文出版社,1998.

[76][新]李光耀.经济腾飞路——李光耀回忆录(1965-2000)[M].北京:外文出版社,2000.

[77][新]李光耀.李光耀40年政论选[M].北京:现代

出版社，1994.

[78][新]梁文松，曾玉凤．动态治理[M]．陈晔，等译．北京：中信出版社，2010.

[79][新]吴元华．务实的决策——新加坡政府华语文政策研究[M]．北京：当代世界出版社，2008.

[80][新]吴元华．新加坡的良治之道[M]．北京：中国社会科学出版社，2014.

[81][新]严崇涛．新加坡成功的奥秘：一位首席公务员的沉思[M]．张志斌，译．北京：人民出版社，2012.

[82][新]约西·拉贾．威权式法治：新加坡的立法、话语与正当性[M]．陈林林，译．杭州：浙江大学出版社，2019.

[83][意]G.萨托利．政党与政党体制[M]．王明进，译．北京：商务印书馆，2006.

[84][印]阿马蒂亚·森．身份与暴力：命运的幻象[M]．李凤华，等译．北京：中国人民大学出版社，2009.

[85][印]阿马蒂亚·森．以自由看待发展[M]．任赜，等译．北京：中国人民大学出版社，2002.

[86][英]艾伦·韦尔．政党与政党制度[M]．谢峰，译．北京：北京大学出版社，2011.

[87][英]安德鲁·海伍德．政治学[M]．张立鹏，译．北京：中国人民大学出版社，2006.

[88][英]巴特摩尔．平等还是精英[M]．尤卫军，译．沈阳：辽宁教育出版社，1998.

[89][英]卡尔·波兰尼．巨变：当代政治与经济的起源[M]．黄树民，译．北京：社会科学文献出版社，2013.

[90][英]斯坦·林根．民主是做什么用的：论自由与德政

[M]．孙建中，译．北京：新华出版社，2012.

[91] [英] 亚历克斯·乔西．李光耀 [M]．上海：上海人民出版社，1976.

[92] [英] 约翰·格雷．伯林 [M]．马俊峰、杨彩霞、路日丽，译．北京：昆仑出版社，1999.

[93] 马克思恩格斯全集（第1卷）[M]．北京：人民出版社，1995.

[94] 马克思恩格斯选集（第4卷）[M]．北京：人民出版社，1995.

[95] 常士訚．现代国家及其政治制度：东亚与西方 [M]．北京：中国社会科学出版社，2008.

[96] 畅征．小国伟人李光耀 [M]．北京：学苑出版社，2005.

[97] 陈峰君．东亚与印度：亚洲两种现代化模式 [M]．北京：经济科学出版社，2000.

[98] 陈荣照．儒学与世界文明 [C]．新加坡：新加坡国立大学中文系、八方文化企业公司联合出版，2003.

[99] 陈尤文、马志刚、萧宜美．新加坡公共行政 [M]．北京：时事出版社，1995.

[100] 陈岳、陈翠华．李光耀：新加坡的奠基人 [M]．北京：时事出版社，1990.

[101] 程超泽．亚洲怎么了 [M]．上海：上海人民出版社，1998.

[102] 杜维明．新加坡的挑战——新儒家伦理与企业 [M]．高专诚，译．北京：生活·读书·新知三联书店，2013.

[103] 韩大元．东亚法治的历史与理念 [M]．北京：法律出

版社，2000．

［104］何俊志．结构、历史与行为——历史制度主义对政治科学的重构［M］．上海：复旦大学出版社，2004．

［105］洪镰德．新加坡学［M］．台北：台湾扬智文化事业股份有限公司，1994．

［106］江宜桦．自由民主的理路［M］．北京：新星出版社，2006．

［107］金观涛．探索现代社会的起源［M］．北京：社会科学文献出版社，2010．

［108］景海峰．刘述先新儒学论著辑要：儒家思想与现代化［C］．北京：中国广播电视出版社，1992．

［109］匡导球．星岛崛起：新加坡的立国智慧［M］．北京：人民出版社，2013．

［110］李德顺．价值论（再版）［M］．北京：中国人民大学出版社，2007．

［111］李恩涵．东南亚华人史［M］．台北：五南图书出版股份有限公司，2003．

［112］［美］格雷厄姆·艾莉森，罗伯特·D. 布莱克威尔，阿里·温尼．李光耀论中国与世界［M］．蒋宗强，译．北京：中信出版社，2013．

［113］李路曲．东亚模式与价值重构：比较政治分析［M］．北京：人民出版社，2002．

［114］李路曲．新加坡现代化之路：进程、模式和文化选择［M］．北京：新华出版社，1996．

［115］李路曲．新加坡道路［M］．北京：中国社会科学出版社，2018．

[116] 李明辉. 儒家思想在现代东亚（总论篇）[C]. 台北："中研院"中国文哲研究所, 1998.

[117] 李明辉. 儒家视野下的政治思想 [M]. 北京：北京大学出版社, 2005.

[118] 李文. 东亚：宪政与民主 [C]. 北京：中国社会科学出版社, 2005.

[119] 李一平, 周宁. 新加坡研究 [M]. 北京：国际文化出版公司, 1996.

[120] 李志东. 新加坡国家认同研究（1965—2000）[M]. 北京：中国人民大学出版社, 2014.

[121] 梁元生. 宣尼浮海到南洲：儒家思想与早期新加坡华人社会史料汇编 [C]. 香港：中文大学出版社, 1995.

[122] 凌翔、陈轩. 李光耀传 [M]. 北京：东方出版社, 1998.

[123] 刘国雄. 新加坡的廉政建设 [M]. 北京：人民出版社, 1994.

[124] 刘建军. 青年政治精英的培养与新加坡人民行动党的发展 [A]. 政治文明与当代青年——2003 上海青年发展报告 [C]. 上海人民出版社, 2003.

[125] 刘军宁. 自由与社群 [C]. 北京：生活·读书·新知三联书店, 1998.

[126] 刘军宁. 共和·民主·宪政——自由主义思想研究 [M]. 上海：上海三联书店, 1998.

[127] 刘述先. 儒家伦理研讨会论文集 [C]. 台北：台湾东亚哲学研究所, 1987.

[128] 刘述先. 儒家思想在现代东亚：韩国与东南亚篇 [C].

台北:"中研院"中国文哲研究所,2002.

[129] 刘洋. 现代政治价值体系建构:西方国家的探索之路[M]. 北京:知识产权出版社,2014.

[130] 卢正涛. 新加坡威权政治研究[M]. 南京:南京大学出版社,2007.

[131] 吕元礼、陈家喜. 新加坡研究(2013年卷)[C]. 北京:社会科学文献出版社,2014.

[132] 吕元礼. 鱼尾狮智慧:新加坡政治与治理[M]. 北京:经济管理出版社,2010.

[133] 吕元礼. 新加坡为什么能(上、下卷)[M]. 南昌:江西人民出版社,2007.

[134] 吕元礼. 亚洲价值观:新加坡政治的诠释[M]. 南昌:江西人民出版社,2002.

[135] 马德普. 普遍主义的贫困——自由主义政治哲学批判[M]. 北京:人民出版社,2005.

[136] 马志刚. 新兴工业与儒家文化:新加坡道路及发展模式[M]. 北京:时事出版社,1996.

[137] 欧树军、王绍光. 小邦大治:新加坡的国家基本制度建设[M]. 北京:社会科学文献出版社,2017.

[138] 彭庆军. 政治发展进程中的政治平衡问题研究[M]. 武汉:武汉大学出版社,2010.

[139] 任剑涛. 伦理政治研究——从早期儒学视角的理论透视[M]. 长春:吉林出版集团有限责任公司,2007.

[140] 盛洪. 治大国若烹小鲜——关于政府的制度经济学[M]. 上海:上海三联书店,2003.

[141] 孙存良. 选举民主与美国政治极化研究[M]. 北京:

世界知识出版社，2020.

［142］孙关宏、胡雨春. 政治学［M］. 上海：复旦大学出版社，2005.

［143］孙景峰. 新加坡人民行动党执政形态研究［M］. 北京：人民出版社，2005.

［144］万俊人. 政治哲学的视野［M］. 郑州：郑州大学出版社，2008.

［145］王浦劬. 政治学基础［M］. 北京：北京大学出版社，1995.

［146］王瑞贺. 新加坡国会［C］. 北京：华夏出版社，2002.

［147］王绍光. 民主四讲［M］. 北京：生活·读书·新知三联书店，2008.

［148］王元明. 行动与效果：美国实用主义研究［M］. 北京：中国社会科学出版社，1998.

［149］韦红. 新加坡精神［M］. 武汉：长江文艺出版社，2000.

［150］许心礼. 新加坡［C］. 上海：上海辞书出版社，1983.

［151］杨光斌. 比较政治评论（第二辑）［C］. 北京：中国社会科学出版社，2013.

［152］杨绘荣. 西方政治文化复兴之路：以维尔达夫斯基的文化模式理论为考察中心［M］. 北京：中国社会科学出版社，2012.

［153］由冞. 新加坡大选：人民行动党为什么总能赢？［M］. 北京：经济管理出版社，2013.

［154］张凤阳. 政治哲学关键词［M］. 南京：江苏人民出版社，2006.

［155］张灏．幽暗意识与民主传统［M］．北京：新星出版社，2006．

［156］张铭、严强．政治学方法论［M］．苏州：苏州大学出版社，2000．

［157］张铭．政治价值体系建构：理论、历史与方法［M］．北京：社会科学文献出版社，2012．

［158］张永和．李光耀传［M］．广州：花城出版社，1993．

［159］赵鼎新．社会与政治运动讲义［M］．北京：社会科学文献出版社，2006．

［160］赵虎吉．比较政治学——后发展国家视角［M］．广州：中山大学出版社，2002．

［161］郑维川．新加坡治国之道［M］．北京：中国社会科学出版社，1996．

［162］周少来．东亚民主生成的历史逻辑［M］．北京：中国社会科学出版社，2013．

［163］周溢横．李光耀［M］．杭州：浙江人民出版社，1997．

［164］庄礼伟．亚洲的高度［M］．广州：广东旅游出版社，1999．

［165］蒋庆．政治儒学［M］．北京：生活·读书·新知三联出版社，2003．

二、中文论文

［1］［澳］埃里克 C. 保罗．新加坡政治自由化的前景［J］．谧谷，译．南洋资料译丛，1994（Z1）．

［2］贝淡宁．从"亚洲价值观"到"贤能政治"［J］．李扬眉，译．文史哲，2013（3）．

［3］蔡定剑．被误读的新加坡［J］．教师博览，2009（7）．

［4］曾毅．"现代国家"的含义及其建构中的内在张力［J］．中国人民大学学报，2012（3）．

［5］曾毅．比较政治研究中的发展主义路径［J］．社会科学研究，2011（1）．

［6］曾毅．社会变迁视野下的国家能力——评乔尔·米格代尔著作中的国家—社会关系理论［J］．国外理论动态，2014（6）．

［7］曾毅．新发展主义的历史制度主义分析［J］．马克思主义与现实，2011（2）．

［8］曾子越．新加坡是优质民主——专访新加坡国立大学东亚研究所所长郑永年［J］．南风窗，2011（11）．

［9］常征．新加坡：权威主义，还是精英民主？［J］．东南亚研究，2005（4）．

［10］陈朝宗．政治价值观与政治发展道路［J］．福建行政学院学报，2014（2）．

［11］陈来．谁之责任？何种伦理？——从儒家伦理看世界伦理宣言［J］．读书，1998（10）．

［12］程同顺、邝利芬、孙迪．美国政治学研究方法的最新进展——基于美国政治学三种期刊的研究（2001～2012）［J］．政治学研究，2015（2）．

［13］戴木才．政治价值基础及其维度［J］．哲学研究，2005（8）．

［14］丁志刚．政治价值研究论纲［J］．政治学研究，2004（3）．

［15］方华．马哈蒂尔与其新著《亚洲能够说"不"》［J］．世界经济，1997（1）．

［16］冯克利．打了折扣的民主［J］．读书，1993（3）．

［17］高奇琦．政党优位协商：新加坡人民行动党与社会互动的模式［J］．社会主义研究，2014（2）．

［18］郜良．李光耀的实用主义、亚洲式民主理念和法治方略［J］．领导科学，2009（8）．

［19］郭继光．浅析新加坡中产阶级［J］．东南亚研究，2000（3）．

［20］郭宇宽．被误读和忽略的新加坡经验——专访蔡定剑［J］．南风窗，2006（2）．

［21］哈葛扁．重访发展政治学［J］．开放时代，2006（4）．

［22］郝宏桂．"文化价值"重建与新加坡的现代化［J］．学术论坛，2006（6）．

［23］胡岩．"儒教自由主义"何以可能［J］．杭州师范大学学报（社会科学版），2013（5）．

［24］胡月星．新加坡、韩国在创建完善公民利益诉求机制上的探索［J］．行政管理改革，2014（8）．

［25］黄俊尧．政治发展经验的框架阐释——基于中西典型范式的比较［J］．新视野，2020（6）．

［26］黄锐波，吕元礼．新加坡"托管式"民主分析［J］．东南亚纵横，2004（6）．

［27］黄卫平，陈文．2011年新加坡大选的观察与思考——兼论一党长期执政如何直面竞争性选举挑战［J］．中共四川省委省级机关党校学报，2012（2）．

［28］姜鹏．新加坡的传媒管控与新媒体战略［J］．青年记者，2012（11）．

［29］金贻顺．当代精英民主理论对经典民主理论的挑战［J］．政治学研究，1999（2）．

［30］拉里·戴蒙德（Larry Diamond）．评王长江《中国共产

党：从革命党向执政党的转变》[J]. 李剑，译. 中国治理评论，2012（1）.

[31] 李保英，高奇琦. "亚洲价值观"与新加坡民主政治[J]. 社会科学战线，2004（1）.

[32] 李路曲. 论"亚洲式民主"[J]. 战略与管理，1999（6）.

[33] 李路曲. 新加坡2011年大选与政治发展模式[J]. 当代世界社会主义问题，2011（4）.

[34] 李路曲. 新加坡公共行政的改革与现代性特色[J]. 政治学研究，1995（1）.

[35] 李路曲. 新加坡社会的政治价值观及其作用[J]. 现代国际关系，1997（3）.

[36] 李慎之. 亚洲价值与全球价值[J]. 太平洋学报，1995（2）.

[37] 李文. 儒家文化与新加坡民主政治[J]. 复旦政治学评论，2010.

[38] 李新廷，朱凯. 刍论国家治理与社会治理的关系[J]. 大连干部学刊，2014（4）.

[39] 李新廷. 欧洲国家现代化转型背后的挫折与磨难——基于英法德三国的考察[J]. 安徽行政学院学报，2013（1）.

[40] 李新廷. 新加坡的政治与行政：一项对政府的个案研究[A] 吕元礼、陈家喜主编. 新加坡研究（2013年卷），北京：社会科学文献出版社，2014.

[41] 李新廷. 社会中心主义·国家中心主义·政党中心主义——西方比较政治学研究视角的演进与中国关照[J]. 国外理论动态，2016（2）.

[42] 李新廷. 比较政治学中的政治发展理论——后发展国家与中国经验视角的反思与重构[J]. 中南大学学报（社会科学

版），2018（2）.

［43］李新廷. 协商对话与国家治理：新加坡全国对话会的思考与中国启示——以2012年"我们的新加坡全国对话会"为考察对象［A］. 黄卫平等主编. 当代中国政治研究报告（第16辑），北京：社会科学文献出版社，2018.

［44］李新廷. 从意识形态政治到建设性政治——新加坡一党独大体制的演变与博弈模式［A］. 严海兵、刘乐明主编. 上海青年政治学年度报告·2017，北京：中央编译出版社，2018.

［45］李新廷. 政党体制的制度化水平与民主转型——梅因沃林的政党体制学评析［J］. 国外社会科学前沿，2019（6）.

［46］李元书. 政治发展的涵义、特征和研究意义［J］. 学习与探索，1996（6）.

［47］吕元礼. 论新加坡模式与新加坡民主政治［J］. 城市观察，2011（1）.

［48］吕元礼、张彭强. 全国对话会与新加坡协商式民主［J］. 河南师范大学学报（哲学社会科学版），2015（5）.

［49］郭继光. 王瑞杰，未来的新加坡领导人［J］. 世界知识，2020（15）.

［50］郭静. 去"西方中心主义"政治发展概念的理论基础与内在规定性［J］. 科学社会主义，2020（5）.

［51］邝健铭. 善治与民主不相容？以新加坡为例［J］. 当代评论（马来西亚），2013（1）.

［52］马涛. "亚洲价值观"与东南亚金融风暴［J］. 开封大学学报，1999（1）.

［53］苗永泉，张铭. 儒学：大一统权力无害化处理的历史智慧［J］. 克拉玛依学刊，2014（2）.

［54］桑玉成，商红日．政治价值、意识形态和政治信仰——关于当代中国政治哲学基本问题的断想［J］．江苏行政学院学报，2002（4）．

［55］盛邦和．"亚洲价值观"与儒家文化的现代评析［J］．中州学刊，2013（1）．

［56］盛洪．怎样用自由保卫自由？［J］．读书，1999（6）．

［57］宋效峰．新加坡的"好政府"模式与社会管理：经验与反思［J］．社会主义研究，2012（6）．

［58］孙景峰，孙培．芳林公园的进一步开放与新加坡民主政治发展趋势［J］．南京师大学报（社会科学版），2009（4）．

［59］孙景峰．人民行动党与新加坡行政体系［J］．河南大学学报（社会科学版），2005（2）．

［60］孙景峰．世界民主浪潮下的新加坡威权体制［J］．吉林大学社会科学学报，2007（4）．

［61］孙景峰、刘佳宝．2015年国会大选与新加坡政治发展［J］．中共浙江省委党校学报，2016（3）．

［62］孙景峰、刘佳宝．2015年新加坡大选与人民行动党理念嬗变［J］．厦门大学学报（哲学社会科学版），2016（1）．

［63］陶林．三十年来国内关于新加坡政治研究的综述与展望（1990—2019）［A］载李路曲主编．比较政治学研究（第17辑），北京：商务印书馆，2019．

［64］王彩玲．新加坡政党制度的内在逻辑及其演进趋势［J］．厦门大学学报（哲学社会科学版），2008（4）．

［65］王洪涛，许开轶．埃及政治转型与民主巩固［J］．世界经济与政治论坛，2012（5）．

［66］王江雨．不易学的"新加坡模式"［J］．南风窗，2013（6）．

[67] 王江雨. 大选直击：新加坡没有民主吗[J]. 南风窗，2011（11）.

[68] 王江雨. 法治才是新加坡的"最长板"[J]. 同舟共进，2014（4）.

[69] 王江雨. 实用主义的成就与迷失[J]. 南风窗，2013（9）.

[70] 王江雨. 新加坡法治的源头[J]. 南风窗，2013（13）.

[71] 王结发. 民主化的社会条件及机制——查尔斯. 蒂利的民主理论[J]. 国外理论动态，2014（8）.

[72] 王菁. 从政治发展理论到民主巩固理论：西方民主化研究的演进逻辑[J]. 教学与研究，2011（3）.

[73] 王泰. 2011，埃及的政治继承与民主之变——从宪政改革到政治革命[J]. 国际政治研究（季刊），2011（1）.

[74] 王文钦. 新加坡儒家文化三特征[J]. 社会学研究，1996（4）.

[75] 王永兴. 新型工业化国家市场化进程比较分析[J]. 国际问题研究，2008（4）.

[76] 王震. "阿拉伯之春"与西方意识形态渗透[J]. 现代国际关系，2012（6）.

[77] 王子昌. 善政和善治：新加坡"好政府"模式的理论定位与走势[J]. 当代亚太，2002（8）.

[78] 王中原、郭苏建. 中国政治学学科发展40年：历程、挑战与前景[J]. 学术月刊，2018（12）.

[79] 韦红，谢伟民. 新加坡集选区制度初探[J]. 南洋问题研究，2012（1）.

[80] 魏苢. 从亚洲价值观看东亚金融危机[J]. 经济学家，1998（6）.

［81］肖宇. 国家认同与腐败治理：新加坡的经验及其启示［J］. 中共浙江省委党校学报，2011（5）.

［82］萧功秦. 新加坡的"选举权威主义"及其启示［J］. 战略与管理，2003（1）.

［83］谢晓东. 试论"儒家社群主义"何以可能——从社群主义与儒家"自我观"比较的角度［J］. 陕西理工学院学报（社会科学版），2007（2）.

［84］徐中起，邵芬. 论新加坡法治建设的基本特征［J］. 云南学术探索，1997（6）.

［85］严苍. 新加坡模式的形成与持续［J］. 文化纵横，2013（2）.

［86］燕继荣. 政治模式的哲学基础——论政治价值体系与政治治理模式的关系［J］. 内蒙古师范大学学报（哲学社会科学版），2005（5）.

［87］杨春时. 中国现代化进程中的民族主义和国家主义［J］. 海南师范学院学报（人文社会科学版），2002（1）.

［88］叶富春. 新加坡与马来西亚一党独大制比较分析［J］. 学术界，2013（2）.

［89］俞可平. 当代西方社群主义及其公益政治学评析［J］. 中国社会科学，1998（3）.

［90］张春满. 转型中国的政治发展与美国的政治衰败：基于政党中心主义的比较分析［J］. 学习与探索，2020（10）.

［91］张飞岸. 民主化理论的反思与重建［J］. 国外社会科学，2013（4）.

［92］张海晏. 亚洲价值、西方价值与全球价值争论的实质［J］. 当代韩国，1996（3）.

[93] 张键，吕元礼. 新加坡政府民意吸纳与反馈机制——以民情联系组为例 [J]. 学习月刊，2010（12）.

[94] 张林廷. 重构民主合法性：来源、路径与形式——评罗森瓦龙的《民主的合法性》[J]. 国外理论动态，2013（9）.

[95] 张铭. 东方社会转型与社会主义历史课题 [J]. 福建论坛·人文社会科学版，2007（11）.

[96] 张铭. 关于东方社会现代化发展战略取向的若干思考 [J]. 天津社会科学，2006（5）.

[97] 张铭. 后发展国家民主政治发展需要有自己的可行形式 [J]. 理论视野，2012（10）.

[98] 张奕辉. 人民行动党得票率为何大跌 [J]. 世界知识，2020（15）.

[99] 张志斌. 从生存到卓越：新加坡的行政改革 [J]. 公共行政评论，2009（4）.

[100] 赵虎吉，毛翔. 新加坡：托管式民主之路 [J]. 理论视野，2012（12）.

[101] 赵虎吉. 重构政治价值：中国政治发展的内在属性与发展逻辑 [J]. 学习与探索，2011（1）.

[102] 郑易平. 关于亚洲价值观的思考 [J]. 中国矿业大学学报（社会科学版），2001（4）.

[103] 郑永年. 解读新加坡模式 [J]. 中国党政干部论坛，2013（10）.

[104] 朱仁夫. 儒学传播新加坡二百年 [J]. 云梦学刊，2003（6）.

[105] 朱仁显，王长晖. 90年代新加坡政党制度的特点 [J]. 南洋问题研究，1999（2）.

［106］庄礼伟．"好政府"模式及其社会效应［J］．当代亚太，2001（10）．

［107］卓越．关于高薪养廉问题的一场对垒——新加坡《部长与高级公务员薪金标准白皮书》解析［J］．南洋问题研究，2004（2）．

［108］邹平学．新加坡法治的制度、理念和特色［J］．法学评论，2002（5）．

三、学位论文

［1］Lan Hu：*One Party Dominance Survival：The Case of Singapore and Taiwan*，Dissertation Presented in Partial Fulfillment of the Requirements for the Degree Doctor of Philosophy in the Graduate School of The Ohio State University，2011.

［2］董琼华．社会转型中的认知范式与价值重构［D］．北京：中共中央党校，2011.

［3］郭俊麟．李光耀主政后的新加坡政治：威权抗拒的结构分析［D］．台北：台湾大学社会科学院国家发展研究所，2006.

［4］何俊志．结构、历史与行为——历史制度主义对政治科学的重构［D］．上海：复旦大学，2003.

［5］胡荣荣．自主性与制度化：一党独大制的适应性研究［D］．北京：中共中央党校，2013.

［6］李永乐．构建超越种族与区域的政治共同体——新加坡研究新视角［D］．上海：复旦大学，2007.

［7］刘绵绵．现代化视野下新加坡人民行动党长期执政研究［D］．南京：南京师范大学，2010.

［8］刘新圣．政治价值重构与民主转型：台湾案例研究［D］．

北京：中共中央党校，2013.

[9] 刘洋. 西方现代政治价值体系建构问题研究——基于英、法、德三国比较的视角 [D]. 济南：山东大学，2010.

[10] 梅少粉. 权威主义还是精英民主：新加坡政治发展研究 [D]. 北京：中共中央党校，2014.

[11] 乔印伟. 新加坡建国与一党独大体制的确立——新加坡人民行动党早期活动研究（1954 – 1968 年）[D]. 北京：北京大学，2005.

[12] 隋斌斌. 合作主义从理念到制度：瑞典与新加坡福利制度比较 [D]. 北京：中共中央党校，2010.

[13] 田志文. 马克思主义理论视域中的政治价值研究 [D]. 南京：南京航空航天大学，2010.

[14] 王泰. 当代埃及的威权主义与政治民主化问题研究 [D]. 西安：西北大学，2008.

[15] 王永志. 市场经济与当代中国政治价值转型研究 [D]. 北京：中共中央党校，2012.

[16] 许和隆. 冲突与互动：转型社会政治发展中的制度与文化 [D]. 苏州：苏州大学，2006.

[17] 严春宝. 新加坡儒家文化传承研究 [D]. 北京：北京师范大学，2007.

[18] 臧豪杰. 共同体视域下的中国现代政治价值选择 [D]. 北京：中共中央党校，2012.

[19] 张悦. 政治文化向度与制度选择——对当代中国政治制度的一种解读（1954 – 2012）[D]. 上海：华东师范大学，2013.

[20] 张迪. 政治文化对政治制度变革的影响——以戊戌维新为例 [D]. 北京：中共中央党校，2019.

四、英文著作

[1] Alan Ware, *Political Parties and Party system*, Oxford: Oxford University Press, 1996.

[2] Barbara Geddes, *Paradigms and Sand Castles: Theory Building and Research Design in Comparative Politics*, The University of Michigan Press, 2003.

[3] Beng-Huat Chua, *Communitarian Ideology and Democracy in Singapore*, London and New York: Routledge, 1995.

[4] Chan Heng Chee, *Democracy: Evolution and Implementation: An Asian Perspective in Democracy and Capitalism: Asian and American Perspectives*, edited by Robert Bartley etal. Singapore: ISEAS, 1993.

[5] Chan Heng Chee, *The Dynamics of One Party Dominance: The PAP AT THE Grass-Roots*, Singapore: Singapore University Press Pte. Ltd, 1976.

[6] Christopher Lingle, *Singapore's Authoritarian Capitalism: Asian Values, Free Market Illusions, and Political Dependency*, Barcelona: Edicions Sirocco, S. L. and The Locke Institute, Fairfax Va., 1996.

[7] Christopher Patten, *East and West: China, Power, and the Future of Asia*, New York: Times Books, 1998.

[8] Dan Slater, *Ordering Power: Contentious Politics and Authoritarian Leviathans in Southeast Asia*, New York: Cambridge University Press, 2010.

[9] Daniel A. Bell, *Beyond Liberal Democracy: Political Thinking for an East Asian Context*, Princeton and Oxford: Princeton University

Press, 2006.

[10] Daniel A. Bell, *East meets West: Human Rights and Democracy in East Asia*, Princeton and Jersey: Princeton University Press, 2000.

[11] Daron Acemoglu and James A. Robinson, *Economic Origins of Dictatorship and Democracy*, London: Cambridge University Press, 2006.

[12] Diane K. Mauzy and R. S. Miline, *Singapore Politics under the People's Action Party*, London and New York: Routlege, 2002.

[13] Ezra F. Vogel, *The Four Little Dragons: the Spread of Industrialization in East Asia*, London and Cambridge: Harvard University Press, 1991.

[14] G. John Ikenberry, etc, *The State and American Foreign Economic Policy*, Ithaca and London: Cornell University Press, 1988.

[15] Gabriel A. Almond and James S. Coleman, eds., *The Politics of the Developing Areas*, Princeton, NJ: Princeton University Press, 1960.

[16] Garry Rodan edited, *Singapore Changes Guard: Social Political and Economic Directions in the 1990s*, New York: St. Martin's Press, 1994.

[17] Garry Rodan, *Transparency and Authoritarian Rule in Southeast Asia: Singapore and Malaysia.* London and New York: Routledge Curzon, 2004.

[18] Harry Eckstein and David E. Apter ed, *Comparative Politics: A Reader*, New York: The Free Press of Glencoe, 1963.

[19] Howard J. Wiarda, *Political Development in Emerging Nations—Is There Still a Third World?*, Tomas Learning, 2004.

[20] Hussin Mutalib, *Parties and Politics: A Study of Opposition Parties and the PAP in Singapore* (Second Edition), Singapore: Marshall Cavendish Academic, 2004.

[21] James Mahoney and Dietrich Rueschemeyer, ed. *Comparative Historical Analysis in the Social Sciences*, NewYork: Cambridge University Press, 2003.

[22] Jean E. Abshire, *The History of Singapore*, The Greenwood Histories of the Modern Nations, An Imprint of ABC-CLIO, LLC, 2011.

[23] John W. Langford and K. Lorne Brownsey ed, *The Changing Shape of Government in the Asia-Pacific Region*, South Halifaz: Institute for Research on Public Policy, 1988.

[24] Jon S. T. Quah edited, *In Search of Singapore's Nation Values*, Singapore: Institute for Policy Studied, 1990.

[25] Kay E. Gillis, *Singapore Civil Society and British Power*, Singapore: Talisman Publishing, 2005.

[26] Kernial S. Sandhu and Paul Wheatley ed. *Management of Success: The Moulding of Modern Singapore*, Singapore: ISAS, 1989.

[27] Kevin Tan and Lam Peng Er ed., *Managing Political Change in Singapore: The Elected Presidency*, London and New York: Routledge, 1997.

[28] Larry Diamond, Marc F. Plattner and Yun-Han Chu ed. *Democracy in East Asia: A New Century*, Baltimore: The John

Hopkins University Press, 2013.

[29] Lee Kuan Yew, *The Singapore Story: Memoirs of Lee Kuan Yew*, Singapore: Prentice Hall, 1998.

[30] Leonard Binder, James S. Coleman, Joseph LaPalombara, Lucian W. Pye, Sidney Verba, & Myron Weiner. *Crises and Sequences in Political Development*, Princeton, NJ: Princeton University Press, 1971.

[31] Li-ann Thio and Kevin YL Tan edited, *Evolution of a Revolution: Forty years of the Singapore Constitution*, London and New York: Routledge-Cavendish, 2009.

[32] Martin Perry, Lily Kong and Brenda Yeoh, *Singapore: A Developmental City State*, John Wiley& Sons Ltd, 1997.

[33] Michael D. Barr, *Cultural Politics and Asian Values: The Tepid War*, London and New York: Routledge, 2002.

[34] Michael D. Barr, Zlatko Skrbis, *Constructing Singapore: Elitism, Ethnicity and the Nation - Building Project*, Copenhagen: NIAS Press (Nordic Institute of Asian Studies), 2008.

[35] Michael Haas ed., *The Singapore Puzzle*, Westport, CT: Praeger, 1999.

[36] Michael Hill and Lian Kwen Fee, *The Politics of Nation Building and Citizenship in Singapore*, London and New York: Routledge, 1995.

[37] Michael Jacobsen and Ole Bruun eds, *Human Rights and Asian Values: Contesting Notional Identities and Cultural Representations in Asian*, London: Curzon Press, 2000.

[38] R. L. Clutterbuck, *Riot and Revolution in Singapore and*

Malaya, 1945 – 1960, London: Faber and Faber Ltd, 1973.

[39] R. S. Miline and Diane K. Mauzy, *Singapore: The Legacy of Lee Kuan Yew*, Boulder, SanFrancisco and Dxford: Westview Press, 1990.

[40] Raj Vasil, *A Citizen's Guide to Government and Politics in Singapore*, Singapore: Talisman Publishing Pte Ltd, 2004.

[41] Raj Vasil, *Governing Singapore: Democracy and Notional Development*, ALLEN & UNWIN: ISEAS, 2000.

[42] Seah Chee Meow, ed., *Trends in Singapore*, Singapore University press for ISEAS, 1975.

[43] Simon S. C. Tay, "Towards a Singaporean Civil Society", *Southeast Asian Affairs* 1998, Singapore: Institute of Southeast Asian Studies, 1998.

[44] Singh, B, *Politics and Governance in Singapore: An Introduction*, Singapore: McGrawHil, 2007.

[45] T. J. Bellews, *The People's Action Party of Singapore: Emergence of A Dominant Party System*, New Haven, 1970.

[46] T. J. S. George, *Lee Kuan Yew's Singapore*, Andre Deutsch Limited, 1975.

五、英文论文

[1] Bilahari Kausikan, Governance That Works, *Journal of Democracy*. Vol. 8, No. 2, 1997, pp. 24 – 33.

[2] Bruce Dickson, "Populist Authoritarianism: China's Domestic Political Scene," paper presented at the Third American – European Dialogue on China, Washington, D. C., May 23, 2005.

［3］Dan Slater, Strong - state Democratization in Malaysia and Singapore, *Journal of Democracy*, Vol. 23, No. 2, 2012.

［4］Daniel A. Bell, A Communitarian Critique of Authoritarianism: The Case of Singapore, *Political Theory*, Vol. 25, No. 1, 1997, pp. 6 - 32.

［5］David Martin Jones and David Brown, Singapore and the Myth of the Liberalizing Middle Class, *The Pacific Review*, Vol. 7. No. 1, 1994, p. 83.

［6］David Martin Jones, Asian Values and the Constitutional Order of Contemporary Singapore, *Constitutional Political Economy*, No. 8, 1997, p. 283.

［7］Diamond. L, Is Pakistan the (reverse) Wave of the Future? *Journal of Democracy*, Vol. 1, No. 3, 2000.

［8］Donald K. Emmerson, Singapore and the "Asian Values" Debate, *Journal of Democracy*, Vol. 6, No. 4, 1995, pp. 95 - 105.

［9］Fareed Zakaria and Lee Kuan Yew, Culture Is Destiny: A Conversation with Lee Kuan Yew, *Foreign Affairs*, Vol. 73, No. 2, 199, pp. 109 - 126.

［10］Francis Fukuyama, The Decay of American Political Institutions, *The American Interest*, Published on December 8, 2013.

［11］Francis Fukuyama, Asia's Soft Authoritarian Alternative, *New Perspective Quarterly*, Vol. 9, No. 2, 1992, pp. 60 - 64.

［12］Francis Fukuyama. What Is Governance? *Governance*, Vol. 26, No. 3, 2013, p. 362.

［13］Francis Fukuyama, Asia's Soft - Authoritarian Alternative, *New Perspective Quarterly*, spring, 1992.

[14] Goh Chok Tong, Strengthening the Singapore Heartbeat, *Speeches*, Vol. 23, No. 5, 1999, pp. 7 – 17.

[15] Han Dorussen, Review of Christopher Lingle's Singapore's Authoritarian Capitalism: Asian Values, Free Market Illusions, and Political Dependency, *Public Choice*, Vol. 93, No. 1 – 2, 1997, p. 212.

[16] Herbert A. Simon, Public Administration in Today's World of Organizations and Markets, *Political Science & Politics*, Dec, 2000, p. 751.

[17] Hussin Mutalib, Illiberal Democracy and The Future of Opposition in Singapore, *Third World Quarterly*, Vol. 21, No. 2, 2000, p. 314.

[18] Jon S. T. Quah, Administrative Reform: a Conceptual Analysis, *Philippine Journal of Public Administration*, Vol. 20, No. 1, 1976, pp. 50 – 67.

[19] Jon S. T. Quah, Administrative Reform: Singapore Style, *International Review of Administrative Sciences*, Vol. 57, No. 1, 1991, pp. 85 – 100.

[20] Jon S. T. Quah, Singapore in 1984: Leadership Transition in an Election Year, *Asian Survey*, Vol. 25, No. 2, 1985, p. 221.

[21] Kim Dae Jung, Is Culture Destiny? The Myth of Asia's Anti – Democratic Values, *Foreign Affairs*, Vol. 73, No. 6, 1994, pp. 189 – 194.

[22] Kunal Mukherjee, Is There a Distinct Style of Asian Democracy? *Journal of Asian and African Studies*, Vol. 45, No. 6, 2010, p. 686.

[23] Larry Diamond, Economic Development and Democracy Reconsidered, *American Behavioral Scientist*, No. 35, 1992, pp. 450 – 499.

[24] Marco Verweij and Riccardo Pelizzo, Singapore: Does Authoritarianism Pay? *Journal of Democracy*, Vol. 20, No. 2, 2009, pp. 18 – 32.

[25] Mark T. Berger, Review of Christopher Lingle "Singapore's Authoritarian Capitalism: Asian Values, Free Market Illusions, and Political Dependency", *The Journal of Asian Studies*, No. 56, 1997, pp. 853 – 854.

[26] D. K. Mauzy, The Human Rights and Asian Values Debate in South East Asia: Trying to Clarify The Issues. *Pacific Review*, Vol. 10, No. 2, 1997, pp. 210 – 236.

[27] N. Ganesan, Democracy in Singapore, *Asian Journal of Political Science*, Vol. 4, No. 2, 1996, p. 70.

[28] Neil A. Englehart, Rights and Culture in the Asian Values Argument: The Rise and Fall of Confucian Ethics in Singapore, *Human Rights Quarterly*, Vol. 22, No. 2, May 2000, p. 549.

[29] Ojendal J and Antlov H, Asian Values and Its Political Consequences, *Pacific Review*, Vol. 11, No. 4, 1998, pp. 524 – 540.

[30] Paul Pierson, Increasing Returns, Path Dependence, and the Study of Politics, *American Political Science Review*, Vol. 94, No. 2. 2000, pp. 251 – 266.

[31] Robison R, The Politics of Asian Values, *Pacific Review*, Vol. 9, No. 3, 1996, pp. 309 – 327.

[32] Russell Arben Fox, Confucian and Communitarian Responses

to Liberal Democracy, *Review of Politics*, Vol. 59, No. 3, p. 564.

[33] Samuel P. Huntingdon, Political Development and Political Decay, *World Politics*, Vol. 17, No. 3, Apr., 1965, p. 386.

[34] Seymour M. Lipset, Some Social Requisites of Democracy: Economic Development and Political Legitimacy, *American Political Science Review*, Vol. 53, No. 1, 1959, pp. 69 – 105.

[35] Simon S. C. Tay, Human Rights, Culture, and the Singapore Example, *McGill Law Journal*, Vol. 41, No. 4, 1996, pp. 775 – 776.

[36] Stephen A. Douglas and Sara U. Douglas, Economic Implications of the U. S. – ASEAN Discourse on Human Rights, *Pacific Affairs*, Vol. 69, No. 1, 1996, pp. 75 – 80.

[37] Steven Levitsky and Lucan A. Way, The Rise of Competitive Authoritarianism, *Journal of Democracy*, Vol. 13, No. 2, 2002.

[38] Tan Chwee Huat, Confucianism and Nation Building in Singapore, *International Journal of Social Economics*, Vol. 16, No. 8, 1989, p. 14.

[39] Terence Lee, Gestural Politics: Civil Society in "New" Singapore, *Journal of Social Issues in Southeast Asia*, Vol. 20, No. 2, 2005, pp. 134 – 135.

[40] Tommy T. B. Koh, Asian Values Reconsidered, *Asia – Pacific Review*, Vol. 7, No. 1, 2000, pp. 131 – 136.

[41] Usha C. V. Haley, Linda Low and Toh Mun – Heng, Singapore Incorporated: Reinterpreting Singapore's Business Environments through a Corporate Metaphor, *Management Decision*, Vol. 34, No. 9, 1996, pp. 17 – 28.

[42] Yung Myung Kim, Asian Style Democracy: A Critique from

East Asia, *Asian Survey*, Vol. 37, No. 12, 1997, pp. 1119 – 1134.

六、网络资料

[1] 联合早报网：http://www.zaobao.com/。

[2] 新加坡文献馆：http://www.sginsight.com/xjp/index.php。

[3] 新加坡公共服务委员会（PSC）官网：http://www.psc.gov.sg/content/psc/default.html。

[4] 新加坡政府官网：http://www.gov.sg/。

[5] 新加坡人民行动党网站：https://www.pap.org.sg/。

[6] 新加坡民情联系组网站：https://www.reach.gov.sg。